# O Contrato de *Swap*

# O Contrato de *Swap*
O *CREDIT DEFAULT SWAP* E O SEGURO DE CRÉDITO

**2017**

Maria Emília Teixeira
Doutora em Direito
Professora Auxiliar da Universidade Portucalense
Advogada

**O CONTRATO DE *SWAP***
O *CREDIT DEFAULT SWAP* E O SEGURO DE CRÉDITO
**AUTORA**
Maria Emília Teixeira
**EDITOR**
EDIÇÕES ALMEDINA, S.A.
Rua Fernandes Tomás, nºs 76-80
3000-167 Coimbra
Tel.: 239 851 904 · Fax: 239 851 901
www.almedina.net · editora@almedina.net
**DESIGN DE CAPA**
FBA.
**PRÉ-IMPRESSÃO**
João Jegundo
**IMPRESSÃO E ACABAMENTO**
ARTIPOL - ARTES TIPOGRÁFICAS, LDA.
Julho, 2017
**DEPÓSITO LEGAL**
428646/17

Os dados e as opiniões inseridos na presente publicação são da exclusiva responsabilidade do(s) seu(s) autor(es).
Toda a reprodução desta obra, por fotocópia ou outro qualquer processo, sem prévia autorização escrita do Editor, é ilícita e passível de procedimento judicial contra o infrator.

 GRUPOALMEDINA

---

BIBLIOTECA NACIONAL DE PORTUGAL – CATALOGAÇÃO NA PUBLICAÇÃO

TEIXEIRA, Maria Emília

O contrato de Swap : o Credit Default Swap e o seguro de crédito. – (Teses de doutoramento)
ISBN 978-972-40-7038-4

CDU 347

*Aos meus pais,*
*a quem tudo devo, por isso, tudo lhes dedico.*

## AGRADECIMENTOS

O presente estudo corresponde à minha tese de Doutoramento em Direito, apresentada em Julho de 2015 na Universidade Portucalense.

Aproveitando a oportunidade que a presente publicação me faculta, não poderia deixar de agradecer de forma incomensurável ao Professor Doutor João Calvão da Silva, alvo da minha irrestrita admiração e afeição, por ter nobilitado a minha orientação de doutoramento com o seu cunho, enobrecendo o meu trabalho. Agradeço-lhe toda a paciência, atenção, benquerença e cordialidade que sempre me concedeu, o que muito diz sobre a sua personalidade.

Agradeço também aos Senhores Professores Doutores Diogo Leite de Campos e Armindo Saraiva Matias, por terem anuído em participar no júri e em arguir a minha tese, cuja presença muito me dignificou e honrou, bem como à Professora Doutora Mónica Martínez de Campos, que sabe ter sido para mim muito mais que o rosto da Coordenação do 3º Ciclo de Estudos em Direito.

Por último, agradeço ao Rui, por ter suportado todas as minhas dúvidas e hesitações, sem nunca permitir que caísse em desânimo, e à Ana Paula, que se revelou uma amiga de inestimável valor.

## SIGLAS E ABREVIATURAS

| | |
|---|---|
| AIG | – *American Internacional Group* |
| ASF | – Autoridade de Supervisão de Seguros e Fundos de Pensões |
| BaFin | – *Bundesanstalt für Finanzdienstleistungsaufsicht* |
| BCE | – Banco Central Europeu |
| BGB | – *The Bürgerliches Gesetzbuch* (Código Civil da Alemanha) |
| BP | – *basis point* |
| BT | – Bilhete de Tesouro |
| CBOs | – *collateralized bond obligations* |
| CC | – Código Civil |
| CCom | – Código Comercial |
| CCP | – Câmara de Compensação |
| CDOs | – *collateralized debt obligations* |
| CDSs | – *credit default swaps* |
| CFPB | – *Consumer Financial Protection Bureau* |
| CFTC | – *Commodity Futures Trading Commission* |
| CLOs | – *collateralized loan obligations* |
| CMOF | – Contrato Marco de Operaciones Financieras |
| CMV | – Código dos Valores Mobiliários |
| CMVM | – Comissão do Mercado dos Valores Mobiliários |
| CP | – Código Penal |
| CPC | – Código de Processo Civil |
| CRP | – Constituição da República Portuguesa |
| CSOs | – *collateralized structured obligations* |
| DCFR | – *Draft Common Frame of Reference* |
| DMIF | – Diretiva dos Mercados de Instrumentos Financeiros |
| EBA | – *European Banking Authority*/ Autoridade Bancária Europeia |
| EBF | – *European Banking Federation* |
| EDSs | – *Equity Default Swaps* |
| EIOPA | – *European Insurance and Occupational Funds Authority*/ Autoridade Europeia dos Seguros e Pensões Complementares de Reforma |
| EMIR | – *European Market Infrastruture Regulation* |
| EONIA | – *Euro Overnight Index Average* |
| EPEs | – Empresas Públicas Empresariais |

| | | |
|---|---|---|
| ESAs | – | Autoridades Europeias de Supervisão |
| ESFS | – | *European System of Financial Supervision*/ Sistema Europeu de Supervisão Financeira |
| ESMA | – | *European Securities and Markets Authority*/ Autoridade Europeia dos Valores Mobiliários e dos Mercados |
| ESRB | – | *European Systemic Risk Board* / Conselho Europeu do Risco Sistémico |
| ETDs | – | *Exchange Traded Derivatives* |
| EURIBOR | – | *Euro Interbank Offer Rate* |
| FINRA | – | *Financial Industry Authority* |
| FMI | – | Fundo Monetário Internacional |
| FSA | – | *Finantial Service Authority* |
| FSB | – | *Finantial Stability Board* |
| FSOC | – | *Financial Stability Oversigh Council* |
| FSR | – | *Finantial Services Roundtable* |
| GFMA | – | *Global Financial Markets Association* |
| IAS | – | Norma Internacional de Contabilidade |
| IASB | – | *International Accounting Standard Board* |
| IBM | – | *The International Business Machines Corporation* |
| ICMA | – | *International Capital Market Association* |
| IFRS | – | Norma Internacional do Relato Financeiro |
| IGCP, E.P.E. | – | Agência de Gestão da Tesouraria e da Dívida Pública |
| ISDA | – | *International Swaps and Derivatives Association* |
| ISP | – | Instituto de Seguros de Portugal |
| LIBOR | – | *London Interbank Offered Rate* |
| LMA | – | *Loan Market Association* |
| MMI | – | Mercado Monetário Interbancário |
| MTF | – | *Multilateral Trading Facility* (Sistema de Negociação Multilateral) |
| OEVT | – | Operadores Especializados de Valores do Tesouro |
| OIS | – | *Swap* de taxa de juro *overnight* |
| OMP | – | Operadores de Mercado Primário |
| OT | – | Obrigação do Tesouro |
| OTC | – | *over the counter* |
| PAEF | – | Programa de Assistência Económica e Financeira |
| PFCs | – | Produtos Financeiros Complexos |
| p. | – | página |
| pp. | – | páginas |
| RGICSF | – | Regime Geral das Instituições de Crédito e das Sociedades Financeiras |
| RJCCG | – | Regime Jurídico das Cláusulas Contratuais Gerais |
| RJCS | – | Regime Jurídico do Contrato de Seguro |
| SEC | – | Securities and Exchange Commission |
| SPV | – | *Special Purpose Vehicle* |
| TJUE | – | Tribunal de Justiça da União Europeia |
| Vol. | – | Volume |
| UE | – | União Europeia |

## ESCLARECIMENTOS PRÉVIOS

1. Ao nosso trabalho serviram como fontes legislativas, essencialmente, a Constituição da República Portuguesa, o Código Civil, o Código Comercial, o Código dos Valores Mobiliários (Decreto-Lei nº 486/99, de 13 de novembro), a Lei-Quadro dos Seguros – Decreto-Lei nº 94-B/98, de 17 de abril –, o Regime Jurídico do Contrato de Seguro – Decreto-Lei nº 72/2008, de 16 de abril –, o Regime Legal do Seguro de Créditos – Decreto-Lei nº 183/88, de 24 de maio –, o Regime Geral das Instituições de Crédito e das Sociedades Financeiras – Decreto-Lei nº 298/92, de 31 de dezembro –, o Regime Jurídico das Cláusulas Contratuais Gerais – Decreto-Lei nº 446/85, de 15 de outubro –, a Diretiva relativa aos Mercados de Instrumentos Financeiros – Diretiva 2004/39/CE, com alteração efetuada pela Diretiva 2014/65/EU – e o Regulamento nº 600/2014 do Parlamento Europeu e do Conselho, de 15 de maio, sendo que tivemos sempre em consideração as atualizações legais vigentes de todos os diplomas até à presente data, e sem prejuízo de termos invocado outros diplomas, que nos escusamos aqui de elencar, atendendo à sua casual chamada ao longo do texto.

2. A legislação indicada, quando não referenciada como associada aos respetivos Códigos ou outras compilações legais, foi consultada no sítio eletrónico www.dre.pt.

3. Todos os Acórdãos dos Tribunais Superiores de 2ª e 3ª Instância, na falta de outras indicações, foram consultados no sítio eletrónico www.dgsi.pt, sendo referenciada, na bibliografia final, toda a jurisprudência citada no texto.

O CONTRATO DE *SWAP*

4. Os Acórdãos do Tribunal de Justiça da União Europeia foram acedidos em http://eur-lex.europa.eu/collection/eu-law/eu-case-law.html.

5. As decisões do Tribunal Supremo Espanhol citadas foram consultadas na página web daquele tribunal, em http://www.poderjudicial.es/cgpj/es/Poder%2DJudicial/Tribunal%2DSupremo.

6. Os documentos europeus foram consultados essencialmente no sítio eletrónico http://eur-lex.europa.eu.

7. No texto mencionam-se sempre as referências bibliográficas completas dos livros ou artigos citados.

8. Na formatação da bibliografia final utilizamos o estilo APA.

9. Nas citações referidas ao longo do texto e em nota de rodapé não nos confinamos a normas e modelos de citação, obedecendo a uma lógica do autor com preocupações de uniformização.

10. No que concerne à doutrina e jursiprudência consultadas, reconhecemos a importância e mérito da doutrina e jurisprudência alemã em todos os setores do Direito e, por conseguinte, também neste tema muitos contributos e aprendizagens poderíamos retirar daquelas fontes. Todavia, assumimos que, atendendo às nossas atuais limitações linguísticas, cingimos a nossa abordagem ao estudo do tema por comparação pontual a outros ordenamentos, com exceção do alemão.

11. Reconhecemos que existe uma desconformidade quanto à dimensão dos Capítulos, sendo o Capítulo I substancialmente mais extenso que os demais, o que se ficou a dever ao facto de pretendermos tratar as características gerais, finalidades e regime jurídico aplicável ao contrato de *swap* nas suas múltiplas variantes.

# INTRODUÇÃO

A modernização da economia propiciou o desenvolvimento de um mecanismo designado por engenharia financeira donde surgiram novos e complexos tipos contratuais. Estes novos tipos contratuais transformaram-se em utensílio para as partes envolvidas contornarem os perigos associados às clássicas operações utilizadas até então e cujas possibilidades de ganhos se encontram já esgotadas.

Com a evolução do tempo e a modernização do panorama económico surgiram na economia diversos instrumentos financeiros novos que vieram a ser utilizados pelas empresas na gestão dos riscos associados às suas operações de financiamento, bem como na obtenção de lucros com as renovadas oportunidades de realização de negócios.

As novidades financeiras a que ora nos referimos acabaram por apresentar efeitos secundários indesejáveis após a crise financeira que eclodiu nos Estados Unidos da América nos anos de 2007 e 2008.

Viveu-se nos últimos anos, em Portugal, e essencialmente por toda a Europa, com exceção de alguns países, uma grave crise económica e social.

A crise financeira tem vindo a ser apontada por muitos analistas como consequência de uma engenharia financeira imbuída de atos pouco zelosos e meticulosos na vertente do cidadão e pouco ou nada delimitados ética e juridicamente. Assinalam os analistas que as técnicas financeiras utilizadas assumem um nível de complexidade extremo, de difícil perceção para a maioria dos agentes económicos sendo dirigidas e organizadas apenas por uma minoria que as domina.

Os agentes dominantes apresentam e descrevem estas técnicas inovadoras como formas de cobertura e redução de riscos inerentes às operações financeiras realizadas no âmbito da atividade económica desenvolvida pelos destinatários ou alvos de tais técnicas, seduzindo-os para a sua aplicação como prodigiosa forma de gestão de riscos.

A contração da atividade económica, as restrições na concessão de crédito, quer aos particulares, quer às empresas, o esforço de consolidação das finanças públicas inerente à implementação progressiva das apelidadas medidas de austeridade e a falha nas previsões de crescimento económico avançadas criaram uma conjuntura de descrédito e desconfiança em redor do sistema financeiro.

Para que haja investimento e, consequentemente, desenvolvimento e crescimento, torna-se imperioso demonstrar aos investidores que há segurança para efetuarem investimentos e que os desígnios que se procuram nesses investimentos serão atingidos, não havendo qualquer *risco* que os trave ou coíba de investir.

É sabido que nem toda a conjuntura confere tal garantia, o que retrai os investimentos, contribuindo para estagnar o crescimento económico.

O sistema financeiro necessita de confiança para funcionar em plenas condições. A ausência ou decadência daquela cria mecanismos aptos a colmatar os prejuízos advindos da ocorrência dos *riscos* que, estando inerentes a operações de investimento, se almeja que nunca ocorram. Emergem, assim, instrumentos financeiros que ao mesmo tempo que procuram, em si mesmos, a obtenção de lucros, visam também aniquilar as perdas que possam vir a ocorrer ou que ocorram noutras operações financeiras, as quais, naturalmente, por sua vez, visam igualmente a obtenção de lucros.

Neste seguimento, a discussão sobre os efeitos nocivos do uso desregulamentado destes produtos financeiros aumentou, vindo a perceber-se que mereceriam e careciam de uma maior atenção, tanto a nível económico, como a nível de enquadramento legal e tratamento jurídico. De igual modo, se entendeu a necessidade de fiscalização e supervisão da atividade dos intervenientes nestes contratos.

O nosso estudo versa precisamente sobre esta temática e visa contribuir para o conhecimento e enquadramento legal destes produtos financeiros derivados, mais concretamente sobre os contratos *swap*. Dedicaremos uma especial atenção ao *credit default swap*, sendo esse o núcleo do nosso estudo.

Pretendemos, assim, com o presente trabalho dar a conhecer de forma sinóptica e enunciativa as principais características da figura dos *credit default swaps* enquanto derivado de crédito idóneo a conferir proteção e segurança aos investidores – um instrumento entre outros existentes.

Este instrumento financeiro tem o desiderato de garantir aos investidores o retorno dos seus investimentos no caso de suceder um evento futuro danoso que, em princípio e em condições normais, implicaria a perda do investimento efetuado. Em suma, destina-se a cobrir o risco de crédito, mas não é a sua única finalidade.

Não obstante a explicação da figura que adiante se fará, importará referir que essa seria a primeira e principal finalidade do *credit default swap*, isto é, segurar o investidor contra as perdas a que este se sujeita quando investe, porém, a dimensão do mercado *dos credit default swaps* está muito para além do campo das ações, obrigações e outros referentes a títulos similares, pelo que os *credit default swaps*, ultimamente, têm sido utilizados para finalidades especulativas e não para segurar operações reais.

Acresce que, um outro aspeto negativo ressalta nesta figura dos *credit default swaps*, que se traduz na incerteza de quem os detém e se os seus titulares poderão ou não na realidade proceder ao pagamento ou reembolso a que se obrigaram em caso de ocorrência de *default* – risco de crédito e de contraparte – atenta a elevada frequência com que são negociados.

Posto isto, propomo-nos abordar de forma estruturada e tão clara quanto nos for possível este complexo instrumento financeiro: o *credit default swap*.

Inicialmente, e de forma proposital, optámos por fazer uma abordagem mais pormenorizada de todas as características e estrutura do contrato de *swap* em geral, focando alguns aspetos que têm sido discutidos na nossa doutrina e jurisprudência, como a licitude ou ilicitude do contrato de *swap* com finalidade especulativa e a possibilidade de aplicação a este da exceção de jogo ou aposta.

Abordaremos ainda a questão de saber se é viável a aplicação a estes contratos de *swap* do instituto da resolução contratual por alteração das circunstâncias em que as partes fundaram a sua decisão de contratar e em que medida se poderá considerar a crise financeira como uma alteração anormal.

Além das possíveis finalidades do contrato de *swap*, será a de cobertura de risco aquela em que centraremos mais a nossa análise, decompondo os riscos existentes e cuja cobertura as partes visam assegurar.

A forma do contrato é objeto da nossa atenção considerando a importância que esta vem adotando na determinação do regime jurídico a aplicar, pois os contratos de *swap* estão despidos de regime jurídico, pelo que o contrato será a lei das partes. Desta maneira, a forma que o contrato reveste ajudar-nos-á a perceber muito da essência do contrato e daquilo que as partes com ele pretenderam.

Não deixaremos, neste sentido, de dedicar alguma atenção à forma como têm sido celebrados estes contratos que, enquanto contratos de adesão, imputam ao predisponente – instituições financeiras na sua maioria – cuidados acrescidos, impondo-se aqui uma análise ao perfil do investidor português e a mutabilidade que alguns deveres dos predisponentes podem sofrer consoante o perfil da contraparte.

As formas de cessação do contrato de *swap* merecem igualmente tratamento, sendo neste contexto que nos propomos analisar a evolução do mercado primário e secundário dos *swaps*, bem como as recentes mudanças no panorama europeu, a nível de entidades de supervisão e controlo sobre estes instrumentos financeiros.

Antes de nos dedicarmos de forma mais afincada ao *credit default swap*, mencionaremos algumas das múltiplas modalidades de *swaps* existentes.

O que pretenderemos, depois de analisarmos tudo a que nos propomos, é estabelecer um raciocínio comparativo entre duas figuras contratuais: o *credit default swap* e o contrato de seguro, mais propriamente o seguro de crédito. Dentro do que nos for possível, dissecaremos as principais diferenças que têm vindo a ser apontadas e apuraremos as semelhanças, tentando estabelecer um entendimento final que nos permita aferir se se tratam de duas figuras jurídicas distintas ou se, antes, se não tratará de coisa idêntica com nome diverso.

# Capítulo I
# Do Contrato de *Swap* em Geral

## 1.1. Origem e evolução histórica
### a) Fonte e desenvolvimento do contrato de swap

Os derivados financeiros são contratos que podem ser negociados em mercados organizados, como acontece por exemplo com as opções e futuros, mas também podem ser negociados fora dos mercados organizados. Neste circunstancialismo, consubstanciam-se em contratos de balcão (OTC)[1], negociados ao "balcão". O *swap* é um contrato de balcão. Diremos pois, que o contrato de *swap* é um dos instrumentos derivados financeiros negociados fora do mercado regulamentar mais importantes, ou seja, é um dos instrumentos mais relevantes negociados ao balcão.

Nos anos 80, o crescimento dos *swaps* foi íngreme, sendo que nos últimos dois anos os valores transacionados no mercado de balcão, através destes instrumentos financeiros, são bastante representativos. Em junho de 2012, o valor bruto total de mercado dos derivados financeiros negociados ao balcão – OTC – era de 25.519 biliões de dólares para um valor "nocional" de 641.309 biliões de dólares, em junho de 2013, o valor bruto total de mercado destes derivados era de 20.245 biliões de dólares para um valor "nocional" de 696.408 biliões de dólares e, em junho de 2014, o valor bruto total de mercado destes derivados era de 17.423 biliões de dólares para um valor "nocional" de 691.492 biliões de dólares.

Os referidos valores correspondem ao somatório de todos os contratos de derivados financeiros negociados fora do mercado regulamentar, repre-

---

[1] Ou também designado por *over the counter*, de ora em diante apenas OTC.

O CONTRATO DE *SWAP*

sentando, de uma maneira geral, uma subida nos valores nocionais, embora, curiosamente, não seja acompanhada pela subida dos valores brutos totais de mercado, os quais, nos últimos dois anos decresceram.

Neste quadro de subida, não se incluem os *credit default swaps*, os quais, em junho de 2012, na sua modalidade de *single-name instruments*, apresentavam um valor bruto total de mercado de 715 biliões de dólares para um valor "nocional" de 15.566 biliões de dólares e, em junho de 2014, o valor bruto total de mercado era de 368 biliões de dólares para um valor "nocional" de 10.845 biliões de dólares. Já na modalidade de *multi-name instruments*, apresentavam, em junho de 2012, um valor bruto total de mercado de 472 biliões de dólares para um valor "nocional" de 11.364 biliões de dólares e, em junho de 2014, o valor bruto total de mercado era de 266 biliões de dólares para um valor "nocional" de 8.617 biliões de dólares. Esta descida dos *credit default swaps* contraria a subida geral dos números referente aos derivados OTC, dos *swaps* de taxa de juro[2] e dos *equity-linked contracts* em particular, os quais, de junho de 2012 a igual mês do ano de 2014, apresentaram números ascendentes[3].

Perante um sistema monetário internacional em crise tornou-se premente a procura de soluções financeiras capazes de fazer face aos inconvenientes e inseguranças que as flutuações das taxas de juro e taxas de câmbio acarretam para as operações financeiras. Todavia, o contrato de *swap*[4], ou de permuta financeira, fruto de engenharia financeira, apesar de só recentemente ter surgido no panorama das figuras de conhecimento mais generalizado, nasceu já há algumas décadas, como produto "natural" das diversas e complexas conjunturas económicas que nos últimos anos se tem vindo a assistir.

Este instrumento financeiro tem sido utilizado pelos agentes económicos para se adaptarem às necessidades que em cada época se fazem sentir nos mercados financeiros, designadamente devido à instabilidade e/ou flutuações de taxas de câmbio e/ou de taxas de juro, sendo que a sua evolução em muito se deveu também ao progresso da tecnologia e das telecomunicações.

---

[2] Também denominados por *interest rate swaps*.

[3] Os valores apresentados basearam-se na análise e consulta do documento oficial sobre as estatísticas dos derivados OTC, disponível em: http://www.bis.org/statistics/dt1920a.pdf (acedido em 26 de janeiro de 2015).

[4] Em português significa "troca".

DO CONTRATO DE *SWAP* EM GERAL

Antes de avançarmos, importa apenas esclarecer que os mercados financeiros se reconduzem "basicamente, a três tipos: o mercado cambial em que se encontram a oferta e a procura de moedas diferentes (divisas); o mercado de capitais em que tem lugar a compra e venda de títulos com prazos de vencimento superior a um ano (são valores mobiliários: ações, obrigações, títulos de participação); o mercado monetário que se caracteriza pelo curto prazo de vencimento (até um ano), se encontra dirigido a aplicações de excedentes de tesouraria dos mutuantes e se destina a fazer face a dificuldades e rupturas de tesouraria dos mutuários"[5].

Na realidade, devido à existência de grandes diferenças estruturais entre os diversos mercados financeiros, o acesso a estes por parte de alguns agentes económicos torna-se difícil, havendo diversos fatores que justificam essas dificuldades de acesso, tais como diferentes estruturas de dívida, diferentes classificações de *rating*[6] dos agentes que procuram financiamento, diferentes exposições às variações de taxas de juro e taxas de câmbio, bem como diferentes perspetivas de evolução destas[7].

Assim, no embalo do aparecimento e desenvolvimento dos produtos derivados, surge, então, o contrato *swap* que, não sendo um género contratual com o qual os juristas se encontrem muito familiarizados, uma vez que a sua análise e compreensão requer a assimilação de outras matérias que normalmente se encontram mais apartadas da usual urdidura jurídica, tem-se vindo a afirmar cada vez mais como novo modelo contratual, e por isso mesmo, objeto de investigação e análise pela doutrina e jurisprudência.

Seguro é que, em termos jurídicos, nos movimentamos na tarja do direito dos valores mobiliários, já que para tratamento deste modelo contratual consideraremos e acataremos o espaço dos mercados financeiros

---

[5] Cfr. MATIAS, Armindo Saraiva, «O mercado interbancário: desenvolvimentos recentes», *I Congresso de Direito Bancário*, 2015, Coimbra, Almedina, p. 266. ISBN 978-972-40-5896-2.

[6] Por notação de risco ou *rating* entende-se a classificação do nível de risco de uma empresa ou instrumento financeiro que é atribuída por uma agência de Notação de Risco – que é uma entidade especializada para o efeito. O objeto da notação de risco pode ser uma entidade emitente, globalmente apreciada, considerando a sua situação atual económico-financeira e as perspetivas de futuro dessa entidade, ou, então e mais especificamente, pode incidir sobre o risco de crédito de um instrumento financeiro, onde o que se avalia é a capacidade da entidade que o emitiu para o cumprimento atempado da sua obrigação na data de vencimento.

[7] Neste sentido, QUELHAS, J. M., «Sobre a evolução recente do sistema financeiro (Novos "produtos financeiros")», *Separata do Boletim de Ciências Económicas*, Coimbra, 1996, pp. 94 e 95.

e de capitais, dos seus agentes económicos e as suas próprias características de funcionamento.

O contrato *swap* é o instrumento financeiro transversal a quase todos os outros e a sua utilização massiva não pode deixar indiferente nenhuma gestão financeira, seja de um banco, de empresas privadas e inclusivamente as próprias entidades públicas e o Estado.

Existem certos produtos ou operações a que, por regra, aparecem sempre associados os *swaps*, como por exemplo, nos financiamentos a taxas variáveis. Todavia, o contrato de *swap*, atentas as suas modalidades e finalidades, tem um campo de aplicação bastante amplo.

O facto é que a flutuação das paridades cambiais e das taxas de juro acarretavam a exposição a riscos que os agentes económicos não se encontravam dispostos a suportar, o que os motivou a arquitetar técnicas financeiras capazes de responder a esta necessidade de proteção. Combinaram então, entre os vários agentes económicos, uma troca de benefícios e das vantagens respetivas que cada um conseguisse junto dos diversos mercados. O *swap* é portanto uma "técnica filantrópica"[8].

Essencialmente, a razão pela qual a sua utilização é recorrente prende-se com a própria essência e fim do contrato, servindo como um meio de troca de vantagens entre duas partes, ou seja, uma troca de vantagens comparativas que os intervenientes possuem num determinado mercado financeiro, no qual a contraparte muito dificilmente conseguiria aceder ou, caso acedesse, não teria as condições vantajosas que a troca (*swap*) lhe traz.

Os contratos de *swap* baseiam-se em princípios económicos sustentados pela teoria das vantagens comparativas no comércio internacional.

Para que se perceba um pouco a lógica da teoria das vantagens comparativas, ingressamos numa breve e despretensiosa explicação. Depois, tentaremos transpor o raciocínio para o contrato em análise.

Esta teoria foi formulada por David Ricardo, economista inglês. Tenta explicar que um país, mesmo quando possui uma vantagem absoluta[9]– o mais eficiente na produção de determinado bem, pois é o que despende menos na respetiva produção – pode lucrar se se relacionar comercialmente com outro país, ainda que um dos países seja dominante ou o mais eficiente na produção de todos os bens. O fundamental é a razão de produtividade que cada país possui e não o custo de produção.

[8]  Cfr. «*What is a swap?*», Euromoney, Novembro, 1983, p. 67.
[9]  A teoria das vantagens absolutas foi formulada pelo economista escocês Adam Smith.

DO CONTRATO DE *SWAP* EM GERAL

Inglaterra, no século XX, deparou-se com a necessidade de produzir cada vez mais e o setor industrial requeria mais espaço para se expandir. Assim, mesmo que Inglaterra fosse eficiente na agricultura, o espaço físico que esta requeria retirava espaço ao crescimento da indústria. Mas não só ao nível de espaço territorial estes dois setores competiam, também a nível de mão-de-obra. Havia que ponderar. Inglaterra teria de optar entre o sacrifício da produção agrícola, por muito eficiente que fosse, importando e especializando-se na indústria, ou continuar com a produção nos dois setores, sacrificando a expansão e crescimento de ambos. Em qual dos dois cenários lucraria mais. A importação de produtos agrícolas implicaria um custo, mas que seria suplantado pelos benefícios que o país obteria se se expandisse e ganhasse mais espaço físico e mão-de-obra, para ser aplicado na especialização do setor industrial.

Nesta perspetiva, David Ricardo desenvolveu a sua análise em termos de custos comparados. A título exemplificativo, mesmo que a Inglaterra tenha vantagens absolutas em produzir e exportar vinho relativamente a Portugal, ela vai importar vinho de Portugal, se em termos comparados ganhar mais especializando-se no setor têxtil. Por outras palavras, um país tem de verificar se poderá lucrar mais importando um bem, mesmo que seja eficiente a produzi-lo, para se dedicar à produção de outros bens e especializar-se na produção desses outros bens, ou se prefere produzir em vez de importar, sacrificando a especialização. Tem, portanto, de comparar os custos com a importação com os lucros da especialização[10].

Transpondo agora este raciocínio para o contrato *swap*, para que a troca de vantagens seja viável é necessário existir um cenário ideal em que os benefícios que se pretendem permutar sejam desejados por ambas as partes devendo ser também benefícios generosos.

Esse cenário ideal, onde existem coincidências de vontade por parte de ambos os intervenientes, muitas vezes é descoberto por intermediários financeiros atentos às oportunidades de mercado e às necessidades das partes. E são esses intermediários financeiros que executam muitas vezes a troca, permitem que as partes levantem fundos em certos mercados de capitais e troquem as condições favoráveis que esses mercados lhes concedem entre si.

---

[10] Veja-se sobre este assunto KRUGMAN, P. and OBSTFELD, M., *International Economics: Theory and Policy*, 2ª edição, Harper Collins Publishers, 1991 e RICARDO, David, *On the Principles of Political Economy and Taxation*, 3ª edição, London, Jonh Murray, 1817.

O CONTRATO DE *SWAP*

Antes de o contrato de *swap* assumir a sua atual estrutura e finalidade já existiam anteriormente compromissos contratuais fixados entre duas partes que trocavam entre si vantagens provenientes das posições que tinham no seio de certos mercados. Referimo-nos, desde logo, aos empréstimos paralelos ou *parallel loans* que surgiram nos finais da década de 70 do século anterior. As empresas de investimento britânicas, a fim de contornar o custo acrescido que cada investimento no estrangeiro acarretava com o pagamento do chamado *prémio de investimento*, que acrescia às taxas de câmbio que vigorassem, utilizavam este tipo de empréstimos para acederem a certos mercados em condições mais favoráveis e para tornearem o controlo de câmbios.

Assim, o investimento externo, tendo de ser efetuado em dólares, obrigava as empresas britânicas a custos acrescidos. Tal facto era fator de dissuasão de investimento. A necessidade aguçou o engenho, e as empresas britânicas e norte-americanas começaram a acordar empréstimos mútuos e simultâneos através das sucursais. Imagine-se uma empresa americana com uma sucursal no Reino Unido e uma empresa britânica com uma sucursal nos Estados Unidos da América. A empresa americana concedia um empréstimo em dólares à sucursal britânica sediada nos Estados Unidos da América e a empresa britânica concedia, paralelamente, um empréstimo em libras esterlinas, no mesmo montante e prazo, à sucursal americana sediada no Reino Unido.

Desta forma, as empresas contornavam e evitavam os custos associados aos investimentos no estrangeiro ou em moeda estrangeira, usando a boa posição e qualidade que possuíam para se ajustarem, em comunhão de esforços, na retirada do maior ganho possível do investimento, ainda que o fosse numa mera redução de despesas. Porém, esses empréstimos tinham certas condições que obrigavam à manutenção do empréstimo até ao final do prazo acordado, havendo penalização para amortização ou liquidação antecipada. Todos os pormenores tinham de ser calculados e acordados para a vigência dos empréstimos, sendo necessário regulamentar e prever todas as vicissitudes contratuais que pudessem vir a suceder, o que levava a acordos de elevada complexidade e extensão[11].

---

[11] Uma das cláusulas que se regulava era a cláusula de *set-off* (compensação) que previa que caso uma das partes não pagasse uma prestação do empréstimo respetivo à outra parte poderia compensar a falta desse valor não pagando o que lhe competia no seu empréstimo, retendo uma prestação, ou parte dela, ou mais prestações, até perfazer o montante em falta. Neste

DO CONTRATO DE *SWAP* EM GERAL

Nestes empréstimos paralelos havia também o risco da flutuação das taxas de câmbio, o que obrigava as partes a definirem regras de atuação nessa circunstância e a estabelecerem cláusulas de ajustamento e reequilíbrio de posições, sendo habitual a fixação de limites a partir dos quais, e uma vez apurados, se verificava um ajustamento automático, levando à retirada ou adicionamento de capital financiado.

Numa segunda fase, e para colmatar muitas das limitações ou inconveniências dos empréstimos paralelos, surgiram os empréstimos *back-to-back*. Nestes, as empresas efetuavam empréstimos diretos entre si, sem a intermediação das sucursais como ocorria naqueles. No entanto, a complexidade na negociação e definição de regras continua elevada. A necessidade de prever regras para o risco da variação das taxas de câmbio, naturalmente, mantem-se, sendo que, como se trata de movimentações financeiras entre empresas de diferentes países, acrescem as implicações fiscais que tais operações comportam.

E é neste ponto – o das implicações fiscais – que os empréstimos paralelos e os empréstimos *back-to-back* diferem do contrato de *swap*, além de que no contrato de *swap* não há empréstimos de capital entre empresas.

O contrato de *swap* começa a surgir numa conjuntura em que o Sistema Monetário Internacional e os mercados financeiros se encontram abalados e em profunda mutação, como aliás começam a surgir todos os produtos derivados, como os futuros e opções. Nos finais da segunda Grande Guerra, mais propriamente no ano de 1944, na tentativa de reconstruir o capitalismo mundial, numa conferência histórica, em Bretton Woods, New Hampshire, reuniram-se 44 nações mais industrializadas para discutirem e fixarem regras para as transações comerciais e financeiras. Dali resultou um acordo – o designado Acordo de Bretton Woods – que regulou a economia internacional, impondo aos países que adotassem uma política monetária que mantivesse as suas taxas de câmbio das respetivas moedas num certo valor, o qual estava indexado ao dólar e este, por sua vez ao ouro. Este acordo assegurou, desde 1945 até à década de 70, a estabilidade dos mercados financeiros, mantendo as taxas de juro e de câmbio em níveis fixos, mantendo as taxas inflações baixas e a estabilidade dos preços das matérias-primas e dele nasceu o Sistema Monetário Internacional.

---

sentido, SILVA, José Manuel Braz da, *Mercado e instrumentos financeiros internacionais*, Lisboa, Escolar Editora, 2013, p. 168.

Na década de 70, toda esta estabilidade foi posta em causa atenta a emissão de moeda por parte dos Estados Unidos da América para financiamento da Guerra do Vietname. Contudo, a moeda emitida não se encontrava conexionada com a riqueza real, o que, associado à grande crise petrolífera, destabilizou o Sistema Monetário Internacional. Os câmbios, até então fixos, deixaram de o ser e passaram a estar suscetíveis a flutuação, o que provocou incerteza e risco inerente à oscilação.

Os mercados financeiros ficaram instáveis, os preços das matérias-primas variavam segundo as taxas de inflação que subiam vertiginosamente, as taxas de câmbio e de juro variavam igualmente, o que minou a paz que outrora reinava nos mercados, tornando-os agora sujeitos a vários tipos de riscos e terreno incerto. Surgiu então a necessidade de encontrar instrumentos que permitissem aos agentes cobrir perdas ou prejuízos que pudessem advir desses riscos não expectáveis nem previstos, achando-se, assim, instrumentos de gestão e cobertura de risco.

É neste contexto histórico e financeiro que nascem os *swaps*, enquanto instrumentos financeiros derivados destinados a fazer face ao risco cambial e ao risco de taxas de juro, tendo surgido com esta nova fase do Sistema Monetário Internacional, a qual já não continha câmbios fixos nem o modelo padrão-ouro[12].

### b) Os primeiros mercados de swap

Temporalmente, podemos situar a celebração do primeiro contrato de *swap* no final da década de 70, inícios da de 80, entre a *The International Business Machines Corporation*[13] e o Banco Mundial, o qual foi intermediado pelo Solomon Brothers. O peso e a reputação destes intervenientes permitiram credibilizar este instrumento financeiro e, em 1981, surgiu a primeira permuta entre fluxos financeiros indexados a uma taxa de juro variável por outros indexados a uma taxa de juro fixa – o primeiro *swap* de taxa de juro.

Apesar de ter rapidamente proliferado a sua utilização nos Estados Unidos da América, foi em Londres que o primeiro *swap* foi efetuado, e não muito tempo depois surgem os *swaps* de taxas de câmbio.

Em 1986 surgiram os *commodity swaps* em que os fluxos financeiros objeto da permuta estavam indexados à evolução do preço das matérias-

---

[12] Neste sentido, ESTEVES, João Cantiga, «Contratos de *swap* revisitados», *Cadernos do Mercado de Valores Imobiliários*, nº 44, Abril, 2013, p.72.

[13] Mais conhecida pela abreviatura IBM.

-primas (*commodity*) e em 1989 surgem os *equity swaps* onde os fluxos financeiros objeto da permuta financeira estavam indexados a ações e índices acionistas[14].

O motor de dinamização do instrumento *swap* e da sua frequente utilização encontra-se na circunstância de as empresas poderem levantar fundos em certa moeda com custos inferiores aos que teriam de suportar se efetuassem um financiamento direto nessa moeda. Para além de que possibilita ainda às empresas que assumam compromissos em moeda externa, que haja mobilização de liquidez entre empresas em várias moedas, com menor exposição monetária e possibilidade de troca de títulos nacionais por bens estrangeiros.

No *swap* as partes têm necessidades idênticas mas opostas, mas neste contexto trocam as suas posições para viabilizar à contraparte as condições favoráveis que detêm e que melhor satisfazem as respetivas necessidades.

Na década de 70 do século XX, a promessa pela libra esterlina estava no auge no Reino Unido não só para investimentos das companhias de exploração de petróleo no Mar do Norte mas também para investimentos britânicos nos Estados Unidos da América.

Contudo, devido à política apertada vigente à data, acerca do controlo de câmbios na aquisição de moeda estrangeira, os mercados internacionais ficavam mais inacessíveis aos investidores britânicos. A isto aliou-se a necessidade dos investidores americanos de libras esterlinas. Num cenário em que os britânicos necessitam de dólares e os americanos necessitam de libras esterlinas, no mesmo espaço temporal, surge um mecanismo que agregou as carências e ambas as partes, tendo vantagens no acesso a um mercado em boas condições que a outra não tem, decidem, de comum acordo, trocar as vantagens que têm.

Deste modo, diminuem ou contornam custos que de outra maneira teriam. Com esta troca (*swap*), os investidores britânicos pagam as dívidas em libras esterlinas dos investidores norte-americanos e estes pagam as dívidas daqueles em dólares[15].

De entre as razões para o surgimento desta técnica de *swap* encontra-se a necessidade de ajustamento do mercado de câmbios e taxas de juro em

---

[14] Veja-se, ESTEVES, João Cantiga, «Contratos de *swap* revisitados», *Cadernos do Mercado de Valores Mobiliários*, nº 44, Abril, 2013, p. 72.

[15] Sobre este aspeto, veja-se, CALHEIROS, Maria Clara, «O contrato de *swap*», *Studia Iuridica*, 51, *Boletim da Faculdade de Direito*, Coimbra Editora, 2000, pp. 13 e ss.

O CONTRATO DE *SWAP*

constante flutuação, necessidade de inovar na forma de relacionamento entre os diversos intervenientes dos mercados financeiros, evolução das tecnologias da comunicação e a globalização[16].

Podemos indicar como principal razão para o seu surgimento a necessidade de ultrapassar as barreiras de acesso a determinados mercados, as quais, num mundo cada vez mais globalizado, deixaram de fazer qualquer sentido.

## 1.2. Noção e enquadramento jurídico
## 1.2.1. Noção jurídica

Quando se fala em *swap* em sentido próprio quer-se referir aqueles contratos em que as partes acordam, segundo certas condições pré-estabelecidas, em pagarem reciprocamente, em certa divisa ou divisas, montantes pecuniários que resultarão dos movimentos financeiros atinentes a ativos e passivos monetários – reais ou virtuais – que lhes estão subjacentes[17].

O contrato de *swap*, que deriva do termo inglês *to swap*, tem como principal objeto negocial a troca ou permuta de fluxos pecuniários ou outros ativos, sendo que, ao contrário do que sucede com a maioria dos tipos contratuais, não emergiu da lei, da jurisprudência ou da doutrina, mas antes das práticas contratuais desenvolvidas entre os diversos agentes económicos.

Este tipo contratual é produto da inovação financeira e da crescente complexidade das transações económicas realizadas.

O contrato de *swap*, todavia, possui diversas modalidades, sendo que a sua disciplina, características, função e finalidade servem de tronco comum a diversas modalidades de *swaps*, onde a principal diferença entre eles é o seu objeto. Mas quanto às modalidades de *swaps*, analisaremos adiante.

Atendendo a que o contrato de *swap* não possui acolhimento legal e que somente nos últimos anos tem merecido tratamento da jurisprudência, fruto de alguns litígios originados pelo seu incumprimento, não existe uma definição legal de *swap*, e mesmo que existisse, sempre teria de ser uma noção abrangente.

---

[16] Cfr. CALHEIROS, Maria Clara, «O contrato de *swap*», *Studia Iuridica*, 51, *Boletim da Faculdade de Direito*, Coimbra Editora, 2000, pp. 17 e 18.

[17] Neste sentido, RUSSEL, Claudi, *Aspectos Jurídicos del Contrato Internacional de Swap*, Barcelona, Bosch, 1999.

DO CONTRATO DE *SWAP* EM GERAL

A sua existência, face ao nosso ordenamento jurídico, merece, em todo o caso, aceitação, pois este tipo contratual, nascendo da negociação entre duas ou mais partes interessadas numa troca ou permuta de vantagens, que as mesmas reciprocamente podem gerar e proporcionar, nada mais é que o reflexo do princípio da liberdade contratual e da autonomia privada, previsto no artigo 405º do Código Civil.

A lei possibilita a celebração de negócios jurídicos para que as partes possam autorregulamentar os seus interesses, e desde que não ofendam os princípios da boa-fé, da ordem pública e dos bons costumes, não contrariem a lei e tenham um objeto determinável; eles são perfeitamente válidos e vinculam as partes na medida e nos limites que determinaram. A autonomia privada corresponde à *"ordenação espontânea (não autoritária) dos interesses das pessoas, consideradas como iguais, na sua vida de convivência"*[18]. Neste sentido, o contrato de *swap* surge como um contrato válido e vinculativo *inter* partes no seio da legislação nacional.

Reconhece-se, todavia, que atendendo à diversidade das suas modalidades, bem como à sua inerente complexidade, não se afigura fácil a definição deste tipo contratual, uma vez que todas as tentativas para o efeito tendem sempre a pecar por escassez. Contudo, baseados nas diversas definições existentes, tentaremos adiantar a nossa, a partir da qual trabalharemos[19].

Na doutrina encontramos noções que caracterizam o *swap* como o *"contrato pelo qual as partes se obrigam ao pagamento recíproco e futuro de duas quantias pecuniárias, na mesma moeda ou em moedas diferentes, numa ou várias datas predeterminadas, calculadas por referência a fluxos financeiros associados a um ativo subjacente, geralmente uma determinada taxa de câmbio ou de juro"*[20], ou que caracterizam o contrato de *swap* como aquele *"pelo qual as partes se obrigam*

---

[18] PINTO, Carlos Alberto da Mota, *Teoria Geral do Direito Civil*, Coimbra, Coimbra Editora, 2012, ISBN 9789723221022.

[19] Sobre esta figura contratual, poder-se-á encontrar mais pormenores em BOULAT, Pierre-Antoine/ CHABERT, Pierre-Yves, *Les Swaps – Technique Contractuelle et Régime Juridique*, *Masson*, Paris, 1992; ERNE, Roland, *Die Swapgeschäfte der Banken: eine rechtliche Betrachtung der Finanzswaps unter besonderer Berücksichtigung des deutschen Zivil-, Börsen-, Konkurs- und Aufsichtsrechts*, *Duncker & Humblot*, Berlin, 1992; GORIS, Paul, *The Legal Aspects of Swaps: Na Analysis Based on Economic Substance, Graham & Trotman*, London, 1994; RIVELLINI, Flavio, *La Disciplina Giuridica dei Contratti Swap*, Diss., Napoli, 2002; ZAMORANO ROLDÁN, S., *El Contrato de Swap como Instrumento Financiero Derivado*, V. Tuells, Zaragoza, 2003.

[20] ANTUNES, J. A. E, «Os derivados», *Cadernos do Mercado de Valores Mobiliários*, CMVM, vol. 30, Agosto, 2008.

O CONTRATO DE *SWAP*

*reciprocamente a pagar, em data futura ou em sucessivas datas, o montante das obrigações da outra parte ou o produto da cobrança dos seus próprios créditos, tomando como referência passivos ou ativos, reais ou nocionais, assim como o contrato pelo qual uma das partes se obriga a pagar à outra a diferença em seu desfavor apurada pelo cálculo dos valores daquelas obrigações ou daqueles créditos"*[21], ou afirmando que *"os swaps são uma família de contratos, pelos quais se estabelece entre as partes uma obrigação recíproca de pagar, de acordo com modalidades pré-estabelecidas, na mesma divisa ou em diferentes divisas, certas quantias de dinheiro calculadas por referência aos fluxos financeiros ligados a ativos e passivos monetários, reais ou fictícios, ditos subjacentes"*[22]. E as definições continuam mais ou menos consentâneas, identificando os *swaps* como *"acordos entre duas partes para troca de fluxos de tesouraria a efetuar no futuro"*[23], ou como o *"contrato bilateral em que duas ou mais partes acordam trocar entre si, os pagamentos de juros ou de capital e juros, na mesma moeda ou em moedas diferentes, com base em regras preestabelecidas. Os dois pagamentos têm montantes iniciais e durações equivalentes, diferindo apenas quanto às taxas de juros ou de câmbio"*[24].

Define-se ainda *swap* como *"meio de gestão de ativos e de passivos das empresas"*, em que *"as partes outorgantes se comprometem a trocar, entre si, fluxos de tesouraria durante um período acordado"*[25]. E ainda, como uma *"família de contratos, pelos quais se estabelece entre as partes uma obrigação recíproca de pagar, de acordo com modalidades pré-estabelecidas, na mesma divisa ou em divisas diferentes, certas quantias de dinheiro calculadas por referência aos fluxos financeiros ligados a ativos ou passivos monetários, reais ou físicos, ditos subjacentes"*[26].

---

[21] ALMEIDA, Carlos Ferreira de, *Contratos II – Conteúdo. Contratos de Troca*, 3ª edição, Coimbra, Almedina, , 2012, p. 135. ISBN 9789724049649.

[22] BOULAT, Pierre-Antoine e CHABERT, Pierre-Yves, Les swaps, technique contratuelle et regime juridique, Masson, Paris, 1992, p. 28 *apud* CALHEIROS, Maria Clara, «*O contrato de swap*», *Studia Iuridica*, 51, *Boletim da Faculdade de Direito*, Coimbra Editora, 2000, pp. 126 e 127. ISBN 972-32-0963-2.

[23] FERREIRA, Domingos, *Futuros e Outros Derivados*, Lisboa, Edições Sílabo, 2008, p. 71. ISBN 978-972-618-488-1.

[24] VEIGA, Vasco Soares da, *Direito Bancário*, Almedina, Coimbra, 1997, p. 523. ISBN 972-40-1010-4.

[25] FERREIRA, Domingos, *Swaps e outros derivados*, Lisboa, Rei dos Livros, 2011, p. 89. ISBN 978-989-8305-30-5.

[26] BOULAT, Pierre-Antoine e CHABERT, Pierre-Yves, Les swaps, technique contratuelle et regime juridique, Masson, Paris, 1992, p. 28 *apud* ALMEIDA, António Pereira, «Instrumentos Financeiros: os swaps», *Estudos em Homenagem ao Professor Doutor Carlos Ferreira de Almeida*, Vol. II, Almedina, 2001, p. 51. ISBN 978-972-40-4319-7.

DO CONTRATO DE *SWAP* EM GERAL

A jurisprudência definiu também o contrato de *swap* ou contrato de permuta financeira como *"o contrato pelo qual as partes se obrigam ao pagamento recíproco e futuro de duas quantias pecuniárias, na mesma moeda ou em moedas diferentes, numa ou várias datas predeterminadas, calculadas por referência a fluxos financeiros associados a um activo subjacente, geralmente uma determinada taxa de câmbio ou de juro*[27]*"*.

E mais recentemente, como *"o contrato pelo qual as partes se obrigam ao pagamento recíproco e futuro de duas quantias pecuniárias, na mesma moeda ou em moedas diferentes, numa ou várias datas predeterminadas, calculadas por referência a fluxos financeiros associados a um ativo subjacente, geralmente uma dada taxa de câmbio ou de juro"*[28].

Através destas noções percebemos que, apesar da complexidade do tipo contratual em análise, a sua identificação não diverge muito entre os autores, concetualização que, não sendo uniforme, e muito menos definitiva, compreende vários elementos comuns. O que nos auxilia a decompor as características do contrato de *swap*.

Vejamos. *Swap* significa "troca". Através do contrato de *swap* as partes trocam uma coisa pela outra. Inicialmente surgiu como uma forma de ambas as partes trocarem entre si as posições favoráveis que cada uma detinha no acesso a determinado mercado, ultrapassando as dificuldades que as mesmas teriam se o fizessem de forma direta. Citamos Carlos Ferreira de Almeida: *"Swap designava então (apenas) o contrato pelo qual as partes se obrigavam reciprocamente a pagar, em datas futuras, o montante das obrigações devidas pela outra parte perante terceiro, por efeito de contrato de mútuo (ou de outros contratos financeiros) expressos em divisas diferentes (currency swaps) ou com diferentes modalidades de cálculo de taxa de juro, v. g. taxa de juro fixa e taxa de juro variável (interest rate swap)"*[29].

Pode-se afirmar que um contrato de *swap* se traduz na convenção pela qual duas partes trocam entre si posições de mercado ou fluxos financeiros, sendo que dessa troca resultam vantagens para ambas as partes, na medida em que se pretende anular os riscos de perda nas operações finan-

---

[27] Cfr. Acórdão do Tribunal da Relação de Lisboa, datado de 08/05/2014, proferido no processo nº 531/11.7TVLSB.L1-8, relatado por Ilídio Sacarrão Martins.

[28] Cfr. Acórdão do Tribunal da Relação de Lisboa, datado de 24 de fevereiro de 2015, proferido no processo nº 2186.13.5TVLSB.L1-7, relatado por Maria do Rosário Morgado.

[29] ALMEIDA, Carlos Ferreira de, *Contratos II – Conteúdo. Contratos de Troca*, Coimbra, Almedina, 3ª edição, 2012, p. 116. ISBN 9789724049649.

ceiras. Essa troca traduz-se na cedência recíproca das vantagens que cada agente económico conseguiu obter num determinado mercado, o qual seria de difícil acesso ou de acesso excessivamente oneroso para a outra parte.

Torna-se necessário e pressuposto para a celebração de um contrato de *swap* "*a realização de duas operações paralelas, de sentido contrário; cada interveniente procede à contração de um empréstimo e à realização simultânea de uma aplicação de fundos, com o mesmo prazo de duração e idêntico montante de referência, mas com diferentes taxas de juros ou diferentes divisas.*" sendo que a "*transação efetua-se com o intuito de aproveitar as diferentes vantagens comparativas de cada um dos operadores*" [30].

Desta forma, o contrato de *swap* visa aproveitar as vantagens que certos agentes económicos, dada a sua posição, têm no acesso a certos mercados, permutando essas vantagens próprias por outras que nunca teriam, com outros agentes económicos, como que numa comunhão de esforços para tornar os mercados financeiros mais eficazes e eficientes, eliminando as barreiras de acesso, globalizando-os cada vez mais.

### 1.2.2. Enquadramento jurídico

Para um adequado enquadramento do contrato de *swap* no nosso ordenamento jurídico, importa, antes de mais, analisar o que se entende por instrumento financeiro. Na verdade, este conceito está ainda longe de estar acabado ou completo, no entanto, tentaremos adiantar o nosso próprio conceito, sendo com base nele que trabalharemos. Assim, primeiramente, salientemos que o conceito *instrumento financeiro* é mais amplo que o conceito de *valores mobiliários*, na medida em que este se encontra abrangido por aquele, mas já não o inverso. O mesmo é dizer que todos os valores mobiliários são instrumentos financeiros mas nem todos os instrumentos financeiros são valores mobiliários. Aliás, melhor seria que o Código de Valores Mobiliários[31] se denominasse Código dos Instrumentos Financeiros

---

[30] Tal como afirma QUELHAS, J. M., «Sobre a evolução recente do sistema financeiro (Novos "produtos financeiros")», *Separata do Boletim de Ciências Económicas*, Coimbra, 1996, p. 93. ISBN 9780048876911.

[31] Decreto-Lei nº 486/99, de 13 de novembro, alterado por Declaração de Retificação nº 23-F/99, de 31 de dezembro, Declaração de Retificação nº 1-A/2000, de 10 de janeiro, Lei nº 3-B/2000, de 4 de abril, Decreto-Lei nº 61/2002, de 20 de março, Decreto-Lei nº 38/2003, de 8 de março, retificado pela Declaração de Retificação nº 5-C/2003, de 30 de abril, Decreto-Lei nº 107/2003, de 4 de junho, Decreto-Lei nº 183/2003, de 19 de Agosto, Decreto-Lei nº

DO CONTRATO DE *SWAP* EM GERAL

porquanto o regime daquele se aplica aos instrumentos financeiros e não apenas aos valores mobiliários[32].

O legislador, no art. 199º-A, ponto 3º, do Regime Geral das Instituições de Crédito e Sociedades Financeiras[33], fornece-nos uma noção do conceito

---

66/2004, de 24 de março, Decreto-Lei nº 52/2006, de 15 de março, retificado pela Declaração de Retificação nº 21/2006, de 30 de março, Decreto-Lei nº 219/2006, de 2 de novembro, Decreto-Lei nº 357-A/2007, de 31 de outubro, retificado pela Declaração de Retificação nº 117-A/2007, de 28 de dezembro, Decreto-Lei nº 211-A/2008, de 3 de novembro, Lei nº 28/2009, de 19 de junho, Decreto-Lei nº 185/2009, de 12 de agosto, Decreto-Lei nº 49/2010, de 19 de maio, Decreto-Lei nº 52/2010, de 26 de maio, Decreto-Lei nº 71/2010, de 18 de junho, Lei nº 46/2011, de 24 de junho, Decreto-Lei nº 85/2011, de 29 de junho, Decreto-Lei nº 18/2013, de 6 de fevereiro, Decreto-Lei nº 63-A/2013, de 10 de maio, Decreto-Lei nº 29/2014, de 25 de fevereiro, Decreto-Lei nº 40/2014, de 18 de março, Decreto-Lei nº 88/2014, de 6 de junho, Decreto-lei nº 175/2014, de 24 de outubro, Lei nº 16/2015, de 24 de fevereiro e Lei nº 23-A/2015, de 26 de março.

[32] Cfr. art. 2º do Código dos Valores Mobiliários, onde no nº 1, alínea *a)* se incluem os valores mobiliários também.

[33] Decreto-Lei nº 298/92, de 31 de dezembro, atualizado e alterado pelo Decreto-Lei nº 246/95, de 14 de setembro, Decreto-Lei nº 232/96, de 5 de dezembro, Decreto-Lei nº 222/99, de 22 de junho, Decreto-Lei nº 250/2000, de 13 de outubro, Decreto-Lei nº 285/2001, de 3 de novembro, Decreto-Lei nº 201/2002, de 26 de setembro, Decreto-Lei nº 319/2002, de 28 de dezembro, Decreto-Lei nº 252/2003, de 17 de outubro, Decreto-Lei nº 145/2006, de 31 de julho, Decreto-Lei nº 104/2007, de 3 de abril, Decreto-Lei nº 357-A/2007, de 31 de outubro, Decreto-Lei nº 1/2008, de 3 de janeiro, Decreto-Lei nº 126/2008, de 21 de julho, Decreto-Lei nº 211-A/2008, de 3 de novembro, Lei nº 28/2009, de 19 de Junho, Decreto-Lei nº 162/2009, de 20 de julho, Lei 94/2009, de 1 de setembro, Decreto-Lei nº 317/2009, de 30 de outubro, Decreto-Lei nº 52/2010, de 26 de maio, Decreto-Lei nº 71/2010, de 18 de junho, Lei 36/2010, de 2 de setembro, Decreto-Lei nº 140-A/2010, de 30 de dezembro, Lei nº 46/2011, de 24 de junho, Decreto-Lei nº 88/2011, de 20 de julho, Decreto-Lei nº119/2011, de 26 de dezembro 2011, Decreto-Lei nº 31-A/2012, de 10 de Fevereiro, Decreto-Lei nº 242/2012, de 7 de novembro, Lei nº 64/2012, de 20 de dezembro, Declaração de Retificação nº 1-A/2013, de 4 de janeiro, Lei nº 18/2013, de 6 de fevereiro, Decreto-Lei nº 63-A/2013, de 10 de maio, Decreto-Lei nº 114-A/2014, de 1 de agosto, com início de vigência a 2 de agosto de 2014, Decreto-Lei nº 114-B/2014, de 4 de agosto, com início de vigência a 5 de agosto de 2014, Decreto-Lei nº 157/2014, de 24 de outubro, com início de vigência a 23 de novembro de 2014, Lei nº 16/2015, de 24 de Fevereiro, retificada pela Declaração de Retificação nº com início de vigência a 26 de Março de 2015, Lei nº 23-A/2015, de 26 de março, com início de vigência a 31 de março de 2015, Decreto-Lei nº 89/2015, de 29 de Maio, cuja produção de efeitos se inicia na data do registo definitivo dos novos estatutos da Finangeste, Lei nº 66/2015, de 6 de julho, com início de vigência em 4 de outubro de 2015, Decreto-Lei nº 140/2015, de 31 de julho, com início de vigência em 3 de agosto de 2015, Lei nº 118/2015, de 31 de agosto, com início de vigência a 1 de setembro de 2015, Decreto-Lei nº 190/2015, de 10 de setembro, com início de vigência a 10 de outubro de 2015, e Decreto-Lei nº 20/2016, de 20 de abril, com início de vigência a 1 de julho de 2016.

O CONTRATO DE *SWAP*

de instrumentos financeiros como sendo *"qualquer contrato que dê origem, simultaneamente, a um ativo financeiro de uma parte e a um passivo financeiro ou instrumento de capital de outra parte, incluindo, no mínimo, os instrumentos referidos na secção C do anexo I da Diretiva nº 2004/39/CE, do Parlamento Europeu e do Conselho, de 21 de Abril"*.

Aliás, já a Diretiva nº 2006/49/CE, na Seção 2, art. 3º, nº 1, alínea *e*) definia instrumento financeiro como *"qualquer contrato que dê origem simultaneamente a um ativo financeiro de uma parte e a um passivo financeiro ou instrumento de capital de outra parte"* acrescentando, mais adiante, que *"para os efeitos da alínea e), os instrumentos financeiros incluem os instrumentos financeiros primários ou instrumentos em numerário e os instrumentos financeiros derivados cujo valor é derivado do preço de um instrumento financeiro subjacente ou de uma taxa, de um índice ou do preço de um outro elemento subjacente; incluem, no mínimo, os instrumentos referidos na Secção C do Anexo I da Diretiva 2004/39/CE"*[34].

---

[34] Da Seção C, Anexo I, da Diretiva 2004/39/CE constam como instrumentos financeiros *"os valores mobiliários, os instrumentos do mercado monetário, as unidades de participação em organismos de investimento coletivo, as opções, futuros, swaps, contratos a prazo de taxa de juro e quaisquer outros contratos derivados relativos a valores mobiliários, divisas, taxas de juro ou de rendibilidades ou outros instrumentos derivados, índices financeiros ou indicadores financeiros que possam ser liquidados mediante uma entrega física ou um pagamento em dinheiro, as opções, futuros, swaps, contratos a prazo de taxa de juro e quaisquer outros contratos derivados relativos a mercadorias que devam ser liquidados em dinheiro ou possam ser liquidados em dinheiro por opção de uma das partes (por qualquer razão diferente do incumprimento ou outro fundamento para rescisão), as opções, futuros, swaps e quaisquer outros contratos derivados relativos a mercadorias que possam ser liquidados mediante uma entrega física, desde que sejam transacionados num mercado regulamentado e/ou num MTF, as opções, futuros, swaps, contratos a prazo e quaisquer outros contratos sobre derivados relativos a mercadorias, que possam ser liquidados mediante entrega física e não destinados a fins comerciais, que tenham as mesmas características de outros instrumentos financeiros derivados, tendo em conta, nomeadamente, se são compensados ou liquidados através de câmaras de compensação reconhecidas ou se estão sujeitos ao controlo regular do saldo da conta margem, os instrumentos derivados para a transferência do risco de crédito, os contratos financeiros por diferenças (financial contracts for diferences), as opções, futuros, swaps, contratos a prazo de taxa de juro e quaisquer outros contratos sobre derivados relativos a variáveis climáticas, tarifas de fretes, licenças de emissão, taxas de inflação ou quaisquer outras estatísticas económicas oficiais, que devam ser liquidados em dinheiro ou possam ser liquidados em dinheiro por opção de uma das partes (por qualquer razão diferente do incumprimento ou outro fundamento para rescisão), bem como quaisquer outros contratos sobre derivados relativos a ativos, direitos, obrigações, índices e indicadores não mencionados na presente Secção e que tenham as mesmas características de outros instrumentos financeiros derivados, tendo em conta, nomeadamente, se são negociados num mercado regulamentado ou num MTF, se são compensados e liquidados através de câmaras de compensação reconhecidas ou se estão sujeitos ao controlo regular do saldo da conta margem"*.

DO CONTRATO DE *SWAP* EM GERAL

No entanto, após breve análise do elenco mínimo de instrumentos financeiros consignados na Secção C, Anexo I, da Diretiva 2004/39/CE[35], é desacertado começar por definir-se instrumento financeiro como *"qualquer contrato"* pois existem instrumentos financeiros que não são contratos. Note-se o caso dos valores mobiliários que indubitavelmente são instrumentos financeiros mas não são necessariamente contratos[36].

A Diretiva nº 2004/39/CE do Parlamento Europeu e do Conselho de 21/04/2004 foi parcialmente alterada pela Diretiva nº 2014/65/EU. Esta deve ser interpretada em conjunto com o Regulamento (UE) n.º 600/2014 do Parlamento Europeu e do Conselho, de 15 de maio de 2014, que, por sua vez, alterou parte da Diretiva 2004/39/CE.

Não obstante, a Diretiva nº 2014/65/UE, na sua Secção C, mantém os *swaps* e os derivados para transferência do risco de crédito.

O Código dos Valores Mobiliários, apesar de se aplicar aos instrumentos financeiros, não os define. Então, o que é afinal um instrumento financeiro? Na doutrina, a noção não é consensual.

Segundo Engrácia Antunes, instrumentos financeiros são *"um conjunto de instrumentos juscomerciais suscetíveis de criação e/ou negociação no mercado de capitais, que têm por finalidade primordial o financiamento e/ou a cobertura do risco da atividade económica das empresas"*[37/38].

---

[35] Usualmente conhecida como a Diretiva dos Mercados de Instrumentos Financeiros (DMIF), complementada pela Diretiva 2006/73/CE e pelo Regulamento (CE) nº 1287/2006, introduziu novas regras relativamente ao exercício de atividades de intermediação financeira na União Europeia. A DMIF foi transposta para a ordem jurídica nacional pelo Decreto-Lei nº 357-A/2007, de 31 de outubro, que entrou em vigor no dia 1 de novembro de 2007.

[36] Cfr. art. 1º do Código dos Valores Mobiliários que dispõe: *"São valores mobiliários, além de outros que a lei como tal qualifique:*
*a) As ações;*
*b) As obrigações;*
*c) Os títulos de participação;*
*d) As unidades de participação em instituições de investimento coletivo;*
*e) Os warrants autónomos;*
*f) Os direitos destacados dos valores mobiliários referidos nas alíneas a) a d), desde que o destaque abranja toda a emissão ou série ou esteja previsto no ato de emissão;*
*g) Outros documentos representativos de situações jurídicas homogéneas, desde que sejam suscetíveis de transmissão em mercado".*

[37] Cfr. ANTUNES, José A. Engrácia, «Os derivados», *Cadernos do Mercado de Valores Mobiliários*, nº 30, Agosto, 2008, pp. 91 a 136, p. 96.

[38] ANTUNES, José A. Engrácia, *Os instrumentos financeiros*, Coimbra, Almedina, 2ª edição, 2014, p. 7. ISBN 978-972-40-5592-3

O CONTRATO DE *SWAP*

Os *swaps* ou permutas financeiras são contratos que produzem efeitos *inter partes*, criando entre elas vínculos meramente obrigacionais, representando uma operação bancária, atendendo a que são celebrados e negociados fora do mercado regulamentar, e são celebrados a maioria das vezes com um banco ou com a intermediação financeira de um banco.

As instituições financeiras abrem posições líquidas e tentam depois encontrar as contrapartes adequadas de entre as necessidades e posições abertas em dado momento.

Por este facto, esta figura contratual está estreitamente ligada à atividade bancária cuja supervisão cabe ao Banco de Portugal e não à Comissão do Mercado dos Valores Mobiliários[39].

A supervisão bancária possui certos objetivos e fins bem definidos. Podemos subdividir os objetivos da supervisão em objetivos imediatos e objetivos mediatos. Os primeiros visam que as instituições "mantenham adequados níveis de liquidez; estejam aptas a cumprir os compromissos assumidos, a todo o tempo; estejam dotados de meios estruturais que lhes permitam manter a sua atividade no futuro, sem especiais dificuldades; adoptem critérios saudáveis de gestão, evitando riscos de insolvência" e os segundos referem-se à "prevenção e preservação do sistema financeiro e dos riscos sistémicos" e à "salvaguarda de cada instituição e dos interesses dos respectivos credores, clientes e depositantes"[40]. Neste sentido, a entidade supervisora encontra-se investida de alguns poderes para exercer a sua supervisão. Tem poder regulamentar, de autorizar, de emitir instruções, de inspecionar e de sancionar.

Os derivados financeiros constituem uma categoria dos instrumentos financeiros, sendo que tal resulta do disposto no art. 2º, nº 1, alíneas *c*) a *f*) do Código de Valores Mobiliários.

Do conteúdo da própria Diretiva dos Mercados de Instrumentos Financeiros resultam três categorias de instrumentos financeiros: os valores mobiliários, os instrumentos do mercado monetário[41] e os instrumentos

---

[39] Cfr. Ascensão, José de Oliveira, «Derivados», *Direito dos Valores Mobiliários*, vol. IV, Coimbra, Coimbra Editora, 2003, p. 52. ISBN 9789723211702.

[40] Cfr. Matias, Armindo Saraiva, «Supervisão bancária. Situação actual e perspectiva de evolução», Estudos em Homenagem ao Professor Doutor Inocêncio Galvão Teles, vol. II, Coimbra, Almedina, 2002, p. 573. ISBN 972-40-1789-3.

[41] Segundo o art. 4º, nº 19, da Diretiva 2004/39/CE (DMIF), os instrumentos do mercado monetário são as categorias de instrumentos habitualmente negociadas no mercado

DO CONTRATO DE *SWAP* EM GERAL

derivados. Nestes últimos se enquadra o contrato de *swap*, conforme *supra* exposto.

Não é linear o conceito de derivado financeiro[42] na medida em que a sua definição completa terá de resultar da conjugação de várias normas presentes no Código de Valores Mobiliários[43] e outras constantes de legislação avulsa, como por exemplo o conceito de instrumento financeiro derivado constante no Regulamento da Comissão do Mercado dos Valores Mobiliários 2/2002 de 17 de janeiro[44] ou as qualificações deste conceito no que respeita às obrigações de manutenção de registos das empresas de investimento, à informação sobre transações, à transparência dos mercados, à admissão à negociação dos instrumentos financeiros e aos conceitos definidos na Diretiva dos Mercados de Instrumentos Financeiros – Diretiva nº 2004/39/CE de 21 de abril, conforme dispõe o Regulamento CE/1287/2006, da Comissão, datado de 10 de agosto de 2006[45].

No entanto, os derivados financeiros não são *rosas sem espinhos*, têm associados a si certas vantagens mas também inconvenientes. Naquelas podemos incluir a possibilidade de gestão do risco das empresas e facultando-lhes até a possibilidade de efetuarem uma alavancagem financeira[46] dos seus investimentos, uma maior liquidez no mercado de capitais e uso das finalidades que os derivados facultam, designadamente arbitragem e

---

monetário, como por exemplo bilhetes do Tesouro, certificados de depósito e papel comercial, com exclusão dos meios de pagamento.

[42] ASCENSÃO, José de Oliveira, «Derivados», *Direito dos Valores Mobiliários*, vol. IV, Coimbra, Coimbra Editora, 2003, p. 52. ISBN 9789723211702.

[43] Por exemplo, os artigos 111º, nº 1, *h), ii), j), ii)*, 204º, nº 1, *b)*, 213º, nº 5, 248º, nº 1, *a)*, 289º, nº 1, *a)*, 290º, nº 3, *f), g)* e *h)*, 311º, nº 3, *a)* e *b)*, 314º-D, nº 1, *a)*, e 378º, nº 4, todos do CVM.

[44] Artigo 2º, nº 2, que dispõe: *"2. Para efeitos do presente regulamento são considerados instrumentos financeiros derivados os que, contratados isoladamente ou incorporados noutros valores, com ou sem liquidação financeira, tenham como activo subjacente, real ou teórico, valores representativos de dívida ou direitos de crédito, bem como taxas de juro e divisas, nomeadamente: a) futuros padronizados, forwards e FRA'S; b) opções padronizadas, caps, floors e collars; c) swaps e swaptions; e d) warrants, warrants autónomos".*

[45] Cfr. arts. 37º a 39º do Regulamento.

[46] Significa que com parcos recursos financeiros, a empresa consegue ter uma participação mais do que proporcional a esse investimento nas subidas e descidas do valor do ativo subjacente, ou seja, através de endividamento a empresa consegue multiplicar os seus ganhos, maximizando ganhos e minimizando perdas. Todavia, quando maior for o nível de alavancagem da empresa mais exposta a riscos está e a possibilidade de insolvência é uma realidade. Há que medir a *ratio* entre aqueles dois campos.

especulação. No entanto, este instrumento financeiro traz um conjunto de riscos que as empresas podem sofrer se algo perspetivado não ocorrer como o esperado.

Pode originar problemas de *"cash-flow"* empresarial, na medida em que é potencialmente capaz de descoordenar pagamentos e recebimentos, pode ocasionar perdas monetárias quando é utilizado com fins especulativos e as partes não previram o cenário ocorrido e, em última análise, pode propiciar e favorecer até o risco sistémico de colapso do sistema financeiro, como ocorreu após a crise do *subprime* nos Estados Unidos da América, em 2007/2008[47].

O Regulamento (UE) nº 549/2013, do Parlamento Europeu e do Conselho, de 21 de maio de 2013, refere no ponto 5.202 que os "derivados financeiros podem ser classificados por instrumento, como opções, *forwards*, derivados de crédito, ou por risco de mercado, como *swaps* de divisas, *swaps* de taxas de juro, etc.".

O contrato de *swap*, enquanto instrumento financeiro derivado, resultará de uma outra realidade que lhe estará subjacente – ativo subjacente –, sendo entre esta realidade e o contrato de *swap* que se estabelece a relação de derivação. Esta relação traduz-se desde logo nos valores que o contrato de *swap* e o ativo subjacente possuem.

Vejamos o seguinte exemplo para que possamos, por referência ao mesmo, analisar melhor as caraterísticas desta relação de derivação. Imaginemos que a empresa "AllforGood" celebrou um contrato de mútuo com o banco "Áquytta" pelo valor de dez milhões de euros, pelo período de cinco anos, a uma taxa de juro variável, indexada à Euribor.

Todavia, interessa à empresa "AllforGood" que durante os cinco anos do contrato a sua prestação mensal não altere, dado que esta precisa de estabilidade e, por isso, quer precaver-se dos riscos inerentes a uma eventual subida abrupta da taxa de juro. Neste sentido, opta por celebrar com o banco "BusinessBank"[48], paralelamente, um outro contrato em que a empresa "AllforGood" pagaria uma comissão e uma taxa de juro fixa sobre os dez milhões de euros e o banco "BusinessBank" pagaria ao Banco

---

[47] Neste sentido ANTUNES, José A. Engrácia, «Os derivados», *Cadernos do Mercado de Valores Mobiliários*, nº 30, Agosto de 2008, p. 94.

[48] Sendo certo que poderia celebrar com o mesmo banco, ou seja, no exemplo, com o Banco "Áquytta".

## DO CONTRATO DE *SWAP* EM GERAL

"Áquytta" a taxa variável a que a empresa "AllforGood" se vinculou no contrato de mútuo. Isto é, o valor do contrato de *swap* dependerá do valor do contrato de mútuo (ativo financeiro subjacente).

Mas a questão que se impõe é saber se nessa relação de derivação vigora um princípio de causalidade, no sentido de apurar se a existência e/ou validade de um afeta ou não a existência e/ ou validade do outro. Esta questão é de extrema importância pois a resposta dir-nos-á se o contrato de *swap* se manterá ou não validamente mesmo depois da cessação do ativo subjacente. A solução não é líquida como adiante abordaremos.

Os negócios jurídicos típicos celebrados nos mercados de capitais assumem a designação de contratos financeiros. Por sua vez, entre estes destacam-se os contratos de intermediação financeira e os contratos de derivados.

Os contratos derivados[49], no âmbito dos quais se inserem os contratos diferenciais e os contratos de *swaps*, são tipicamente utilizados no mercado de capitais a prazo e surgem definidos como contratos a prazo estabelecidos entre investidores e intermediários financeiros ou com entidades gestoras de mercado, sempre com referência a um ativo subjacente, gerando instrumentos financeiros suscetíveis de negociação no mercado de capitais[50].

Os contratos de intermediação financeira são estabelecidos entre um intermediário financeiro e um investidor. A sua disciplina jurídica encontra-se regulamentada nos artigos 321º e seguintes do Código de Valores Mobiliários. Entre os contratos de intermediação financeira destacamos os contratos relativos a ordens sobre instrumentos financeiros, de colocação, de gestão de carteira, de assistência, de consultoria empresarial e de análise financeira[51].

Os *swaps* surgem expressamente mencionados na nossa lei, no art. 2º, nº 1, alínea *e*) do Código de Valores Mobiliários, a par da Diretiva dos Mercados de Instrumentos Financeiros (Diretiva nº 2004/39/CE de 21 de abril), nos seus pontos 4 a 10, Secção C, Anexo I e do Regulamento CE/1287/2006,

---

[49] Entre outros, como os contratos de futuros, de opções, os *forwards*, *caps*, *floors*, *collars* e derivados de crédito.

[50] Precisamente neste sentido, ANTUNES, José A. Engrácia, *Direito dos contratos comerciais*, Coimbra, Almedina, 2009, p. 615. ISBN 978-972-40-3935-0.

[51] Sobre mais contratos de intermediação financeira e respetivo desenvolvimento, ANTUNES, José A. Engrácia, *Direito dos contratos comerciais*, Coimbra, Almedina, 2009. ISBN 978-972-40-3935-0.

O CONTRATO DE *SWAP*

de 10 de agosto[52], artigos 37º a 39º. Em 2013, o Regulamento (UE) nº 549/2013, do Parlamento Europeu e do Conselho, de 21 de maio de 2013, nos seus pontos 5.210[53], define o contrato de *swap*. Mas mesmo na versão original do Código dos Valores Mobiliários os *swaps* já se encontravam previstos na nossa legislação, atendendo a que são instrumentos financeiros derivados. Pelo que, naquela versão, o art. 2º, nºs 4 e 5, dispunham da seguinte forma: "4 – As disposições dos títulos I e IV a VIII aplicam-se também aos instrumentos financeiros derivados que não sejam valores mobiliários, salvo se o respectivo regime não for compatível com a sua natureza. 5 – Para efeitos do número anterior, as referências feitas neste Código a valores mobiliários devem ser entendidas de modo a abranger outros instrumentos financeiros". A atual redação do art. 2º do Código dos Valores Mobiliários foi introduzida pelo Decreto-Lei nº 357-A/2007, de 31 de outubro.

## 1.3. Características jurídicas do contrato de *swap*

O *swap* é um contrato que pode ser estruturado em qualquer moeda, o prazo será o acordado entre as partes, sendo que o usual se situa entre os cinco e os dez anos. O *swap* requer que sejam efetuados pagamentos entre as partes nas datas de vencimento que ficarem pré-estabelecidas, e segundo a realidade vigente nessas datas, pelo que as partes estipulam obrigações futuras que terão que cumprir.

Normalmente na celebração de um contrato de *swap* existe sempre um intermediário financeiro o qual será comissionado, em montante que pode ficar – e normalmente fica – estipulado no contrato, por referência a uma percentagem do montante da operação, salvo o pagamento devido aos intermediários por todas as despesas em que o mesmo tenha incorrido na elaboração, negociação e execução do contrato de *swap*.

---

[52] Que aplica a DMIF no que diz respeito às obrigações de manutenção de registos das empresas de investimento, à informação sobre transações, à transparência dos mercados, à admissão à negociação dos instrumentos financeiros e aos conceitos definidos para efeitos da referida diretiva, com especial destaque para os artigos 37º a 39º.

[53] Dispõe da seguinte forma: «5.210 Definição: os swaps são acordos contratuais entre duas partes que acordam na troca, ao longo do tempo e segundo regras predeterminadas, de uma série de pagamentos correspondentes a um valor hipotético de capital, entre elas acordado. As categorias mais frequentes são os *swaps* de taxas de juro, os swaps cambiais e os swaps de divisas».

DO CONTRATO DE *SWAP* EM GERAL

O contrato de *swap* possibilita às partes a retirada do máximo de proveitos que uma operação pode conter, na medida em que rentabiliza, ou pelo menos é isso que visa, os riscos subjacentes a essa operação, sejam os riscos associados à subida de taxas de juro ou das taxas de câmbio. Ora, esta segurança permite às empresas terem uma maior estabilidade, controlando de forma mais calculada todas as consequências das suas operações.

A utilização de um *swap* por parte de uma empresa irá depender do perfil de risco da própria empresa e, consequentemente, do tipo de finalidade que com o *swap* se visa prosseguir. Isto equivale a dizer que se uma empresa for avessa ao risco e se pretender financiar a um prazo alargado, não controlando as flutuações de taxas de juro, por exemplo, associadas ao capital financeiro, irá utilizar um *swap* para cobrir os riscos provenientes da subida dessa taxa de juro, uma vez que tal subida se irá repercutir no montante das prestações devidas por essa empresa.

Vejamos a seguinte hipótese utilizando o seguinte exemplo[54]: a companhia Y que paga a seis meses, a uma taxa variável, à companhia Z, quebra o contrato antes de efetuar o seu pagamento semestral mas depois do pagamento da quinta prestação efetuada pela companhia Z, que efetuava pagamentos a um mês, a uma taxa variável também. A perda para a companhia Z, após a quebra do contrato, seria as cinco prestações e o custo da substituição do *swap*, o qual se fixará numa percentagem do montante de referência do contrato (supondo que as taxas de juro evoluíram favoravelmente para a mesma), sendo que terá de anular esse benefício para proceder à substituição do *swap* e o substituto da companhia Y só participará na operação pelas taxas vigentes e no final do sexto mês. Claramente que neste tipo de operações complexas necessário se torna que as partes se socorram de um intermediário financeiro, o qual maioritariamente é um banco ou uma sociedade financeira. Ora, para as partes o único "rosto" que conhecem nesta operação é o banco, desconhecendo em absoluto a contraparte.

O intermediário, colocado numa posição favorável para sentir as necessidades dos vários agentes económicos, consegue percecionar oportunidades de mercado para que os diversos intervenientes retirem das necessidades dos outros, a satisfação das próprias necessidades, as quais, por sua vez, satisfarão também as de outrem. O intermediário funciona como um ges-

---

[54] A partir de Silva, José Manuel Braz da, *Mercados e instrumentos financeiros internacionais*, Lisboa Escolar Editora, 2013, pp. 175 e 176. ISBN 978-972-592-397-9.

tor de rede, interrelacionando as diversas empresas, ainda que com diferentes dimensões, as quais, por si só, em princípio, não se conexionariam.

Assim, não conhecendo a contraparte, apenas se relacionando com o banco, o qual gerirá da melhor forma esta "plataforma de ocasiões" – que mais não são do que necessidades financeiras opostas entre as diversas empresas – as empresas sentem-se mais seguras, não temendo o insucesso ou desventura financeira de outras, funcionando o intermediário como a rede de segurança ou trampolim, o risco passa a existir apenas perante o banco.

Os bancos no âmbito da sua vasta carteira de clientes e influências conseguem a equidistância necessária a encontrar, identificar e liderar as diversas operações, sinalizando os potenciais clientes. Todavia, muitas das operações não se iniciam logo com as situações de necessidades financeiras opostas identificadas, mas ainda assim o banco assume o risco e efetua a operação e só depois "descobre" a situação ideal oposta para desfazer o risco que assumiu.

O banco prefere entremeter-se na operação, confiante no surgimento póstumo da necessidade de outrem que aniquilará o risco que assumiu, pois se assim não fosse não daria resposta àquela situação solitária até que outra oposta surgisse e isso poderia demorar, o que acarretaria constrangimentos no sector financeiro, não compatíveis com o crescimento e desenvolvimento dos mercados, dado que são raras as situações de aparecimento simultâneo de duas partes interessadas em necessidades financeiras opostas entre si. Aliás, a tendência para os bancos celebrarem *swaps* sem terem "descoberto" a posição/interveniente que anule o risco que assumem, aumenta sempre que as taxas de juro descem.

### 1.3.1. Contrato comercial, patrimonial e obrigacional

O contrato de *swap* é classificado como um contrato comercial na medida em que o seu objeto é um ato comercial[55]. Carateriza-se ainda por ser um contrato patrimonial onde vive a necessidade de proteção da confiança do declaratário, no sentido em que, no confronto entre a vontade real e a vontade declarada, prevalece esta em detrimento daquela.

---

[55] Neste sentido, veja-se PINTO, Paulo Mota, «Contrato de *swap* de taxas de juro, jogo e aposta e alteração das circunstâncias que fundaram a decisão de contratar», *Revista de Legislação e Jurisprudência*, Ano nº 143, nº 3987, Julho/Agosto, 2014, p. 396.

DO CONTRATO DE *SWAP* EM GERAL

O contrato assume ainda a natureza obrigacional, vigorando o princípio da liberdade negocial, sendo permitido às partes fixar livremente o conteúdo das cláusulas contratuais, inserir cláusulas semelhantes às dos contratos previstos na lei[56], ou cláusulas com teor completamente diferente das que estejam previstas para outros tipos contratuais.

Refira-se, aliás, que essa liberdade é visível na possibilidade de celebração deste tipo contratual, que não está regulamentado na nossa lei[57], com observância do disposto no artigo 280º do Código Civil.

### 1.3.2. Contrato bilateral e sinalagmático

É entendimento unânime a classificação do contrato de *swap* como um contrato bilateral, no sentido em que se estabelece entre duas ou mais partes, que emitem declarações negociais opostas, mas convergentes num só sentido, que é aquele em que as partes encontram a justa composição do respetivo interesse[58].

As partes chegam a um consenso, sendo que, enquanto contrato bilateral é também sinalagmático, pois gera obrigações para ambas as partes, estando estas prestações ligadas por um nexo de causalidade ou correspetividade[59], daí que se realce sempre a reciprocidade das obrigações.

O sinalagma presente no contrato de *swap* é genético e funcional. Genético na medida em que na *"génese ou raiz do contrato, a obrigação assumida por cada um dos contraentes constitui a razão de ser da obrigação contraída pelo outro"* e funcional porque *"as obrigações têm de ser exercidas em paralelo e ainda para o pensamento de que todo o acidente ocorrido na vida de uma delas repercute necessariamente no ciclo vital da outra"*[60].

Maria Clara Calheiros defende que nos *swaps* que geram para cada uma das partes a obrigação de pagamento de certo montante, sem recurso a compensação, a causa da obrigação de pagamento está na transferência

---

[56] Contratos típicos.

[57] Cfr. art. 405º do CC.

[58] À medida que se avança para um mercado secundário de *swaps* organizado, esta caraterística cede perante o caráter multilateral que se passará a estabelecer, como que criando uma rede complexa de posições, conforme adiante explicaremos melhor.

[59] Neste sentido, ver PINTO, Carlos Alberto Mota, *Teoria Geral do Direito Civil*, Coimbra, Coimbra Editora, 2012. ISBN 9789723221022.

[60] Cfr. VARELA, João de Matos Antunes, *Das Obrigações em Geral*, Vol. I, Coimbra, Almedina, 10ª edição, 2009, , p. 397. ISBN 978-972-40-1389-3

O CONTRATO DE *SWAP*

do encargo ou do produto financeiro dos ativos ou passivos subjacentes, sejam eles reais ou fictícios. Já nos *swaps* onde se convencione apenas o pagamento do valor deferencial que resultar do apuramento entre os dois pagamentos a efetuar por cada uma das partes, a causa está na aceitação por ambas de um pagamento potencial[61].

Parte da doutrina questiona a sinalagmaticidade deste contrato, atendendo a que para o ser, teria necessariamente de existir duas prestações interdependentes entre si e, no contrato de *swap*, nem sempre existe a prestação física dos valores a cujo pagamento as partes se vinculam.

O que acontece, com o recurso e aplicação do instituto da compensação de créditos, é que uma das prestações se extingue, que é aquela que tiver o menor valor de entre as duas prestações, determinando o pagamento, a cargo da parte que estava obrigada à prestação de maior valor, do montante residual que resultar do apuramento entre as duas prestações.

O nosso ordenamento jurídico, como de resto a maioria dos ordenamentos de origem ou influência romano-germanística, acolhe esta figura como forma de extinção das obrigações, desde que se verifiquem os requisitos legais exigidos[62]. No momento em que as partes devem realizar a sua prestação, efetua-se uma compensação entre os valores das prestações apurados e só a parte em desfavor[63] da qual resultar o valor diferencial remanescente deveria efetuar à outra parte esse valor. Este tipo de contratos é classificado por alguns autores[64] como contratos diferenciais, os quais, aparentemente, nos induziriam à conclusão de que só existe uma prestação e não duas. Acontece, porém, que existem duas, apenas uma se extingue por uma das causas legalmente admissíveis, a compensação.

---

[61] Ver CALHEIROS, Maria Clara, «O contrato de *swap*», *Studia Iuridica*, 51, *Boletim da Faculdade de Direito*, Coimbra Editora, 2000, p. 82. ISBN 972-32-0963-2.

[62] Art. 847º do CC: *"1. Quando duas pessoas sejam reciprocamente credor e devedor, qualquer delas pode livrar-se da sua obrigação por meio de compensação com a obrigação do seu credor, verificados os seguintes requisitos:*
*a) Ser o seu crédito exigível judicialmente e não proceder contra ele excepção, peremptória ou dilatória, de direito material;*
*b) Terem as duas obrigações por objecto coisas fungíveis da mesma espécie e qualidade".*

[63] Pode existir compensação parcial, não é necessário que se trate de valores iguais. Veja-se o disposto no art. 847º, nº 2 do CC: *"Se as duas dívidas não forem de igual montante, pode dar-se a compensação na parte correspondente".*

[64] Neste sentido ALMEIDA, Carlos Ferreira de, *Contratos II – Conteúdo. Contratos de Troca*, Coimbra, Almedina, 3ª edição, 2012, p. 118. ISBN 9789724049649.

DO CONTRATO DE *SWAP* EM GERAL

A *International Swaps and Derivatives Association* elaborou um *Master Agreement*, como adiante veremos, para ser utilizado pelas partes como guia nas negociações de contratos *swaps*. Nele consta a referência à compensação de créditos, com a designação de *netting*. Esta faculdade está prevista na cláusula 2º alínea *c)* do *Master Agreement*[65].

Na verdade, a possibilidade de *netting*[66] nos *swaps* já há muito tempo que tem consagração legal no ordenamento jurídico português. Na realidade, do art. 1º e art. 2º do Decreto-Lei nº 70/97, de 3 de abril resulta essa possibilidade de compensação[67].

---

[65] Com o seguinte teor: *"(c) Netting of Payments. If on any date amounts would otherwise be payable:— (i) in the same currency; and (ii) in respect of the same Transaction, by each party to the other, then, on such date, each party's obligation to make payment of any such amount will be automatically satisfied and discharged and, if the aggregate amount that would otherwise have been payable by one party exceeds the aggregate amount that would otherwise have been payable by the other party, replaced by an obligation upon the party by which the larger aggregate amount would have been payable to pay to the other party the excess of the larger aggregate amount over the smaller aggregate amount.*

*The parties may elect in respect of two or more Transactions that a net amount and payment obligation will be determined in respect of all amounts payable on the same date in the same currency in respect of those Transactions, regardless of whether such amounts are payable in respect of the same Transaction. The election may be made in the Schedule or any Confirmation by specifying that "Multiple Transaction Payment Netting" applies to the Transactions identified as being subject to the election (in which case clause (ii) above will not apply to such Transactions). If Multiple Transaction Payment Netting is applicable to Transactions, it will apply to those Transactions with effect from the starting date specified in the Schedule or such Confirmation, or, if a starting date is not specified in the Schedule or such Confirmation, the starting date otherwise agreed by the parties in writing. This election may be made separately for different groups of Transactions and will apply separately to each pairing of Offices through which the parties make and receive payments or deliveries".*

[66] Sobre esta possibilidade e figura cfr. MACHADO, Sofia Santos, «Netting and collateral under the law of Portugal», *Cadernos do Mercado de Valores Mobiliários*, nº 29, Abril, CMVM, 2008.

[67] Dispõe o art. 1º do Decreto-Lei nº 70/97, de 3 de Abril que: "1 – O negócio jurídico através do qual as partes, na sua qualidade de intervenientes em contratos sobre instrumentos financeiros, de que decorrem direitos e obrigações similares, acordam em que todas as obrigações entre elas contraídas no âmbito desse negócio se considerarão compensadas, na parte relevante, se uma das partes vier a ser declarada em estado de falência, é oponível à massa falida e aos credores dessa massa. 2 – O disposto no número anterior é aplicável, com as devidas adaptações, se o negócio jurídico estabelecer que a mesma compensação terá lugar se um dos sujeitos vier a ser objecto de medida de recuperação, de saneamento ou outras de natureza similar." e o art. 2º do mesmo diploma refere que se deve entender por instrumentos financeiros os swaps.

43

O CONTRATO DE *SWAP*

Importa, agora, distinguir entre duas formas de *netting*:

a) *payment netting*, que tem o significado de uma cláusula *set-off* e
b) *close-out netting*.

No primeiro caso, a compensação opera no decurso do contrato de *swap* e entre as duas prestações periódicas a efetuar pelas partes; no segundo caso, estaremos já numa circunstância em que existem duas partes em que uma delas está insolvente ou em incumprimento e a outra não.

O *close-out netting*[68] opera num cenário de resolução antecipada de transações[69] e envolve três fases: a primeira será a resolução do contrato, a segunda a avaliação dos custos de cada operação de substituição nos termos do contrato e, por fim, a determinação do saldo líquido para se encontrar o valor final de liquidação definitiva do contrato, apurando-se o montante final que uma parte deve à outra[70].

O *payment netting* e o *close-out netting* constituem instrumentos contratuais que contribuem para a redução de risco de crédito, designadamente o risco de uma das contrapartes, ou ambas, não cumprirem com as obrigações assumidas na data de vencimento, visando efetuar uma compensação entre posições positivas e negativas que as partes tenham nas suas múltiplas transações. O *close-out netting* é uma forma de compensação que funciona caso haja resolução antecipada de um contrato, ou seja, na hipótese de ter ocorrido um evento de incumprimento[71].

O *payment netting* opera ao longo da execução do contrato ou contratos, compensando-se as posições que as partes têm nesses contratos, desde que as obrigações atinentes a cada uma sejam na mesma divisa e tenham

---

[68] Admitido face à nossa legislação pelo Decreto-Lei nº 70/97, de 3 de Abril e Instrução do Banco de Portugal 31/97, que reconhece oponibilidade à massa falida e aos credores dessa massa de estipulações bilaterais de compensação no âmbito de contratos sobre instrumentos financeiros. O disposto no presente diploma prevalece sobre qualquer outra disposição legal, ainda que de natureza especial.

[69] Por exemplo, quando ocorre um *termination event* não sanado ou num *event of default*. Veja-se, a este propósito, a cláusula 6ª, alínea *e*) ponto *i*) e *ii*) do ISDA *Master Agreement*.

[70] Denominado de *close-out amount*.

[71] Sobre a importância do *close-out netting*, veja-se ISDA Research Notes, Number 1, 2010, por MENGLE, David, disponível em: http://www.isda.org/researchnotes/pdf/Netting-ISDAResearchNotes-1-2010.pdf, (acedido em 26 de janeiro de 2015).

DO CONTRATO DE *SWAP* EM GERAL

datas de vencimento coincidentes, o que contribui para diminuir o risco de liquidação[72].

Não obstante a possibilidade de uso da compensação de créditos – que segundo o sistema anglo-saxónico deve estar expressamente prevista no contrato – uma vez que não resulta da lei a sua aplicação, as partes quiseram desde início vincular-se ao pagamento de valores pecuniários à outra, ainda que apenas devesse efetuar prestação física aquela em desfavor da qual se viesse a apurar a diferença de valores, pelo que o contrato de *swap* não é unilateral, mas antes bilateral e sinalagmático. E uma vez chegados a esta conclusão, retiramos uma outra, que se traduz na aplicabilidade plena do instituto da exceção de não cumprimento do contrato[73]. Pelas razões lógicas que conhecemos, este instituto jurídico não se aplica se ocorrer a compensação de créditos[74].

### 1.3.3. Contrato oneroso

A caracterização do contrato de *swap* como contrato oneroso tem implicações importantes a nível do regime jurídico aplicável. A distinção entre negócios onerosos e negócios gratuitos baseia-se na finalidade e conteúdo dos contratos. Assim, o contrato será oneroso se existirem atribuições patrimoniais adstritas a ambas as partes e entre estas atribuições exista um nexo de correspetividade no sentido em que à vantagem de uma das partes corresponde o sacrifício económico da outra. Acrescente-se ainda que não é sequer exigido o equilíbrio entre as prestações patrimoniais a efetuar, isto é, pode suceder que uma parte tenha a seu cargo, e em termos abstratos, uma prestação muito mais dispendiosa do que a da outra parte, todavia, relevante é que cada uma das partes considere que se encontra devidamente remunerada ou compensada com a prestação da outra e que essa prestação, independentemente ser inferior em termos patrimoniais,

---

[72] Neste sentido, MACHADO, Sofia Santos, «*Close-out netting e set-off.* Da validade e eficácia das cláusulas de *close-out netting* e *set-off* nos contratos sobre instrumentos financeiros», *Cadernos do Mercado de Valores Mobiliários*, nº 17, Agosto, 2003.

[73] Art. 428º do CC: "*1. Se nos contratos bilaterais não houver prazos diferentes para o cumprimento das prestações, cada um dos contraentes tem a faculdade de recusar a sua prestação enquanto o outro não efectuar a que lhe cabe ou não oferecer o seu cumprimento simultâneo.*
*2. A excepção não pode ser afastada mediante a prestação de garantias.*"

[74] Também neste sentido PINTO, Paulo Mota, «Contrato de swap de taxas de juro, jogo e aposta e alteração das circunstâncias que fundaram a decisão de contratar", *Revista de Legislação e Jurisprudência*, Ano 143, nº 3987, Julho/Agosto, 2014, p. 397. ISBN 0870-8487.

O CONTRATO DE *SWAP*

represente para si um justo interesse que justifica o montante da sua prestação, que pode ser muito superior àquela[75].

O contrato de *swap*, independentemente da sua modalidade, algumas das quais explicaremos adiante, é um contrato que implica necessariamente obrigações de pagamento para ambas as partes, não obstante o recurso, generalizado e comum neste tipo contratual, do instituto da compensação de créditos.

Ressalve-se que não se requer aqui, para que haja o juízo de equilíbrio de prestações uma exata correspondência entre os valores das prestações, aliás, até podem ser desiguais patrimonialmente. O que releva é que as partes, *ab initio*, estejam conscientes da sua vontade e que se considerem compensadas com a prestação da outra parte, independentemente daquela prestação ter um valor muito inferior à que estão obrigadas a cumprir[76]; o que releva é que ambas aceitem cumprir o contrato nos precisos termos acordados e que o considerem equilibrado e justo, repita-se, desde o seu início, isto é, na fase pré-negocial e aquando da celebração do negócio. Se, posteriormente, durante a execução do contrato, uma das partes entende que existe um grave desequilíbrio entre prestações e que esse desequilíbrio fora provocado por circunstâncias que o mesmo não previu nem podia prever aquando da celebração do contrato, circunstâncias essas supervenientes àquele momento de celebração, colocar-se-á a questão de saber se a parte prejudicada ou em desfavor de quem tais circunstâncias surgiram poderá ou não requerer a modificação dos termos contratuais ou mesmo resolvê-lo. Esta é uma questão delicada que abordaremos de forma mais pormenorizada.

A classificação do contrato de *swap* como um contrato oneroso tem, como se referiu, implicações a nível do regime jurídico a aplicar, uma vez que na ausência de regulamentação jurídica própria, ter-se-á de se submeter ao regime regra e, nesse caso, as implicações importantes que existem revelam-se ao nível do instituto da impugnação pauliana, o qual tem âmbito e requisitos de aplicação diverso consoante se trate de contrato one-

---

[75] Acerca das justificações para a existência de diferenças ou desequilíbrio, ainda que aparente, nas atribuições patrimoniais, consultar PINTO, Carlos Alberto da Mota, *Teoria Geral do Direito Civil*, Coimbra, Coimbra Editora, Reimpressão da 4ª edição, 2012, ISBN 9789723221022.
[76] Note-se que esta diferença de valores patrimoniais pode dever-se, entre outros motivos, à parca habilidade negocial de uma das partes, que acaba por fazer um "mau negócio", enquanto a outra, por sua vez, celebra o célebre "negócio da China".

DO CONTRATO DE *SWAP* EM GERAL

roso ou gratuito. No caso da impugnação pauliana, não é indiferente, para efeitos da sua procedência, tratar-se de um contrato oneroso ou gratuito[77].

### 1.3.4. Contrato *intuitu personae* ou *intuitu pecuniae*

A classificação deste contrato como sendo um contrato *intuitu personae* não é pacífica. A implicação principal desta característica é a infungibilidade ou fungibilidade das obrigações assumidas pelas partes, consoante se tenha ou não relevado as condições específicas da contraparte para contratar, respetivamente. Dito de outro modo, a prestação é fungível se puder ser realizada por pessoa diversa daquela com quem se contratou e infungível quando só se realiza integralmente o interesse do credor quando realizada pela contraparte com quem se contratou inicialmente[78].

Esta definição e caraterização têm repercussões a nível prático, no sentido em que poderão ou não ser aplicáveis ao contrato certos institutos jurídicos, como por exemplo, a cessão da posição contratual ou a resolução do contrato por erro sobre a pessoa.

Não serão indiferentes as características pessoais dos contratantes, atendendo a que certamente as partes querem saber se existe boa probabilidade ou não de o contrato vir a ser pontualmente cumprido, ou se existe risco de a contraparte entrar em insolvência. Todavia, não é só este aspeto que as partes, quando celebram contratos, visam acautelar.

É importante o conhecimento das leis nacionais que são aplicáveis ao contrato *swap* e da admissibilidade legal dele na ordem jurídica dos países a que pertencem os contratantes, bem como do foro competente em caso de um litígio ou do conteúdo das normas de conflito[79] do país do contra-

---

[77] Cfr. art. 612º do CC que dispõe: "*1. O acto oneroso só está sujeito à impugnação pauliana se o devedor e o terceiro tiverem agido de má fé; se o acto for gratuito, a impugnação procede, ainda que um e outro agissem de boa fé.*
*2. Entende-se por má fé a consciência do prejuízo que o acto causa ao credor*".

[78] Neste sentido, VARELA, João de Matos Antunes, *Das Obrigações em Geral*, vol. I, Coimbra, Almedina, 10ª edição, 2009, p. 97. ISBN 978-972-40-1389-3.

[79] Por exemplo, em caso de insolvência de uma das contrapartes, dependendo das ordens jurídicas aplicáveis, o liquidatário poderá optar pelo cumprimento (ou não) dos contratos bilaterais celebrados pelo insolvente antes da insolvência. Assim, o liquidatário poderá optar pelo cumprimento dos contratos nos quais o insolvente estivesse *in the-money*, ou seja, nos que tenha montantes a receber, e pela resolução dos contratos onde o insolvente estivesse *out of-the-money*, ou seja, resolve os contratos onde o insolvente teria de pagar mais do que receber (fenómeno *cherry-picking*). Mas, num processo de insolvência, as normas de conflito

O CONTRATO DE *SWAP*

tante, e ainda o conhecimento das implicações a nível fiscal decorrentes deste tipo de operações[80], entre outros aspetos.

De facto, as partes relevam e dão importância às condições apresentadas pela contraparte[81]. Mas, classificar o contrato de *swap* como um contrato *intutitu personae* significa limitar a aplicação da cessão da posição contratual e a possibilidade de a prestação poder vir a ser prestada por pessoa diversa daquela com que se contratou, o que poderá constituir um obstáculo ao crescimento do mercado secundário[82].

Analisemos o nosso ordenamento a este respeito. O art. 767º, nº 2 do Código Civil dispõe que "o credor não pode, todavia, ser constrangido a receber de terceiro a prestação, quando se tenha acordado expressamente em que esta deve ser feita pelo devedor, ou quando a substituição o prejudique"[83]. O que significa dizer que a regra é a fungibilidade das prestações[84]. Neste caso, as prestações derivadas do contrato *swap são* prestações pecuniárias, pelo que podem ser realizadas por outrem que assuma a posição de contraparte, ficando a outra com o seu interesse devidamente realizado desde que o cessionário pague igual montante que o devedor inicial teria de pagar, por exemplo. Pelo que, até agora, nada nos encaminha para reputar este contrato como *intuitu personae.*

Sabemos que alguma doutrina portuguesa admite, no limite, que o caráter *intuitu personae* tem de ser aferido casuisticamente[85], e a maior parte da doutrina francesa entende que este contrato não tem natureza *intuitu personae*. Em Portugal, Engrácia Antunes refere que no contrato de *swap*, como contrato patrimonial que é, não se valoriza a qualidade dos contraentes, pelo que se afasta qualquer "*intuitus personae*"[86].

---

da maioria dos ordenamentos jurídicos, referem que o problema deve ser resolvido pelas leis do foro do país de origem do insolvente.

[80] Cfr. CALHEIROS, Maria Clara, «O contrato de *swap*», *Studia Iuridica*, 51, *Boletim da Faculdade de Direito*, Coimbra Editora, 2000, pp. 85 e 86.

[81] A título de exemplo, veja-se a análise da documentação relativa à situação financeira das partes que se faz previamente à celebração de um *swap* de taxa de juro.

[82] Onde os *swaps* são transacionados.

[83] Falamos aqui numa infungibilidade convencional ou fundada na natureza da prestação.

[84] Art. 767º, nº 1 do CC.

[85] Como por exemplo, CALHEIROS, Maria Clara, «O contrato de *swap*», *Studia Iuridica*, 51, *Boletim da Faculdade de Direito*, Coimbra Editora, 2000, p. 86.

[86] Cfr. ANTUNES, José A. Engrácia, «Os derivados», *Cadernos do Mercado de Valores Mobiliários*, nº 30, Agosto, 2008, p. 98.

DO CONTRATO DE *SWAP* EM GERAL

Porém, se analisarmos o *Master Agreement* da *International Swaps and Derivatives Association*, na cláusula 7[87], nenhum direito ou obrigação contratual pode ser transferida sem que haja um prévio acordo das partes, com exceção da circunstância de existir uma transferência total do património da contraparte, ou caso esta entre em insolvência. Isto é, a regra é não possibilitar que haja troca de contrapartes sem que a outra consinta, o que revela a necessidade que as partes têm de avaliar em todos os momentos as capacidades e condições específicas com quem celebram um contrato de *swap*.

Assim, e atendendo a que estamos no domínio da plena liberdade contratual e autonomia privada, teremos de aferir em cada contrato se para a sua celebração foram *conditio sine qua non* as pessoais e específicas condições apresentadas pela contraparte, caso em que esse contrato terá natureza *intuitu personae*, ou se, diferentemente, apenas o aspeto patrimonial, sem consideração por qualquer outro tipo de condicionantes, determinou aquela celebração, caso em que terá natureza *intuitu pecuniae*[88].

Em suma, tudo dependerá da vontade inerente e subjacente no momento da celebração do contrato, para se definir, posteriormente, o regime jurídico aplicável. Podemos dizer que neste caso estaremos a abrir a possibilidade de termos dois contratos de *swap* com institutos jurídicos aplicáveis diferenciados, atendendo ao respeito pela vontade das partes.

Esta contenda deixa contudo de fazer sentido, se considerarmos que, com o avanço do mercado secundário dos *swaps* que tende a ser organizado, conforme explanaremos adiante, esta caraterística deixa de existir em absoluto, por incompatibilidade jurídica e prática.

---

[87] Que dispõe: *"Transfer: Subject to Section 6(b)(ii) and to the extent permitted by applicable law, neither this Agreement nor any interest or obligation in or under this Agreement may be transferred (whether by way of security or otherwise) by either party without the prior written consent of the other party, except that:— (a) a party may make such a transfer of this Agreement pursuant to a consolidation or amalgamation with, or merger with or into, or transfer of all or substantially all its assets to, another entity (but without prejudice to any other right or remedy under this Agreement); and (b) a party may make such a transfer of all or any part of its interest in any Early Termination Amount payable to it by a Defaulting Party, together with any amounts payable on or with respect to that interest and any other rights associated with that interest pursuant to Sections 8, 9(h) and 11.*
*Any purported transfer that is not in compliance with this Section 7 will be void."*

[88] As características pessoais e específicas das partes não são determinantes para contratar ou não.

O CONTRATO DE *SWAP*

## 1.3.5. Contrato duradouro e de execução periódica e diferida[89]

No que concerne ao tempo de realização das prestações que emergem do contrato de *swap*, são qualificadas como prestações duradouras[90]. Dentro das prestações duradouras podemos encontrar dois tipos de prestações, as de execução continuada[91] e as de execução periódica ou com trato sucessivo[92] [93]. No contrato de *swap*, as prestações são de execução periódica ou com trato sucessivo, na medida em que as partes devem efetuar reciprocamente pagamento de certos montantes[94], em determinadas datas, que são estipuladas no momento da constituição do contrato, portanto as partes têm obrigações periódicas.

Esta classificação é de elevada importância para efeitos da determinação da aplicabilidade de certos institutos jurídicos. Assim, nos contratos com prestações duradouras de execução continuada, periódica e diferida, existem regras que não lhe são aplicáveis, atendendo precisamente à forma como o tempo afeta a determinação do seu objeto[95].

---

[89] Neste sentido, CALHEIROS, Maria Clara, *O contrato de Swap*, Coimbra, Coimbra Editora, *Stvdia Ivridica*, 2000, p. 81; CHABERT, Pierre-Yves, «Heurts et malheurs de la qualification juridique des operations de swap», *Revue de Droit des Affaires Internationales*, FEDUCI – Librairie Générale de Droit et de Jurisprudence, nº 1, 1989, p. 21; ALONSO SOTO, R., «La permuta Financeira, Nuevas Entidades, Figuras Contratuales y Garantías en el Mercado Financeiro», *Consejo general de los colégios oficiales de corredores de comercio*, em colaboração com a Facultad de Derecho, Madrid, 1990, p. 438; COSTA RAN, Lluis, «El Contrato de Permura Financiera *(Swap Agreement)*», *Revista Jurídica de Catalunya*, nº 1, 1990, Barcelona, p. 66, entre outros Autores.

[90] Não confundir com prestações fracionadas ou repartidas, em que o seu cumprimento também se prolonga no tempo, porém, o seu valor já está previamente fixado e sem dependência da duração da relação jurídica contratual, ou seja, o tempo não tem influência no seu montante.

[91] Cujo cumprimento se prolonga ao longo do tempo de forma contínua e ininterrupta.

[92] As quais se renovam em sucessivas prestações individuais e singulares se vencem no final de determinados períodos, que são acordados pelas partes previamente.

[93] Cfr. VARELA, João de Matos Antunes, *Das Obrigações em Geral*, vol. I, 10ª edição, Coimbra, Almedina, 2009, pp. 92 e 93. ISBN 978-972-40-1389-3.

[94] Obrigações pecuniárias.

[95] Cfr. Acórdão do Tribunal da Relação de Guimarães, datado de 31 de Janeiro de 2013, proferido no processo nº 1387/11.5TBBCL.G1, relatado por Conceição Bucho, que refere: «No caso e como já se referiu, trata-se de um contrato a prazo, onde as prestações das partes são diferidas para datas futuras, onde podem existir momentos regulares de troca de fluxos financeiros ou existir apenas um só momento de fluxos financeiros no final do prazo, não se aplicando o disposto no nº 2 do artigo 434º, do Código Civil, 1ª parte, pelo que a resolução deve operar desde 2/4/09 conforme foi decidido na sentença recorrida.»

DO CONTRATO DE *SWAP* EM GERAL

É o caso normativo 781º[96] do Código Civil, não se permitindo que pela falta de pagamento de uma prestação, a outra parte possa exigir a prestação de todas as outras que provenham do contrato e que ainda não se venceram. Outro preceito legal que é aplicável neste tipo de contrato é o art. 434º, nº 2 do Código Civil[97], reforçando esta ideia o art. 277º, nº 1, do Código Civil[98].

Concretizando, mesmo que o contrato com prestações duradouras e de execução continuada ou periódica tenha eficácia retroativa, não se aplica às prestações já efetuadas, aplicar-se-á apenas às prestações futuras, uma vez que as prestações efetuadas estão conexionadas com um benefício adquirido pela outra parte e que não pode ser materialmente retirado ou restituído. O mesmo acontece se o contrato vier a ser declarado judicialmente nulo ou anulável, esta declaração judicial não afetará as prestações já efetuadas[99].

Ao nível do direito processual civil, se uma das partes não cumprir com a obrigação a que está adstrita, poderá a outra recorrer à via judicial e pedir a condenação daquela na prestação vencida e nas vincendas, ficando desta forma munida de título executivo bastante para servir de base a execução futura, no caso de a parte incumpridora reincidir nesse incumprimento relativamente às prestações seguintes[100].

### 1.3.6. Contrato comutativo ou aleatório

O contrato de *swap* é um contrato oneroso. Os contratos onerosos podem ser comutativos, aleatórios ou parciários. Esta distinção é feita de acordo com o modo de ser da contrapartida[101].

---

[96] Refere: *"Se a obrigação puder ser liquidada em duas ou mais prestações, a falta de realização de uma delas importa o vencimento de todas".*

[97] Que dispõe: *"Nos contratos de execução continuada ou periódica, a resolução não abrange as prestações já efectuadas, excepto se entre estas e a causa de resolução existir um vínculo que legitime a resolução de todas elas."*

[98] Que menciona: *"Sendo a condição resolutiva aposta a um contrato de execução continuada ou periódica, é aplicável o disposto no nº 2 do art. 434º".*

[99] Art. 289º, nº 1 do CC.

[100] Cfr. art. 557º, nº 1 do Código de Processo Civil que refere: *"Tratando-se de prestações periódicas, se o devedor deixar de pagar, podem compreender-se no pedido e na condenação tanto as prestações já vencidas como as que se vencerem enquanto subsistir a obrigação".*

[101] Cfr. VASCONCELOS, Pedro Pais de, *Teoria Geral do Direito Civil*, 7ª edição, Coimbra, Almedina, 2012, p. 385. ISBN 978-972-40-5011-9.

Uma das questões fundamentais na apreciação do regime do contrato de *swap* refere-se à sua classificação como contrato comutativo ou como contrato aleatório. Sendo um contrato oneroso, teremos de nos decidir pela comutatividade ou aleatoriedade deste tipo negocial. Como explanaremos mais à frente, não é indiferente esta classificação, na medida em que poderá condicionar a aplicação ao contrato de *swap* de certas prerrogativas legais atribuídas às partes.

Nos contratos aleatórios, as partes estão desde início, desde o momento da celebração do contrato, sujeitas a um risco, o qual poderá ser de ganho ou de perda, sendo que ambas estão conscientes desse risco[102].

A doutrina divide-se no que respeita a esta matéria. Maria Clara Calheiros entende que o contrato de *swap* é um contrato aleatório, referindo que a variação das taxas de câmbios dos preços das matérias-primas consubstancia a álea do contrato.

Refere ainda que a possibilidade de ganho ou perda num contrato de *swap* existe sempre, mesmo num *swap* de taxa de juro onde se promete pagar, sabendo-se de antemão o montante da sua prestação, mas há uma outra prestação que é incerta e no final do contrato poderá apurar-se a diferença entre as duas prestações das partes, verificando-se quem perdeu e quem ganhou[103].

Também Calvão da Silva refere que as prestações de um contrato de *swap* de taxa de juro são aleatórias e recíprocas e determinadas por um facto exterior ao contrato e estranho à vontade das partes, que consiste na flutuação da taxa que as partes determinarem como referência[104]. Na verdade, a possibilidade de se ter de suportar uma perda existe para ambas as partes, sendo que nenhuma delas consegue determinar antecipadamente qual será. O facto é que ambas as partes estão conscientes desse circunstancialismo no momento da constituição do contrato. As partes sabem que existe um facto futuro e incerto, que não depende da vontade de nenhuma delas, que também não é previsível por nenhuma delas, mas

---

[102] *Álea* do negócio é o risco de ganho ou de perda nesse negócio.

[103] Cfr. CALHEIROS, Maria Clara, «O contrato de *Swap* no contexto da actual crise financeira global», *Cadernos de Direito Privado*, nº 42, Abril/Junho, 2013, p.6.

[104] Cfr. SILVA, Calvão da, «Swap de taxa de juro: sua legalidade e autonomia e inaplicabilidade da excepção do jogo e aposta», *Revista de Legislação e de Jurisprudência*, Ano 142, nº 3979, Março/Abril 2013, p. 264.

que determinará o sentido em que o contrato será executado; isto é, irá estatuir a parte que lucrará.

A definição e caracterização do contrato *swap* como um contrato aleatório[105] ou comutativo é questão importante pois poderá determinar se lhe será aplicável o preceituado no art. 437º do Código Civil Português. É que, tendo nós referido que as obrigações das partes num contrato *swap* se encontram sujeitas a oscilações em virtude das flutuações, por exemplo, das taxas de juro ou das cotações de moeda utilizadas, pode suceder que essas oscilações sejam de tal modo acentuadas e inesperadas ao ponto de fazer perigar o justo equilíbrio entre as prestações das partes, tornando o contrato quase excruciante para uma delas.

Por outro lado, a caracterização do contrato de *swap* como sendo um contrato aleatório ou comutativo torna-se igualmente premente dado que é necessário saber se não estaremos perante um contrato de jogo ou aposta. Neste caso, se considerarmos que o contrato *swap* não é mais do que um contrato de jogo ou de aposta, então, teríamos de lhe aplicar o regime jurídico previsto no artº 1245º do Código Civil[106].

A ser assim, ainda que se considerassem lícitas, as obrigações que gerariam não podiam ser exigidas judicialmente, carecendo de eficácia coerciva, por consubstanciarem meras obrigações naturais[107].

Grande parte da doutrina não aceita analisar o contrato de *swap* como um todo para efeitos de pronúncia da natureza deste contrato como aleatório ou comutativo, desde logo separando o contrato de *swap* de taxa de juro de *swap* de divisas. É que no primeiro, efetivamente, as prestações das partes estão dependentes da evolução das taxas de juro, mas já no segundo,

---

[105] CORDEIRO, Menezes, *Direito Bancário*, 5ª edição revista e atualizada, Coimbra, Almedina, 2014, p. 871, ISBN 9789724056258 refere que os *swaps* exóticos não têm de ser forçosamente aleatórios, dizendo, em síntese, que os riscos acrescidos que envolvam devem ser compensados pela vantagem básica que dispensaram ao aderente. Refere-se, ainda, o método ou simulação Monte Carlo como o mais utilizado, de entre os vários existentes, pelos especialistas para calcular o risco numa análise quantitativa, para permitir a tomada de decisão.

[106] Que dispõe o seguinte: *"O jogo e a aposta não são contratos válidos nem constituem fonte de obrigações civis; porém, quando lícitos, são fonte de obrigações naturais, excepto se neles concorrer qualquer outro motivo de nulidade ou anulabilidade, nos termos gerais de direito, ou se houver fraude do credor na sua execução".*

[107] Conforme o art. 402º do CC, que estipula: *"A obrigação diz-se natural, quando se funda num mero dever de ordem moral ou social, cujo cumprimento não é judicialmente exigível, mas corresponde a um dever de justiça".*

as partes sabem, *ab initio*, o montante das prestações que terão de efetuar, pelo que rejeitam o carácter aleatório do *swap* de divisas.

Porém, há quem entenda que este argumento peca desde logo porque, não obstante as partes saberem o montante das prestações, não sabem nem podem prever o que representará no futuro, em termos de valor real, esses fluxos de divisas[108], ou seja, depende, igualmente de um evento futuro e incerto.

Note-se ainda que atribuir ou reconhecer ao contrato de *swap* um carácter aleatório terá importância fulcral para melhor se compreender uma das suas finalidades: a especulação.

A natureza jurídica do contrato de *swap* não está ainda sedimentada, faltando determinar se estaremos perante de um contrato aleatório ou comutativo, posição que assumiremos adiante.

Num contrato aleatório as partes submetem-se a uma possibilidade de ganho ou de perda. Podem existir diversas formas de uma das partes obter esse ganho ou essa perda. Pode acontecer que só uma parte tenha de realizar a sua prestação e o que determina quem realiza essa prestação é a verificação do facto futuro e incerto[109], pode suceder que haja duas prestações, sendo que uma delas é certa e a outra de verificação incerta[110]ou, ainda, pode suceder que devam existir duas prestações, mas uma das prestações tem o seu montante ainda incerto[111].

A aleatoriedade pode também derivar da vontade das partes[112]. Por sua vez, no contrato comutativo, as partes sabem desde início as vantagens que podem sobrevir do contrato que celebram, sendo que as suas atribui-

---

[108] Veja-se CALHEIROS, Maria Clara, «O contrato de *Swap* no contexto da actual crise financeira global», *Cadernos de Direito Privado*, nº 42, Abril/Junho 2013, p. 7, que refere: *"Em cada swap de divisas, a determinação da taxa de câmbio resulta de uma comparação das taxas de juro praticadas em cada uma das divisas em causa e, consequentemente, deriva das expectativas das partes, no início do contrato, acerca da flutuação esperada das taxas de câmbio".*

[109] Caso do jogo ou aposta.

[110] Por exemplo, num contrato de seguro de incêndio.

[111] Por exemplo, o contrato de seguro de vida.

[112] Sobre este aspeto veja-se COSTA, Mário Júlio de Almeida, *Direito das Obrigações*, Coimbra, Almedina, 12ª edição revista e atualizada, 2013. ISBN 978-972-40-4033-2; TELES, Inocêncio Galvão, *Manual dos Contratos em Geral*, Coimbra, Coimbra Editora, 4ª edição reimpressão, Abril 2010, pp. 482 a 484. ISBN 972-32-1103-3.

ções patrimoniais são conhecidas desde o começo[113], devendo procurar-se a equivalência valorativa das prestações a cargo das partes, nos termos do art. 237º, 2ª parte do Código Civil[114].

Num contrato aleatório, em que as partes conhecem e aceitam submeter-se a uma *álea*, a possibilidade de ganho ou perda pode ser influenciada por causas exteriores ao contrato e vão determinar as obrigações das partes, mas também pode ser influenciada por fatores que as próprias partes preveem no contrato. Aqui falamos de causas intrínsecas ao contrato. Por exemplo, no contrato de *swap* de taxas de juro, a causa que determinará a perda ou ganho para as partes está prevista no próprio contrato, consistindo no seu próprio objeto, a saber, as taxas de juro e as suas flutuações.

A *álea* e o risco conferem ao contrato o próprio sentido do negócio, influenciando o seu regime e disciplina. Os negócios aleatórios são negócios de risco por excelência. Aquando da celebração do negócio as partes conhecem e aceitam de forma livre e consciente o risco inerente, risco que pode causar um desequilíbrio das atribuições patrimoniais. Por este facto as partes não podem posteriormente reagir ou lutar contra esse desequilíbrio dado ter sido algo querido e assumido por elas desde o início[115].

Há ainda a opinião segundo a qual, através do contrato de *swap* as partes querem modificar a natureza da *álea* a que estão sujeitas por força da evolução dos mercados financeiros, uma vez que conseguem encontrar através do *swap* uma outra *álea*, mais favorável do que aquela.

As partes, quando utilizam um contrato *swap* para cobertura dos riscos a que estão expostos, procuram uma *álea* simétrica àquela a que já estão expostos, tentando anulá-la. Se a finalidade que as partes visam prosseguir com um contrato de *swap* é a arbitragem, o que procuram é uma *álea* mais favorável. Mas se a finalidade que visam prosseguir é a especulação, então, o que as partes procuram é justamente uma *álea* nova[116].

---

[113] Sobre esta e outras noções, veja-se PRATA, Ana, *Dicionário Jurídico*, 7ª reimpressão da 5ª edição, Coimbra, Almedina, 2008. ISBN 9789724033938.

[114] Cfr. VASCONCELOS, Pedro Pais de, *Teoria Geral do Direito Civil*, 7ª edição, Coimbra, Almedina, 2012, p. 385, ISBN 978-972-40-5011-9.

[115] Veja-se VASCONCELOS, Pedro Pais de, *Teoria Geral do Direito Civil*, 7ª edição, Coimbra, Almedina, 2012, p. 686, ISBN 978-972-40-5011-9.

[116] Precisamente neste sentido, expõe CALHEIROS, Maria Clara, *O contrato de Swap*, Coimbra, Coimbra Editora, *Studia Iuridica*, 2000, p. 89, nota 194.

Parte da doutrina argumenta que, como ambas as partes têm expectativa de ganho quando celebram o contrato, estaríamos perante um contrato comutativo[117]. Todavia, também num contrato de jogo ou aposta, ambas as partes têm essa expectativa, mas é unanimemente admitido o seu caráter aleatório. O que é inegável é que ambas as partes aceitam o risco de perder mas também têm expectativa de ganhar.

Mais, parte da doutrina estrangeira[118] debateu-se pela reputação do contrato de *swap* como sendo um contrato comutativo alegando que o mesmo teria uma estrutura idêntica à do contrato de permuta, que é comutativo, e qua intenção das partes não é sujeitar-se a um ganho ou perda mas antes neutralizar a instabilidade que a evolução da conjuntura económica poderia trazer para os contratos e atividade económica levados a cabo pelos intervenientes, bem como pelo facto de as partes preverem logo no momento da constituição do contrato a equivalência das suas prestações. Estes argumentos são refutados pois também no contrato de seguro, que é certamente de caráter aleatório, as partes pretendem proteger-se da evolução negativa da conjuntura económica e relativamente à circunstância de as partes preverem a equivalência das prestações não significa que o contrato de *swap* não implique uma elevada dose de risco, seja de perda, seja de ganho para as partes.

Neste seguimento, partilhamos da ideia de que "a correspetividade consiste na reciprocidade de riscos assumidos pelos jogadores (ou apostadores), nada recebendo uns em troca do que jogaram, recebendo outros, em contrapartida, bastante mais do que despenderam, mas correndo todos, à partida, o mesmo risco"[119].

---

[117] Neste sentido, ALMEIDA, António Pereira de, «Instrumentos Financeiros: os *swaps*», *Estudos em Homenagem ao Professor Doutor Carlos Ferreira de Almeida*, Vol. II, Almedina, 2001, p. 66. ISBN 978-972-40-4319-7; DÍAZ RUIZ, Emílio, «Contratos sobre tipos de interés a plazo (FRAs) y futuros financieros sobre intereses», Madrid, Editorial Civitas, S.A., 1993, pp.71 e BROWN, J.T., «Les échanges de devises et de taux d'intérêt entre entreprises», *Revue de Droit des Affaires Internationales*, FEDUCI – Librairie Générale de Droit et de Jurisprudence, nº 3, 1985, p. 309.

[118] Cfr. COSTA RAN, Luis, «El contrato de permuta financiera (Swap Agreement)», *Revista Jurídica de Catalunya*, ISSN 1575-0078, Vol. 89, Nº 1, 1990 , p. 67; MATTOUT, Jean-Pierre, «Opérations d'Échange de Taux d'Intérêt et de devises: qualification et régime juridiques en droit français. Défaillance de l'une des parties», *La Revue Banque*, nº 468, Janeiro 1987, p. 32.

[119] Cfr. *Jogo e Aposta. Jeu et Pari. Game and Bet* (com o Prof. Doutor Carlos Mota Pinto e com o Prof. Doutor Calvão da Silva), Lisboa, Santa Casa da Misericórdia de Lisboa, 1982.

DO CONTRATO DE *SWAP* EM GERAL

Transpondo este raciocínio para o contrato de *swap*, teremos de concluir pela aleatoriedade deste tipo contratual[120], como afirma grande parte da doutrina portuguesa[121] e estrangeira[122]. Aliás, com base neste princípio tem assim decidido a jurisprudência portuguesa[123].

Sendo o contrato de *swap* aleatório, qual a forma de aleatoriedade aplicável das três *supra* expostas[124]? Segundo Bruno Inzitari "a aleatoriedade distingue então o contrato em causa uma vez que a realização da prestação principal por uma ou outra das partes, bem como a determinação do seu montante dependem da verificação de um acontecimento incerto e de modo nenhum influenciável pelas partes"[125]. É o facto futuro e de veri-

---

[120] No entanto, ressalva-se nesta sede que alguma doutrina estrangeira separa, para efeitos de caracterização do contrato de *swap* como aleatório, o contrato de *swap* de taxas de juro do contrato de *swap* de divisas, não admitindo a aleatoriedade deste último, uma vez que as partes conhecem desde o início o montante das suas prestações e sabem que ambas terão de realizar prestações. Contra esta tese argumenta-se que mesmo aqui o contrato terá de ser aleatório, atendendo a que não obstante o exposto, nenhuma das partes consegue prever antecipadamente como evoluirão esses mesmos fluxos e sequer o que no futuro representarão em termos de valor real, muito menos prever em que sentido evoluirão as taxas de câmbio

[121] Cfr. CALHEIROS, Maria Clara Calheiros, «*O contrato de swap* no contexto da actual crise financeira global», *Cadernos do Direito Privado*, nº 42, Abril/Junho, 2013 e *O contrato de Swap*, Coimbra, Coimbra Editora, *Studia Iuridica*, 2000, p. 87; MOURATO, Hélder M., *O contrato de swap de taxa de juro*, Coimbra, Almedina, 2014, PINTO, Paulo Mota, «Contrato de swap de taxas de juro, jogo e aposta e alteração das circunstâncias que fundaram a decisão de contratar», *Revista de Legislação e Jurisprudência*. nº 143, p. 398; PIRES, José Maria, *Elucidário de Direito Bancário*, Coimbra, Coimbra Editora. ISBN 972-32-1104-1.

[122] Cfr. INZITARI, Bruno, *Il contrato di swap, in I contratti del commercio e dell'industria e del mercato finanziario*. Dirigido por Galgano, Francesco, U.T.E.T., 1995, Tomo III, p. 614.

[123] Cfr. Acórdão do Tribunal da Relação de Lisboa, datado de 21 de março de 2013, proferido no processo nº 2587/10.0 TVLSB.L1-6, relatado por Ana de Azeredo Coelho; Acórdão do Tribunal da Relação de Coimbra, datado de 15 de Outubro de 2013, proferido no processo nº 2049/12.1TBVIS-A.C1, relatado por Albertina Pedroso, nota 10 e Acórdão do Supremo Tribunal de Justiça, de 10 de Outubro de 2013, proferido no processo nº 1387/11.5TBBCL. G1.S1, relatado por Granja da Fonseca.

[124] Relembramos, aquela em que só uma parte tenha de realizar a sua prestação e o que determina quem realiza essa prestação é a verificação do facto futuro e incerto, ou em que existam duas prestações, sendo que uma delas é certa e a outra de verificação incerta, ou em que existem duas prestações, mas uma das prestações têm o seu montante ainda incerto.

[125] INZITARI, Bruno, «Il contrato di swap, in I contratti del commercio e dell'industria e del mercato finanziario». Dirigido por Galgano, Francesco, U.T.E.T., 1995, Tomo III, *apud* CALHEIROS, Maria Clara, *O contrato de Swap*, Coimbra, Coimbra Editora, *Studia Iuridica*, 2000, pp.88 e 89. ISBN 9723209632.

O CONTRATO DE *SWAP*

ficação incerta que determinará não só quem efetuará a prestação, como também qual o seu montante[126].

Aqui estaríamos perante uma forma ou modalidade de aleatoriedade que é acolhida e mencionada na nossa doutrina por Carvalho Fernandes, ou seja, casos de incerteza quanto à realização e valor de uma das prestações[127].

Voltando ao contrato de *swap*, verificamos, nas formas de aleatoriedade que mencionamos, que o evento futuro e incerto em que as partes baseiam a sua negociação, determinará não só o *quantum* da prestação a efetuar – como acontece no seguro de vida –, mas também ditará que parte a terá de realizar[128], como sucede no contrato de jogo ou aposta.

Neste enquadramento, poderemos classificar o contrato de *swap* como um contrato de jogo ou aposta? Esta é a questão, cuja resposta, determinou amplos estudos por diversos autores e que dividiu a jurisprudência. De facto, considerar o contrato de *swap* como um contrato de jogo ou de aposta, face ao regime jurídico que o nosso ordenamento, em especial, lhes concede, constituiria uma hecatombe para todos os que já são parte num contrato de *swap* em execução, conforme adiante explanaremos.

### 1.3.7. Da exceção do jogo e aposta

Antes de avançarmos com as consequências que poderiam resultar da qualificação do contrato de *swap* como um contrato de jogo ou aposta, cumpre-nos fazer uma distinção entre jogo e aposta.

---

[126] Neste sentido, LAMY, Droit du financement, dirigido por Couret, O., Paris, Lamy, 1995; p. 1854; BOULAT, Pierre-Antoine e CHABERT, Pierre-Yves, *Les swaps, technique contratuelle et regime juridique*, Masson, Paris, 1992, pp. 43 46 e GORIS, Paul, *The legal aspects of swaps*, Londres, Graham & Trotmann/ Martinus Nijhoff, 1994, pp. 389 e 390.

[127] Cfr. FERNANDES, Luís A. Carvalho, *Teoria Geral do Direito Civil II, Fontes, Conteúdo e Garantia da Relação Jurídica*, 5ª edição revista e atualizada, Lisboa, Universidade Católica Editora, 2010, p. 86. ISBN 978-972-54-0274-0.

[128] Neste sentido veja-se ANTUNES, José A. Engrácia, *Direito dos contratos comerciais*, Coimbra, Almedina, 2009, p. 622. ISBN 978-972-40-39350 que refere existir um estado de incerteza no espírito das partes quando celebram um contrato derivado – sendo que o contrato de *swap* é um contrato derivado – relativamente à existência e montante das atribuições patrimoniais, fatores que ficam dependentes da verificação de um facto futuro e incerto de natureza estocástica, e que só são determinados no momento da respetiva execução, ou data de vencimento. O risco é a *ratio* da celebração do contrato, pois as partes aceitaram essa incerteza e foi sobre a mesma que quiseram negociar.

DO CONTRATO DE *SWAP* EM GERAL

Não é recente a dificuldade de definição de um contrato de jogo. As definições aproximam-se mas não são uniformes, assumindo o conceito algumas variantes.

Em sentido amplo, pode afirmar-se que o jogo está presente em múltiplos sectores da vida humana. Em sentido restrito, o jogo tende a coincidir com o conceito de aposta a dinheiro acerca de factos ou situações cuja verificação não está dependente da vontade dos apostadores, escapando ao seu controlo.

A caracterização das obrigações provenientes do contrato de jogo e aposta como sendo obrigações naturais não é inovação do nosso atual Código Civil. Assim, também noutras legislações, mesmo no sistema anglo-saxónico, nomeadamente em Inglaterra, esta conceção dura há, pelo menos, 150 anos, e no direito alemão.

O Código de Seabra, com influências diretas do Código Civil Francês, não distinguia os conceitos de jogo e aposta[129] mas admitia que eram conceitos distintos[130]. No artigo 1541º do referido Código já se estipulava que o jogo não era um meio de aquisição e que as obrigações que dele emergissem, seriam cumpridas se o devedor assim o quisesse, pois não poderiam ser judicialmente exigidas, anunciando ainda o regime que hoje ainda vigora, que consiste na não repetição do indevido[131].

Também os Códigos Civis da Suíça, Itália, Alemanha e Espanha partilham desta disciplina.

Em Inglaterra, foi com a *Gaming Act* de 1845 que se determinou que todos os contratos ou acordos, celebrados verbalmente ou por escrito, por meio de jogo ou aposta, seriam considerados nulos e de nenhum efeito[132].

Também no ordenamento jurídico anglo-saxónico se colocou a questão de subsumir os contratos de *swap* à disciplina jurídica reservada ao jogo e aposta. Mas a solução a esta questão quitou-se com a busca pela real intenção das partes na celebração do contrato.

Assim, tudo dependeria do fim procurado pelas partes. Se tinham o jogo em si como único intento, então o contrato de *swap* seria (ele) também

---

[129] Art. 1539º do Código de Seabra.
[130] Art. 1543º do Código de Seabra.
[131] Atual art. 403º do CC, antigo art. 1542º do Código de Seabra
[132] *"All contracts or agreements, whether by in parole or in writing by way of gaming or wagering, shall be null and void"*.

O CONTRATO DE *SWAP*

um jogo e, por conseguinte, resolvido segundo o regime jurídico próprio. Porém, bastaria que uma das partes visasse um outro fim para já não o ser.

Desta forma, tornava-se essencial descortinar a *ratio essendi* do contrato, sendo prudente que as partes, para se precaverem da aplicação da exceção do jogo e da aposta ao seu contrato, estipulassem certos considerandos prévios, onde expusessem a motivação da sua celebração.

Para o ordenamento anglo-saxónico, se existir alguma conexão entre o contrato de *swap* e uma relação subjacente, já se assume um interesse económico inerente à celebração do contrato de *swap*, pelo que não é o mesmo considerado um mero jogo ou aposta[133].

Em 1986 surge a *Finantial Services Act*[134] que, apesar de não ser especificamente direcionada ao tratamento dos *swaps*, trouxe alguma tranquilidade aos investidores ingleses e a todos os que decidam submeter a jurisdição dos seus contratos ao foro inglês.

No entanto, relativamente à inserção de cláusula contratual, em contrato de adesão, que estipule pacto privativo e atributivo de jurisdição aos tribunais ingleses, por via do qual resulta a incompetência internacional do tribunal português, sem que tenha sido objeto de negociação pelas partes, a jurisprudência portuguesa[135] já se pronunciou pela sua nulidade, nos termos dos artigos 12º e 19º, alínea *g)* do Decreto-Lei nº 446/85 e, mesmo que assim não se entendesse, sempre teria de ser excluída caso resultasse não provado o dever de comunicação e informação nos termos dos artigos 5º a 7º e 8º, alínea *b)* do mesmo diploma.

Também em Itália, com a transposição da Diretiva dos Serviços de Investimento, se excluiu a subsunção dos *swaps* à figura e regime do jogo e da aposta prevista no Código Civil italiano[136].

---

[133] Neste sentido, CALHEIROS, Maria Clara, *O contrato de Swap*, Coimbra, Coimbra Editora, 2000, pp.101 e 103.

[134] Sobre as atividades de investimento no Reino Unido, a qual foi sendo sucessivamente alterada, estando em vigor atualmente a versão de 2012, com a declaração de retificação de Junho de 2013 à secção 50, 2, *b)*. A *Finantial Services Act* 2012 disponível em: http://www.legislation.gov.uk/ukpga/2012/21/pdfs/ukpga_20120021_en.pdf (acedido em 17 de fevereiro de 2015).

[135] Cfr. Acórdão do Tribunal da Relação de Lisboa, datado de 10 de Abril de 2014, proferido no processo nº 877/127TVLSB.L1-1, relatado por Adelaide Domingos.

[136] O art. 1933º do Código Civil Italiano dispõe: "Non compete azione per il pagamento di un debito di giuoco o di scommessa, anche se si tratta di giuoco o di scommessa non proibiti. Il perdente tuttavia non può ripetere quanto abbia spontaneamente pagato dopo l'esito di

DO CONTRATO DE *SWAP* EM GERAL

Inversamente, no ordenamento jurídico da Suíça, o art. 513º nº 2 do Código das Obrigações[137] considera nulos os contratos diferenciais respeitantes a mercadorias ou valores da bolsa quando estes apresentem as caraterísticas do jogo ou da aposta.

No direito alemão, a legislação é extremamente aproximada à que vigora em Portugal acerca do regime jurídico dos contratos de jogo e de aposta.

Mas jogo e aposta constituirão a mesma realidade ou serão conceitos que traduzem realidades diversas?

Do ponto de vista do Direito Civil, defende-se que o jogo só tem relevo jurídico na medida em que é um meio para realizar a aposta, na medida em que seria na aposta que se reveria o interesse económico do jogo[138].

Neste sentido, Pires de Lima e Antunes Varela[139] referem que, neste âmbito, a juridicidade só começa quando existe um interesse económico ligado ao jogo e que nos seus resultados se determine o lucro para um e o prejuízo económico para outro. Referem ainda que o jogo é um conceito que em termos latos representa algo muito mais vasto do que aquilo que se poderia definir em termos jurídicos.

Galvão Telles também reconheceu a conveniência da não adoção de um conceito de jogo que fosse estanque, explicitando que "não se define jogo nem aposta pela grande dificuldade de o fazer em termos precisos. É preferível não empregar qualquer definição a adotar uma que possa induzir em erro. Fica à jurisprudência o encargo de, nos casos controvertidos,

---

un giuoco o di una scommessa in cui non vi sia stata alcuna frode. La ripetizione è ammessa in ogni caso se il perdente è unincapace".
O Decreto Legislativo de 24 de Fevereiro de 1998, nº 58, Texto Único, no art. 23º, nº 5, refere que fica excluído da aplicação do art. 1933º do Código Civil italiano os contratos derivados, onde se incluem os *swaps*. O texto deste Decreto Legislativo pode ser consultado integralmente em http://www.consob.it/main/documenti/Regolamentazione/normativa_ln/dlgs58_1998. htm#Art._23, (acedido em 17 de Fevereiro de 2015).

[137] No Título 21, que versa sobre o jogo e a aposta, dispõe este artigo da seguinte forma: "2 – Il en est de même des avances ou prêts faits sciemment en vue d'un jeu ou d'un pari, ainsi que des marchés différentiels et autres marchés à terme sur des marchandises ou valeurs de bourse quand ils offrent les caractères du jeu ou du pari."

[138] Cfr. DUARTE, Rui Pinto, «O jogo e o Direito», Separata Themis, *Revista da Faculdade de Direito da Universidade Nova de Lisboa*, Ano II, nº 3, 2001, p. 74.

[139] Código Civil Anotado, Vol. II, 4ª edição revista e atualizada, reimpressão, Coimbra, Wolters Kluwer, 2010, p. 927. ISBN 972-32-0788-5.

O CONTRATO DE *SWAP*

fazer a sua qualificação jurídica, em harmonia com o significado comum das palavras e os mais elementos utilizáveis"[140].

Compete-nos, no entanto, referir que o jogo só assume relevância jurídica se encerrar em si uma aposta, mas a aposta pode não advir de um jogo mas de um outro facto imprevisível, daí que seja um conceito mais amplo.

Carlos Ferreira de Almeida ensaia uma definição sobre o contrato de jogo, mencionando que "é o contrato pelo qual os participantes (jogadores) numa ação competitiva ou de pura sorte, regida por regras determinadas (regras do jogo), estipulam que os perdedores se obrigam a efetuar uma prestação patrimonial, ou perdem a sua entrada, em favor dos ganhadores ou de uma entidade promotora"[141].

O contrato de aposta definido por Carlos Ferreira de Almeida surge como aquele "em que as partes estipulam que quem erre acerca da previsão ou da verdade de um facto se obriga a efectuar uma prestação patrimonial a favor de quem acerte, ou perde uma entrada, em favor de quem acerte ou da entidade promotora do sistema, e que quem acerte tem direito a uma prestação patrimonial a efectuar pela outra parte"[142].

A doutrina apresenta vários critérios de distinção entre o jogo e a aposta, todavia, o nosso ordenamento jurídico, não indicando nenhum conceito distintivo destas duas figuras, atribui-lhe o mesmo regime.

Existe o critério germânico que refere que a finalidade do jogo é o divertimento ou o ganho enquanto na aposta a finalidade é o reforço de uma ideia ou afirmação. O critério romano distingue o jogo da aposta com base no tipo de intervenção, ativa naquele e passiva nesta, dos intervenientes na produção do evento futuro e incerto que determina o resultado.

Contamos ainda com um outro critério que menciona que a incerteza na ocorrência do facto decisivo é objetiva no jogo e subjetiva na aposta.

Note-se que o critério germânico e romano não são antagónicos, pelo contrário, complementam-se, ajudando a perceber melhor a diferença entre as figuras jurídicas.

---

[140] Cfr. TELLES, Galvão Inocêncio, «Contratos civis (Projeto completo de um título do futuro Código Civil Português e respetiva Exposição de Motivos)», *Revista da Faculdade de Direito da Universidade de Lisboa*, vol. IX-X, 1953-54, separata, p. 80.

[141] Cfr. ALMEIDA, Carlos Ferreira de, *Contratos III, Contratos de liberalidade, de cooperação e de risco*, Coimbra, Almedina, 2ª edição, 2013, pp. 274. ISBN 978-972-40-5422-3.

[142] Veja-se Cfr. ALMEIDA, Carlos Ferreira de, *Contratos III, Contratos de liberalidade, de cooperação e de risco*, Coimbra, Almedina, 2ª edição, 2013, pp. 277. ISBN 978-972-40-5422-3.

DO CONTRATO DE *SWAP* EM GERAL

Quer o contrato de jogo, quer o contrato de aposta são contratos de risco puro. No contrato de jogo, o risco inerente ao contrato e o evento de que depende são endógenos, criados pelas partes no contrato. Ora, é precisamente com base neste aspeto que, a nosso ver, não se pode confundir o contrato de *swap* com o contrato de jogo. Naquele as partes não criam o risco, na medida em que não depende delas o evento que determina o resultado, este evento advém de uma realidade externa ao contrato e não depende da vontade das partes. No contrato de jogo são as partes que determinam o modo e o elemento de onde surge o resultado. Aliás, é isto que distingue o contrato de jogo, do contrato de seguro, em que o risco é exógeno.

E o que acima se expôs é válido igualmente para o contrato de aposta, pois apesar de o evento que determina os ganhos e perdas não depender dos apostadores, o risco de que depende o resultado não é exógeno, mas endógeno, criado pelos apostadores.

As apostas serão, no entanto, ilícitas se o resultado apenas depender da sorte, e lícitas se depender de certos conhecimentos e perícia dos apostadores.

Mas esta atitude passiva do legislador na não definição dos conceitos de forma clara e a adoção legislativa do sentido consagrado no art. 1245º do Código Civil não fica isenta de crítica.

Carlos Ferreira de Almeida[143] refere que o regime consignado pela lei ao contrato de jogo e aposta é um "atropelo à autonomia privada e à segurança jurídica" que só "encontra justificação no embaraço que o direito mostra ao lidar com este fenómeno social, adoptando uma atitude fugidia e hipócrita, que, em atitudes extremas, exclui o jogo de qualquer finalidade económica, social ou moral, razoável ou justificada (...)".

No âmbito do contrato de jogo e aposta é imprescindível clarificar a postura inicial e a intenção das partes. É que, para o efeito, ambas as partes pretendem especular e ambas estão conscientes de que o resultado dependerá do acontecimento de um evento futuro e incerto, não dominado – em princípio – por nenhuma delas.

Em ambos os contratos, as partes reciprocamente acordam em prestar à outra uma determinada quantia ou coisa, sendo que a parte que terá de

---

[143] Cfr. ALMEIDA, Carlos Ferreira de, *Contratos III, Contratos de liberalidade, de cooperação e de risco*, Coimbra, Almedina, 2ª edição, 2013, pp. 273. ISBN 978-972-40-5422-3.

O CONTRATO DE *SWAP*

prestar será aquela em desfavor da qual ocorrerá um evento, cujo resultado não era conhecido no momento da celebração do contrato de jogo ou aposta, isto é, as partes acreditaram em possíveis resultados, opostos entre si, com base nos quais acordaram a obrigação a prestar.

Paralelamente ao jogo, e para que este tenha juridicidade, deve surgir um interesse económico conexionado com os resultados que poderão sobrevir, os quais determinarão um ganho ou uma perda a uma das partes.

No que concerne à disciplina que o atual Código Civil Português dispensa ao contrato de jogo e aposta, no seu artigo 1245º, há que proceder à distinção entre jogos lícitos e jogos ilícitos[144].

O mesmo é dizer que a invalidade dos contratos de jogo e de aposta não é expressiva na prática, considerando as inúmeras situações de exceção consagradas na lei. Vejamos.

Consideram-se ilícitos os jogos de fortuna ou de azar[145], elencados no art. 4º da Lei do Jogo, explorados fora dos locais legalmente autorizados, ou seja, fora dos casinos ou outros locais onde tal exploração seja autorizada pelo Estado[146].

Foi sendo aprovada, ao longo do tempo, diversa legislação especial e avulsa, nos termos do art. 1247º do Código Civil, acerca dos jogos de fortuna ou azar, vindo a alargar-se o leque dos jogos permitidos e a sua regulamentação[147], criando-se zonas de jogo e a atribuindo-se a exploração exclusiva a certas empresas concessionárias fiscalizadas pelo Estado.

---

[144] Sobre a ilicitude ou licitude do contrato de jogo e aposta, veja-se o referido por ALMEIDA, Ferreira de, *Contratos III – Contratos de Liberalidade, de Cooperação e de Risco*, 2ª edição, Coimbra, Almedina, 2013, pp. 273 a 278, que distingue ambos consoante o resultado dependa apenas da sorte e lícitos quando o resultado dependa dos conhecimentos dos intervenientes, e este critério distintivo será usado tanto nos contratos de jogo como no de apostas.

[145] Que são aqueles cujo resultado é contingente, por assentar exclusiva ou fundamentalmente na sorte, conforme dispõe o art. 1º do Decreto-Lei nº 422/89, de 2 de dezembro, revisto e atualizado pelo Decreto-Lei nº 10/95, de 19 de Janeiro, pela Lei nº 28/2004, de 16 de julho, pelo DL nº 40/2005, de 17 de Fevereiro, Lei nº 64-A/2008, de 31 de dezembro e pelo Decreto-Lei nº 114/2011, de 30 de novembro (Lei do Jogo).

[146] Nos termos dos artigos 108º e seguintes da Lei do Jogo, a exploração e prática de jogos de fortuna ou azar fora dos locais autorizados, constituem ilícitos criminais.

[147] Por exemplo, o Regulamento do Euromilhões, previsto na Portaria nº 1267/2004 de 1 de outubro, alterado pela Portaria nº 127/2011, de 31 de março e pela Portaria nº 113/2013, de 21 de março.

DO CONTRATO DE *SWAP* EM GERAL

Os contratos de jogo e aposta que sejam considerados lícitos, geram apenas obrigações naturais, ficando por conseguinte subordinados ao regime jurídico destas[148].

Outro argumento que tem sustentado a tese dos que pugnam pela subsunção do *swap* em contrato de jogo ou de aposta baseia-se na circunstância de que uma das formas de extinção das obrigações emergentes para as partes do contrato de *swap* é a compensação, uma vez que a obrigação de pagar certo montante à outra parte resulta da diferença de valor entre as importâncias que a cada uma competia satisfazer à outra, pelo que há quem os repute como sendo contratos diferenciais.

Carlos Ferreira de Almeida[149] define os contratos diferenciais como aqueles em que é devida uma só prestação, sendo que o objeto da prestação é sempre dinheiro, e o valor dessa prestação é apurada pela diferença entre dois valores, o valor de referência inicial de um bem, real ou hipotético, ou de um indicador de mercado ou da relação entre dois bens ou indicadores de mercado, e o valor de mercado desses mesmos bens, indicadores ou relações de valores em data futura[150].

O ativo subjacente, ou de referência, pode ser composto por bens de variada espécie, como por exemplo, mercadorias e valores mobiliários, entre muitos outros e "podem ter natureza corpórea e liquidação física (como os futuros sobre matérias-primas e mercadorias) ou natureza incorpórea ou virtual, com liquidação financeira (como índices financeiros ou variáveis climáticas)"[151].

Todavia, convém clarificar que estes bens não se confundem com o objeto contratual, eles servem apenas como uma referência para compara-

---

[148] Art. 402º e ss. do CC.

[149] Ver ALMEIDA, Carlos Ferreira de, *Contratos III, Contratos de liberalidade, de cooperação e de risco*, 2ª edição, Coimbra, Almedina, 2013, p. 281. ISBN 978-972-40-5422-3.

[150] ALMEIDA, Carlos Ferreira de, *Contratos III, Contratos de liberalidade, de cooperação e de risco*, 2ª edição, Coimbra, Almedina, 2013, p. 280, refere, todavia, que os *swaps* diferenciais se distinguem dos futuros diferenciais e das opções diferenciais devido à referência a uma dualidade de passivos ou ativos, reais ou nocionais e o valor do pagamento cifra-se na quantia que seja apurada entre os valores relativos desses passivos ou ativos no momento inicial de referência e uma data futura que as partes estipulem ou em datas sucessivas e futuras que as partes acordem.

[151] SANTOS, Hugo Luz dos, «O contrato de swap de taxas de juro e os instrumentos derivados financeiros à luz do recente acórdão do Supremo Tribunal de Justiça, de 10 de Outubro de 2013: a "alteração anormal das circunstâncias" e as categorias doutrinais americanas da "unconscionability" e da "bounded rationality": um "estranho caso" de aliança luso-americana?», *Revista de Direito das Sociedades*, Ano VI, 2014, Nº 2, Lisboa, Almedina., p. 417.

ção de valores, sendo a partir desta comparação de valores em datas diversas que resulta o valor das prestações contratuais.

Num contrato diferencial, servirá igualmente para comparar valores e verificar qual a parte do contrato se torna a devedora em virtude da evolução dos valores dos ativos de referência terem evoluído em sentido diverso do expectável.

Num contrato diferencial uma parte ganha na proporção em que a outra perde.

Um contrato diferencial é também, à semelhança do contrato de jogo ou de aposta, um contrato de risco, e mais concretamente na modalidade de risco puro, uma vez que dele resulta uma obrigação para apenas uma das partes, a perdedora. E o resultado pode advir de um risco endógeno criado pelo contrato celebrado entre as partes. Estruturalmente assemelha-se aos contratos de aposta, pois o resultado que determina a parte perdedora é alheio à vontade e determinação das partes.

O atual Código Civil português, apesar da sua inegável influência do BGB, não incluiu nos contratos de jogo ou aposta os contratos diferenciais.

Com a Diretiva dos Mercados de Instrumentos Financeiros[152], os contratos diferenciais consagram-se de forma definitiva na União Europeia com a estipulação, dos contratos financeiros por diferença como instrumentos financeiros.

A nível interno, e com a transposição desta diretiva pelo Decreto-Lei nº357-A/2007, de 31 de outubro, altera-se o Código dos Valores Mobiliários, e no art. 2º, nº 1, alíneas *d)* e *e)*, referem-se os contratos diferenciais e os contratos derivados que possam ter natureza diferencial, respetivamente. Desta forma, mesmo que considerássemos o contrato de *swap* como contrato diferencial, seria lícito e reconhecido pela lei portuguesa.

E podem bem ser negociados por um intermediário financeiro[153]. Para tanto basta procedermos à conjugação do art. 2º nº 2[154], do art. 258º do

---

[152] Nº 9 da Secção C do Anexo I.

[153] ALMEIDA, Carlos Ferreira de, *Contratos III, Contratos de liberalidade, de cooperação e de risco*, 2ª edição, Coimbra, Almedina, 2013, p. 283, assinala que mesmo que não sejam negociados por intermediário financeiro, configurarão apostas lícitas, gerando obrigações naturais, dando como exemplo a situação de previsões sobre a evolução de cotações de mercado ou de outros eventos que dependam do nível de informações e perícia dos contraentes, neste caso, apostadores.

[154] Art. 2º, nº 2 do CVM dispõe: "As referências feitas no presente Código a instrumentos financeiros devem ser entendidas de modo a abranger os instrumentos mencionados nas alíneas *a)* a *f)* do número anterior".

DO CONTRATO DE *SWAP* EM GERAL

Código de Valores Mobiliários e do art. 198º do Código dos Valores Mobiliários[155].

Porém, entendemos que o contrato de *swap* não é um contrato diferencial. O que acontece é que as obrigações que emergem deste contrato se extinguem por uma das formas legais de extinção das obrigações para além do cumprimento – a compensação de créditos. Não será este elemento, em nosso entendimento, suficiente para caracterizar o *swap* como contrato diferencial.

Voltamos à questão de saber se o contrato de *swap* nada mais é que um contrato de jogo ou aposta[156]. E se o for, será lícito ou ilícito?

Dado o tratamento jurídico consignado ao jogo e aposta, a submissão do *swap* a este regime traria graves inconvenientes e prejuízos aos que utilizam o contrato de *swap* e se assumem como intransigentes defensores deste tipo contratual. Para estes, a questão deverá sempre passar pelo absoluto afastamento entre contrato de *swap* e jogo ou aposta, não podendo haver qualquer confusão ou fusão entre estas figuras.

Partindo do pressuposto que o legislador reconheceu o contrato de *swap* como sendo um instrumento financeiro, (art. 2º, nº 1, alínea *e*) do Código de Valores Mobiliários), ainda que se classificasse o *swap* como um contrato de jogo ou aposta, o mesmo seria lícito. Todavia, enquanto tal e à luz da nossa legislação, apenas seria gerador de obrigações naturais, ficando na dependência do livre arbítrio das partes o respetivo cumprimento. Mas, não obstante aquele acolhimento legal, a validade do contrato de *swap* continua a gerar discussões e a ser questionado nos tribunais.

Será ou não indiciador de que *swap* é jogo ou aposta a utilização da compensação como forma de extinção das obrigações das partes, sabendo-se que esse é um dos principais meios adotados para a execução das prestações entre as partes. Se o *swap* for um contrato de jogo ou aposta, ainda que lícito, apenas gerará obrigações naturais, portanto, não exigíveis judicialmente. Analisado o art. 847º, nº 1, alínea *a*) do Código Civil, verifica-se

---

[155] O artigo 198º, nº 1, refere quais as formas organizadas de negociação estipulando que "é permitido o funcionamento em Portugal, sem prejuízo de outras que a CMVM determine por regulamento, das seguintes formas organizadas de negociação de instrumentos financeiros: *a*) Mercados regulamentados; *b*) Sistemas de negociação multilateral; *c*) Internalização sistemática".

[156] Cfr. CALHEIROS, Maria Clara, «O contrato de *swap* no contexto da actual crise financeira global», *Cadernos do Direito Privado*, nº 42, Abril/Junho, 2013, p. 8.

que se impõe como requisito para que a compensação possa operar a exigibilidade judicial do crédito e do contra crédito, por conseguinte, por falta da verificação dos requisitos legais, a compensação não poderia operar no caso.

Seguimos de perto Maria Clara Calheiros[157] que, a este propósito, refere que a circunstância de uma das partes receber apenas o diferencial entre aquilo que lhe é devido e aquilo que teria de pagar não apaga a finalidade do contrato de *swap* prosseguida que é a efetiva modificação da posição financeira que aquela parte detinha antes de celebrar o contrato. Além do mais, a figura da compensação está entre nós consagrada como meio de extinção das obrigações e não vemos nenhum impedimento legal para que não seja usada, desde que verificados todos os requisitos legais exigidos[158].

E mesmo que se considerasse o contrato de *swap* como sendo jogo e aposta, sempre se acrescentará que não se pode olvidar a existência de norma excecional e/ou especial face ao artigo 1245º do Código Civil.

O próprio Código Civil consagra uma exceção no artigo 1246º e, no artigo subsequente, 1247º, ressalva-se a possibilidade de existir legislação especial face ao regime jurídico geral que consagra. Ora, isto significa que poderão existir normas que acolham estes contratos de jogo e de aposta como válidos e geradores de verdadeiras obrigações civis para uma das partes.

Isto posto, a classificação do contrato de *swap* como contrato diferencial[159] esbarra na consagração legal expressa deste, com a transposição da Diretiva dos Mercados de Instrumentos Financeiros (Diretiva nº 2004/39/CE de 21 de Abril) para o ordenamento jurídico interno, operada pelo Decreto-lei nº 357-A/2007, com o Código de Valores Mobiliários que passou a prever no seu artigo 2º, nº 1, alínea *d)*, os contratos diferenciais[160]

---

[157] Cfr. Sobre este aspeto, veja-se, CALHEIROS, Maria Clara, «O contrato de *swap*», *Studia Iuridica*, 51, *Boletim da Faculdade de Direito*, Coimbra Editora, 2000, p. 108.

[158] Também neste sentido, SILVA, Calvão da, «Swap de taxa de juro: sua legalidade e autonomia e inaplicabilidade da excepção do jogo e aposta», *Revista de Legislação e de Jurisprudência*, Ano 142, nº 3979, Março/Abril 2013, p. 266.

[159] Neste sentido, ALMEIDA, Carlos Ferreira de, «Contratos diferenciais», *Estudos Comemorativos dos 10 anos da Faculdade de Direito da Universidade Nova de Lisboa*, Vol II, Coimbra, Almedina, 2008.

[160] Os contratos diferenciais são aqueles que têm por objeto o pagamento de montantes pecuniários que corresponde à diferença apurada entre o valor do ativo subjacente no momento da celebração e o valor da execução do contrato, nas datas de vencimento.

DO CONTRATO DE *SWAP* EM GERAL

como objeto de regulamentação. Não podem, por isso, ser considerados inválidos, mas lícitos e não apenas como meras fontes de obrigações naturais[161].

Porque as partes quando celebram um contrato de *swap* não procuram um fim lúdico, mas antes uma das finalidades que *infra* analisaremos, não podemos subsumir o contrato de *swap* à legislação relativa ao jogo e aposta, dado que as partes têm em vista um interesse quando celebram um contrato de *swap*, quase sempre correspondente ou ligado à atividade empresarial que desempenham. Mas mesmo que exista uma finalidade especulativa apenas ela é também digna de proteção jurídica, atendendo à utilidade que importa para o bom funcionamento dos mercados financeiros. E sendo um contrato válido, as suas prestações podem ser exigidas judicialmente.

Uma outra questão que importa apurar consiste em saber se um contrato de *swap* que não tenha conexão com nenhuma realidade subjacente, ou seja, que tenha uma finalidade meramente especulativa, poderá ser considerado um contrato de jogo ou aposta.

Poder-se-á considerar que a realidade subjacente ao contrato de *swap* faz parte integrante deste ao ponto de, caso aquela finde, este deixe de possuir a razão que ditou a sua celebração e por isso se torna meramente especulativo, consubstanciando uma mera aposta? E, nesse caso, é possível suscitar-se a exceção do jogo?

Alguma parte da jurisprudência portuguesa sustenta que a realidade subjacente ao contrato de *swap* faz parte integrante deste. Se aquela cessa, este deixa de possuir a razão que ordenou a sua celebração, pelo que, se continuar a produzir efeitos, torna-se meramente especulativo, consubstanciando uma mera aposta, estando aberta a possibilidade de se suscitar a exceção do jogo.

O Acórdão do Tribunal da Relação de Lisboa[162], por referência a um *swap* de taxa de juros, pronunciou-se no sentido de que logo que a finalidade de cobertura do contrato termine, uma vez que a realidade primária de que emanava também findou, o contrato de *swap*, se subsistir, passa

---

[161] Também em Itália se excluiu a tese da subsunção como jogo e aposta dos contratos derivados, onde se incluem os *swaps*, após a transposição para aquele ordenamento jurídico da Diretivas nº 93/22/CEE, alterada pela Directiva nº 2006/31/CE.

[162] Acórdão do Tribunal da Relação de Lisboa, datado de 21 de março de 2013, proferido no processo nº 2587/10.0 TVLSB.L1-6, relatado por Ana de Azeredo Coelho.

O CONTRATO DE *SWAP*

a consubstanciar daí em diante uma mera aposta, pelo que se justifica a aplicação do regime jurídico reservado ao contrato de jogo.

O Supremo Tribunal de Justiça, porém, e mais recentemente, proferiu acórdão em sentido diverso e considerou perfeitamente válido um *swap* com finalidade puramente especulativa. Mais acrescentando que a especulação é uma finalidade legítima não se confundindo com a finalidade prosseguida pelos jogadores ou apostadores, pois enquanto o especulador procura o lucro, exercendo a sua atividade no contexto de um mercado com uma função económica e social, o jogador apenas prossegue um fim meramente lúdico[163].

Transpondo este raciocínio para o contrato de *swap* constatamos que existem muitas semelhanças com o jogo e aposta. Vejamos: num contrato de *swap* as partes acordam entre si efetuar pagamentos periódicos cujos valores ou montantes dependerão das taxas de juro ou taxas de câmbio vigentes no momento das datas de vencimento pré-convencionadas, e no contexto de um determinado mercado de capitais. Uma parte obterá um ganho e a outra – a que terá de pagar – uma perda. Note-se que ambas sabiam que o valor a prestar dependeria de um evento futuro e incerto, não dominado por nenhuma delas, geralmente, mas mesmo assim aceitaram celebrar o contrato, acreditando que na data do vencimento o resultado lhes seria favorável, embora conhecendo que haveria a hipótese de não o ser.

Contudo, a finalidade das partes que celebram um contrato de *swap* não se equipara à finalidade de um jogador ou apostador.

Num *swap* de taxa de juro, o resultado não depende exclusivamente da sorte ou do azar, que é o que sucede na aposta pura. Assenta antes num raciocínio prognóstico acerca da evolução da taxa de juro, raciocínio que é intrínseco a cada uma das partes e reflete, muitas vezes, determinadas informações disponíveis, a experiência e análise financeiras, bem como a capacidade de interpretação e leitura dos mercados.

Cremos, todavia, como se abraça no direito anglo-saxónico, que se não deve cingir a apreciação desta questão de submissão ou enquadramento do *swap* a um contrato de jogo ou de aposta à aleatoriedade indiscutível que caracteriza aquele contrato, mas antes reconstituir a finalidade económica e o propósito das partes.

---

[163] Acórdão do Supremo Tribunal de Justiça, datado de 11 de Fevereiro de 2015, proferido no processo nº 309/11.8TVLSB.L1.S1, relatado por Sebastião Póvoas.

DO CONTRATO DE *SWAP* EM GERAL

Existe doutrina que afirma que se o *swap* não for construído com a funcionalidade de cobertura de risco, não será válido, uma vez que o que as partes quiseram foi especular e, neste sentido, considera que se trata de uma aposta que, a ser lícita, apenas gera obrigações naturais[164].

A exceção de jogo e de aposta será aplicável se as partes não visarem nenhuma finalidade económica com o contrato de *swap* mas apenas o jogo em si mesmo. Já não será de aplicar se as partes justificarem o interesse económico que presidiu à referida contratação, que, na maioria das vezes, é a neutralização ou amortecimento de riscos aos quais estão expostos. E é este o sentido que a doutrina alemã tem perfilhado.

Mesmo aqui, pode dizer-se que não se resolve a questão do contrato de *swap* com finalidade meramente especulativa, uma vez que quando o contrato tem em vista a finalidade de cobertura de risco ou de arbitragem, o interesse económico e finalidades prosseguidas pelas partes ou pelo menos por uma delas é de fácil demonstração, e basta que uma das partes demonstre essa finalidade.

Sempre diremos que, neste caso, o ónus da prova sobre a existência do contrato de jogo recairá sobre aquele que queira prevalecer-se desta exceção, conforme as regras gerais do ónus da prova [165].

E quando ambas as partes têm em vista a especulação?

Importa distinguir. Um jogador e um especulador não procuram o mesmo fim. Aquele cria o risco, este antes o utiliza para alcançar certos fins úteis.

Adiante veremos, e por isso nos escusamos antecipar agora, a utilidade da especulação para os mercados, mas esta é admitida, nada existindo no nosso ordenamento jurídico no sentido de a proibir. Pelo que se impõe saber se um contrato de *swap* com finalidade meramente especulativa para ambas as partes será um jogo ou aposta.

Lebre de Freitas considera que a falta de ligação a operações financeiras concretas, torna o *swap* especulativo. O *swap* debruça-se sobre riscos que o próprio cria, caindo na previsão do disposto no artigo 1245º do Código Civil, determinando a nulidade do contrato. Refere que "no caso do swap

---

[164] Cfr. Mourato, Hélder M., *O contrato de swap de taxa de juro*, Coimbra, Almedina, 2014, p. 78. ISBN 978-972-40-5427-8.
[165] Também neste sentido Pinto, Paulo Mota, «Contrato de swap de taxas de juro, jogo e aposta e alteração das circunstâncias que fundaram a decisão de contratar», *Revista de Legislação e de Jurisprudência*, Ano 144, nº 3988, Set./Out., 2014, p. 20.

O CONTRATO DE *SWAP*

de taxa de juro que não vise cobrir um risco de variação de valor respeitante a determinada ou determinadas operações, económicas ou puramente financeiras, que pura e simplesmente não existem, há um contrato meramente especulativo, em que a troca mais não serve do que uma finalidade de jogo ou aposta"[166]. E conclui que ou o jogo é ilícito e portanto o contrato é nulo, ou sendo lícito, gera apenas obrigações naturais.

Por sua vez Oliveira Ascensão[167] refere que os contratos de *swap* carecem de uma causa que os suporte, sob pena de, não a tendo, recairem na exceção do jogo ou da aposta[168].

Importa analisar em que consiste afinal a causa do negócio. A causa do negócio surge como sendo a função económico-social desempenhada pelo contrato. Pelo que, a ordem jurídica irá proteger os contratos que sejam celebrados com a intenção de realizar certos fins que ela mesma protege e considera como dignos de proteção legal e juridicamente atendíveis, estabelecendo que a causa do negócio deve ser lícita[169].

---

[166] Cfr. FREITAS, José Lebre de, «Contrato de swap meramente especulativo. Regimes de validade e de alteração das circunstâncias», disponível em: http://www.oa.pt/ upl/%7B24d07a7e-a1e3-4f43-b06a-300e112c9896%7D.pdf (acedido em 16 de fevereiro de 2015), que acrescenta ainda que o contrato de swap "quando não exerça a função de cobertura do risco de um dos contraentes, por não haver uma realidade subjacente a que se reporte, o swap, meramente especulativo, não constitui contrato válido: continuando a ser um contrato diferencial, já não garante a parte contra taxas de juro excessivas (risco exógeno ao contrato); o seu risco é agora endógeno, isto é, criado pelas partes e por elas pretendido como tal; sendo estruturalmente um contrato de jogo ou aposta e apresentando-se, como tal, desviado da função que lhe deu origem para constituir um contrato de puro risco, o contrato de swap, por não haver norma específica que neste caso o permita, é nulo (fim contrário à lei: art. 281º do Código Civil), sem que lhe aproveite o princípio da liberdade de negociar e estipular. Trata-se de negócio nulo por ilicitude da causa".

[167] Cfr. ASCENSÃO, José de Oliveira, «Derivados», AAVV, *Direito dos Valores Mobiliários*, vol. IV, Coimbra, Coimbra Editora, 2003, pp 53 e 54. ISBN 9789723211702.

[168] Embora este Autor, na análise que dedica aos futuros e opções, refira que o ativo subjacente quando é um valor mobiliário pode ter uma natureza real ou nocional, mencionando que por "nocional" o CVM apelida de teórico, adiantando que melhor seria se o designasse por virtual. Assim, considera ser possível tomar-se um valor mobiliário meramente pensado e sobre ele arquitetar uma evolução, e portanto a variação de riscos, em «Derivados», AAVV, *Direito dos Valores Mobiliários*, vol. IV, Coimbra, Coimbra Editora, 2003, p. 50. ISBN 9789723211702.

[169] Cfr. FERNANDES, Luís A. Carvalho, *Teoria Geral do Direito Civil*, vol. II, 5ª edição, Lisboa, Universidade Católica Editora, 2010, p. 290. ISBN 9789725402740.

DO CONTRATO DE *SWAP* EM GERAL

Oliveira Ascensão[170], a propósito da determinação da função económico-social dos derivados, faz uma incursão até ao momento em que as flutuações de preços agrícolas determinaram o aparecimento de bolsas de mercadorias, como de café e cereais, referindo que o comerciante foi dando lugar ao especulador. Refere que a função de garantia de riscos é clara em certas operações, exemplificando com a prevenção que o endividado em certa divisa pode fazer usando um derivado, contra uma evolução desfavorável da cotação da divisa em que terá de proceder ao pagamento.

Contudo, ressalva que uma coisa é a finalidade individual que cada parte contratual visa com a celebração de um contrato derivado, outra é a finalidade ou função económico-social associada a esta modalidade de contratos – a causa destes contratos. Termina expondo que a causa que conduziu à criação destes contratos foi a cobertura de riscos, embora admita a sua utilização para fins especulativos, acrescentando que quando se trabalha com base em valores mobiliários nocionais a função de cobertura de riscos é muito difícil de descortinar, pelo que a função geral destes contratos será mais abrangente do que mera cobertura de riscos, podendo ser mais de gestão de riscos.

Desta forma, serão causais os negócios em que "a causa é relevante para o respetivo regime jurídico e, como tal, pode ser invocada como fundamento de pretensões ou exceções de direito material"[171].

Como veremos adiante, não existe nenhuma relação de dependência entre a realidade subjacente e o contrato de *swap*, no sentido em que não existe qualquer união de contratos nem coligação, em termos tais que a vicissitude de um se espelhe no outro.

Temos, pois, dois contratos perfeitamente calafetados, independentes e autónomos entre si. O que acabámos de dizer não se confunde com a função económico-social que o *swap* visa prosseguir, ainda que não tenha nenhuma realidade subjacente concreta e seja celebrado por referência a valores hipotéticos ou nocionais, atendendo a que, como veremos, pode o contrato de *swap* prosseguir várias finalidades, entre as quais a especulação, que não é interditada pelo nosso ordenamento jurídico.

---

[170] Cfr. Ascensão, José de Oliveira, «Derivados», AAVV, *Direito dos Valores Mobiliários*, vol. IV, Coimbra, Coimbra Editora, 2003, pp 44 a 47. ISBN 9789723211702.
[171] Cfr. Vasconcelos, Pedro Pais de, *Teoria Geral do Direito Civil*, 7ª edição, Coimbra, Almedina, 2012, p. 188. ISBN 978-972-40-5011-9.

O CONTRATO DE *SWAP*

Note-se que estamos no domínio da autonomia privada, em que desde que as partes estejam conscientes e sejam perfeitamente conhecedoras dos termos em que auto-delinearam o contrato a que voluntariamente se vincularam, não ferindo este qualquer paradigma atinente aos princípios da boa-fé, bons costumes e ordem pública, é perfeitamente válido.

As partes podem estipular de forma livre o conteúdo das suas prestações e as próprias prestações não necessitam de ter valor pecuniário[172].

As partes escolhem e estipulam as referências que servem de base aos cálculos para aferir os montantes pecuniários a prestar, de forma livre e consciente. Esses valores não têm de ser reais, basta que sejam idóneos a determinar o sentido do clausulado contratual.

Não há criação de risco, como sucede no jogo, há apenas uma tentativa de otimização de resultados e ganhos que podem ser alcançados com a aniquilação dos riscos de flutuação de taxas de juro, os quais se repercutiriam, em última instância, no desenvolvimento (em geral) de toda a atividade financeira e empresarial.

Observaremos adiante que a fixação de um capital hipotético, que sirva de referência, é uma possibilidade consagrada por legislação comunitária. E o *swap*, como contemplaremos, é um contrato perfeitamente autónomo, estruturado, suficiente e lícito. Não admiti-lo, é aniquilar a própria lei, sem considerar os efeitos assoladores para o funcionamento dos mercados financeiros com a consequente perda de competitividade em relação a outros.

Como expõe Calvão da Silva, o contrato de *swap* não reveste a natureza de aposta mesmo que subjaza no pensamento das partes, aquando da constituição do contrato de *swap*, uma finalidade meramente especulativa. Por outras palavras, a inexistência de qualquer operação financeira subjacente torna essa intencionalidade especulativa o que contribui para "o desenvolvimento adequado dos mercados financeiros (no contexto da liquidez e da eficiente formação dos preços) erguido a valor legítimo da nova economia no juízo de mérito da coeva legislação especial referida[173]", invocando aqui a "*lex mercatoria*" do *Master Agreement* da *International Swaps and Derivatives Association*, que abordaremos mais à frente no nosso estudo.

---

[172] Cfr. Art. 398º, nºs 1 e 2 do CC.
[173] Cfr. SILVA, Calvão da, «Swap de taxa de juro: sua legalidade e autonomia e inaplicabilidade da excepção do jogo e aposta», *Revista de Legislação e de Jurisprudência*, Ano 142, nº 3979, Março/Abril 2013, p. 265.

DO CONTRATO DE *SWAP* EM GERAL

Paulo Mota Pinto considera os contratos de *swap* lícitos e não recondutíveis à exceção de jogo ou de aposta, encarando a sua aptidão para o objetivo de gestão do risco de variação das taxas de juros e pela inexistência de qualquer ilicitude na função especulativa[174].

Na realidade, existem argumentos no sentido de considerar que o *swap* enquanto jogo ou aposta seria o mesmo que conceber e aceitar a hipótese de que o legislador agiu com reserva mental. O legislador apelida os *swaps* de instrumentos financeiros e regula a atividade das instituições que deles se podem ocupar. No nosso entendimento, é dificilmente concebível que o *swap* seja considerado jogo pois isso negaria o sentido da atividade legislativa referenciada.

Os especuladores são cruciais para os mercados. São os tomadores de risco que permitem aos "garantes" – *hedgers* – baixar os seus riscos. E a prova evidente é que abertamente são admitidos pela lei instrumentos derivados de ativos meramente nocionais, por definição baseados em valores fictícios ou hipotéticos e por definição também, independentes, autónomos ou abstratos"[175].

A especulação é uma atividade necessária que permite a obtenção de maior liquidez nos mercados e maior eficiência, beneficiando *hedgers*, investidores em geral e demais participantes do mercado. Sem especulação, haveria menos oportunidades nos mercados, principalmente para os *hedgers*, que dificilmente encontrariam forma de gerir e cobrir os seus riscos[176].

---

[174] Cfr. PINTO, Paulo Mota, «Contrato de swap de taxas de juro, jogo e aposta e alteração das circunstâncias que fundaram a decisão de contratar», *Revista de Legislação e de Jurisprudência*, Ano 144, nº 3988, Set./ Out., 2014, pp, 24 a 27.

[175] Cfr. SILVA, Calvão da, «Swap de taxa de juro: sua legalidade e autonomia e inaplicabilidade da excepção do jogo e aposta», *Revista de Legislação e de Jurisprudência*, Ano 142, nº 3979, Março/ Abril 2013, pp. 262 e 263.

[176] Neste sentido, MEGLE, David, ISDA Head of Research – "Economic Role of Speculation", *ISDA, Research Notes*, 2º, 2010, que refere:" ( ...) Although speculation is often blamed for causing problems in markets, the economic evidence shows that it is in fact a necessary activity that makes markets more liquid and efficient, which in turn benefits hedgers, investors, and other market participants. (...)Without speculation, markets would be less complete in that there would be fewer opportunities for other market participants, especially hedgers, wishing to manage the risks they encounter in their financial activities (...)", em http://www.isda.org/researchnotes/pdf/SpeculationRN.pdf, acedido em 14 de Fevereiro de 2015.

Recentemente, parte da nossa jurisprudência[177] entendeu que não se pode nunca confundir o contrato de *swap* com o contrato de jogo ou aposta, desde logo porque este não gera obrigações civis e aquele sim, e porque no contrato de *swap*, o risco a que as partes estão expostas é um risco exógeno advindo de causas externas ao contrato, como o caso da variação das taxas de juro.

Para sustentar ainda que o contrato de *swap* é lícito e que não consubstancia nenhum contrato de jogo ou aposta, estipula também a jurisprudência[178] que o "contrato de *swap* é um contrato lícito, admitido e tutelado no nosso ordenamento jurídico, designadamente pelo art. 2º, do Código de Valores Mobiliários e pela Diretiva 2004/39/CE, do Parlamento Europeu e do Conselho, de 21 de abril de 2004, transposta para o nosso direito pelo Decreto-Lei n.º 357-A/2007, de 31 de outubro, que alterou o Código de Valores Mobiliários. O contrato de *swap* de taxa de juro é um contrato comercial, atípico, duradouro, consensual, sinalagmático, aleatório e oneroso. Considerando os respectivos elementos essenciais, o contrato de *swap* não se confunde com o contrato de jogo e aposta, previsto no art.1245º, do CC" e fundamenta esse facto por razões, em "primeiro lugar, porque, o legislador acolheu expressamente os contratos de *swap* na categoria de "instrumentos financeiros", nos termos estabelecidos no art. 2º, nº1, al. *e)*, do CVM o que, a nosso ver, só por si, afasta a sua subordinação ao regime do contrato de jogo e aposta, previsto no Código Civil. Em segundo lugar, porque, no contrato de jogo e aposta, e ao contrário do que sucede no de *swap*, em que a exposição à incerteza é apenas o efeito secundário do esforço de perseguir um objetivo comercial ou financeiro legítimo, a vontade de contratar é exclusivamente dominada pelo desejo de submissão à contingência da verificação de um acontecimento incerto".

Não se podendo ignorar que o contrato de *swap* assume, nos dias de hoje, uma significativa importância na economia das empresas, que escolhem este instrumento para gestão do risco associado ao seu endividamento, sendo dominante na generalidade das ordens jurídicas e das economias desenvolvidas que nos são mais próximas.

---

[177] Acórdão do Tribunal da Relação de Lisboa, datado de 08/05/2014, proferido no processo 531/11.7TVLSB.L1.8, relatado por Ilídio Sacarrão Martins e pelo Acórdão do Supremo de Tribunal de Justiça, datado de 29/01/2015, relatado por Bettencourt de Faria.

[178] Cfr. Acórdão do Tribunal da Relação de Lisboa, datado de 13 de maio de 2013, proferido no processo nº 309.11.8TVLSB.L1-7, relatado por Maria do Rosário Morgado.

DO CONTRATO DE *SWAP* EM GERAL

## 1.3.8. Contrato típico ou atípico

Antes de procedermos ao enquadramento do contrato de *swap* como contrato típico ou atípico, entendemos apropriado recordar uma outra distinção, entre contrato nominado e inominado. Aquele possui um *nomen iuris* atribuído pela lei e o inominado não possui esse *nomem iuris*[179].

O contrato é típico se a lei lhe dispensar uma regulamentação jurídica própria e atípico se o não fizer, isto é, se não existir regime jurídico próprio. Menezes Leitão[180] refere que não existem contratos inominados e típicos. O raciocínio lógico do Autor, que partilhamos, assenta na ideia de que quando a lei estipula um regime jurídico próprio referente a um contrato, primordialmente dispensa-lhe um nome, e portanto, será sempre nominado[181].

Todavia, poderão existir contratos nominados mas atípicos. E é aqui que nos centramos. Poderíamos nós assumir que se trata de um contrato típico? Afinal, poderá tratar-se de um contrato de permuta (*stricto sensu*)? Ou tratar-se-á de um contrato diferencial? A resposta não é líquida.

Pela função económico-social do contrato de *swap* poderíamos integrá-lo nos contratos com função de troca. Mas, na verdade, a natureza das prestações pode variar e, sendo as prestações das partes efetuadas em dinheiro, nenhuma delas assume uma função de pagamento de preço. Então, nesse caso, qualificaríamos o contrato de *swap* como sendo uma permuta em sentido estrito.

Porém, no cumprimento do contrato de *swap*, a maioria das vezes, não se efetuam duas prestações mas uma só, a qual impende sobre a parte em desfavor da qual se apurar a diferença – sistema de compensação –[182], então, seremos levados a qualificar o contrato de *swap* como sendo um contrato diferencial[183]. Na realidade, num contrato diferencial há apenas uma obri-

---

[179] Para mais pormenor, Varela, João de Matos Antunes, *Das Obrigações em Geral*, Coimbra, Almedina, vol. I, 1ª edição, 2009, p. 272. ISBN 978-972-40-1389-3.

[180] Leitão, Luis Manuel Teles de Menezes, *Direito das Obrigações – Introdução, Da constituição das obrigações*, vol. I, 11ª edição, Coimbra, Almedina. ISBN 978-972-40-5480-3.

[181] Em posição diversa, veja-se Jorge, Fernando Pessoa, *Direito das Obrigações*, vol. I, Lisboa, AAFDL, 1975, p. 158 e Cordeiro, António Menezes, *Tratado de Direito Civil Português*, Tomo I, 2ª edição, Coimbra, Almedina, 2000, p. 319. ISBN 972-40-1429-0.

[182] Em algumas modalidades de *swap*, as obrigações recíprocas são substituídas pelo obrigação apenas de uma parte, designadamente por aquela em desfavor da qual foi apurada a diferença, na data de vencimento, de valores a trocar.

[183] Neste sentido, Almeida, Carlos Ferreira de, *Contratos II – Conteúdo. Contratos de Troca*, Coimbra, Almedina, 3ª edição, 2012, p. 136. ISBN 9789724049649; Almeida, António

gação de prestar à contraparte o valor que se venha a apurar, correspondente à diferença entre o valor inicial de um bem – real ou nocional – que servir de referência ou base ao contrato e o valor que esse bem atinja no mercado em data futura a acordar entre as partes. Não se sabendo antecipadamente qual o valor que esse bem atingirá na data futura que as partes acordaram e mesmo assim aceitando as mesmas contratar, naturalmente se constata que uma delas sairá beneficiada em detrimento da outra[184], daí que seja um contrato de risco por natureza, como mencionamos acima.

Não obstante o exposto, cremos como concluímos, que sendo o contrato de *swap* reconhecido na lei[185], que lhe atribui um *nomen iuris*, não lhe dispensa um regime jurídico próprio, daí que possa classificar-se como um contrato nominado mas atípico. Quando muito, partilhamos da ideia de que são contratos socialmente típicos, contratos do tráfego[186].

### 1.4. A derivação como antítese da abstração

Os produtos financeiros, entre os quais se integra o *swap*, recebem a denominação genérica de derivados uma vez que se baseiam numa realidade primária subjacente[187], que é suscetível a oscilações financeiras. O mesmo será dizer que os derivados financeiros são instrumentos financeiros que assentam numa *técnica de derivação*. Estamos perante um produto de segundo patamar no sentido em que deriva de um *prius* ou realidade primária, de primeiro patamar[188].

---

Pereira de, «Instrumentos Financeiros: os swaps», *Estudos em Homenagem ao Professor Doutor Carlos Ferreira de Almeida*, Vol. II, Almedina, 2001, p. 66. ISBN 978-972-40-4319-7 e MOURATO, Hélder M., *O contrato de swap de taxa de juro*, Coimbra, Almedina, 2014.

[184] Conforme o valor venha a ser mais alto ou mais baixo que o valor inicial de referência.

[185] Art. 2º, nº1, alínea *e)* do CVM. Este reconhecimento legal foi introduzido pelo Decreto-Lei 357-A/2007, de 31 de Outubro que transpôs para a ordem jurídica interna a DMIF – Diretiva nº 2004/39/CE do Parlamento Europeu e do Conselho de 21 de Abril de 2004.

[186] Cfr. CLOUTH, *Rechtsfragen der außerbörslichen Finanzderivative*, 2001, pp. 22 e 24, *apud* SILVA, Calvão da, «Swap de taxa de juro: sua legalidade e autonomia e inaplicabilidade da excepção do jogo e aposta», *Revista de Legislação e de Jurisprudência*, Ano 142, nº 3979, Março/Abril 2013, p. 258.

[187] Denominada de *ativo subjacente*.

[188] Neste sentido, veja-se ANTUNES, José A. Engrácia, «Os derivados», *Cadernos do Mercado de Valores Mobiliários*, nº 30, Agosto, 2008, p. 99.

DO CONTRATO DE *SWAP* EM GERAL

A realidade subjacente pode ser um ativo financeiro, um mercado[189] ou outras realidades[190]. O leque de ativos subjacentes é praticamente ilimitado, podendo ser de natureza corpórea ou incorpórea, real ou nocional[191], jurídica ou económica, desde que sejam suscetíveis a risco de variações do respetivo valor[192]. Ativo subjacente pode ser praticamente tudo desde que possua um valor, a imaginação é o limite.

A lei fornece-nos exemplos de realidades subjacentes como o caso das divisas, das taxas de juros, mercadorias e valores mobiliários[193].

Os ativos subjacentes são meramente nocionais, o que significa que servem apenas como valores de referência[194] e não são objeto de transmissão nem troca entre as partes.

Aos *swaps* que não possuam um ativo subjacente real apelidamos de *swaps* abstratos[195]. Que dizer sobre a sua licitude? Vejamos.

A Diretiva nº 2004/39/CE foi transposta pelo Decreto-Lei nº 357-A/2007, de 31 de outubro e, por conseguinte, passou a ser aplicável no âmbito das relações entre particulares. O legislador ao incluir os *swaps* no art. 2º, nº 1, alínea *e*) do Código de Valores Mobiliários não estabeleceu qualquer distinção no sentido de permitir os que tivessem ativo real e excluir aqueles em que o ativo fosse hipotético.

Mais. Considerando não só a Directiva mas também o Regulamento (UE) nº 549/2013 do Parlamento e do Conselho, designadamente nos seus pontos 5.210, 5.211 e 5.218 alíneas *a*) e *b*), constata-se a possibilidade e legali-

---

[189] Por exemplo, mercado do café, mercado de ações, entre outros.

[190] Por exemplo, índices financeiros, sobre valores mobiliários, taxas de juros ou divisas, índices económicos, como taxas de inflação, de desemprego, de produto nacional interno, variáveis climáticas, as tarifas de transporte, ou derivados (derivados de segundo grau, cujo ativo subjacente outro derivado, como por exemplo, os *swaptions* de divisas).

[191] Neste caso, o contrato de *swap* assenta numa referência que é construída exclusivamente para servir de base à estipulação dos montantes obrigacionais a que as partes estão obrigadas nesse *swap*, não existindo uma referência real, ou seja, não havendo nenhuma obrigação perante terceiro da(s) parte(s) subjacente ao contrato de *swap*.

[192] ANTUNES, José A. Engrácia, *Os instrumentos financeiros*, 2ª edição, Coimbra, Almedina, 2014, p. 131.

[193] ASCENSÃO, J. Oliveira, «Derivados», 49, AAVV, *Direito dos Valores Mobiliários*, vol. IV, 41-68, Coimbra Editora, 2000.

[194] *Notionals*.

[195] Neste sentido, SILVA, Calvão da, «Swap de taxa de juro: sua legalidade e autonomia e inaplicabilidade da excepção do jogo e aposta», *Revista de Legislação e de Jurisprudência*, Ano 142, nº 3979, Março/Abril 2013, p. 253.

O CONTRATO DE *SWAP*

dade de os instrumentos financeiros derivados poderem alicerçar-se numa realidade subjacente real ou meramente nocional.

Note-se que, por exemplo, no que diz respeito aos CDSs, o Regulamento (UE) nº 549/2013, do Parlamento Europeu e do Conselho, não determinou dissemelhança entre um CDS que tenha efetiva conexão com uma realidade ou ativo subjacente dos CDSs que a não tenham[196].

Desta forma, ficam, em nosso entendimento, arredadas todas as dúvidas acerca da legalidade destes instrumentos, independentemente de terem ou não uma realidade subjacente meramente hipotética ou ficcionada pelas partes.

Contudo, admitir esta licitude não significa que não reconheçamos a fragilidade da riqueza criada pelos derivados assentes em realidades virtuais. Invocamos aqui Calvão da Silva[197] que também não crê nesta política legislativa de derivados com ativos subjacentes nocionais, no entanto, a sua licitude resulta da lei positiva, da qual não pode o intérprete debandar.

Sendo lícitos, não podemos concordar com o recente acórdão proferido pelo Supremo Tribunal de Justiça[198]que declarou um *swap* de taxa de juro nulo por ofensa à ordem pública. Sustentou o seu posicionamento no con-

---

[196] Cfr. 5. 218 do Regulamento (UE) nº 549/2013, do Parlamento Europeu e do Conselho, de 21 de Maio de 2013 que refere: "Destinam-se a cobrir as perdas do credor (comprador de um CDS) nas seguintes situações: *a)* Ocorrência de uma eventualidade de crédito relativamente a uma unidade de referência e não em ligação com um título de dívida ou um dado empréstimo. Uma eventualidade de crédito que atinge uma unidade de referência pode ser um incumprimento, mas também uma falha de pagamento relativamente a um qualquer passivo (elegível) que se torna exigível, como acontece em casos de reescalonamento de dívidas, violação de um acordo, etc.; *b)* Situação de incumprimento de um dado instrumento de dívida, em geral um título de dívida ou um empréstimo. Como para os contratos de *swaps*, o comprador do CDS (considerado o vendedor do risco) efetua uma série de pagamentos de prémios ao vendedor do CDS (considerado o comprador do risco)".

[197] Refere SILVA, João Calvão da, «Swap de taxa de juro: sua legalidade e autonomia e inaplicabilidade da excepção do jogo e aposta», *Revista de Legislação e de Jurisprudência*, Ano 142, nº 3979, Março/Abril 2013, p. 269 que: "Pessoalmente, até não sou crente na política legislativa dos derivados de primitivas fictícias ou nocionais (sem activo subjacente real, portanto), a criar riqueza a partir do nada e justificar comissões. Avivam-me, com as vendas a descoberto (*naked short seeling*) e os *swaps* não cobertos ou despidos (*naked swaps*), o "Rei vai nu" e o *"Memento homo, quia pulvis es, et in pulverem reverteris"* (...) a evidenciar que o virtual não passa a real...".

[198] ALMEIDA, António Pereira de, «Instrumentos Financeiros: os swaps», *Estudos em Homenagem ao Professor Doutor Carlos Ferreira de Almeida*, Vol. II, Almedina, 2001, p. 66. ISBN 978-972-40-4319-7.

DO CONTRATO DE *SWAP* EM GERAL

fronto entre a pura especulação viabilizada pelos contratos de *swap* de taxa de juro com ativo meramente nocional e os princípios e valores prevalentes na nossa sociedade e "ponderando as desutilidades sociais e económicas que aqueles são aptos a gerar" conclui que tais contratos consubstanciam uma "desvalia face a esses valores cogentes e ao bem comum".

Todavia, há que ressalvar uma diferença consoante a realidade primária ou ativo subjacente de que deriva o produto financeiro derivado seja real ou virtual. No primeiro caso podem existir liquidações físicas, no segundo, apenas existem liquidações financeiras. É fundamental conhecer-se bem as características da relação de derivação existente entre o derivado financeiro e a realidade, posição contratual ou ativo que lhe é e está subjacente, pois pretendemos perceber como interagem estes dois pólos e como se relacionam na eventualidade de num deles ocorrer alguma vicissitude.

Como acima começámos por abordar, é relevante saber se na relação de derivação existente entre o contrato de *swap* e o ativo subjacente vigora um princípio de causalidade, no sentido de entender se a existência e/ou validade de um afeta ou não a existência e/ou validade do outro, ou se, pelo contrário, vigora o princípio da abstração, podendo sobreviver um independentemente da existência e/ou validade do outro.

Note-se que a questão se coloca sempre sob a perspetiva do contrato de *swap*, ou seja, procura-se perceber se a existência e/ou validade do ativo subjacente influencia ou não a existência e/ ou validade do contrato de *swap* e não o inverso, uma vez que ao ativo subjacente aplicar-se-á sempre o regime jurídico que lhe for próprio, independentemente do contrato de *swap*.

Partimos de uma citação: "se a realidade subjacente tem influência sobre o derivado, então não há abstração. Todavia, também não há causalidade, porque, por exemplo, se a realidade subjacente for um contrato e este, por alguma razão, for nulo, tal circunstância pode não vir a ter qualquer influência no derivado. Cremos que se pode dizer que a derivação está fora desta classificação causalidade/ abstração, assumindo-se como uma classificação autónoma destas".[199]

Oliveira Ascensão distingue, a este propósito, entre derivados negociados em mercado regulamentar e derivados OTC ou derivados de balcão, mencionando que estes carecendo de causa que os sustente, ser-lhes-á

---

[199] MOURATO, Hélder M., *O contrato de swap de taxa de juro*, Coimbra, Almedina, 2014, p. 19.

aplicada a exceção de jogo[200]. Já Engrácia Antunes caracteriza estes derivados como negócios abstratos[201].

A derivação não se assemelha à abstração, a estrutura do derivado depende das caraterísticas da realidade que lhe subjaz. Pelo que, para se aferir qual a real finalidade do contrato, é imprescindível que se considere a realidade primária de que deriva. Exemplificando, num *swap* de taxa de juro, em que a realidade primária de que deriva é um contrato de financiamento, a sua finalidade é a cobertura dos riscos inerentes à subida abrupta de taxas de juro e os respetivos efeitos que tal subida teria no referido contrato de financiamento.

Acresce que das cláusulas do contrato de *swap* deve resultar claramente não só qual a realidade de que deriva, bem como qual a finalidade que visa, caso contrário, o contrato de *swap* deverá ser analisado de forma independente sem considerar qualquer ativo subjacente, sendo que nesse caso se assume como um produto financeiro abstrato, isto é, como um contrato de aposta e é à luz de tais regras jurídicas que deve ser sentenciado e apreciado.

Decidir pela abstração significará que as vicissitudes e natureza do ativo subjacente são completamente indiferentes, juridicamente, ao derivado financeiro, a doença de um não se transmite ao outro. O derivado financeiro é autónomo, embora as obrigações e direitos que dele emergem para as partes são calculados por referência ao ativo subjacente.

Os derivados são instrumentos financeiros abstratos, pois são independentes e autónomos face aos ativos subjacentes de que derivam[202]. Porém, reconhecemos que é irrecusável a existência, entre o derivado e o *prius*, de uma certa conexão, no sentido em que algumas variáveis do derivado assentam nas do ativo subjacente, como, por exemplo, o valor.

Mas esta conexão é meramente indicativa, pois serve apenas para basear os termos em que se desenrolará a disciplina do derivado; as obrigações que emergem para as partes deste não são afetadas nem influenciadas pelas adversidades que ocorram no ativo subjacente. Caso o ativo subja-

---

[200] Cfr. Ascensão, José de Oliveira, «Derivados», AAVV, *Direito dos Valores Mobiliários*, vol. IV, Coimbra, Coimbra Editora, 2003, p. 53 e 54. ISBN 9789723211702.

[201] Antunes, José A. Engrácia, *Os instrumentos financeiros*, Coimbra, Almedina, 2009, p. 136.

[202] Também neste sentido, De la Torre, António, *Operaciones de permuta financiera (swaps)*, Barcelona, Ariel, 1996, p. 31. ISBN 9788434421158.

cente padeça de uma invalidade jurídica, isso não será causa determinante da invalidade do derivado financeiro[203].

Juridicamente, os contratos que sirvam de ativo subjacente aos contratos de *swap* não são dependentes entre si, não existe nenhuma união ou coligação. São contratos autónomos[204].

Antecipamos aqui, por questões de oportunidade, que sendo a função do *credit default swap* a de garantia, esta é acessória à relação material de referência. Num paralelismo, partilhamos do pensamento que Calvão da Silva expõe a propósito do seguro de crédito, referindo que "o seu acionamento está dependente genética, funcional e extintivamente da relação principal, de cuja violação (sinistro) podem derivar os danos cobertos ou segurados". Todavia, nada impede que as partes convencionem a independência desta garantia face à obrigação garantida ou de referência, ou seja, também no seguro de crédito, como no CDS, pode existir independência da relação material subjacente face ao contrato de seguro que a garante[205].

Na união de contratos, o que subsiste é a celebração de um conjunto de contratos, unidos entre si. Mantém-se a possibilidade, é certo, de individualização de cada contrato face ao conjunto, sendo que cada um mantém a sua autonomia, contudo, há uma ligação ou nexo entre todos, daí que se fale em união. A união pode ser externa, quando apenas resulte do facto de os contratos terem sido celebrados ao mesmo tempo, pode ser interna, quando os contratos têm uma relação de dependência entre si, de tal forma que uma parte ou as partes só aceitaram celebrar uns se também

---

[203] ANTUNES, José A. Engrácia, «Os derivados», *Cadernos do Mercado de Valores Mobiliários*, nº 30, Agosto, 2008, p. 102, refere: «(...) o contrato derivado, uma vez celebrado validamente, passa a constituir um negócio "a se stante", dotado de total impermeabilidade jurídica, sendo assim irrelevante, por exemplo, se o processo de emissão de acções ou obrigações subjacentes a um contrato de futuros enferma de irregularidades, se os empréstimos subjacentes a um "swap" de taxa de juros são nulos, e assim por diante».

[204] Neste sentido, SILVA, João Calvão da, «Swap de taxa de juro: sua legalidade e autonomia e inaplicabilidade da excepção do jogo e aposta», *Revista de Legislação e de Jurisprudência*, Ano 142, nº 3979, Março/Abril 2013, p. 262 que refere: "Daí que as vicissitudes (invalidade, inadimplemento, cumprimento, etc.) do activo subjacente se não propaguem ao swap, um contrato novo (de per si) desligado ou abstraído daquele, na floresta da nova e engenhosa economia financeirizada e circulação de riqueza virtual fiduciária."

[205] Neste sentido, SILVA, João Calvão da, «Seguro de Crédito como Seguro de Grandes Riscos: Garantia Indemnizatória Acessória ou Autónoma», *Revista de Direito do Consumidor*, vol. 94 (Julho/Agosto 2014), Ponto 6.1.

O CONTRATO DE *SWAP*

se celebrassem os outros, ou então, pode ser uma união alternativa em que as partes declaram apenas pretender um ou outro contrato consoante se verifique ou não certa condição[206].

Ora, entre o contrato de *swap* e o ativo subjacente, ou entre os diversos contratos de *swap* celebrados entre as mesmas partes, não se verifica nenhuma destas modalidades de união, não existindo qualquer união de contratos, mas antes uma perfeita autonomia do contrato de *swap* face ao seu ativo subjacente.

## 1.5. Da alteração superveniente das circunstâncias que fundaram a decisão de contratar

### 1.5.1. Crise financeira e seus reflexos nos contratos de s*wap*

As instituições financeiras têm de manter ao longo de toda a sua existência as condições e requisitos que lhes forem exigidos para o acesso à atividade. Mas não é suficiente. Torna-se imprescindível, para uma gestão sã e prudente, o cumprimento de regras prudenciais, impostas pela entidade supervisora.

Para o efeito é necessário compreender e utilizar todas as normas que permitam às instituições de crédito quantificar em cada momento o nível de riscos a que se encontram expostas e verificar quais os níveis de rendibilidade da sua atividade para daí retirar a conclusão pela boa solvabilidade e liquidez da instituição ou, pelo contrário, a tomada de medidas para repor o equilíbrio entre essas duas variantes, os riscos e os rendimentos.

De facto, não é desejável que haja nem excedentes nem escassez de liquidez porque naquele primeiro cenário há perda de rendibilidade dos ativos, no segundo cenário porque conduz ao incumprimento de compromissos.

Com a eclosão da crise do *subprime* dos Estados Unidos da América em agosto de 2007, os mercados de capitais ressentiram-se, culminando no próprio desmoronamento, com a transformação de inúmeros produtos financeiros em fumaça, deixando de ser negociados, demonstrando que os mercados se tornaram extremamente volúveis.

Calvão da Silva menciona que a regra do *fair value* deveria ter sido suspensa antes do fim de 2007 para que os bancos pudessem "congelar"

---

[206] Neste sentido, LEITÃO, Luís Manuel Teles de Menezes, *Direito das Obrigações – Introdução. Da constituição das obrigações*, vol. I, 11ª edição, Coimbra, Almedina, 2014, pp. 190 e 191. ISBN 978-972-40-5480-3.

## DO CONTRATO DE *SWAP* EM GERAL

o valor dos seus ativos e o mercado pudesse defender-se dos sucessivos *markdowns*[207].

A *regra contabilística do fair value*[208] tem natureza cíclica e tem um efeito amplificador de resultados. Em tempos de bonança, multiplica e inflaciona os ativos dos balanços das instituições de crédito, gerando bolhas especulativas; na tempestade da crise empola resultados negativos, dando-lhes impactos superiores.

O mesmo será dizer que as regras do *mark-to market accounting*, em situações de crise como a que se vivenciou em 2007, ajudaram a agudizar ainda mais os efeitos da crise nos balanços dos bancos, provocando a erosão dos fundos próprios, empurrando os bancos para a situação de falência, acarretando uma situação de desconfiança generalizada nas instituições de crédito, prejudicial para o sistema financeiro, bem como a consequente crise na economia real.

Suspendendo-se a regra do *fair value* ou valor de mercado poder-se-ia camuflar os balanços dos bancos até a tempestade estabilizar e não ocasionaria soluções dispendiosas como os planos de salvação e resgate que se efetivaram e abalaram toda a confiança no sistema financeiro e que colocou as instituições de crédito como os malfeitores, quando não tinham de ser – nem são – as únicas responsáveis pelo sucedido.

Em agosto de 2008, a *International Accounting Standard Board* emendou a Norma Internacional de Contabilidade 39 – IAS 39 – e a Norma Internacional do Relato Financeiro 7 – IFRS 7 – no sentido de viabilizar a reclassificação dos instrumentos financeiros, retirando-os da categoria "detidos para negociação" em situações excecionais, nomeadamente de crise. Esta emenda foi acompanhada pela União Europeia com a publicação do Regulamento (CE) 1004/2008 de 15 de outubro.

---

[207] SILVA, João Calvão da, «*Fair value* ou valor de mercado: multiplicador da primeira crise financeira global», *Revista de Legislação e Jurisprudência*, Ano 141, nº 3974, Maio/Junho 2012, p. 270.

[208] Neste sentido, SILVA, João Calvão da, «*Fair value* ou valor de mercado: multiplicador da primeira crise financeira global», *Revista de Legislação e Jurisprudência*, Ano 141, nº 3974, Maio/Junho 2012, p. 278, refere que " (...) no "sobe-sobe" das cotações dos valores mobiliários (acções, obrigações, unidades de participação, etc.), o *"fair value"* alimenta "bolhas" especulativas e inflaciona ou engorda o Activo dos Balanços das instituições com as respectivas mais-valias; no "desce-desce" das cotações, o *"fair value"* piora os tempos maus, forçando vendas de valores mobiliários a preço de fogo e aumentos de capital, emagrece o Activo e engorda o Passivo dos balanços respetivos com as menos-valias".

O CONTRATO DE *SWAP*

Isto posto, sabemos que crise financeira serviu para desnudar todas as fragilidades no funcionamento dos mercados financeiros, tornando clara a necessidade de regulamentação destes, principalmente no que concerne aos derivados negociados fora de mercado regulamentar, isto é, negociados no mercado de balcão, com vista a incrementar os índices de transparência, para reforçar a confiança dos investidores e também para aumentar os poderes das autoridades de supervisão.

O primeiro sinal que os derivados financeiros poderiam potenciar, ampliando os efeitos negativos de uma crise financeira, foi dado por Warren Buffett, apelidando-os de *"armas de destruição em massa[209]"* cujas consequências seriam catastróficas para a saúde do sistema financeiro internacional. Associados à crise financeira que eclodiu em 2007 nos Estados Unidos da América, bem como à sua proliferação pelo cenário internacional, estão os *credit default swaps*, como adiante analisaremos de forma mais pormenorizada.

Com a crise financeira, os mercados interbancários entraram em declínio "passando da redução à completa estagnação e inanição. Tudo ficou a dever-se à falta de confiança das instituições entre si, pois cada uma desconhecia a situação das demais, quanto à existência de ativos tóxicos que pudessem desencadear a suspensão ou até a recusa de cumprimento de compromissos assumidos"[210].

Os efeitos subsequentes após a falência de *Lehman Brothers* comprovaram a profecia de Warren Buffett, e não se fizeram esperar, ditando a falência de um dos maiores bancos de investimento, o *Lehman Brothers*. A maior empresa corretora do mundo, *Merril Lynch* fora adquirida pelo *Bank of America*, o maior banco de depósitos do mundo, enquanto a *American International Group, Inc.*, de ora em diante designada apenas por AIG – a maior companhia de seguros no mundo – só não faliu porque a Reserva Federal dos Estados Unidos da América e o Tesouro Americano decidiram resgatá-la, injetando cento e oitenta e dois mil milhões de dólares em setembro de 2008, assumindo uma participação de 80% no capital da empresa, o

---

[209] Como se fossem o lado negro da força. O jornal *Finantial Times* reconheceu numa frase, o bom e o mau dos derivados financeiros quando referiu que os derivados "são como as navalhas, tanto servem para barbear como para cortar o pescoço".

[210] MATIAS, Armindo Saraiva, «O mercado interbancário: desenvolvimentos recentes», I Congresso de Direito Bancário, 2015, Coimbra, Coimbra, p. 280. ISBN 978-972-40-5896-2.

DO CONTRATO DE *SWAP* EM GERAL

que fez reduzir o valor das ações existentes. Foi ainda aplicada uma taxa de 14% na liquidez concedida até ser recuperado o capital investido[211].

O caso da AIG é bastante elucidativo acerca da expressão de Warren Buffet, no sentido em que a AIG efetuou inúmeros CDS, mas não efetuou nenhum resseguro para cobrir as eventuais perdas em que pudesse incorrer caso tivesse de pagar aos *buyers*[212] nos termos definidos no contrato. Na realidade, conforme se veio a verificar, com a crise do *subprime*, a AIG teve de efetuar os pagamentos a que se obrigou naqueles contratos. Não possuía, porém, meios para o efeito, tendo a própria empresa entrado em crise e em desequilíbrio de contas. Em junho de 2008, após o anúncio das perdas da AIG, o chief executive officer Martin J. Sullivan renunciou ao cargo e foi substituído pelo presidente do conselho de administração da AIG, Robert B. Willumstad, o qual foi afastado e substituído pelo governo americano que nomeou, em setembro de 2008, Edward M. Liddy. Este, no início de 2009, retira-se e é nomeado para o seu lugar o presidente do conselho de administração Robert Benmosche. Esta intervenção do governo norte-americano provocou a duplicação da dívida pública do país e uma subida acentuada nos níveis de desemprego.

Parece-nos importante recordar, ainda que sucintamente, o motivo pelo qual se chegou à crise financeira que se instalou nos Estados Unidos da América em 2007, por se nos afigurar essencial para melhor esclarecimento do nosso tema.

Após a grande depressão, os Estados Unidos da América viveram 40 anos de crescimento económico sem uma única crise financeira. Um dos fatores determinantes consistiu na rigorosa regulação e na instituição da proibição de os bancos especularem com as poupanças dos clientes.

Um dos responsáveis pela primeira crise dos Estados Unidos da América que ditou a perda de mais de 124 milhões de dólares foi Charles Humphrey Keating Jr. que, enquanto estava a ser investigado, contratou um dos melhores economistas da América, Alan Greenspan[213], o qual escrevera

---

[211] No caso do Citigroup e da Morgan Stanley foi apenas aplicada uma taxa de 4% e não houve qualquer tomada de posição acionista, daí que Maurice Greenberg, presidente da AIG até 2005 e durante os 40 anos anteriores, referiu que a forma como a AIG fora resgatada consubstanciou um "saque" aos acionistas da empresa.

[212] Compradores de proteção no *credit default swap*.

[213] A título de curiosidade, acrescente-se que o mesmo cobrara cerca de 40 mil dólares a título de honorários.

O CONTRATO DE *SWAP*

uma carta aos responsáveis pela investigação da gestão de Charles Keating, qualificando a sua gestão como sendo isenta de risco no investimento que fora efetuado com o dinheiro dos seus clientes.

Ronald Regan designou Greenspan para *chairman* do Banco Central Americano, a Reserva Federal e este foi depois também nomeado por Clinton e, mais tarde, por George W. Bush.

O setor financeiro não possuía regulamentação e a parca que vigorava era manifestamente insuficiente, mas Alan Greenspan nunca condenou este facto, pelo contrário, apoiou.

Em 1998, Citicorp e Travelers fundiram-se e transformaram-se no Citygroup, Inc.[214], uma das maiores empresas mundiais do ramo dos serviços financeiros. A desregulamentação, a violação da que existia e a existência de *lobbies*[215] no sector bancário, precipitaram um crescimento selvagem.

Em finais da década de 80 e inícios da década de 90, surgiram, a par da evolução das novas tecnologias, modernos, renovados e complexos produtos financeiros denominados derivados. Vivia-se o período de canalização de energias e concentração de massa crítica de renomados matemáticos, físicos e economistas para o domínio dos produtos financeiros, em detrimento das questões bélicas. Podemos afirmar que a convergência de esforços permitiu conceber armas no sistema financeiro que tinham como alvo a estabilidade e equilíbrio deste.

Através dos derivados as apostas virtuais abriram-se a praticamente todos os domínios, desde a subida ou descida de preços, à solvabilidade das empresas, até mesmo ao próprio clima. No final da década de 90, os derivados possuíam um mercado de 50 biliões de dólares, completamente livre e desregulado.

Em 1998, Broksley Born, graduada em direito pela Universidade de Stanford, foi apontada pelo Presidente Clinton para liderar a *Commodity Futures Trading Commission* que supervisiona o mercado de produtos derivados. Esta comissão, nesse ano, fez uma proposta para regulamentar este

---

[214] Esta aquisição violou a Glass-Steagall Act aprovada depois da Grande Depressão e promulgada pela administração de Franklin D. Roosevelt, que proibia bancos de se envolverem em atividades de elevado risco. Então, em 1999, o congresso americano aprovou outra Lei, a Gramm-Leader Bliley Act, que veio "salvar" o Citygroup e derrubar a divisão que separava a banca comercial, da banca de investimento e a indústria dos seguros.

[215] A Finantial Services Roundtable (FSR) é um dos mais poderosos grupos em Washington que representa quase todos os maiores financeiros do mundo.

## DO CONTRATO DE *SWAP* EM GERAL

mercado. O Departamento do Tesouro do Governo dos Estados Unidos da América reagiu de imediato, negativamente, através de Larry Summers[216].

Os intervenientes deste mercado unem-se no sentido de afastar a regulamentação. A argumentação baseava-se na necessidade de liberdade de atuação dos intervenientes e na desnecessidade da regulação da transação dos produtos derivados negociados entre particulares por profissionais[217].

Born foi alvo de censura por bulir com interesses demasiado instalados e possantes. A intenção de Born foi travada pela administração de Clinton e depois pelo Congresso, através de William Philip Gramm [218], tendo-se alegado, para o efeito, que os derivados financeiros têm a função de unificar os mercados e de reduzir a carga reguladora.

A partir do ano 2000, o mercado de derivados disparou e, em 2001, o setor financeiro americano estava mais poderoso, centrado e mais lucrativo do que nunca. A liderar o setor financeiro americano encontrávamos cinco bancos de investimento: Goldman Sachs, Morgan Stanley, Lehman Brothers, Merrill Lynch e Bear Stearns Companies, Inc., Também dois conglomerados financeiros, o JP Morgan e o Citigroup e três seguradoras de títulos, a American International Group, Inc., a Municipal Bond Insurance Association, Inc., e Ambac Financial Group, Inc., e, ainda, três agências de *rating*, a Moody's, a Standard & Poor's e a Fitch.

As agências de *rating* não tinham qualquer responsabilidade por uma má cotação, mas eram pagas pelos bancos de investimento[219]. Com as "boas" cotações atribuídas pelas agências de *rating* a certos derivados financeiros, até os fundos de pensão podiam investir, uma vez que estes estavam condicionados a investimentos de boa cotação.

A responsabilidade do fenómeno a que se assistiu mais tarde não pode ser atribuída apenas às agências de *rating*, mas também à *U.S. Securities and Exchange Commission*[220] que não fiscalizou nem investigou as atividades

---

[216] Secretário do tesouro de 1999 a 2001.

[217] Numa ideia de mercado sacrossanto, em que o mercado tem sempre razão e que tende sempre para o equilíbrio.

[218] Senador Republicano, que quando deixou o Senado, assumiu o cargo de vice-presidente na UBS, sendo que a sua esposa integrava desde 1993 a administração da Enron.

[219] Refira-se que as cotações do *Lehman Brothers*, da American International Group, Inc., da Fannie Mae, da Freddie Mac e do Bear Stearns Companies, Inc., antes de falirem ou serem resgatadas, estavam elevadas.

[220] Cuja missão é proteger os investidores, manter o bom funcionamento dos mercados, pugnar por mercados justos, ordenados e eficientes, bem como facilitar a formação de capital.

O CONTRATO DE *SWAP*

dos bancos de investimento durante a formação da *"bolha"* imobiliária, o que facultou o aumento do índice de alavancagem dos bancos e maior e intenso endividamento.

No decurso deste fenómeno que culminou com a deflagração da designada *"bolha"* imobiliária, os bancos endividaram-se cada vez mais, comprando empréstimos e criando mais *collateralized debt obligations* (CDOs). A *ratio* entre o dinheiro emprestado e dinheiro próprio dos bancos[221] subiu vertiginosamente.

Mas existia também uma outra surpresa explosiva para além dos aumentos desapropriados dos índices de alavancagem dos bancos e a desregulamentação do sector e a bolha imobiliária. Trata-se da *American International Group, Inc.*, a seguradora americana que alienava *credit default swaps* ou *swaps* de risco de incumprimento, que funcionavam com uma apólice de seguro para os investidores em *collateralized debt obligations*. Como funcionava este contrato?

Um investidor comprava um *collateralized debt obligations*, ficando obrigado a pagar numa certa periodicidade um prémio à referida seguradora, a qual assumiria o risco das perdas do investidor naquele produto, caso essas perdas viessem a ocorrer. Acrescente-se, por agora, o facto de que quem celebrava este contrato com a seguradora AIG não tinha de ter investido prévia e efetivamente num *collateralized debt obligations*, ficcionando-se no contrato esse investimento, nos termos que adiante explicaremos.

Como a regulamentação era inexistente, a AIG não teve de colocar ou disponibilizar ou fazer provisões dos valores que prometia cobrir caso algo corresse mal e tivesse, efetivamente, que vir a pagar os prejuízos. E por este facto, a AIG, com uma perspetiva e expectativa de que os investimentos que segurava correriam sem vissicitudes, incentivou a venda dos CDSs e atribuía bónus a quem mais vendesse.

No ano de 2010, Barack Obama leva a cabo uma reforma que se revelou débil por força da intervenção de *lobbies* e agências de *rating*. Curiosa e estranhamente, o Presidente Obama escolheu Gary Genzler para dirigir a *Commodity Futures Trading Commission*, que ajudou a banir a regulação dos derivados, quando exercia funções executivas no *Goldman & Sachs*. Para

---

Para mais informações sobre as atribuições desta comissão, consultar https://www.sec.gov/index.htm (acedido em 13/01/2015)

[221] A denominada *leverage ratio*.

a *U.S. Securities and Exchange Comission*, Obama selecionou Mary L. Schapiro, anterior diretora da *Financial Industry Regulatory Authority (FINRA)*. Ainda em 2010, Barack Obama renomeia para presidente da Reserva Federal Americana, banco central da América, Ben Shalom Bernanke.

Em julho de 2010, a lei de Dodd-Frank[222] tornou-se uma lei federal dos Estados Unidos da América, tendo vindo implementar uma reforma a nível da indústria financeira e sobretudo na decorrência da crise financeira de 2008, e na perspetiva de defesa e proteção do consumidor contribuinte, obrigando os bancos a regulamentação e às vicissitudes que uma empresa em crise se submete, designadamente, a falência. Esta lei é bastante extensa[223] e criou o *Financial Stability Oversight Council[224]*, o *Consumer Financial Protection Bureau[225]*, funcionam como aliados dos consumidores perante os bancos que tendo uma elevada dimensão não se encontram regulados e que, com a sua atividade, podem provocar graves prejuízos aos consumidores.

Esta lei veio conceder autorização para *Commodity Futures Trading Commission* fiscalizar os comerciantes de *swap*, elaborando uma lista de concessionárias de *swap* provisoriamente registadas. Impôs requisitos mínimos a nível de capitais e margens menores de risco para o sistema assim pretendendo de uma maneira genérica incrementar a transparência e melhorar os preços nos derivados de mercado e pugnar por uma negociação mais limpa e transparente. O propósito principal consistiu na redução do risco em que o público americano incorreria se estas operações corressem fora dos trâmites planeados, tal como sucedeu na crise financeira de 2007 e 2008.

Criou esta legislação novos departamentos dentro da já existente *Securities and Exchange Commission*, um dos quais é dedicado àquelas que são apontadas como uma das principais responsáveis pela crise financeira de 2008, as Agências de *rating*.

---

[222] Conhecida como Dodd-Frank Wall Street Reform and Consumer Protection Act, de 5 de Janeiro de 2010, disponível na sua integralidade em http://www.cftc.gov/ucm/groups/public/@swaps/documents/file/hr4173_enrolledbill.pdf (acedido em 27 de Janeiro de 2015).

[223] Cerca de duas mil e trezentas páginas.

[224] Sobre as suas atribuições, disponível em: http://www.treasury.gov/initiatives/fsoc/about/Pages/default.aspx. (acedido em 27 de janeiro de 2015).

[225] Contém informação mais pormenorizada disponível em: http://www.consumerfinance.gov/ (acedido em 27 de janeiro de 2015).

O CONTRATO DE *SWAP*

A lei de Dodd-Frank dedica-se essencialmente às instituições que assumem uma grande dimensão, pois são precisamente essas que poderão provocar efeitos mais graves e devastadores no sistema financeiro mundial se algo correr mal, estabelecendo, assim, quais as instituições sistemicamente importantes e ponderar a sua respetiva divisão, sendo que a eventualidade de resgate pela Reserva Federal da América a essas instituições está mais limitada.

Pugna ainda esta lei pela maior transparência na utilização dos derivados financeiros, e regressa novamente à política da *Glass-Steagall Act*, revogada após a criação do Citigroup, num sentido de tentar regressar à divisão entre banca comercial e banca de investimento e salvaguardar os contribuintes americanos de suportarem com os seus impostos os resgates às empresas consideradas demasiadamente grandes para falir[226], numa perspetiva inversa de que são demasiadamente grandes para salvar[227].

Finalmente, refere-se que a intenção clara desta lei é subordinar as instituições a regras e limitá-las na sua liberdade de interpretação e criação. Embora não o tenha conseguido de forma absoluta, representou um passo naquilo que cremos ser o bom caminho.

Com esta lei, conferiu-se poderes para as autoridades *Securities and Exchange Commission* – SEC – ou *Commodity Futures Trading Commission* – CFTC – pedirem as necessárias informações sobre *swaps* ou participantes no mercado financeiro, com vista à elaboração de relatório que os qualifique como perigosos para a estabilidade do sistema financeiro.

O sistema financeiro pode ser entendido em sentido objetivo ou subjetivo. O primeiro refere-se às normas e princípios que regulam a atividade financeira, o segundo reporta-se aos intervenientes do sistema financeiro, aquelas instituições e organizações que exercem a atividade financeira.

Calvão da Silva expõe que "o sistema financeiro (...) deve ser suficientemente organizado e estruturado por lei, por razões de ordem pública económica, tanto de ordem pública de direção da economia como de ordem pública de proteção dos aforradores, depositantes, investidores e segurados ou beneficiários de seguros"[228]. Assim, é indiscutível que a regulamentação do sistema financeiro deve ser completa e rigorosa, sendo necessária.

---

[226] Na usual expressão *"too big too fail"*.

[227] Invertendo-se a expressão conhecida para uma outra: *"too big too save"*.

[228] SILVA, João Calvão da, *Banca, Bolsa e Seguros, Tomo I – Direito Europeu e Português*; 4ª edição, Coimbra, Almedina, 2013, pp. 14 e 15.

DO CONTRATO DE *SWAP* EM GERAL

A Constituição da República Portuguesa, no art. 101º, dispõe que a captação das poupanças e sua segurança é essencial ao desenvolvimento económico e social. Mas o nosso sistema financeiro é apenas uma peça de um quadro mais amplo, o espaço financeiro europeu, daí que não possamos individualizar a lei interna nem interpretá-la de forma isolada, mas antes integrada e em consonância com as normas europeias.

Os bancos têm interesse na falta de regulamentação e de controlo dos *swaps*.

Veja-se o facto de os bancos de Wall Street desconsiderarem uma parte da lei de Dodd-Frank. A JP Morgan e o Citigroup conseguiram que, no orçamento americano, fosse votada uma disposição que anula a obrigação de efetuar *spin-off*[229] nas operações de *swaps*.

James Dimon[230] , conjuntamente com os seus pares, conseguiram os seus desígnios, tendo aproveitado a aprovação do orçamento federal americano, na Câmara dos Representantes e no Senado, para discutirem e fazerem com que não fosse aprovada uma disposição da lei de Dodd-Frank, que penalizava as atividades dos bancos de Wall Street sobre derivados.

A lei de Dodd-Frank, aprovada em 2010, pretendia obrigar os bancos a efetuar *spin-off* das suas operações de *swap*, isto é, separar estas operações, colocando-as em filiais que não beneficiassem de garantias públicas em relação aos depósitos. A ideia subjacente a esta medida proposta pelos reguladores era proteger os contribuintes contra os efeitos nefastos que poderiam suceder no âmbito das suas atividades[231].

Os principais líderes bancários desta iniciativa introduziram, dias antes da aprovação da lei, uma alteração. Esta situação foi rejeitada pelos democratas e vinte e um senadores votaram contra este orçamento, argumentando com a falta de discussão da alteração que havia sido apresentada pelos lobistas do Citigroup.

---

[229] Trata-se de uma operação de separação.

[230] CEO da JP Morgan.

[231] Veja-se o caso da London Whale (Baleia de Londres, apelido de um funcionário da JP Morgan acusado de ter provocado estas perdas), em que a JP Morgan admitiu ter violado a lei de títulos federais norte-americana nesta transação, que envolveu 6,2 bilhões de dólares. Também em julho de 2010, o Goldman Sachs pagou 550 milhões de dólares para ultrapassar as acusações federais de que tinha enganado investidores num determinado produto hipotecário, numa conjuntura em que o mercado imobiliário já indiciava o seu colapso.

O CONTRATO DE *SWAP*

Já em 2013 a administração de Obama pensou em negociar com os republicanos a eliminação da medida de Dodd-Frank sobre os *swaps*, oferecendo como contrapartida uma ajuda na reforma do financiamento do Fundo Monetário Internacional.

É ponto não controvertido que a crise financeira determinou um abalo efetivo no sistema financeiro o que ditou alterações profundas a nível internacional e, consequentemente, nacional, para reforçar garantias de que outro abalo não sucedesse. É o exemplo real do velho aforismo popular "casa roubada, trancas na porta".

A corroborar esta urgência na regulamentação, começaram as surgir os *bail outs* de países como a Grécia e Irlanda, seguidos de Portugal e a ameaçar Espanha e Itália que, a concretizar-se, poderiam determinar uma quebra na União Europeia, desde logo pelo regresso às moedas nacionais anteriores ao Euro.

Neste cenário de crise, criou-se ainda um Grupo de Alto Nível sobre a Supervisão Financeira, que aconselhou a União Europeia a desenvolver e estipular um conjunto harmonizado de medidas de regulação financeira.

Este Grupo foi mandatado pela Comissão Europeia e presidido por Jacques de Larosière, e visou estudar qual o melhor método para reforçar os mecanismos europeus de supervisão com a clara intenção de proteger os cidadãos e incutir novo espírito de confiança nestes relativamente ao sistema financeiro, o qual sem confiança não subsiste.

Do Relatório de Larosiére resultou a recomendação de reforma de um sistema de supervisão de todo o sector financeiro da União. Criou-se, nesta sequência, um Sistema Europeu de Supervisão Financeira – ESFS – e um Conselho Europeu do Risco Sistémico – ESRB.

O Conselho Europeu do Risco Sistémico surgiu em dezembro de 2010[232] e supervisiona todo o sistema financeiro europeu, tentando evitar a generalização e propagação dos efeitos negativos num cenário de crise financeira. Este Conselho é membro do Sistema Europeu de Supervisão Financeira, o qual compreende também três autoridades europeias de supervisão – ESAs – cada uma delas dedicada a um dos três principais sectores que compõem o sistema financeiro. A Autoridade Bancária Europeia – EBA – que veio substituir o Comité das Autoridades Europeias de Supervisão Bancária,

---

[232] Regulamento (UE) nº 1092/2010 do Parlamento Europeu e do Conselho, de 24 de novembro de 2010 e Regulamento (UE) nº 1096/2010 do Conselho, de 17 de novembro de 2010.

DO CONTRATO DE *SWAP* EM GERAL

para o sector bancário[233]. A Autoridade Europeia dos Seguros e Pensões Complementares de Reforma – EIOPA – que veio substituir o Comité das Autoridades Europeias de Supervisão dos Seguros e Pensões Complementares de Reforma, para o sector segurador[234]. E a Autoridade Europeia dos Valores Mobiliários e dos Mercados[235] – ESMA – que substituiu o Comité das Autoridades de Regulamentação dos Mercados Europeus de Valores Mobiliários, para o sector dos valores mobiliários[236].

Estas três autoridades cooperam entre si e juntas compõem o Comité Conjunto das Autoridades Europeias de Supervisão que visa a ligação e regulação concertada entre os três sectores. Compõem ainda este sistema europeu de supervisão as autoridades competentes ou de supervisão dos Estados-Membros.

O Conselho Europeu do Risco Sistémico é ainda composto por um Conselho Geral, um Comité Diretor, um Secretariado, um Comité Científico Consultivo e um Comité Técnico Consultivo[237].

Basileia III[238] trouxe novas regras a nível de exigências de fundos próprios, regras novas para avaliação do risco de alavancagem, não baseadas no risco apenas, imposição e manutenção de certos níveis de liquidez a curto e médio-longo prazo, novas regras para avaliação do risco de liquidez e a imposição com base em certos critérios para efetuar reservas adicionais de fundos próprios.

Os fundos próprios de uma instituição financeira constituem um elemento patrimonial estruturante e fundamental da mesma, sendo necessário garantir a adequabilidade dos seus níveis pois são os mesmos que

---

[233] Criada pelo Regulamento 1093/2010 do Parlamento Europeu e do Conselho, de 24 de novembro de 2010.

[234] Criada pelo Regulamento 1094/2010 do Parlamento Europeu e do Conselho, de 24 de novembro de 2010.

[235] Sobre os poderes da ESMA, poderá consultar-se Os Poderes Regulatórios da ESMA ao Abrigo do Regulamento (UE) Nº 236/2012, JusJornal, nº 1820, 19 de dezembro de 2013, Francisco Almeida Garrett, disponível em http://jusjornal.wolterskluwer.pt/Content.

[236] Criada pelo pelo Regulamento 1095/2010 do Parlamento Europeu e do Conselho, de 24 de novembro de 2010.

[237] Sobre a estrutura institucional da União Europeia a nível de supervisão financeira, veja-se SILVA, João Calvão da, *Banca, Bolsa e Seguros, Tomo I – Direito Europeu e Português*; 4ª edição, Coimbra, Almedina, 2013, pp. 68 a 83.

[238] Sobre Basileia III, poderá consultar-se o relatório de março de 2015 do Bank for International Settlements: https://www.bis.org/bcbs/publ/d312.pdf (acedido em 19 de fevereiro de 2015).

O CONTRATO DE *SWAP*

sustentam a solvabilidade da instituição financeira, sendo que comportam o capital social, as reservas legais e estatutárias, os resultados positivos transitados, as ações próprias, as imobilizações incorpóreas e os resultados negativos transitados e apurados no exercício em curso, sendo os três primeiros elementos positivos e os restantes negativos[239].

O Comité de Basileia de Supervisão Bancária publicou um conjunto de medidas para completar mais o quadro regulamentar prudencial aplicável às instituições de crédito, designado por Basileia III.

Para adotar e implementar tais medidas no seio dos Estados-Membros, a União Europeia emanou a Diretiva nº 2013/36/UE que contém normas relativas ao acesso à atividade das instituições de crédito, entre as quais se incluem normas relativas ao exercício da liberdade de estabelecimento e da liberdade de prestação de serviços, ao quadro de supervisão, aos poderes das autoridades competentes, ao regime sancionatório e à constituição de reservas de fundos próprios, e o Regulamento (UE) nº 575/2013, que contém os requisitos prudenciais aplicáveis às instituições de crédito e empresas de investimento, nomeadamente as novas regras relativas ao apuramento dos fundos próprios, à liquidez e à alavancagem, incluindo as disposições transitórias acordadas a nível internacional, implementam na União Europeia o quadro regulamentar de Basileia III.

Substituiu-se, assim, a Diretiva nº 2006/48/CE, do Parlamento Europeu e do Conselho, de 14 de junho de 2006, relativa ao acesso à atividade das instituições de crédito e ao seu exercício e a Diretiva nº 2006/49/CE, do Parlamento Europeu e do Conselho, de 14 de junho de 2006, relativa à adequação dos fundos próprios das empresas de investimento e das instituições de crédito, que haviam já sido sujeitas, nos últimos anos, a diversas alterações.

A jurisprudência portuguesa encontra-se neste momento dividida. A questão reside em saber se a crise financeira, que ditou a descida abrupta das taxas de juro, consubstancia ou não uma alteração superveniente, anormal e imprevisível das circunstâncias em que as partes fundaram a sua decisão de contratar, designadamente nos *swaps* celebrados pouco tempo antes da eclosão da crise financeira.

---

[239] Neste sentido, MATIAS, Armindo Saraiva, «Supervisão bancária. Situação actual e perspectiva de evolução», *Estudos em Homenagem ao Professor Doutor Inocêncio Galvão Teles*, vol. II, Coimbra, Almedina, 2002, ISBN 972-40-1789-3, p. 576.

DO CONTRATO DE *SWAP* EM GERAL

A favor da aplicação do art. 437º aos contratos de *swap* em virtude da descida de taxas de juro provocada pela crise financeira existem decisões que defenderam: "Apesar de ser um contrato aleatório, verificando-se uma alteração anormal das circunstâncias que se traduz num profundo desequilíbrio entre as prestações, o mesmo pode ser resolvido nos termos do disposto no artigo 437º do Código Civil" e que "esse desequilíbrio foi extremamente agravado pela crise financeira, situação esta que não decorreu de um normal desenrolar da situação económica" complementando que "(...) a situação que se desencadeou a partir de setembro de 2008, foi uma situação excecional, completamente anormal no sistema financeiro que agravou de forma profunda a situação (pré-existente) de desequilíbrio das prestações de tal modo que a sua manutenção feriria os princípios da boa fé que devem nortear a celebração dos contratos, e na qual as partes alicerçaram a decisão de contratar"[240]. Mais se sentenciou que " (...) nas circunstâncias atuais, a exigência das obrigações que do contrato decorrem para a autora não estão cobertas pelo risco próprio do contrato. Aliás, perante este quadro de crise económica e financeira, como os factos provados demonstram, seria contrário aos ditames da boa-fé pretender que apenas a autora fosse onerada pelos seus efeitos nefastos"[241].

Por outro lado, existe outra jurisprudência que refere "o preceito (art. 437º) exige, portanto, que a alteração relevante para justificar a modificação ou resolução do contratado se reporte a acontecimentos que, para além de supervenientes, sejam extraordinários, graves e imprevisíveis. E mais: que não estejam cobertos pelos riscos próprios do contrato. Todavia, a verificação de riscos inerentes ao contrato não basta para justificar a resolução ou modificação por onerosidade excessiva. É necessário que a

---

[240] Cfr. Acórdão do Tribunal da Relação de Guimarães, datada de 31 de Janeiro de 2013, proferido no processo nº 1387/11.5TBBCL.G1, relatado por Conceição Bucho.

[241] Cfr. Acórdão do Supremo Tribunal de Justiça, datado de 10 de Outubro de 2013, proferido no processo nº 1387/11.5TBBCL.G1.S1, relatado por Granja da Fonseca, que complementa afirmando "(...) esse desequilíbrio foi extremamente agravado pela crise financeira, situação essa que não decorreu de um normal desenrolar da situação económica, tratando-se, pelo contrário, de uma situação excepcional, completamente anormal no sistema financeiro, verificando-se que, por esse efeito, o referido contrato sofreu um grande e profundo desequilíbrio, passando a autora a suportar, por via disso, um assinalável encargo e um enorme prejuízo, como o desequilíbrio das prestações comprova, de tal modo que, neste contexto, a manutenção do contrato feriria os princípios da boa – fé que devem nortear a celebração dos contratos e na qual as partes alicerçaram a decisão de contratar".

O CONTRATO DE *SWAP*

alteração *desequilibre com intensidade* a relação. Só a onerosidade excessiva, suscetível de afetar gravemente os princípios da boa-fé, pode justificar a resolução/modificação excecional do acordado, mesmo em negócios de cuja índole derive um risco próprio"[242].

O nosso entendimento está em consonância mais com este último segmento de jurisprudência, pelo menos, no que a este assunto respeita. No entanto, entendemos ser um erro considerar que a crise financeira acarreta sempre a descida de taxa de juro, esta pode existir sem aquela e vice-versa. São duas realidades diferentes e podem existir individualmente.

Acresce que esta evolução de taxa em quatro pontos percentuais é *suave* se compararmos com outras épocas[243].

### 1.5.2. O contrato de *swap* e a alteração anormal das circunstâncias

Um dos argumentos mais utilizados para se sustentar a aplicação da tese da alteração superveniente das circunstâncias, designadamente nos contratos de *swap* de taxas de juros celebrados antes da crise financeira, é precisamente a crise do *subprime* ocorrida na América[244]. Determinou, entre outras consequências acima explanadas, a falência de instituições bancárias como o *Lehman Brothers*, fenómeno que desencadeou *ondas de choque* em todo o sistema financeiro mundial – risco sistémico[245] – tendo-se verificado uma descida exponencial da taxa Euribor a três meses para níveis *record*.

---

[242] Cfr. Acórdão do Tribunal da Relação de Lisboa, datado de 15 de Janeiro de 2015, proferido no processo nº 876/12.9TVLSB.L1-6, relatado por Manuela Gomes.

[243] Por exemplo, em 1970, a Caixa Geral de Depósitos cobrava nos empréstimos a curto prazo uma taxa de 5,5%, em 1985, cobrava 31%, em 15 anos ocorreu uma variação de mais de vinte e cinco pontos percentuais.

[244] No sentido de que a crise financeira consubstancia uma alteração das circunstâncias, veja-se o recente Acórdão do Tribunal da Relação de Lisboa, datado de 19 de fevereiro de 2015, proferido no processo nº1320/11.4TVLSB.L1-8, relatado por Isoleta Costa, que dispõe: "a atual crise financeira pela dimensão da sua ocorrência, pela sua não antecipabilidade generalizada e pelo facto de ser global constitui uma alteração anómala e superveniente das circunstâncias em que as partes fundaram a vontade de contratar previsto no artigo 437º nº1 do CC, que todavia não aproveita à parte lesada se está em mora – art. 438º do CC".

[245] "Systemic risk is the risk that the inability of one participant to discharge its obligations in a system will cause other participants to be unable to fulfil their obligations when they become due. This could potentially result in significant liquidity or credit problems spilling over into other systems or markets, thereby threatening the stability of the financial system. The original inability to discharge obligations may be caused by operational or financial problems", *The Payment System*, Tom Kokkola Editor, European Central Bank, 2010, p.128. ISBN 978-92-899-0632-6.

Veja-se os níveis de oscilação da referida taxa entre 02 de janeiro de 2006 a 02 de janeiro de 2015.

| Primeiro taxa de ano | |
|---|---|
| 02-01-2015 | 0,076% |
| 02-01-2014 | 0,284% |
| 02-01-2013 | 0,188% |
| 02-01-2012 | 1,343% |
| 03-01-2011 | 1,001% |
| 04-01-2010 | 0,700% |
| 02-01-2009 | 2,859% |
| 02-01-2008 | 4,665% |
| 02-01-2007 | 3,725% |
| 02-01-2006 | 2,488% |

[246]

Sustentam os defensores desta tese que, fruto da alteração anormal, imprevisível e superveniente das circunstâncias em que as partes fundaram a sua vontade de contratar, os benefícios que resultam para cada uma das partes decorrentes da execução do contrato estão de tal forma em desequilíbrio que colocam em crise o princípio da boa-fé que deve estar subjacente a qualquer contrato.

Todavia, o contrato de *swap*, como já vimos, é um contrato aleatório e por conseguinte sujeito a uma álea, um risco. Dispõe o artigo 437º do Código Civil que a parte lesada tem direito à resolução do contrato, verificados os requisitos nele prescritos, desde que essa alteração não esteja coberta pelos riscos próprios do contrato.

Haverá, portanto, que determinar se o desequilíbrio daquelas prestações não consubstanciará um risco do próprio do contrato de *swap*, caso em que não se poderá aplicar este preceito legal.

Num contrato de *swap* de taxas de juro, a causa que sustenta este tipo contratual é precisamente a variação, maior ou menor, das taxas de juro. Esse risco é o objeto contratual sobre o qual as partes estipulam as diretrizes das suas obrigações.

---

[246] Disponível em: http://pt.euribor-rates.eu/euribor-taxa-3-meses.asp (acedido em 1 de fevereiro de 2015).

Entendemos portanto que não se poderá resolver o contrato com fundamento naquilo que lhe dá sustentabilidade e propósito.

Acresce que, se uma das partes não quisesse assumir o risco abaixo de um determinado patamar, deveria fazer consignar no contrato um *floor*,[247] que implicaria um custo a suportar por si para que pudesse garantir essa ressalva, evitando assim assumir o risco ilimitadamente.

Analisemos mais aprofundadamente as razões aduzidas por parte da doutrina cujo entendimento vai no sentido da aplicação do disposto no art. 437º do Código Civil ao contrato de *swap*.

Num contrato, as partes acordam – admitamos ser, de um lado, uma instituição de crédito e de outro, uma empresa privada – na cobertura do risco de subida de taxa de juro. O intuito pode revestir *v.g.* a necessidade de controlo de agravamento dos custos inerentes a um contrato de locação financeira que uma empresa possua junto de uma instituição de crédito.

Aquando da celebração do contrato de *swap* de taxa de juro, as expectativas das partes quanto à evolução das taxas de juro eram divergentes e antagónicas, a empresa julgava que as taxas subiriam e a instituição financeira tinha a expectativa de que desceriam, por exemplo. As partes quando acordam na celebração deste tipo de contrato ou qualquer outro têm determinadas expectativas ou objetivos, sempre fundamentados por referência a um quadro normal de circunstâncias e de factos, vivenciados no momento concreto e com base num juízo de previsibilidade e pressuposição da sua alteração, fruto do decurso comum do tempo.

As partes consentem na mudança da base a partir da qual contrataram, admitindo-a como regular e decorrente da evolução do meio adjacente, mais sabendo que essa evolução poderá modificar as perspetivas de lucro ou ganho ou aumentar-lhes os custos estimados com a transação.

O que as partes não preveem é que essa alteração ou evolução do quadro ou realidade a partir da qual negociaram se altere de forma inopinada e num nível de tal maneira profundo que coloque uma das partes numa posição absolutamente dominante e lucrativa em detrimento da perda, jamais ou dificilmente expectável, da outra parte.

Nessa situação, o contrato torna-se fonte de situações abusivas e simultaneamente gerador de desequilíbrios que colidem com a ordem social e moral, bem como com os princípios de justiça.

---

[247] É a fixação de um patamar mínimo, abaixo do qual a parte não assume o risco e o *swap* suspende os seus efeitos.

DO CONTRATO DE *SWAP* EM GERAL

As partes não previram, nem nos piores cenários, que tal contrato, face às alterações imprevisíveis ocorridas na realidade da qual aquele emergiu e em que se fundou, se tornasse fonte de desproporção contrária à ideia de justiça social.

Um dos problemas que se tem suscitado na jurisprudência portuguesa acerca dos contratos de *swap* de taxa de juro que se celebraram antes de 2008 (ano em que rebentou a crise do *subprime*) é precisamente a crise financeira global que conduziu aos efeitos devastadores já conhecidos.

As partes prejudicadas com a queda repentina das taxas de juro – fruto daquela crise financeira que inverte totalmente a tendência de subida das taxas – que parecia incontrolável e imparável, vieram alegar que o sustentáculo ou realidade com base na qual celebraram aqueles contratos se alterou ou inverteu de forma totalmente inesperada e de forma absolutamente anormal, uma vez que até então não existia nenhum índice que pudesse evidenciar ou induzir tal modificação.

Neste seguimento, vieram invocar a figura jurídica do direito de resolução do contrato, nos termos do artigo 437º do Código Civil.

Mas mais: alegam os defensores da tese da aplicabilidade ao contrato de *swap* do art. 437º do CC, que tal alteração não era sequer previsível, ainda que minimamente, não pode por isso dizer-se que estivessem cobertas pelo risco do contrato, circunstância que afastaria a aplicabilidade do preceituado naquele normativo.

O Tribunal da Relação de Guimarães[248] proferiu o seu entendimento sobre esta problemática. Considerou que as alterações provenientes da crise financeira declarada após setembro de 2008, que gerou um colapso financeiro à escala global, não são suscetíveis de ser enquadradas como riscos normais dos contratos de *swap* de taxa de juro até então celebrados; por isso constituiria uma forma de violação do princípio da boa-fé contratual, pelo que, aplicou o art. 437º do Código Civil.

Refere aquele acórdão, sumariamente: «apesar de ser um contrato aleatório, verificando-se uma alteração anormal das circunstâncias que se traduz num profundo desequilíbrio entre as prestações, o mesmo pode ser resolvido nos termos do disposto no artigo 437º do Código Civil». Também

---

[248] Acórdão do Tribunal da Relação de Guimarães, datado de 31 de Janeiro de 2013, proferido no processo nº 1387/11.5TBBCL.G1, relatado por Conceição Bucho.

o Supremo Tribunal de Justiça[249], sentenciou a 10 de outubro de 2013 a aplicabilidade do preceituado no art. 437º do Código Civil ao contrato de *swap*.

Discordamos, salvo o devido respeito, com tal decisão[250].

Para tanto respondamos às seguintes questões: com a celebração do contrato de *swap* de taxa de juro as partes querem alterar a sua exposição ao risco emergente de uma relação jurídica que serviu de ativo subjacente àquele *swap*?; querem as partes eliminar o risco?; ou pretendem apenas alterar a sua exposição face ao risco?

As expectativas das partes aquando da celebração do contrato são antagónicas e nenhuma delas conhece a forma da evolução das taxas. Elas apenas têm uma aspiração, uma expectativa.

Um dos argumentos aventados a propósito desta problemática, com alguma relevância em nosso entender, é invocado para defender que este não é o campo de aplicação do art. 437º do Código Civil. Aplicar-se este normativo ao contrato pela parte que, no início da execução do contrato, beneficiou com o mesmo atendendo a que as taxas evoluíram no sentido que esperara, mas que a dado momento deixou de beneficiar, seria permitir-lhe decidir, sem respeito pela contraparte, sobre a vida de um contrato que gerou obrigações para outrem e que, mesmo sendo desfavorável a esse outrem, este sempre o cumpriu.

Por que motivo quando as taxas evoluem em sentido contrário ao previsto e provável se invoca o regime legal do artigo 437º do Código Civil? As crises financeiras não são, se analisarmos a sua cronologia, algo de todo imprevisível, sendo, aliás, obrigação das partes, esperar que estas ocorram, atendendo ao seu carácter cíclico.

A disciplina contida no art. 437º é explícita ao excluir do seu âmbito de aplicação as alterações das circunstâncias em que as partes fundaram a sua decisão de contratar aqueles contratos em que essas alterações estejam na alçada dos riscos possíveis e inerentes a tais contratos[251].

---

[249] Cfr. Acórdão do Supremo Tribunal de Justiça, de 10 de Outubro de 2013, proferido no processo nº 1387/11.5TBBCL.G1.S1, relatado por Granja da Fonseca.

[250] Também neste sentido, OLIVEIRA, Pedro Freitas, *O coupon swap como instrumento financeiro derivado*, Coimbra, Wolters Kluwer, 2015. ISBN 978-989-8699-18-3.

[251] No voto de vencido consignado no Acórdão do Supremo Tribunal de Justiça, datado de 29 de Janeiro de 2015, proferido no processo nº 531/11.7TVLSB.L1.S1, relatado por Bettencourt de Faria, consagra-se a ideia de que não deve o poder judicial travar o poder legislativo na inclusão da realidade interna normativo no contexto internacional e comunitário em que

## DO CONTRATO DE *SWAP* EM GERAL

Assim, será necessário aferir se o evento em que se consubstancia tal alteração é subsumível nos riscos próprios do contrato, ou seja, se, ainda que em hipótese remota, é algo que deveria ser expectável pelas partes que viesse a suceder ou pudesse vir a suceder.

No âmbito de um contrato de *swap* de taxa de juro parece-nos que a descida das taxas de juro em virtude de uma crise financeira é expectável e assumindo a ocorrência cíclica de crises financeiras que está coberta pelos riscos próprios do contrato – tanto assim é que as partes baseiam todo o conteúdo do seu contrato numa hipotética subida ou numa descida de taxas de juro, conjecturam isso e esperam que suceda essa flutuação – a verdade é que o contrato acaba por determinar um ganho ou uma perda para uma das partes, principalmente, quando não estão preestabelecidos limites máximos e mínimos para os níveis a atingir pelas taxas, o que é indicativo da vontade das partes contratantes em correr esse risco de forma infinita.

Note-se que num *credit default swap* a ocorrência de uma crise financeira aumenta significativamente a possibilidade de incumprimento das obrigações contratuais embora o incumprimento possa nunca ocorrer. Nenhuma das partes pode eximir-se ao cumprimento contratual integral com base no surgimento de uma crise económico-financeira, atendendo a que tal facto terá sido certamente visualizado como possível aquando da celebração do CDS, pelo menos, terá sido pensado pelo comprador de proteção, e apesar de o vendedor não acreditar que pudesse vir a suceder, certamente conhecia esse risco e aceitou-o, decidindo contratar.

A última crise financeira determinou a descida das taxas de juro, nomeadamente da taxa Euribor, contudo, essa descida não ultrapassou os quatro e cinco pontos percentuais, o que nem é um valor substancial se compararmos com outros tempos idos de crises financeiras. Portanto, para aplicação do instituto da resolução do contrato por alteração das circunstâncias é necessário que se verifiquem certos pressupostos: o caráter imprevisível da alteração, anormalidade da alteração, que o cumprimento das obrigações da parte lesada afete de forma grave o princípio da boa-fé e que a alteração não se encontre coberta pelos riscos próprios do contrato.

---

Portugal se insere. Refere ainda que a economia real evoluiu também apoiada em realidades virtuais de que o papel-moeda é exemplo.

O CONTRATO DE *SWAP*

Efetivamente, um dos argumentos invocáveis contra a aplicação do art. 437º aos contratos de *swap* consta do próprio normativo que autoexclui do seu âmbito de aplicação aquelas alterações de circunstâncias que são inerentes ao próprio risco do contrato[252].

Vamos definir o âmbito de aplicação do art. 437º do Código Civil.

Para que este preceito se aplique, teremos de estar perante contratos de execução continuada ou diferida e terá de ter ocorrido uma alteração anormal das condições contratuais, que tenha atingido a base do contrato, devido a factos supervenientes, os quais são de verificação extraordinária, imprevisível e objetivamente graves, e essa alteração anormal não esteja coberta pelos riscos próprios do contrato. Assim, a alteração será anormal sempre que não esteja coberta pelos riscos próprios do contrato, o que parece desde logo afetar os negócios jurídicos aleatórios.

O art. 437º não dispõe propositadamente quais os casos em que esta resolução ou modificação dos termos contratuais podem operar, precisamente para que em face de cada caso concreto se afira desta possibilidade, optando-se por não delinear de forma taxativa os contratos que podem ou não subsumir-se nesta norma jurídica.

O que se exige é que seja uma alteração anormal e imprevisível, que afete gravemente os princípios da boa-fé contratual, sendo que, nesse caso, o princípio da *pacta sunt servanda* terá de ceder.

Também existe jurisprudência, a este propósito que refere que "as aludidas circunstâncias nas quais as partes fundaram a decisão de contratar hão-de constituir/integrar a base objetiva do negócio, o que afasta desde logo o instituto do art. 437º da teoria do erro, caso em que a base do negócio tem carácter subjetivo, traduzindo-se já numa falsa representação psicológica da realidade".

Mas mais importante é que a circunstância que sofreu a referida alteração não se consubstancie num risco coberto pelo próprio contrato, isto é o mesmo que dizer que "não apenas se devem excluir as alterações que se encontram abrangidas pela álea típica do tipo contratual em apreço, como ademais há-de a referida situação não se mostrar sequer contemplada/prevista pelas próprias partes no acordo contratual celebrado"[253].

---

[252] ASCENSÃO, Oliveira, *Direito Civil Teoria Geral*, vol. III, Coimbra, Coimbra Editora, pp. 200 e 201. Dá-nos como exemplo de risco não coberto, uma intervenção legislativa posterior que viesse considerar o contrato ilegal.

[253] Veja-se neste sentido o Acórdão do Tribunal da Relação de Guimarães, datado de 30 de janeiro de 2014, proferido no processo nº 67/12.9TCGMR.G1, relatado por António Santos.

## DO CONTRATO DE *SWAP* EM GERAL

Oliveira Ascensão[254] assinala, todavia, que "o facto de se recorrer à previsão legal do risco para caracterizar a alteração anormal não deve levar a concluir que o instituto não pode ser aplicado no domínio dos contratos aleatórios. É verdade que se o contrato é aleatório a parte aceitou o risco. Mas a alteração das circunstâncias funciona mesmo no domínio dos contratos aleatórios, porque o que estiver para lá do risco tipicamente implicado no contrato pode ser relevante".

Interessa pois, aferir se o risco está tipicamente implícito no contrato; porque caso não esteja poderemos estar no âmbito de aplicação do art. 437º.

O problema é que, por exemplo, no caso do *swap* de taxa de juro, a evolução desta – positivamente ou negativamente – é um risco tipicamente implicado, pelo que não podemos aqui mover-nos no campo da alteração anormal das circunstâncias para resolver estes contratos[255].

Concordamos, porém, quando se refere que não será toda e qualquer alteração anormal que legitima a resolução do contrato, mas aquela que provoque um desequilíbrio das posições contratuais com "particular intensidade", afectando gravemente o princípio da boa-fé.

Subscrevemos aqui integralmente a afirmação de Oliveira Ascensão segundo o qual "a alteração anormal é, não só a alteração extraordinária e imprevisível, como também uma alteração que afecta gravemente, manifestamente, a equação negocialmente estabelecida"[256].

Em que medida poderá não ser um risco próprio do contrato de *swap* de taxa de juro, a descida, ainda que súbita das taxas de juro, quando o obje-

---

[254] ASCENSÃO, Oliveira, «Onerosidade excessiva por "alteração das circunstâncias"», *Revista da Ordem dos Advogados*, Ano 2005, nº 65, vol. III, dezembro 2005, disponível em: http://www. oa.pt/Conteudos/Artigos/detalhe_artigo.aspx?idc=31559&idsc=44561&ida=44649 (acedido em 23 de janeiro de 2015).

[255] Paradoxalmente, ASCENSÃO, Oliveira, «Onerosidade excessiva por "alteração das circunstâncias"», *Revista da Ordem dos Advogados*, Ano 2005, nº 65, Vol.III, Dezembro 2005, disponível em: http://www.oa.pt/Conteudos/Artigos/detalhe_artigo.aspx?idc=31559&idsc= 44561&ida=44649 (acedido em 23 de janeiro de 2015) sugere-nos o seguinte exemplo: "(...) quem joga na bolsa está sujeito aos riscos da oscilação das cotações. Mas já a paralisação das bolsas é uma ocorrência extraordinária, que pode levar à revisão ou modificação dos negócios por alteração das circunstâncias".

[256] ASCENSÃO, Oliveira, «Onerosidade excessiva por "alteração das circunstâncias"», *Revista da Ordem dos Advogados*, Ano 2005, nº 65, Vol.III, Dezembro 2005, disponível em: http://www. oa.pt/Conteudos/Artigos/detalhe_artigo.aspx?idc=31559&idsc=44561&ida=44649 (acedido em 23 de janeiro de 2015)

O CONTRATO DE *SWAP*

tivo do próprio contrato para uma das partes é, precisamente, precaver-se dessa descida? A questão primordial consiste em saber o que se entende por risco próprio do contrato.

Como refere Heinrich Hörster " ... *é aquele que pertence à sua peculiaridade, é o risco ao qual cada parte se sujeita ao concluir o contrato. Este risco constitui a álea normal do contrato e é-lhe intrínseco*"[257].

Maria Clara Calheiros dá-nos o exemplo da saída de Portugal da zona Euro, num contrato de *swap* entre uma empresa e instituição financeira portuguesa. Configura aquele risco como não sendo risco próprio do contrato ou sequer previsível, logo, motivo para aplicação do artigo 437º do Código Civil.

Para melhor compreender a essência do contrato de *swap*, torna-se imprescindível o entendimento da operação económica que este encerra em si, bem como das suas reais finalidades.

Associado à crise financeira e à sua proliferação pelo cenário internacional estão os *credit default swaps*.

Também nos *swaps* de taxa de juro é importante a estabilidade das taxas. Muitos dos contratos celebrados tinham como pano de fundo um cenário de subida abrupta de taxas de juro sem que nada previsse o momento em que estabilizariam ou em que desceriam, sendo que foi recorrente a utilização deste instrumento até poucos momentos antes das taxas começarem a descer.

Existe jurisprudência nacional[258] que entende que só a onerosidade excessiva pode legitimar a resolução/modificação excecional do contrato, embora reconheça e aceite a possibilidade de o art. 437º poder aplicar-se aos contratos com *álea*, como o contrato de *swap*, alegando que o rumo que o contrato pode tomar depende da verificação de um evento incerto que não pode ser controlável por vontade das partes, como o caso de uma varia-

---

[257] HÖRSTER, Heinrich Ewald, *A parte geral do código civil português*, Coimbra, Almedina, 2007, pp. 579 e 580. ISBN 9789724007106.

[258] Veja-se o Acórdão do Tribunal da Relação de Lisboa, datado de 15 de Janeiro de 2015, proferido no processo nº 876/12.9TVLSB.L1-6, relatado por Manuela Gomes, que refere que: "A verificação de riscos inerentes ao contrato não basta para justificar a resolução ou modificação por onerosidade excessiva. É necessário que a alteração *desequilibre com intensidade* a relação. Só a onerosidade excessiva, susceptível de afetar gravemente os princípios da boa-fé, pode justificar a resolução/modificação excecional do acordado, mesmo em negócios de cuja índole derive um risco próprio".

DO CONTRATO DE *SWAP* EM GERAL

ção de uma taxa de juro. Por outro lado, entendemos que se torna difícil balizar o *desequilíbrio com intensidade* capaz de repudiar a boa-fé contratual, o que só casuísticamente poderá ser aferido.

Referimos que em sede de alteração das circunstâncias no âmbito de um contrato, o legislador europeu[259] definiu que os contratos de onde resulte uma injustiça material decorrente de uma alteração anormal das circunstâncias, podem ser alvo de renegociação ou mesmo de resolução, se a manutenção dos termos iniciais acarretar uma onerosidade excessiva para uma das partes, mas apenas se o devedor dessa obrigação onerosa não pudesse razoavelmente contar com essa alteração de circunstâncias, nem a pudesse prever. Acrescentando que o contrato poderá ser resolvido ou modificado judicialmente se previamente houve tentativa de renegociação do mesmo, mas que resultara infrutífera.

No entanto, continuamos a acreditar que este preceito legal não pode, por princípio, aplicar-se ao contrato de *swap* e que, a resolver-se o contrato, não poderá ser com o apoio desta norma específica, pois a seguir-se aquela ideia seria abrir precedentes para a resolução ou modificação de outros contratos aleatórios.

Pensemos, por exemplo, o que seria aplicar este preceito a um contrato de seguro de incêndio que gerou danos a indemnizar no valor de milhares de euros e o tomador de seguro só havia pago um ou dois prémios no valor de umas parcas centenas de euros. Não se desvirtuaria este contrato?

---

[259] Cfr. DCFR – Principles, Definitions and Model Rules of European Private Law, Book III – 1:110 que dispõe: "Variation or termination by court on a change of circumstances: 1 – An obligation must be performed even if performance has become more onerous, whether because the cost of performance has increased or because the value of what is to be received in return has diminished. 2 – If, however, performance of a contractual obligation or of an obligation arising from a unilateral juridical act becomes so onerous because of an exceptional change of circumstances that it would be manifestly unjust to hold the debtor to the obligation a court may: (a) vary the obligation in order to make it reasonable and equitable in the new circumstances; or (b) terminate the obligation at a date and on terms to be determined by the court. 3 – Paragraph 2 applies only if: (a) the change of circumstances occurred after the time when the obligation was incurred; (b) the debtor did not at that time take into account, and could not reasonably be expected to have taken into account, the possibility or scale of that change of circumstances; (c) the debtor did not assume, and cannot reasonably be regarded as having assumed, the risk of that change of circumstances; and (d) the debtor has attempted, reasonably and in good faith, to achieve by negotiation a reasonable and equitable adjustment of the terms regulating the obligation", disponível em: http://ec.europa.eu/justice/policies/civil/docs/dcfr_outline_edition_en.pdf (acedido em 26 de março de 2015).

O CONTRATO DE *SWAP*

Julgamos que sim e a exclusão expressa consagrada no art. 437º é clara e reveladora do espírito do legislador inerente.

Por conseguinte, sobre a alteração das circunstâncias e dos riscos cobertos e não cobertos, melhor seria adotar a prática usada nos contratos de seguro, definindo-se os riscos cobertos e os excluídos.

Carneiro da Frada[260] entende que, na dúvida, sobre se um certo risco cai ou não na alçada dos riscos próprios do contrato, considerar-se-á que sim, que está a coberto pelos riscos próprios do contrato, mas refere que a forma inopinada e profunda, como a atual crise eclodiu, com a surpresa de muitos ou de quase todos, mesmo especialistas, parece apontar nesse sentido. Entre os fatores a ponderar, há que considerar a dimensão da sua ocorrência, a sua não antecipabilidade generalizada e o facto de radicar em causas interdependentes múltiplas que ultrapassam o poder de atuação e influência dos atores económicos singulares (por mais ponderosos que sejam) e se protejam mesmo, como crise global, para além dos limites dos países e das várias zonas económicas do planeta[261].

Nos tribunais espanhóis, os litígios que envolvem estes contratos de *swap* de taxa de juro têm sido declarados judicialmente nulos, isto porque, tendo sido celebrados por pessoas singulares que se haviam financiado junto de bancos para a aquisição de habitação e considerando que a subida das taxas de juro parecia não ter um fim, pretenderam precaver-se da subida contínua das taxas celebrando tais contratos com a instituição financeira onde se haviam financiado, porém, sem terem tido uma informação precisa sobre o conteúdo contratual e respetivas consequências caso as taxas baixassem, informação essa que teria obrigatoriamente de ser prestada pela instituição financeira, atento o desnível abismal relativamente ao domínio do conteúdo deste produto financeiro, entre as partes do contrato.

Atenta a natureza aleatória do contrato de *swap*, torna-se difícil aplicar-lhe o art. 437º do Código Civil. Desde logo, porque num contrato de *swap* as partes sabem *ab initio* que estão a assumir riscos, ou pelo menos

---

[260] Ideia apresentada pelo Autor, na sua comunicação oral, FRADA, Manuel Carneiro, «Alteração das circunstâncias e dever de renegociar contratos de swap», *I Jornadas de Derivados Financeiros*, Faculdade de Direito da Universidade de Lisboa, a 19 de março de 2015.
[261] FRADA, Manuel Carneiro da, «Crise Financeira Mundial e Alteração das Circunstâncias: Contratos de Depósito versus Contratos de Gestão de Carteiras», *Revista da Ordem dos Advogados*, Ano 69, p. 633.

DO CONTRATO DE *SWAP* EM GERAL

ambas deveriam saber. E o risco que assumem num contrato de *swap* de taxas de juro é precisamente a possibilidade de variação da referida taxa em sentido desfavorável à pretensão de cada parte, risco esse que não é controlável. Neste sentido, os contratos de *swap* destinam-se a lidar com a mudança futura das taxas, logo essa alteração não pode servir de razão ou argumento para resolver o contrato.

Coisa diversa é a falta de informação prestada ao cliente deste facto e das consequências inerentes a esta alteração de taxas de juro. A questão estará, em nosso entendimento, noutro aspeto, no de saber se o cliente compreendeu corretamente a extensão dos riscos que assumiu. Será por aqui que as partes devem desde logo começar a colocar a questão da validade dos contratos de *swap,* à semelhança do que se passa noutras jurisdições, nomeadamente na espanhola, como adiante[262] analisaremos com mais pormenor.

Na nossa jurisprudência, em todos os casos já julgados e transitados, a parte que requereu a aplicabilidade do disposto no art. 437º do Código Civil é aquela que tem como contraparte uma instituição financeira. É legítimo, então, perguntar e fazer este juízo de prognose: e se fosse a instituição financeira a pedir a resolução do contrato celebrado com base na subida abrupta das taxas de juro, trazendo-lhe prejuízo? Estaríamos preparados para aceitar esta posição? Parece-nos que não tardaria o aparecimento de tendência a subverter todos os argumentos que têm sido empregues para justificar a aplicabilidade deste normativo e, ainda que fosse possível aquela aplicação, sempre se arremessaria com a figura do abuso de direito. Por razões de justiça, não podemos, pois, permitir esta dualidade de raciocínio, que cremos que aconteceria, com base na parte que requer.

No acórdão do Supremo Tribunal de Justiça[263], na fundamentação da declaração do voto de vencido, refere-se que, com esta crise financeira, também os investidores em ações viram os seus investimentos diminuírem de valor em cerca de um décimo. Estes avançaram com esta tipologia de fundamentação para reaverem o que haviam perdido. Pergunta-se: os fundamentos não seriam os mesmos? E em ambos os casos não se trata de operações de risco? Parece-nos que sim. Desta forma, cremos que o art.

---

[262] *Vide infra* 4.3.
[263] Cfr. Acórdão do Supremo Tribunal de Justiça, datado de 29 de Janeiro de 2015, proferido no processo nº 531/11.7TVLSB.L1.S1, relatado por Bettencourt Faria.

O CONTRATO DE *SWAP*

437º do Código Civil não se aplicará aos contratos de *swaps* atendendo a que poder-se-ia, então, fundados nos mesmos argumentos de alteração superveniente, imprevisível e anormal, das taxas de juro, abrir precedentes para invocação deste preceito legal com vista à resolução de contratos de financiamento celebrados em 2007 e 2008 a uma taxa fixa, pelas partes que ficaram prejudicadas.

Neste contexto, torna-se válido invocar um recente acórdão do Supremo Tribunal de Justiça[264] que, a propósito da pretensão de modificabilidade de um contrato de mútuo pelo fiador, invocando a crise financeira de 2007, negou a aplicação do instituto do art. 437º do Código Civil[265]. Note-se que, no caso *sub judice*, o contrato de mútuo havia sido celebrado em julho de 2007, tendo o recorrente aceitado assumir a qualidade de fiador e principal pagador, num ambiente económico e financeiro que já nessa altura se pressentia muito instável, em que o país já apresentava sinais de crise económica sendo possível antever a crise financeira que deflagrou logo de seguida. Aqui chamamos à colação o caráter histórico-cíclico das crises financeiras. Este facto exprobraria uma descida das condições económicas da população em geral. A crise não seria considerada enquanto circunstância anómala e imprevista, pelo que não se teria por verificado nem preenchido o condicionalismo previsto no art. 437º, nº1, do Código Civil.

Note-se que as instituições financeiras, não obstante terem de cumprir com uma série de deveres que lhe são legalmente impostos nas relações que estabelecem com os consumidores, neste tipo de contratos estão numa posição de paridade quanto ao risco, ou seja, os riscos de ganho e de perda são equivalentes para ambas as partes. Mais: sempre consideraríamos em última instância, que a aplicar-se este instituto, não implicaria uma resolução do contrato, mas tão-somente uma modificação dos seus termos, de forma a restabelecer-se o equilíbrio entre partes.

---

[264] Acórdão do Supremo Tribunal de Justiça, datado de 27 de Janeiro de 2015, proferido no processo nº 876/12.9TBBNV-A.L1.S1, relatado por Fonseca Ramos.

[265] Fundamentou aquele acórdão que "a circunstância pessoal de um contraente, no tempo histórico da celebração do contrato, releva para enquadrar objectivamente os motivos em que foi fundada a decisão de contratar, mas a alteração meramente pessoal superveniente, [ainda que por motivos externos à negociação mas não imprevísiveis], não é subsumível à previsão do art. 437º, nº1, do Código Civil, por este postular a verificação conjunta de outros requisitos que afectem a generalidade de negócios jurídicos do mesmo tipo; o que se pode afirmar é que a obrigação pecuniária do devedor ficou mais onerosa, onerosidade que não surgiu de forma imprevisível, anómala a todas as luzes".

DO CONTRATO DE *SWAP* EM GERAL

Relembramos aqui o *supra* ponto 1.5.1, sobre as coincidências ocorridas antes, durante e após a crise financeira, designadamente a nível dos seus intervenientes e respetivas interligações. Haverá alguém, pessoa singular ou coletiva, pública ou privada, capaz de controlar o mercado a nível mundial a ponto de engendrar todo um plano que, em última instância, separe os benefícios dos malefícios e faça aqueles reverter novamente para a fonte e espalhar estes para o resto do sistema financeiro, acreditando na sua capacidade regenerativa[266]? Apenas 8% da população controla 85% da riqueza mundial. A economia virtual tem nos dias de hoje dimensões avassaladoras, mas o seu vigor é idêntico ao de um baralho de cartas edificado sobre base instável.

## 2. As finalidades do contrato *swap*

Atendendo à noção de *swap* acima explanada bem como às condições do seu surgimento e evolução, percebemos que inicialmente o contrato de *swap* emergiu para satisfazer necessidades de duas partes numa espécie de comunhão de esforços tendente a reduzir custos e a anular as desvantagens inerentes à condição das mesmas perante no contexto de um certo mercado onde pretendiam investir ou financiar-se. Mas rapidamente evoluiu no sentido de servir outros propósitos que poderiam e podem ser obtidos através desta troca de vantagens e posições, como por exemplo a finalidade de cobertura de risco ou *hedging* e para fins especulativos.

Entre os diversos utilizadores finais deste tipo de contratos, encontramos instituições financeiras, sociedades comerciais, seguradoras e até empresas públicas[267]. Até as próprias seguradoras encontram aqui uma forma de gerir os seus fundos.

---

[266] Reputamos interessante a visualização do documentário «Inside Job – A verdade da Crise», produzido pela Representational Pictures e dirigido por Charles Ferguson, onde se expõem as conclusões de uma investigação, com entrevistas aos mais conceituados economistas, políticos e comentadores, tentando-se mostrar como tudo poderia ter sido evitado.

[267] A este propósito, poder-se-á mencionar a título de exemplo o *swap* comprado pela Metro do Porto ao Goldman Sachs, no ano de 2008, o qual fora depois restruturado pelo Nomura Group. Esta operação teve como objetivo a cobertura dos custos com os juros associados a um empréstimo da Metro do Porto no valor de 126 milhões de euros. Todavia, atendendo à forma truncada como o contrato fora delineado, acumulou perdas no valor de 120 milhões de euros. Nesta sequência a Metro do Porto tentou restruturar o contrato e contratou o Nomura Group para o efeito. Atendendo a que tal restruturação apenas se limitou a consagrar novas variáveis de risco às já previstas no *swap* contratado entre a Metro do Porto e a Goldman

O CONTRATO DE *SWAP*

Algumas instituições financeiras assumem muitas vezes um duplo papel, ora o de intermediários financeiros, em que procuram as melhores oportunidades e contrapartidas para corresponder aos intentos dos clientes, ou, não as encontrando, assumem elas mesmas esse papel de contrapartes, celebrando com os seus clientes estes contratos.

Na realidade, as instituições financeiras começaram por assumir um papel de mero mediador –*broker* – limitando-se a fazer o emparelhamento entre duas posições simétricas. Isto é, encontravam, a troco do pagamento de uma comissão, um parceiro adequado às necessidades dos seus clientes. Mais tarde, tornaram-se intermediários, intrometendo-se entre duas partes, que não chegam sequer a conhecer-se, não só fazendo o referido emparelhamento como também chegando a colocar-se na posição de contraparte das mesmas, assumindo o risco de crédito e de não pagamento pela contraparte[268].

Entre os principais objetivos na celebração deste tipo de contratos, invariavelmente encontramos o propósito de cobrir os riscos derivados de certas operações financeiras, para obtenção de melhores e mais favoráveis condições económicas e para especulação sobre as evoluções do mercado.

Estes produtos rapidamente evoluíram no sentido de servir outros propósitos através da troca de vantagens e posições. A finalidade pretendida pelas partes na celebração de um contrato de *swap* nem sempre é unitária dado que podem concorrer para a sua celebração diversos propósitos[269].

Com efeito, as partes poderão ter pretendido diversas finalidades numa conjugação lógica de intentos, consoante a evolução dos mercados e dos seus ativos subjacentes. Não é escusado procedermos à distinção das três principais finalidades do contrato de *swap*.

A finalidade que preside à vontade das partes na celebração de tal instrumento irá definir a aplicabilidade ou revelar a não extensibilidade, no

---

Sachs, através da celebração de um *swap* simétrico àquele, rapidamente acumulou também perdas no valor de 80 mil euros.

[268] Neste sentido, MOURATO, Hélder M., «Swap de Taxa de juro: a primeira jurisprudência», *Cadernos do Mercado de Valores Mobiliários*, nº 44, Abril 2013, CMVM, pp. 31 e 32.

[269] Para maiores desenvolvimentos sobre esta possibilidade de combinação de finalidades, veja-se REYES, Kevin M., «Tax treatment of notional principal contracts», *Harvard Law Review*, vol. 103, nº 8, The Harvard Law Review Association, Junho 1990, pp. 1951 a 1957 e, ainda, REYES, Kevin M. e FRANK, J., *The use of derivatives in tax planning*, Fabozzi Editor, pp. 31 a 90. ISBN 1-883249-55-4

DO CONTRATO DE *SWAP* EM GERAL

caso de ocorrência de alguma vicissitude contratual, de certos institutos jurídicos, como o caso das regras jurídicas de jogo ou aposta. Assim como determinar se as partes envolvidas poderiam ou não ter celebrado aquele contrato, designadamente, saber se atendendo à finalidade pretendida, certos organismos públicos poderiam ter celebrado o contrato de *swap*[270], como veremos de seguida.

A finalidade, única ou principal, que presida à celebração do contrato de *swap* poderá determinar, a nosso ver, da aplicabilidade aos intervenientes da regulamentação jurídica em vigor atinente a outros tipos contratuais que tenham no seu escopo a prossecução da mesma finalidade que os intervenientes do *swap* pretenderam e quiseram, pois que, no âmbito do contrato de *swap* não existe nenhuma regulamentação jurídica própria. Salientamos que nos últimos anos existiram tentativas legislativas no estrangeiro de regulamentação dos sujeitos intervenientes, nomeadamente no que respeita à criação de uma entidade reguladora.

Além das três finalidades que passaremos a analisar, outras existem cujo desenvolvimento nos escusamos a tratar por não ser esse o nosso tema principal. Em todo o caso, sempre se enunciam algumas que nos parecem merecedoras de referência. Com a celebração de um contrato de *swap* pode ainda prosseguir-se o propósito de obtenção de vantagens fiscais[271], contornar os prazos de financiamento, aumentando-os, contornar as políticas de controlo de câmbios que travam investimentos e com isso diversificar a carteira de investimentos, e ainda outros motivos como, por exemplo, para libertação de financiamento, para detenção de posições relevantes e/ou estratégicas sem necessidade de *funding,* cobertura de emissão de produtos estruturados, arbitragem financeira, no *Project Finance,* para mitigar todos os riscos o máximo possível para não colocar em causa a viabilidade do projeto, gestão, rentabilização e diversificação de carteiras (gestão de ativos), cobertura de exposição natural de balanço/receitas/ despesas e *Proprietary trading (prop trading),* incluindo o *short-selling.*

---

[270]  Neste sentido, CALHEIROS, Maria Clara, *O contrato de Swap*, Coimbra, Coimbra Editora, 2000, pp. 154 e 155.

[271]  Sobre esta motivação, ver mais em CALHEIROS, Maria Clara, «*O contrato de Swap*», Coimbra, Coimbra Editora, *Studia Iuridica*, 2000, pp. 74 e 75.

O CONTRATO DE *SWAP*

## 2.1. Hedging

Iremos debruçar-nos mais pormenorizadamente sobre esta finalidade uma vez que, como adiante melhor se compreenderá, é precisamente nesta finalidade que se sustenta uma parte da nossa convicção de que não será necessário nenhum esforço acrescido para se subsumir juridicamente o contrato de *swap* e intervenientes à legislação existente e vigente para outros intervenientes contratuais que celebram outras formas contratuais para prosseguirem exatamente a mesma finalidade[272]. Vejamos.

A expressão *hedging* significa cobertura de risco. Os *swaps* são uma das formas mais utilizadas para as partes se protegerem dos riscos que possam advir de uma operação de financiamento a médio ou a longo prazo, trata-se de um meio para salvaguardar a possibilidade de ocorrer algum risco que coloque em causa a saúde financeira da empresa. O derivado financeiro é um meio frequentemente utilizado para operar uma transferência de risco para outra entidade[273]. A função *hedging* pode assumir duas vertentes:

a) *Long hedge:* em que o interveniente no derivado não possui nem é titular de nenhum ativo no mercado, mas deseja precaver-se de uma subida futura do valor do mesmo;

b) *Short hedge:* que ocorre quando o interveniente no derivado é titular do ativo no mercado e pretende precaver-se da descida futura do valor do mesmo.

As partes muitas vezes celebram contratos que, atendendo ao défice de informações que possuem acerca de determinada realidade que as pode afetar, optam como precaver-se desse risco, fazendo a incerteza o seu objeto negocial. Porém, a distribuição do risco pelas partes pode ser efetuada ou não de forma uniforme. Nos derivados financeiros, a distribuição do risco pelas partes é simétrica, estipulando-se obrigações de pagamento recíprocas que derivam das expectativas de ganho ou perda de ambas as partes.

---

[272] Por exemplo, entre as outras formas de que as partes se podem socorrer para cobertura dos seus riscos temos os *warrants, callable bonds, puttable bonds, caps, floors, collars*, obrigações convertíveis, futuros e opções (mais para casos de operações de endividamento de curto prazo), *forward rate agreements*, entre outros. E em Portugal, existe ainda uma outra forma contratual, mais comummente conhecida, que visa também esta finalidade de cobertura de riscos mas que analisaremos adiante em termos comparativos.

[273] Precisamente neste sentido, BOARD, John, «The Economic Consequences of Derivatives», 156, AAVV, *Modern Financial Techniques – Derivatives and the Law*, Kluwer, London, 2000, pp. 156-166.

114

DO CONTRATO DE *SWAP* EM GERAL

Refira-se que a utilização destes instrumentos financeiros derivados para cobertura de riscos cresceu após as diretrizes de Basileia II[274] que entraram em vigor precisamente em 2007 quando a crise financeira já dava sinais da sua existência.

O crescimento dos saldos de derivados OTC acelerou no primeiro semestre de 2007, antes da turbulência que atingiu os mercados financeiros em agosto e nos meses subsequentes. Os valores nominais em circulação, de todos os tipos de OTC, aumentaram 25% no final de junho de 2007[275].

Isto ficou a dever-se em parte ao facto de Basileia II vir impor às instituições de crédito, em termos de *ratio* de solvabilidade, que reforçassem os seus fundos próprios para fazer face à cobertura dos riscos de mercado e do risco operacional, os quais passavam agora a constar do denominador, a par do risco de crédito e garantias.

Para Hélder Mourato apenas o *swap* que vise a finalidade de *hedging* é válido[276].

Já Lebre de Freitas[277] considera que os contratos de *swap* que prossigam uma finalidade de *trading* devem subsumir-se no art. 1245º do Código Civil, sendo que ou são nulos, ou sendo válidos, geram meras obrigações naturais. Acrescenta que o Código de Valores Mobiliários é omisso quanto ao regime a aplicar aos contratos de *swap*.

Carlos Ferreira de Almeida discorda, chamando à colação o disposto no art. 204º, nº 1, alínea *b*)[278] e no art. 227º, nº 2, ambos do Código de Valores Mobiliários. Opinião a que aderimos integralmente. E acrescenta que nem

---

[274] O regime de adequação de capital proposto por Basileia II foi objeto de regulamentação comunitária originando a Directiva 2006/48/CE e a Diretiva 2006/49/CE, de 14 de Junho de 2006, que alteraram a Directiva 2000/12/CE e a Diretiva 93/6/CE.

[275] Cfr. Documento do Bank of International Settlements, denominado "Monetary and Economic Department Triennial and semiannual surveys on positions in global over-the-counter (OTC) derivatives markets at end-June 2007", p. 3, de novembro de 2007, disponível em: http://www.bis.org/publ/otc_hy0711.pdf (acedido em 09 de fevereiro de 2015).

[276] Cfr. MOURATO, Hélder M., «Swap de taxa de juro: a primeira jurisprudência», *Cadernos do Mercado de Valores Mobiliários*, nº 43, 2012, p. 41.

[277] Cfr. FREITAS, José Lebre de, «Contrato de swap meramente especulativo. Regimes de validade e de alteração das circunstâncias», disponível em: http://www.oa.pt/upl/%7B24d07a7e-a1e3-4f43-b06a-300e112c9896%7D.pdf, (acedido em 16 de Fevereiro de 2015).

[278] Dispõe: "Podem ser objeto de negociação organizada: *b*) Outros instrumentos financeiros, nomeadamente instrumentos financeiros derivados, cuja configuração permita a formação ordenada de preços".

o Regulamento nº 1287/2006, de 10 de agosto, da Comissão Europeia, que aplica a Diretiva 2004/39/CE do Parlamento Europeu e do Conselho no que diz respeito às obrigações de manutenção de registos das empresas de investimento, à informação sobre transações, à transparência dos mercados, à admissão à negociação dos instrumentos financeiros e aos conceitos definidos para efeitos da referida diretiva, nem o Regulamento 2/2012, de 25 de outubro da Comissão de Mercado de Valores Mobiliários, relativo aos deveres informativos relativos a produtos financeiros complexos e comercialização de operações e seguros ligados a fundos de investimento, fazem qualquer distinção entre a natureza especulativa ou não especulativa dos instrumentos financeiros, pelo que não deve o intérprete aplicar o art. 1245º do Código Civil aos instrumentos financeiros; tal aplicação seria contrária ao direito vigente a nível interno e comunitário, além de que esse direito é precisamente exemplo da legislação especial que o art. 1247º do Código Civil consagra e salvaguarda[279].

Cremos que não seja este um caso que determine por parte do intérprete a necessidade de distinguir o que a lei não distinguiu. É consabido que das regras de interpretação da lei que resultam do art. 9º do Código Civil, se não pode concluir que onde a lei não distinguiu não pode o intérprete distinguir, antes pelo contrário, deve o intérprete fazê-lo sempre que da lei resultem ponderosas razões que o imponham, atendendo que a presunção do nº 3 deste normativo é relativa, ilidível mediante interpretação em contrário. Contudo, parece-nos que não é este o caso que justifica nem aqui se levantam as ditas ponderosas razões para o fazer. A lei foi clara e se os contratos com finalidade especulativa fossem de facto da mesma natureza que os contratos de jogo ou de aposta, certamente que o legislador teria sido o primeiro a ressalvar tal circunstância. Pelo que entendemos que o legislador disse exatamente o que quis e onde não disse, não o pretendeu fazer. Pelo que a conclusão que necessariamente daqui se terá de retirar é a licitude dos contratos de *swap*, ainda que com fins especulativos.

### 2.1.1. Riscos cuja cobertura as partes visam assegurar

O risco tem de ser caraterizado de diversas formas, atendendo a que a sua origem provém de diversas realidades, não assumindo a mesma natureza.

---

[279] Cfr. ALMEIDA, Carlos Ferreira, *Contratos III, Contratos de liberalidade, de cooperação e de risco*, 2ª edição, Coimbra, Almedina, 2013, pp. 282 e 283, nota 793.

## DO CONTRATO DE *SWAP* EM GERAL

Podemos apartar e qualificar o risco em várias categorias. Seguidamente iremos analisar cada um deles de forma mais pormenorizada.

Importa, porém, antes de avançar, e porque terá relevância para compreender uma das conclusões que retiramos deste nosso estudo, a existência de um sistema de controlo interno[280] exigido às instituições de crédito e sociedades financeiras, o qual deve estruturar-se de forma organizada e definir os métodos e procedimentos adequados à prossecução de determinados objetivos que visam minimizar os riscos de fraudes, irregularidades e erros, bem como assegurar a prevenção e deteção tempestiva destes.

Dos objetivos a prosseguir, destacamos a preocupação com o controlo dos riscos de crédito, de liquidez, o risco reputacional, legal e de *compliance*[281], como por exemplo o risco de a instituição incorrer em sanções de carácter legal ou regulamentar e prejuízos financeiros ou de ordem reputacional em resultado de não ter cumprido leis, regulamentos, códigos de conduta e normas de "boas práticas". Inclui-se ainda a preocupação com a prudente e adequada avaliação das responsabilidades, designadamente para o efeito da constituição de provisões.

Dos riscos mais comuns que os agentes económicos visam cobrir com a celebração de contratos de *swap* é o da cobertura e gestão do risco de volatilidade das taxas de juro inerentes às várias posições de risco em que estão investidas.

Esta cobertura passa pela transformação "puramente financeira"[282] de empréstimos a taxa de juro variável numa taxa de juro fixa ou vice-versa, transformação essa negociada por permuta.

---

[280] A primeira Instrução do Banco de Portugal acerca deste sistema de controlo interno foi a Instrução 72/96, cujo diploma legal habilitante foi o Decreto-Lei nº 337/96 de 30 de Outubro, sendo que a referida instrução após múltiplas alterações foi revogada pelo Aviso do Banco de Portugal nº 3/2006, o qual também já foi alterado pelo Aviso nº 13/2007 e Aviso nº 5/2008, sendo as suas leis habilitantes a Lei nº 5/98, de 31 de janeiro e o Decreto-Lei nº 298/92, de 31de dezembro.

[281] O risco de *compliance* consiste na possibilidade de em virtude da violação ou desconformidade com leis, regulamentos, regras de conduta e de relacionamento com clientes, contratos, práticas instituídas ou princípios éticos, ocorram impactos negativos nos resultados ou no capital, determinando a aplicação de sanções legais e a limitação das oportunidades de negócio, a diminuição da margem de expansão, ou a impossibilidade do cumprimento de obrigações.

[282] Na terminologia utilizada por SILVA, João Calvão da, «Swap de taxa de juro: sua legalidade e autonomia e inaplicabilidade da excepção do jogo e aposta», *Revista de Legislação e de Jurisprudência*, Ano 142, nº 3979, Março/ Abril 2013, p. 262.

O CONTRATO DE *SWAP*

Passamos à concretização de alguns dos tipos de riscos que as partes que recorrem a um *swap* visam salvaguardar. Os riscos podem ter proveniência de diversas realidades. É com base nestas diversas realidades que procedemos ao agrupamento dos diferentes riscos em categorias, o que faremos por uma questão de sistematização de exposição.

Assim, teremos, *grosso modo*, o risco de crédito, o risco de liquidez e o risco de país. O risco de crédito engloba o risco de mercado e o risco de incumprimento. Por sua vez, o risco de mercado comporta ainda, e mais especificamente, o risco de taxa de juro e o risco de taxa de câmbio. O risco de país comporta duas vertentes, o risco soberano ou político e o risco económico, conforme adiante veremos.

Ressalve-se apenas que a negociação de instrumentos derivados não resulta da circulação de qualquer riqueza real. Todo este mecanismo negocial visa apenas transferir para outra entidade o risco de perda decorrente da eventual oscilação desfavorável às posições de risco a que aquele que transfere está exposto[283].

### 2.1.2. Risco de Crédito

O risco de crédito depende da solvabilidade ou liquidez do obrigado ao pagamento e é "a álea do não cumprimento da correspetiva obrigação pelo devedor, também dito, por isso mesmo, risco da contraparte"[284].

Crédito significa reputação ou confiança, daí que o risco de crédito esteja intimamente ligada à possibilidade de quebra da confiança ou reputação do devedor da obrigação. O risco será tanto maior quando maior for a evolução de degradação da situação do devedor, sendo que mesmo que essa degradação não conduza necessariamente ao incumprimento, basta que aumente essa probabilidade para que haja risco de crédito. Não se pode confundir a natureza deste risco com a natureza do risco de mercado, pois as variações de preços no mercado, seja de acções, obrigações ou mercadorias, é algo expectável e inerente ao funcionamento do mercado, enquanto o risco de crédito se relaciona mais com a situação que determinada posi-

---

[283] Certamente que acarretará para o beneficiário a riqueza típica da economia virtual a qual é tão lícita como é qualquer outra, desde que não contrarie os limites impostos pela boa-fé e pela ordem jurídica.

[284] Cfr. SILVA, João Calvão da, «Seguro de Crédito como Seguro de Grandes Riscos: Garantia Indemnizatória Acessória ou Autónoma», *Revista de Direito do Consumidor*, vol. 94, Julho/Agosto, 2014, Ponto 2.1.

## DO CONTRATO DE *SWAP* EM GERAL

ção creditícia assume no contexto da situação financeira do devedor da obrigação, situação essa que é de evolução mais lenta e independente.

### i) Risco de incumprimento
Falamos em risco de incumprimento quando o cumprimento de uma obrigação está em crise devido a mora do devedor ou devido à possibilidade da sua insolvência. Associado a este risco encontra-se a capacidade financeira e de gestão das contrapartes, portanto, diremos que é um risco subjetivo, porque ligado às partes.

### a) Risco de liquidação
As instituições de crédito incorrem em situações de risco no âmbito da execução das suas atividades bem como quando assumem determinadas obrigações perante terceiros, as quais devam ser cumpridas numa data futura acordada – operações a prazo. E neste contexto, as instituições de crédito estão expostas a um risco de crédito[285] atendendo a que pode ocorrer um incumprimento por parte de quem tem de prestar as respetivas contrapartidas.

Nas operações a prazo, os riscos de incumprimento designam-se de riscos de liquidação, os quais se podem traduzir na não entrega dos títulos acordados pela contraparte – liquidação física – ou na não entrega das quantias pecuniárias convencionadas na data de vencimento – liquidação financeira[286].

Este risco é de natureza mais técnica e intimamente ligado ao processo de regularização das obrigações. O risco de liquidação compreende o risco de financiamento ou de *funding*, o risco de liquidez do mercado e o risco de liquidez dos ativos[287].

Uma nota apenas para o risco de financiamento. É aquele em que uma instituição pode incorrer quando tem dificuldades para obter fundos para

---

[285] Uma outra situação em que as instituições financeiras estão expostas a um risco de crédito verifica-se quando assumem a posição de garantes das obrigações incumbidas a terceiros, como por exemplo, nas garantias bancárias autónomas. Mas mesmo quando são beneficiárias das garantias, as instituições de crédito estão expostas a riscos de crédito, bastando para isso que os garantes não cumpram com essas garantias.

[286] PIRES, José Maria, *Elucidário de Direito Bancário*, Coimbra, Coimbra Editora, 2002, p. 302. ISBN 972-32-1104-1.

[287] FFERREIRA, Domingos, *Swaps e outros derivados*, Liboa, Rei dos Livros, 2011, p. 61. ISBN 978-989-8305-30-5.

O CONTRATO DE *SWAP*

solver os seus compromissos constantes, daí que a necessidade de financiamento seja praticamente permanente. Este risco pode conduzir à insolvência da entidade.

*b) Risco de contraparte*
Por risco de crédito de contraparte entende-se o risco de incumprimento por uma contraparte numa transação antes da liquidação final dos respetivos fluxos financeiros. Isto é, nas transações de instrumentos de dívida ou de títulos de capital poderá ainda acontecer o risco de contraparte que se traduz na possibilidade de não receber os títulos da contraparte, quando já procederam ao respetivo pagamento, ou o inverso, quando já entregaram os títulos mas ainda não receberam o respetivo pagamento.

Este risco engloba de uma maneira geral todas as relações que duas partes mantenham entre si. Em caso de mora no cumprimento de uma das obrigações legitima a avaliação relativamente a todas as outras operações que as partes conservem. Isto é, a mora em relação a uma operação da carteira de créditos legitima que se faça uma correlação com as restantes obrigações pertencentes à carteira de créditos relativos a esse devedor, pois o risco de contraparte verifica-se e afere-se em relação ao devedor e não relativamente a uma obrigação em específico.

Com o crescimento exponencial do mercado dos CDSs, o risco de contraparte aumentou paralelamente. Aliás, uma das grandes preocupações traduzia-se, precisamente, no facto de os maiores *dealers* de CDS servirem de contrapartes para outros, sendo portanto interdependentes. Ora, atendendo às operações cruzadas que entre estes *dealers* se estabelecia, preocupava o facto de a inadimplência de um acarretar sérias implicações nos restantes.

A crise financeira implicou, como veremos adiante, a tomada de medidas estruturais destinadas à mitigação do risco de contraparte, principalmente no mercado de CDSs. Essas medidas consistem na mudança de padrões de negociação e na criação ou introdução de uma contraparte central[288].

---

[288] Também neste sentido refere VAUSE, Nicholas, Counterparty risk and contract volumes in the credit default swap market, BIS Quarterly Review, December 2010, p. 62: "The most important structural measures implemented in the CDS market to reduce counterparty risk were to accelerate the pace of trade compression and to introduce central counterparties (CCPs). The effect of both measures is to allow contracts on offsetting positions to be torn

## ii) *Risco de Mercado*

O risco de mercado não depende, por sua vez, de qualquer qualidade inerente às partes intervenientes numa operação, mas antes da oscilação dos valores associados ao objeto da transação. No que ao nosso estudo interessa, este risco traduz-se na variação das posições em cada instrumento financeiro. As posições podem ser curtas ou longas.

Para melhor percebermos estes conceitos, referimos que a abertura de posição consiste no ato ou operação inicial de investimento, em que o investidor se se coloca numa posição em que irá beneficiar da subida do preço do ativo, assume uma posição longa, ou de comprador; se se coloca numa posição em que irá beneficiar da descida do preço do ativo, assume uma posição curta, ou de vendedor.

Numa posição longa, o investidor beneficia sempre que haja uma subida do preço do ativo, mas caso o preço desça, o investidor sofre uma perda. A título de exemplo, diz-se que se o investidor assume no início uma posição compradora, ou longa, num certo contrato e a mesma vier a ser fechada com a venda do instrumento financeiro mas com um valor inferior, o investidor sofre uma perda, mas se a venda do instrumento financeiro for efetuada por um preço superior, o investidor obtém um ganho.

Já numa posição curta, o raciocínio é idêntico mas em sentido inverso. Ou seja, o investidor beneficia com a descida do preço do ativo e se o preço subir, regista uma perda.

No mesmo exemplo, se o investidor assume de início uma posição vendedora, ou curta, num certo contrato e a mesma venha a ser fechada com a compra do instrumento financeiro mas a um preço inferior, será realizado um ganho; se for efetuada por um preço superior, o investidor sofre uma perda.

O risco de mercado traduzir-se-á no desequilíbrio existente entre o volume das posições curtas e das posições longas detidas pelo investidor.

## a) *Risco de câmbio*

Aquele que se financiou em certa divisa sabe que está exposto ao risco de o reembolso do empréstimo se tornar demasiadamente oneroso para si

---

up. The scope for such tearups, however, greatly depends on how far CDS contracts are standardized", disponível em: http://www.bis.org/publ/qtrpdf/r_qt1012g.pdf (acedido em 24 de dezembro de 2014).

O CONTRATO DE *SWAP*

num cenário imprevisível mas de verificação possível, de subida da cotação da moeda em que se financiou.

*b)  Risco de taxas de juro*

Verifica-se, por exemplo, quando uma parte se tenha financiado a uma taxa variável. Se ocorrer uma subida das taxas de juro, os custos inerentes ao financiamento tornar-se-ão muito mais onerosos. Através do contrato de *swap* é permitido à parte fixar a taxa de juro para que naquele cenário não sofra as consequências do agravamento dos seus custos no financiamento.

### 2.1.3. Risco de liquidez

O risco de liquidez consiste na possibilidade de não se deter capacidade de cumprir com as obrigações na data de vencimento devido a défice de ativos para satisfação dos passivos. Esta insuficiência pode radicar na incapacidade do obrigado efetuar uma correta gestão dos seus ativos, ao ponto de não serem suscetíveis de conversão em disponibilidades na data de vencimento das obrigações.

### 2.1.4. Risco de País

Nesta categoria de risco não estão em causa a capacidade de gestão nem as qualidades dos sujeitos da relação jurídica, muito menos a volatilidade dos preços ou valores do objeto transacionado. Radica antes em fatores externos, como o da localização geográfica das partes. As relações jurídicas podem ser estabelecidas entre intervenientes pertencentes ao mesmo país ou pertencentes a países diferentes. Em qualquer dos casos, cada país possui a sua estrutura governativa, com ideologias e estratégias políticas e económicas próprias. A situação financeira e os índices de crescimento económico também divergem de país para país. Neste sentido, não é indiferente para os investidores de cada país as políticas prosseguidas em cada momento no respetivo país ou no país da contraparte. Essas políticas podem ser favoráveis e incentivar o investimento ou, pelo contrário, consubstanciar um fator dissuasor e desencorajador do investimento. Pensemos, por exemplo, nas políticas de controlo de câmbios. Mas também a instabilidade política interna influencia os investimentos e os níveis de atratividade dos respetivos mercados de capitais[289].

---

[289]  A este propósito, pensemos nas últimas eleições gerais na Grécia em que o partido de extrema-esquerda (novo comunismo da Grécia) obteve a maioria dos votos, tendo feito a sua

DO CONTRATO DE *SWAP* EM GERAL

### i) *Risco político ou soberano*

Poderemos falar em riscos políticos sempre que as ideologias prosseguidas pelo país a nível de políticas de investimento sejam limitativas ou proibitivas, dificultando o investimento no estrangeiro e a consequente saída de capitais do país. Estamos ainda no campo dos riscos políticos sempre que a estabilidade governativa interna está em crise. Estes riscos agravam-se sempre em épocas de períodos eleitorais, atendendo a que existe sempre uma certa dose de incerteza que, como vimos, não se costuma compatibilizar com propósitos de investimento. Ainda após a época de eleições, quando há uma mudança de ideologia ou partido, nos momentos iniciais, após a tomada de posse de um governo, existe ainda um considerável grau de incerteza que aumenta os riscos políticos. Isto porque nem sempre o governo eleito reconhece e aceita as obrigações assumidas pelo governo anterior. Também os processos de nacionalização, por serem onerosos para a estrutura financeira de um país, podem acarretar riscos políticos ou soberanos.

Este risco já não se prende com a contraparte em especial, mas com a localização em que a mesma se encontra, afere-se por referência à sua localização no espaço económico. Este risco leva a que se elabore carteiras de créditos por países, não considerando os tipos de sectores, nem as condições particulares de cada contraparte.

### ii) *Risco económico*

Coisa diversa do risco político é o risco económico em que é possível não conseguir satisfazer e cumprir todas as obrigações assumidas devido à insuficiência de reservas cambiais do país. Em suma, o que está em causa é apenas a situação económica em geral do país, a qual é adversa e poderá comprometer o cumprimento integral das obrigações emergentes das transações efetuadas.

---

campanha sustentada em promessas de oposição frontal ao resgate internacional da Grécia, demonstrando a intenção de se opôr à aplicação de medidas de austeridade. Um dos objetivos deste partido eleito é renegociar a dívida externa grega. Todavia, é de prever que sem a maioria absoluta tal situação acabe por ser uma tarefa difícil, atendendo a que poderá não existir união interna forte nesse propósito. Contudo, a simples eleição de um partido de extrema-esquerda, com estes propósitos declarados, fez tremer e gerou nervosismo nos mercados financeiros, os quais são extremamente sensíveis e até avessos a estes fenómenos de mudança. Especula-se se a Grécia não sairá da zona do euro. Não acreditamos que tal venha a suceder, mas este tipo de especulações causa instabilidade e desestabilizam os níveis de investimento.

O CONTRATO DE *SWAP*

### 2.1.5. Riscos envolvidos na própria operação de *swap*

Analisados os tipos de riscos a que as partes estão expostas nas suas transações e no exercício da sua atividade, resta concluir que, efetivamente, são estes os riscos que as partes querem evitar[290]. Assim, através da celebração de um contrato de *swap*, paralelamente aos contratos de financiamento que possuíam, as partes estipulavam mecanismos para contornar os efeitos adversos em que podiam incorrer em virtude da verificação de qualquer um dos eventos – futuros e incertos – que caracterizam cada um dos riscos acima expostos, tentando aproximar-se o mais possível das expectativas de cada um sobre a evolução dos mercados. Citando: "os contratos de *swap* permitiram uma alteração de atitude face aos diferentes riscos existentes, uma vez que tornam possível aos diferentes agentes no mercado "libertarem-se" dos seus compromissos em termos de divisas e de taxas de juro durante a vida do contrato financeiro"[291].

Os riscos inerentes à atividade económica e respetiva cobertura é uma das diferenças apontadas relativamente aos riscos que um contrato de seguro visa cobrir, dizendo-se que num contrato de seguro o que se quer cobrir são os denominados riscos puros, que são aqueles que originam e se manifestam como perdas e/ ou danos reais e efetivos, não sendo, porém, determináveis na sua extensão nem previsíveis temporalmente. Este factor é ligeiramente diferente no *credit default swap*, como adiante veremos, diz-se que neste, o *dealer* terá de pagar a todos os titulares de um *credit default swap*, o montante acordado no caso de se verificar o evento que o constitui nessa obrigação de pagamento, independentemente dos reais prejuízos sofridos pelos *buyers*.

No entanto, somos de opinião que esta não será uma diferença suficientemente caracterizadora de um contrato a ponto de o distinguir como realidade diversa do contrato de seguro, porquanto, estando as partes no domínio da liberdade contratual, poderão sempre contratar valores mais elevados ou abaixo dos prejuízos em que podem incorrer, mas disto ocupar-nos-emos adiante.

---

[290] CALHEIROS, Maria Clara, *O contrato de Swap*, Coimbra, Coimbra Editora, 2000, p. 67 refere que a finalidade de *hedging* é, sem margem para dúvidas, a principal e grande finalidade do contrato de *swap*.

[291] CALHEIROS, Maria Clara, *O contrato de Swap*, Coimbra, Coimbra Editora, *Studia Iuridica*, 2000, pp. 67 e 68.

DO CONTRATO DE *SWAP* EM GERAL

Existem efetivamente vários riscos a que as empresas, no âmbito da sua atividade, estão expostas, designadamente a riscos de câmbio, de crédito, de liquidez, risco administrativo, entre outros. La Claviére refere que os próprios instrumentos de cobertura risco podem estar, também eles, sujeitos a risco. Diz: " (...) na maioria dos casos, cobrimos um ativo ou passivo com um instrumento que não tem os mesmos prazos de vencimento nem a mesma sensibilidade à variação de taxas de juro; mais, a duração do instrumento de cobertura não coincide com a do activo ou passivo a cobrir. Este caso é de longe o mais frequente; trata-se de uma cobertura imperfeita que contém alguns riscos residuais (...)"[292].

## 2.2. Arbitrage

Esta finalidade surge, neste contexto, numa perspetiva económica, ou seja, só funciona se existirem mercados financeiros com diferentes características e perceções de risco, dado que a mesma pretende retirar o máximo de proveito das desigualdades entre mercados, captando oportunidades de negócio.

Podemos definir a arbitragem como "uma estratégia para obter ganhos, sem correr riscos, tirando partido de imperfeição dos mercados e das posições relativas dos participantes nesses mercados, beneficiando reciprocamente das posições mais favoráveis, por exemplo, através de *swaps*"[293].

Destas diferenças entre mercados pode resultar uma série de vantagens temporárias, uma vez que, os mercados, sendo voláteis e sensíveis a fatores externos ao seu próprio funcionamento, *v.g.* fatores políticos ou institucionais, sofrem evoluções diferentes o que permite aos agentes económicos aproveitarem-se dessas diferenças para obtenção de ganhos. Um exemplo característico desta finalidade reporta-se às operações de financiamento quase diárias que os bancos, no exercício do seu *core business,* levam a cabo.

Os bancos procuram financiar-se em divisas fracas para de seguida investirem ou financiarem outrem em divisas que ofereçam taxas de juros

---

[292] LA CLAVIÉRE *apud* CALHEIROS, Maria Clara, *O contrato de Swap*, Coimbra, Coimbra Editora, *Studia Iuridica*, 2000, p. 66, nota 129.

[293] Cfr. SANTOS, Hugo Luz dos, «O contrato de swap de taxas de juro e os instrumentos derivados financeiros à luz do recente acórdão do Supremo Tribunal de Justiça, de 10 de Outubro de 2013: a "alteração anormal das circunstâncias" e as categorias doutrinais americanas da "unconscionability" e da "bounded rationality": um "estranho caso" de aliança luso-americana?», *Revista de Direito das Sociedades*, Ano VI, 2014, Nº 2, Lisboa, Almedina, p. 417.

O CONTRATO DE *SWAP*

superiores, alcançando assim um ganho. Na realidade, o arbitragista não intermedeia o negócio, mas antes se intromete neste, extrai o lucro que advém da ligação de duas necessidades e realidades existentes em mercados diversos[294], as quais não se conheciam diretamente, mas que se complementam[295].

Esta finalidade visa aproveitar e rentabilizar as ineficiências ou discrepâncias entre dois preços ou mercados diferentes.

Abandonando momentaneamente a nossa análise, tentaremos expor uma situação prática que espelha a ideia de lucro ou ganho contida na arbitragem.

Imaginemos que António deseja adquirir um veículo de certa marca, com dois anos no máximo, até quarenta e cinco mil quilómetros, cor verde e cujo combustível utilizado seja o gasóleo. António está disposto a pagar quinze mil euros, no máximo, por um veículo com estas características e daquela marca. José conhece uma pessoa que possui um veículo exatamente com estas características, da marca pretendida por aquele, e disposta a vendê-lo por dez mil euros. José, neste caso, assume o papel de arbitragista, pois conhecendo estes dois casos, adquire o veículo por dez mil euros, e vende-o a António por quinze mil euros, conseguindo assim satisfazer todas as pretensões presentes no negócio e ainda obtém um ganho de cinco mil euros.

Evidentemente que José terá de atuar de forma célere pois as necessidades do comprador e do vendedor podem dissipar-se e a possibilidade do ganho desaparecer. Os mercados estão em constante evolução e as necessidades dos seus intervenientes sofrem constantes mutações também.

Transpondo este raciocínio de oportunidade e ganho para o nosso estudo, atentemos agora no exemplo que nos fornece José Manuel Braz da Silva[296], que menciona a existência de um *lag* (período de tempo) que existe por vezes numa circunstância em que o *yen*, franco suíço ou dólar se situam abaixo do euro e da libra esterlina, não havendo compensação pelas taxas de câmbio nem pelas diferentes taxas de inflação vigentes, originando

---

[294] Mas podem surgir oportunidades de arbitragem no âmbito do mesmo mercado, sendo que neste caso tal só sucede dada a existência de uma deficiente ou insuficiente informação.

[295] É comum existir arbitragem entre mercados diferentes mas próximos, como por exemplo entre o mercado dos *swaps* e o mercado das taxas de juro.

[296] SILVA, José Manuel Braz da, *Mercado de Instrumentos Financeiros Internacionais*, Lisboa, Escolar Editora, 2013, p. 166.

oportunidades que são captadas pelos agentes económicos que exploram até ao limite a possibilidade de lucro através da técnica da arbitragem.

Mais concretamente, podemos ainda apontar o seguinte exemplo: suponhamos que a empresa "A" se financia a uma taxa de juro fixa de 10 % e por um prazo de 5 anos, porém, a sua perspetiva de evolução das taxas de juro situa-se em descida para níveis inferiores a 10%, o que, a concretizar-se, implicaria uma perda para a empresa, atendendo a que estaria a pagar mais do que aquilo que pagaria se a sua taxa fosse variável e as suas perdas seriam no valor equivalente à percentagem diferencial, aplicada ao capital em débito. Por sua vez, a empresa "B" também se financiou pelo mesmo montante e prazo, mas vinculou-se a uma taxa variável e as suas perspetivas de evolução das taxas de juro são diversas das da empresa "A", isto é, a empresa "B" prevê a subida das taxas de juro, o que a suceder implicaria um reembolso mais oneroso do capital em que se financiou, além de que para a sua liquidez esta subida pode ser altamente perigosa, sendo do interesse da empresa "B" ter uma taxa fixa que lhe permita prever e saber exatamente o valor dos pagamentos a que está adstrita no futuro, para que os possa programar e controlar. Aqui, surge uma "oportunidade", pelo que estas empresas podem celebrar um contrato de *swap*, com a finalidade de troca das taxas de juro[297]. Nesse caso, a empresa "A" assumiria os custos a suportar com os juros a que a empresa "B" estaria adstrita e esta última assumiria os valores dos juros devidos pela empresa "A", calculados à taxa fixa que vigorar à data no mercado financeiro[298].

Note-se ainda que, nesta hipótese, referimos que ambas as empresas se tinham financiado no mesmo montante e pelo mesmo prazo, todavia, pode suceder que os financiamentos sejam por prazos diferentes, não tendo os mesmos prazos de vencimento, nem variando da mesma forma consoante a evolução das taxas de juro e, até, o contrato de *swap* que venha a ser celebrado tenha uma duração superior aos financiamentos contratados pelas empresas. Desta forma, *"a motivação das partes ao celebrarem um swap de arbitragem é, portanto, tirar um proveito imediato e facilmente quantificável mediante a*

---

[297] Este encontro entre estas duas empresas pode ser efetuado por um intermediário financeiro.

[298] Neste sentido, CALHEIROS, Maria Clara, *O contrato de Swap*, Coimbra, Coimbra Editora, *Studia Iuridica*, 2000, pp. 40 e 69.

*exploração inteligente dos diferenciais de todas as naturezas existentes nos mercados financeiros, em razão da ineficiência destes últimos"*[299].

Como resume Calvão da Silva, o *"swap* permite aplicações destinadas a explorar as ineficiências dos mercados ou discrepâncias de preços dos ativos subjacentes, comprando e vendendo simultaneamente o mesmo ativo a diferentes preços para obter um ganho"[300].

### 2.3. *Trading*

Que sentido deve ser atribuído à especulação neste panorama?

Este conceito tem de ser aferido e explicado do ponto de vista subjetivo, a partir do intuito do agente, consubstanciando a sua intenção ou propósito. Um especulador não cria risco, antes usa o risco para dele retirar algo útil ou para prevenir-se dele[301].

Especulação é a *"consciente e deliberada exposição às incertezas do mercado, com a intenção de alcançar um benefício económico"*[302] ou *"um ato que, qualquer que seja o seu ponto de aplicação, tende para a mais-valia de um capital envolvido num risco deliberadamente aceite em função de uma previsão de curto ou longo prazo( ...)"*[303].

Deneus, por sua vez, distingue *"o jogador que age aventureiramente, sob sugestão da informação dos jornais, de relações de ocasião ou em impressões mal controladas e na impossibilidade de fazer qualquer prognóstico racional (e por outro lado), o especulador (que) não se decide senão após o estudo da operação projetada, sobre cálculos e previsões, tendo apreciado o elemento aleatório do negócio"*[304].

---

[299] Esta citação é de BOULAT, Pierre-Antoine e CHABERT, Pierre- Yves, *Les swaps, Technique contractuelle et regime juridique*, Masson, Paris, 1992, *apud* CALHEIROS, Maria Clara, *O contrato de Swap*, Coimbra, Coimbra Editora, *Studia Iuridica*, 2000, p. 70.

[300] Cfr. SILVA, João Calvão da, «Swap de taxa de juro: sua legalidade e autonomia e inaplicabilidade da excepção do jogo e aposta», *Revista de Legislação e de Jurisprudência*, Ano 142, nº 3979, Março/Abril 2013, p. 264.

[301] BOULAT, Pierre-Antoine e CHABERT, Pierre-Yves, *Les swaps, Technique contractuelle et regime juridique*, Masson, Paris, 1992, *apud* CALHEIROS, Maria Clara, *O contrato de Swap*, Coimbra, Coimbra Editora, *Studia Iuridica*, 2000, p. 49.

[302] Definição de CALHEIROS, Maria Clara, *O contrato de Swap*, Coimbra, Coimbra Editora, *Studia Iuridica*, 2000, p. 70.

[303] CRUSE, Lorrain – *La spéculation*, Tours, Maison Mame, 1970, p. 64.

[304] DENEUS, «Des conditions de recevabilité de l'exception de jeu en matiére d'operations de bourse», *Revue Pratique des Societés Civiles et Commerciales*, Lovaina, 1925, Tomo XXX, nº 2597 *apud* CALHEIROS, Maria Clara, *O contrato de Swap*, Coimbra, Coimbra Editora, *Studia Iuridica*, 2000, p. 71.

DO CONTRATO DE *SWAP* EM GERAL

É no mercado que se encontram e trocam posições entre os que estão dispostos a assumir riscos e aqueles que deles se querem prevalecer.

A especulação é permitida nos contratos de direito comercial, sendo uma característica típica dos ajustes comerciais.

A especulação é importante para o funcionamento dos mercados na medida em que os podem dinamizar e fazer evoluir. Calvão da Silva refere que "os ordenamentos jurídicos consideram socialmente úteis os contratos estipulados com fins especulativos, "sal" dos mercados e "adrenalina" dos criadores de mercado (*market markers*)[305]".

A posição dos especuladores é criticável por poderem ser suscetível de confundir os mercados, provocando movimentos erráticos destes. Todavia, a especulação serve para viabilizar liquidez ao mercado, designadamente, e no que ao nosso estudo diz respeito, num contrato de *swap*, existem duas partes que trocam entre si posições, acreditando em cenários antagónicos. Se os *hedgers* procuram proteção contra cenários desfavoráveis, já os especuladores acreditam que sucederá o cenário oposto.

Aliás, só assim se compreenderia um contrato de *swap* de taxas de juro, por exemplo, como o que enunciamos no *supra* ponto 2.2. No caso do *hedger*, o contrato de *swap* diminui a sua exposição ao risco, no caso do especulador, aumenta a sua exposição aos riscos.

A especulação está, portanto, associada de certa maneira à função de cobertura e gestão de riscos, cuja finalidade se baseia na necessidade de alavancagem de financiamento empresarial[306].

Neste contexto, colocamos a questão de saber se as Empresas Públicas Empresariais (EPEs) podem celebrar *swaps*? Parece-nos que sim, desde que o objetivo seja a gestão de risco; se a finalidade for especulativa parece que não, por estar fora das suas atribuições, consignadas no Decreto-Lei nº 133/2013 de 3 de outubro, designadamente nos artigos 56º[307] e seguintes.

---

[305] Cfr. Silva, Calvão da, «Swap de taxa de juro: sua legalidade e autonomia e inaplicabilidade da excepção do jogo e aposta», *Revista de Legislação e de Jurisprudência*, Ano 142, nº 3979, Março/Abril 2013, p. 263.

[306] Traduz-se na relação mais que proporcional entre as perdas ou ganhos que advêm do investimento e a variação do preço do activo subjacente ou do indexante. A alavancagem empresarial resulta de um processo através do qual um investidor amplia os ganhos e as perdas potenciais, aumentando, consequentemente, o risco. Este processo pode ser desencadeado por via de instrumentos financeiros derivados.

[307] Estipula o art. 56º do Decreto-Lei nº 133/2013 de 3 de Outubro que Empresas Públicas Empresariais "são pessoas coletivas de direito público, com natureza empresarial, criadas pelo Estado para prossecução dos seus fins".

Sobre a interpretação de que é intenção do legislador constitucional o combate a atividades especulativas, não podemos aqui inserir os *swaps*, cujo capital é meramente fictício e desenhado pelas partes.

Num paralelismo entre o contrato de *swap* com o contrato de seguro, e sabendo que o art. 44º nº 1 do Regime Jurídico do Contrato de Seguro estabelece que "salvo nos casos legalmente previstos, o contrato de seguro é nulo se, aquando da celebração, o segurador, o tomador do seguro ou o segurado tiver conhecimento de que o risco cessou". O mesmo será dizer que não se pode conceber um contrato de seguro se inexistir qualquer risco para gerir, bem como, num contrato de *swap*, se não existir um verdadeiro risco que as partes pretendam acautelar ou gerir, ou pelo menos uma delas, então o contrato é especulativo e não admitido, dado que não se pretende com o contrato a gestão de qualquer risco, concluindo-se pela sua invalidade. Todavia, a realidade é que a especulação é lícita como se referiu e essencial ao funcionamento dos mercados, pelo que o juízo de invalidade tecido contra os *swaps* especulativos levaria, atendendo à configuração atual do mercado de *swaps*, ao seu estiolamento.

E como doutamente se explicita no voto de vencido do Acórdão do Supremo Tribunal de Justiça, de 29 de janeiro de 2015[308], o "artigo 99º, alínea *c)* da Constituição da República Portuguesa, ao dispor que são objetivos da política comercial, entre outros, "o combate às actividades especulativas…" é um preceito comprometido com a redação vigente até 1989 (então do artigo 109º, nº1) que impunha ao Estado a intervenção na "racionalização dos circuitos de distribuição e na formação e controlo dos preços a fim de combater actividades especulativas…".

A sua interpretação, assente neste elemento histórico e inserida no contexto resultante também de outros preceitos constitucionais, mormente os relativos à iniciativa privada, levam a que se devam colocar os *swaps*, mesmo os reportados a capital nocional (também designado por fictício ou hipotético) fora do âmbito do combate que o legislador constitucional determina".

Importa distinguir dois tipos de especulação que a jurisprudência francesa refere. Existe um tipo de especulação que é independente de qualquer motivo ou razão que a explique ou justifique (*spéculation hasardeuse*), que se assemelha com a exceção de jogo e aposta. Existe outro tipo de especu-

---

[308] Cfr. Acórdão do Supremo Tribunal de Justiça, datado de 29 de Janeiro de 2015, proferido no processo nº 531/11.7TVLSB.L1.S1, relatado por Bettencourt de Faria.

DO CONTRATO DE *SWAP* EM GERAL

lação em que as partes calculando o risco, reconhecendo a sua existência e perspetivando sobre a sua evolução, a ele se expõem deliberadamente (*spéculation sérieuse*), sendo que esta não é merecedora de qualquer reparo ou condenação. Este último tipo de especulação não é mais do que uma suposição, em que as partes acreditam na hipótese de suceder determinado acontecimento futuro e incerto, estando conscientes de que estão expostos a certos riscos, que conhecem, em virtude da não concretização da referida futuração. É esta especulação que é necessária ao funcionamento dos mercados, nomeadamente para contrariar ciclos de baixa, daí o direito a não condenar[309].

É no mercado que se encontram e trocam posições entre os que estão dispostos a assumir riscos e aqueles que deles se querem prevalecer[310], tudo isto através dos derivados, entre os quais se encontram os *swaps*.

A cobertura de risco e a especulação são faces da mesma moeda. Para que alguém cubra o risco a que está exposto, precisa de o transferir para alguém que esteja disposto a assumi-lo, mormente, alguém que não creia na verificação desse risco. É a aliança perfeita.

Porém, o contrato de *swap*, sendo um derivado negociado em balcão, não transacionado em mercado organizado, incompatibiliza o acesso universal e uniforme de informação, sendo a maioria das vezes os intermediários financeiros[311] e as entidades financeiras que mais utilizam estes instrumentos e os mais bem posicionados para perceberem as (melhores) condições subjacentes a este contrato. Isto em detrimento de um utilizador (contraparte) menos informado ou esclarecido, o qual não tem os mesmos recursos financeiros, sem o mesmo grau de entendimento e instrução sobre as cláusulas complexas que formam o conteúdo destes instrumentos financeiros[312].

---

[309] Neste sentido, CALHEIROS, Maria Clara, *O contrato de Swap*, Coimbra, Coimbra Editora, *Studia Iuridica*, 2000, pp. 70 a 73.

[310] Neste sentido, SILVA, João Calvão da, refere que "cobertura de risco e especulação são o verso (claro) e o reverso (escuro) da mesma medalha, implicando dois agentes de mercado com expectativas opostas acerca do futuro andamento da variável taxa de juro, de que sairá beneficiado aquele que vir as suas expectativas cumpridas", em «Swap de taxa de juro: sua legalidade e autonomia e inaplicabilidade da excepção do jogo e aposta», *Revista de Legislação e de Jurisprudência*, Ano 142, nº 3979, Março/Abril 2013, p. 263.

[311] *Swap dealers*.

[312] Veja-se sobre este assunto o Relatório do Inquérito à Literacia Financeira do Banco de Portugal, disponível em: https://www.bportugal.pt/pt-PT/OBancoeoEurosistema/

## O CONTRATO DE *SWAP*

Os intermediários financeiros, sendo muitos deles bancos, colocam em contato duas empresas com necessidades complementares, abrindo posições[313]para encontrar contrapartes, recebendo, no final, uma comissão pelo fecho de um negócio. Neste seguimento, percebemos o motivo pelo qual a Diretiva 2004/39/CE (DMIF) distinguiu o conceito de "investidores qualificados" de "investidores não qualificados", fazendo variar o nível de exigência na obrigação de transmissão e explicação da informação inerente aos produtos financeiros consoante o destinatário ou cliente[314], como adiante melhor explicaremos.

Sobre o argumento de que o art. 2º, nº 1, alínea *e)* do Código dos Valores Mobiliários é suficiente para legitimar os contratos de *swap especulativos* no ordenamento jurídico português, uma vez que se a lei não distingue o intérprete também o não deve fazer, existem contra-argumentos no sentido de que este preceito não é uma norma de validade mas antes delimitativa do âmbito de aplicação do Código dos Valores Mobiliários, e portanto não pode servir para fundamentar a validade dos *swaps* especulativos.

Também somos de acordo de que o argumento de que se a lei não distingue o intérprete também não o deve fazer não serve de fundamento, porquanto este, como vimos, não é um rigoroso critério interpretativo. Poder-se-ia ainda tentar distinguir o *swap* especulativo do *swap* para cobertura de risco com base no tipo de riscos, sendo que naquele o risco é endógeno e neste é exógeno. Diz-se que o risco é endógeno no *swap* especulativo porque se não fosse o contrato celebrado pelas partes esse risco era inexistente, pelo que o assemelham a uma aposta e portanto, aplicar-se-ia o respetivo regime, todavia, se consubstanciar uma aposta que exerça uma função económico-social meritória, será válida[315].

---

ComunicadoseNotasdeInformacao/Documents/RelatorioInqueritoLiteraciaFinanceira.pdf (acedido em 2 de janeiro de 2015).

[313] *Swap brokers.*

[314] Assim serão investidores qualificados os investidores institucionais ou profissionais, habituados às operações de investimento em mercados financeiros e de capitais, entre os quais se encontram fundações e seguradoras, dispensando o CVM um regime diferenciado a nível de deveres de informação e proteção aos investidores qualificados, não qualificados e às contrapartes elegíveis, sendo que estas últimas têm uma proteção relativamente mínima.

[315] Ideia apresentada, na sua comunicação oral, por BASTOS, Miguel Brito, «A validade dos contratos de swap no direito português.», *I Jornadas de Derivados Financeiros*, Faculdade de Direito da Universidade de Lisboa, realizadas a 19 de março de 2015.

DO CONTRATO DE *SWAP* EM GERAL

Não cremos, todavia, que assim seja, a especulação é permitida e as partes não controlam o risco inerente ao contrato, que é exógeno.

### 2.3.1. Os especuladores e os *hedgers*

Na verdade, como vimos, além dos especuladores, encontrámos os *hedgers*, que não estão acostumados a correr riscos, procurando colocar-se fora da trajetória dos riscos financeiros. Contudo, saliente-se que mesmo os que adotam um comportamento passivo, no sentido de não efetuarem cobertura das suas posições no mercado podem também ser considerados especuladores, pois os comportamentos omissivos ou passivos podem acarretar a possibilidade de sofrer mais riscos e com maior gravidade do que aqueles que poderiam sofrer se efetuassem a respetiva cobertura. Entre os especuladores existe uma distinção importante a assinalar, que se faz entre aqueles especuladores que possuem efetivamente ativos subjacentes e procuram, com base em certas perspetivas de evolução dos mercados, obter ganhos e se isso não suceder, obtêm perdas, e aqueles que não tendo qualquer ativo subjacente, ou seja, não possuem nenhuma situação financeira que vá variar consoante a realidade económica prevista no *swap*, também têm perspetivas de ganho a verificar-se o cenário favorável, ou perdas se suceder o inverso, criando assim novas posições no mercado[316].

Mas são os especuladores que assumem os riscos que os *hedgers* não estão dispostos a correr.

A finalidade especulativa é importante para o bom andamento e funcionamento dos mercados financeiros, a tal ponto que é permitido por regulamentação *supra* nacional[317] a utilização de valores nocionais ou fictícios que servem de referência para outras operações. Também são permitidos fenómenos que na sua estrutura *apagam* ou neutralizam a realidade de que derivam, como por exemplo, a titularização de créditos[318] e o fené-

---

[316] Cfr. Goris, Paul, *The legal aspects of swaps*, Londres, Graham & Trotmann/ Martinus Nijhoff, 1994, pp. 82 e 83, ISBN 9781853339103, que nos fala em micro-*hedging* ou micro-*speculating* e em macro-*hedging* ou macro-*speculating*, referindo que é difícil distinguir entre cobertura de risco e especulação pura apenas. Também neste sentido, Calheiros, Maria Clara, *O contrato de Swap*, Coimbra, Coimbra Editora, *Studia Iuridica*, 2000, p. 73.

[317] Cfr. Regulamento (UE) nº 549/2013 do Parlamento Europeu e do Conselho, de 21 de Maio de 2013, pontos 5.210 e 5.211.

[318] Regulada pelo Decreto-Lei nº 453/99, de 5 de novembro, republicado pelo Decreto-Lei nº 303/2003, de 5 de dezembro, alterado pelo Decreto-Lei nº 82/2002, 5 de abril, pelo Decreto-Lei nº 303/2003, de 5 de dezembro, pelo Decreto-Lei nº 52/2006, de 15 de março

O CONTRATO DE *SWAP*

meno titularização de titularização, este último muito menos frequente a nível nacional, mas de elevada utilização nos Estados Unidos da América.

Abraçamos os conceitos de titularização fornecidos por Diogo Leite de Campos e por Armindo Saraiva Matias. O primeiro refere que a "titularização consiste na transformação de créditos (e outros valores do ativo) em títulos facilmente colocáveis no mercado[319]", o segundo que a titularização consiste em "uma emissão de títulos negociáveis, tendo por base e substrato fluxos de tesouraria, gerados por activos específicos"[320].

Na verdade, a titularização de créditos[321], "usualmente conhecida por securitização, consistindo, no essencial, numa agregação de créditos, sua autonomização, mudança de titularidade e emissão de valores representativos, conheceu os seus primeiros desenvolvimentos nos Estados Unidos, no início da década de 80, tendo sido já objeto de tratamento legislativo na generalidade dos Estados membros da Comunidade Europeia. A sua utilização tem sido reconhecidamente bem sucedida, rapidamente se assumindo como relevante factor de competitividade das economias[322]".

A titularização de créditos tem interesse quer para os Bancos, entidades cedentes, quer para os investidores, mas também para a economia. Na verdade, como nos explica Calvão da Silva, a "criação de um novo instrumento financeiro (...) constitui factor de dinamização e diversificação do mercado de capitais, bem como de competitividade da economia nacio-

---

e pelo Decreto-Lei nº 211-A/2008, de 3 de novembro. Relativamente à cessão de créditos do Estado e da segurança social para efeitos de titularização, veja-se a Lei nº 103/2003 de 5 de dezembro de 2003.

[319] CAMPOS, Diogo Leite de, *A titularização de créditos: bases gerais, titularização de créditos*, Instituto de Direito Bancário, Lisboa, 2000, p. 10. ISBN 972-98438-2-1.

[320] MATIAS, Armindo Saraiva, «Titularização: um novo instrumento financeiro», *Revista de Economia e Direito*, 1999, nº 1, vol. 4, p. 77.

[321] Em estudo aprofundado sobre esta temática, SILVA, João Calvão da, *Titul(ariz)ação de créditos – Securitization*, 3ª edição, Coimbra, Almedina, 2013; CAMPOS, Diogo Leite de, / MONTEIRO, Manuel, *Titularização de créditos*, Coimbra, Almedina, 2001. ISBN 9789724015286; SILVA, João Calvão da, «Confronto entre obrigações hipotecárias e titularização de créditos», *I Congresso de Direito Bancário*, Almedina, Abril 2015, Coimbra, ISBN 978-972-40-5896-2, pp. 179 a 198 e MATIAS, Armindo Saraiva, «Obrigações hipotecárias e titularização de créditos hipotecários», *Revista da Ordem dos Advogados*, Ano 69, Vol I/ II, 2009, disponível em: http://www.oa.pt/Conteudos/Artigos/detalhe_artigo.aspx?idsc=84043&ida=84109 (acedido em 20 de fevereiro de 2015).

[322] Preâmbulo do Decreto-Lei nº 453/99, de 5 de novembro.

DO CONTRATO DE *SWAP* EM GERAL

nal no contexto da sua internacionalização e da globalização ou mundialização dos mercados"[323].

A titularização de créditos permite, por conseguinte, que as instituições financeiras melhorem os "rácios" e a diminuição do risco, incrementando a recolha de fundos e racionalização da carteira de títulos. Nas palavras de Diogo Leite de Campos "anima-se o mercado de títulos e reforça-se o financiamento da economia. Os investidores obtêm novas e, eventualmente, mais seguras oportunidades de investimento; acrescem a rendibilidade dos seus capitais"[324].

Sendo que o recurso a esta técnica financeira visa dinamizar, amplificar e mobilizar os mercados nacionais, podendo servir como "activos do Sistema Europeu de Bancos Centrais, em operações de política monetária, e o papel que podem desempenhar como activos seguros para efeitos de constituição de reservas e da melhoria dos rácios de liquidez e solvabilidade das instituições deles detentoras, têm impulsionado e vão, certamente, determinar a produção de legislação europeia harmonizada, também no âmbito do crédito hipotecário"[325].

Partimos do exemplo académico de Diogo Leite de Campos sobre a forma de as instituições financeiras incrementarem os seus ganhos através da titularização: o "banco pretende alienar cem milhões de "euros" da sua carteira de crédito à habitação. Constitui um "trust"[326], proprietário

---

[323] Cfr. SILVA, João Calvão da, *Titul(ariz)ação de créditos – Securitization*, 3ª edição, Coimbra, Almedina, 2013, p. 12.

[324] Cfr. CAMPOS, Diogo Leite de, *A titularização de créditos: bases gerais, titularização de créditos*, Instituto de Direito Bancário, Lisboa, 2000, pp. 10 e 11. ISBN 972-98438-2-1.

[325] Cfr. MATIAS, Armindo Saraiva, «Obrigações hipotecárias e titularização de créditos hipotecários», *Revista da Ordem dos Advogados*, Ano 69, Vol I/ II, 2009, disponível em: http:// www.oa.pt/Conteudos/Artigos/detalhe_artigo.aspx?idsc=84043&ida=84109 (acedido em 25 de dezembro de 2014).

[326] O "trust" constitui um instrumento privilegiado da titularização de direitos de crédito em todos os países de Direito anglo-saxónico e naqueles que o introduziram" (...) sendo que "o ordenamento jurídico português reconheceu o "trust" no âmbito da zona franca da Madeira". Não sendo este o objecto do nosso estudo, não podemos deixar de mencionar a definição do conceito de "trust" para melhor compreensão deste instrumento. Assim, o "trust" poder-se-á definir como uma "fiduciary relationship with respect to property, in witch one person (the trustee) holds property (the trust res) for the benefit of another person (the beneficiary), with specific dutties attaching to the manner in witch the trustee deals with the property", assim nos indica REUTLINGER, M., *Wills, Trusts, and Estates, Essential Terms and Concepts*, Boston, New York, Toronto, London, Little, Brown and Company, 1993, p. 143, citado por TOMÉ, Maria João

O CONTRATO DE *SWAP*

desses créditos, que os coloca no mercado representados por títulos, recebendo o banco a referida quantia. O banco continua a gerir os créditos e as respectivas garantias, mas agora por conta do "trust"[327]. O banco melhorará a gestão da sua carteira de crédito à habitação, melhorando a "rácio" e os seus riscos. Mantém, a título de comissão pela gestão, uma certa parte dos juros. Os adquirentes dos títulos, que passam a assumir o risco de não cumprimento, receberão um rendimento de 5% (suponha-se) em vez dos 3% que receberiam se depositassem o seu aforro no banco. O banco substitui, nas suas receitas, juros por comissões. Seja qual for o veículo da titularização (fundo, sociedade, "trust") o rendimento pode ser a uma taxa fixa ou corresponder ao rendimento efetivo da carteira"[328].

Os subscritores de títulos emitidos estão no centro da operação de titularização de créditos, nova e inovadora técnica de engenharia financeira, pois "por um lado, os seus investimentos pagam o preço da compra dos créditos, que a coeva "alquimia global de securitização" "transforma", converte ou incorpora em títulos negociáveis (...) por outro lado, os seus investimentos correm o risco de simples mora ou de incumprimento das obrigações correspondentes aos créditos pelos devedores cedidos"[329], daí que estes subscritores procurem proteger-se desse incumprimento através da celebração de contratos paralelos que podem muito bem ser *credit default swaps*.

---

Romão Carreiro Vaz e CAMPOS, Diogo Leite de, *A propriedade fiduciária (Trust). Estudo para a sua consagração no direito português*, Coimbra, Almedina, p. 19. Depósito legal 139 081/99, p. 19.

[327] Acrescentamos ainda que o *express trust* se traduz numa "relação fiduciária voluntariamente constituída relativamente a bens cujo *legal title* pertence ao *trustee*", sendo que "o benefício da titularidade do direito é atribuído a uma outra pessoa: o beneficiário" e os deveres fiduciários que são impostos ao *trustee* são essenciais à sã relação que se estabelece. A declaração de vontade de constituição do *trust* tem de ser expressa e é condição sem a qual o mesmo se não estabelece, sendo fundamental a manifestação de vontade na criação de uma obrigação inerente ao *trust*, "deve verificar-se a assim denominada "certeza de expressão" por parte do *settlor* ou do testador na constituição do *trust*" devendo ser utilizados "termos despidos de ambiguidade" trata-se, pois, do "requisito da *certainty of words*". Neste sentido, TOMÉ, Maria João Romão Carreiro Vaz e CAMPOS, Diogo Leite de, *A propriedade fiduciária (Trust). Estudo para a sua consagração no direito português*, Coimbra, Almedina, p. 19. Depósito legal 139 081/99, p. 19, 36 e 37.

[328] CAMPOS, Diogo Leite de, *A titularização de créditos: bases gerais, titularização de créditos*, Instituto de Direito Bancário, Lisboa, 2000, p. 11. ISBN 972-98438-2-1.

[329] Cfr. SILVA, João Calvão da, *Titul(ariz)ação de créditos – Securitization*, 3ª edição, Coimbra, Almedina, 2013, p. 8. ISBN 9789724053851.

DO CONTRATO DE *SWAP* EM GERAL

Mas a este propósito, referimos ainda que o uso desgovernado e desregulado desta técnica financeira pode trazer sabores amargos igualmente, veja-se o papel crucial que a titularização desempenhou no eclipse dos créditos à habitação concedidos[330] nos Estados Unidos da América a pessoas que não detinham rendimentos, nem emprego, nem bens[331] suscetíveis de garantir o bom cumprimento desses mesmos créditos, daí se ter cognominado a crise financeira de 2007 de crise do *subprime*[332], e que ilustra bem o perigo oculto que esta técnica financeira comporta para o sistema financeiro.

Uma das grandes causas da proliferação dos efeitos nefastos da crise local americana para o resto do mundo fora foi, precisamente, o incumprimento dos devedores primitivos nos créditos NINJA concedidos na América do Norte. Estes créditos foram titularizados originando valores mobiliários classificados com "AAA" pelas agências de *rating*, criando expectativas de ganho e confiança nos investidores que os subscreveram um pouco por todo o globo, segurando-se simultaneamente através da celebração de CDSs, sendo já conhecido o desfecho deste ciclo que evidenciou os potenciais efeitos negativos da utilização desregulada destas técnicas financeiras.

No entanto, as vantagens da titularização para as entidades cedentes são inúmeras, podendo-se sinalizar algumas como a gestão do risco de câmbio e de taxa de juro, a redução da exposição ao risco de crédito, realização de liquidez imediata, melhoramento dos balanços com a *off-balance sheet*, maior rendibilidade dos capitais próprios e da rácio de solvabilidade, nova forma de *funding*, com redução do custo do capital, para prevenir insolvência ou falência, entre outras[333].

Os bens a titularizar podem assumir diversas naturezas, desde créditos presentes a futuros.

Em Portugal, o regime da titularização de créditos consta do Decreto-Lei nº 453/99 de 5 de novembro[334] e na Lei nº 103/2003, de 5 de dezembro,

---

[330] A par do abastardado desempenho das agências de *rating*.

[331] Estes créditos ficaram conhecidos por créditos NINJA – *No Incomes, No Job or Assets*.

[332] Que significa uma fraca garantia face ao valor a que se propõe cumprir.

[333] Neste sentido, SILVA, João Calvão da, *Titul(ariz)ação de créditos – Securitization*, 3ª edição, Coimbra, Almedina, 2013, pp. 10 e 11.

[334] Republicado pelo Decreto-Lei nº 303/2003, de 5 de dezembro. Alterado pelo Decreto-Lei nº 82/2002, 5 de abril, pelo Decreto-Lei nº 303/2003, de 5 de dezembro, pelo Decreto-Lei nº 52/2006, de 15 de março e pelo Decreto-Lei nº 211-A/2008, de 3 de novembro.

O CONTRATO DE *SWAP*

harmonizaram-se e regularam-se os princípios básicos de cessão de créditos do Estado e da Segurança Social para efeitos de titularização.

É certo que para uma contraparte que procure num *swap* a cobertura do risco, tem de existir uma outra que aceite efetuar essa cobertura, que será o especulador. Todavia, há que dissociar a especulação associada a uma cobertura de risco, da pura especulação. Se nesta última há quem discuta a aplicação da exceção de jogo e aposta a esses contratos, o que (mesmo aqui) não concordamos, conforme *supra* se expôs, naquela – especulação associada a uma cobertura de risco – ninguém contraria a existência de uma função económico-social relevante e lícita e, portanto, admitida e tutelada por lei.

Os especuladores são cruciais para os mercados. São os tomadores de risco que permitem aos "garantes" – *hedgers* – baixar os seus riscos. E a prova evidente é que abertamente são admitidos pela lei instrumentos derivados de ativos meramente nocionais, por definição baseados em valores fictícios ou hipotéticos e por definição também, independentes, autónomos ou abstratos"[335].

A especulação é uma atividade necessária que permite a obtenção de maior liquidez nos mercados e maior eficiência, beneficiando *hedgers*, investidores em geral e demais participantes do mercado. Sem especulação, haveria menos oportunidades nos mercados, principalmente para os *hedgers*, que dificilmente encontrariam forma de gerir e cobrir os seus riscos[336].

## 3. Forma do contrato
### 3.1.1. Princípio da Consensualidade
Não possuindo o contrato de *swap* regulamentação legal, não existe nenhuma disposição que imponha a observância de forma específica para

---

[335] Cfr. SILVA, Calvão da, «Swap de taxa de juro: sua legalidade e autonomia e inaplicabilidade da excepção do jogo e aposta», *Revista de Legislação e de Jurisprudência*, Ano 142, nº 3979, Março/Abril 2013, pp. 262 e 263.

[336] Neste sentido, MEGLE, David , ISDA Head of Research – "Economic Role of Speculation", *ISDA, Research Notes*, 2º, 2010, que refere:"( ...) Although speculation is often blamed for causing problems in markets, the economic evidence shows that it is in fact a necessary activity that makes markets more liquid and efficient, which in turn benefits hedgers, investors, and other market participants. (...)Without speculation, markets would be less complete in that there would be fewer opportunities for other market participants, especially hedgers, wishing to manage the risks they encounter in their financial activities (...)", disponível em: http://www.isda.org/researchnotes/pdf/SpeculationRN.pdf (acedido em 14 de fevereiro de 2015).

DO CONTRATO DE *SWAP* EM GERAL

a celebração do contrato, pelo que se aplica a regra geral prevista no art. 219º do Código Civil[337], as partes são livres para estabelecer a forma que lhes aprouver no caso, seja a mais exigente ou simplesmente pela forma verbal. O mesmo será dizer que se poderá celebrar um contrato de *swap* por qualquer meio legalmente admissível, seja por telefone, mensagem de correio eletrónico, telefax, entre outros[338].

Refira-se que os usos na celebração deste tipo de contrato se traduzem precisamente na utilização da via telefónica, não obstante existir posterior confirmação das cláusulas acordadas telefonicamente por escrito, podendo enviar-se essa confirmação via telefax[339]. Esta prática de envio posterior de confirmação escrita das cláusulas negociadas via telefone foi implementada pelas regras prescritas no *Master Agreement* elaborado pela *International Swaps and Derivatives Association*, conforme adiante abordaremos, tratando-se já de um costume internacional universalmente aceite[340].

---

[337] Que dispõe: *"A validade da declaração negocial não depende da observância de forma especial, salvo quando a lei a exigir."*

[338] Sobre a questão de saber se o contrato de *swap* de taxa de juro celebrado por documento particular poderá consubstanciar um título executivo que sirva de base e sustentação para uma ação executiva, o Tribunal da Relação de Coimbra, em acórdão datado de 15 de outubro de 2013, proferido no processo nº 2049/12.1TBVIS-A.C1, relatado por Albertina Pedroso, decidiu negativamente, fundamentando que o artigo 50º do CPC, não sendo aplicável, nem "por interpretação extensiva, aos documentos particulares, porquanto da sua própria epígrafe resulta que apenas se refere à exequibilidade dos documentos autênticos ou autenticados, bem como pelo facto de o "cálculo da diferença líquida entre o valor da prestação fixa e a prestação de taxa variável que constitui o saldo remanescente eventualmente devido pela executada, não é obtido por simples cálculo aritmético".

[339] Ou então via mensagem de correio eletrónico, ainda que neste caso nos pareça ser conveniente que esteja associado ao envio da mensagem uma assinatura digital certificada. Sabemos que a prática tem sido o envio da confirmação por fax, no entanto, o próprio *master agreement* da ISDA reconhece a possibilidade de envio via correio eletrónico.

[340] Veja-se a cláusula 9º, alínea *e*) do *Master Agreement* da ISDA que dispõe: *"Counterparts and Confirmations.*
*(i) This Agreement (and each amendment, modification and waiver in respect of it) may be executed and delivered in counterparts (including by facsimile transmission and by electronic messaging system), each of which will be deemed an original. (ii) The parties intend that they are legally bound by the terms of each Transaction from the moment they agree to those terms (whether orally or otherwise). A Confirmation will be entered into as soon as practicable and may be executed and delivered in counterparts (including by facsimile transmission) or be created by an exchange of telexes, by an exchange of electronic messages on an electronic messaging system or by an exchange of e-mails, which in each case will be sufficient for all purposes to evidence a binding supplement to this Agreement. The parties will specify therein or through another effective means that any such counterpart, telex, electronic message or e-mail constitutes a Confirmation".*

O CONTRATO DE *SWAP*

Questão diferente é a de saber quais as "normas supletivas" aplicáveis no caso de as partes não terem previsto algum aspeto essencial do negócio. Neste tipo de situações, as partes convencionam desde a constituição do contrato a sujeição às regras pré-elaboradas por associações e organismos de reconhecimento internacional, composto por diversos profissionais desta área, como a *International Swaps and Derivatives Association*.

Outra questão, mais discutível, e que não é exclusiva deste tipo contratual, mas de todos os outros sem estipulação de forma legal expressa, é a da prova da existência do contrato ou, aceitando-se a sua existência, do teor das suas cláusulas. O mesmo é dizer que a problemática incide sobre a prova.

E ainda uma outra questão que pode suscitar ambiguidades é a que surge a propósito da formação do contrato e do momento da conclusão efetiva do contrato: momento da negociação das cláusulas via telefone ou somente após a sua confirmação por escrito?

A questão torna-se ainda mais interessante quando o contrato é celebrado entre duas partes pertencentes a países com ordenamentos jurídicos distintos, *v.g.* uma parte de origem anglo-saxónica e outra de origem romano-germanístico. Nos Estados Unidos da América, a celebração de um contrato verbal não é suficiente para atestar a sua existência, enquanto em Portugal esses contratos são perfeitamente válidos e eficazes, se outra não for a forma legalmente estipulada.

Voltemos à primeira questão, à prova da existência do contrato ou dos seus termos. Não existindo forma obrigatória para a celebração do contrato de *swap* a falta de forma não configurará uma nulidade do contrato por violação de forma, nos termos prescritos no art. 220º do Código Civil[341].

No entanto, como se referiu, parece estar enraizado e ser unanimemente aceite pelos intervenientes neste tipo de contratos o uso de, após as negociações das cláusulas contratuais via telefone, confirmação destas por escrito, independentemente do meio utilizado para o envio desta confirmação escrita.

A lei não impõe aqui qualquer forma, pelo que esta confirmação escrita se não ocorrer, não acrescenta nem retira nada ao contrato, dado que o mesmo já se considera perfeito após a declaração negocial verbal emitida

---

[341] Que refere: *"A declaração negocial que careça da forma legalmente prescrita é nula, quando outra não seja a sanção especialmente prevista na lei.".*

DO CONTRATO DE *SWAP* EM GERAL

via telefone, mas as partes poderão confrontar-se no futuro com uma prova infausta, caso surja algum litígio atinente à interpretação, integração ou execução do contrato.

Daí que esta prática do envio escrito das cláusulas acordadas surja como um meio de segurança para as partes e também como um sinal inequívoco de boa-fé da parte em submeter-se ao que efetivamente fora acordado.

Neste caso nem sequer poderíamos falar em formalidades *ad substantiam* nem em formalidades *ad probationem*,[342] porquanto a lei não exige qualquer "*forma da declaração negocial, documento autêntico, autenticado ou particular*" para que seja considerado válido[343], nem da lei resulta qualquer exigência de certo documento para prova da declaração negocial[344/345].

Diferentemente, a apólice de seguro, sendo imposta a sua redução a escrito por lei, constitui uma formalidade *ad probationem*[346]. Ou seja, a exigência legal da redução a escrito do contrato de seguro não constitui um elemento essencial do contrato, de tal forma que a preterição desta formalidade não importa a nulidade do contrato (art. 220º do Código Civil)[347].

Não resulta da lei a exigência de qualquer tipo de documento, embora as regras estipuladas pela International Swaps and Derivatives Association

---

[342] Artigo 364º, nºs 1 e 2 do CC.

[343] Formalidades *ad substanciam* que são insubstituíveis por outro meio de prova, cuja inobservância gera a nulidade do negócio jurídico. A sua falta é irremediável e insubstituível.

[344] Formalidades *ad probationem* são aquelas cuja falta pode ser suprida por outros meios de prova mais difíceis, mas o negócio jurídico é válido, simplesmente é mais difícil prová-lo.

[345] Sobre esta dualidade de formalidades, ASCENSÃO, José de Oliveira, *Direito Civil – Teoria Geral – Acções e Factos Jurídicos*, vol. II, 2ª edição, Coimbra, Coimbra Editora, 2003; VASCONCELOS, Pedro Pais de, *Teoria Geral do Direito Civil*, 7ª edição Coimbra, Almedina, 2014, pp. 606 e 607. ISBN 978-972-40-8011-9 e FERNANDES, Luís A. Carvalho, *Teoria Geral do Direito Civil, II – Fontes, Conteúdo e Garantia da Relação Jurídica*, 5ª edição revista ae atualizada, Lisboa, Universidade Católica Editora, 2014, p. 291. ISBN 978-972-54-0274-0.

[346] Cfr. Art. 32º, nº 1 do RJCS que dispõe: "A validade do contrato de seguro não depende da observância de forma especial" e o nº 2 refere, todavia, que o "segurador é obrigado a formalizar o contrato num instrumento escrito, que se designa por apólice de seguro, e a entregá-lo ao tomador do seguro".

[347] No ordenamento italiano, esta formalidade é meramente *ad probationem*, no sentido em que o seguro deve ser provado por documento escrito, conforme resulta do art. 1888º do Código Civil Italiano que refere: "Prova del contrato: Il contratto di assicurazione deve essere provato per iscritto. L'assicuratore è obbligato a rilasciare al contraente la polizza di assicurazione o altro documento da lui sottoscritto. L'assicuratore è anche tenuto a rilasciare, a richiesta e a spese del contraente, duplicati o copie della polizza; ma in tal caso può esigere la presentazione o la restituzione dell'originale".

O CONTRATO DE *SWAP*

refiram que a confirmação escrita serve como meio de prova da existência do contrato, portanto, uma formalidade *ad probationem*. Porém, estas regras não são leis[348].

Coisa diversa será o caso de as partes convencionarem que o contrato só ficará completo e perfeito após a receção da confirmação escrita das cláusulas negociadas. Aqui estaremos a falar de uma forma convencionada. A este propósito refere o art. 223º, nºs 1 e 2, do Código Civil: "*1. Podem as partes estipular uma forma especial para a declaração; presume-se, neste caso, que as partes se não querem vincular senão pela forma convencionada*". Neste caso, teríamos de saber se a confirmação por escrito seria algo de que as partes fizeram depender a validade do negócio ou a sua eficácia, e se assim o fosse o contrato só estaria perfeito e produziria efeitos com a confirmação por escrito das cláusulas.

Porém, também pode suceder que as partes atribuam à confirmação por escrito das cláusulas o mero efeito de consolidação de um negócio que as partes já deram como perfeito e concluído antes, veja-se nesse caso o disposto no art. 223º, nº 2 do Código Civil que refere "*se, porém, a forma só for convencionada depois de o negócio estar concluído ou no momento da sua conclusão, e houver fundamento para admitir que as partes se quiseram vincular desde logo, presume-se que a convenção teve em vista a consolidação do negócio, ou qualquer outro efeito, mas não a sua substituição.*". Aqui a confirmação tem efeito declaratório e não interfere na validade nem na eficácia do contrato[349].

Por último, podem as partes prever que celebrarão no futuro uma sucessão de contratos de *swap* e não apenas um. Nesse caso, e para facilitar as negociações, podem as partes estabelecer um contrato-quadro[350], onde estabelecem um conjunto de cláusulas a que obedecerão todos os contratos que venham a ser celebrados.

---

[348] Calvão da Silva refere que "No fundo, a confirmação escrita, contendo os termos e condições do contrato antes concluído e a que as partes se quiseram vincular desde logo, tem em vista apenas a consolidação (e não a substituição) desse contrato anterior ou contemporâneo validamente celebrado, sendo formalidade "ad probationem" (e não "ad substantiam") importantíssima em caso de o contrato ter sido oralmente concluído.", «Swap de taxa de juro: sua legalidade e autonomia e inaplicabilidade da excepção do jogo e aposta», *Revista de Legislação e de Jurisprudência*, Ano 142, nº 3979, Março/Abril 2013, p. 257.

[349] Cfr. PINTO, Carlos Alberto da Mota, *Teoria Geral do Direito Civil*, 4ª edição reimpressão, Coimbra, Coimbra Editora, 2012, pp. 440 e 441. ISBN 9789723221022.

[350] *Master agreement*.

DO CONTRATO DE *SWAP* EM GERAL

As partes limitar-se-ão a definir as cláusulas daquele contrato-quadro já elaborado previamente entre ambas, que se aplicarão a cada um dos contratos de *swap* que venham a celebrar, enviando depois por escrito e de forma sumária as cláusulas que querem utilizar para certo contrato de *swap*, poupando-se assim à negociação exaustiva em todos os contratos de *swap* individuais.

Menezes Leitão refere que «num acordo-quadro, as partes numa negociação que envolve múltiplos contratos estabelecem um enquadramento comum a todos eles. Já o protocolo complementar (*side-letter*) consiste na celebração de uma convenção acessória de um determinado contrato, visando a sua complementação»[351].

O contrato-quadro não cria obrigações, tão-somente define as condições de base a partir das quais nascerão os contratos futuros, de onde emergirão novas obrigações para as partes, pelo que a disciplina do contrato-quadro só se torna eficaz assim que haja conclusão de contratos futuros.

Note-se que este contrato-quadro é diferente de um contrato-tipo, o qual analisaremos *infra* em 3.1.2.

Um contrato-quadro é estipulado entre duas partes que preveem a celebração entre si, não só de um contrato de *swap* mas de vários, e o *master agreement* que celebram visa facilitar a celebração de todos os contratos futuros; é algo a que as partes em causa aceitam vincular-se, com efeitos *inter partes*. Já um contrato-tipo tem um âmbito de aplicação diverso, conforme adiante veremos.

Importa agora ressalvar uma circunstância a nível da forma do contrato que se prende com o facto de se saber se este foi ou não objeto de intermediação financeira. É que, se é verdade que as partes não estão sujeitas a qualquer obediência de forma específica para celebrar um contrato *swap*, não menos verdade é a situação de que quando intervém um intermediário financeiro, que medeia as negociações entre as partes, está vinculado, no exercício da sua atividade e função, a determinadas regras.

Conforme o disposto no art. 321º, nº 1 do Código de Valores Mobiliários[352], é usual e recorrente, ainda que não se esteja perante investidor não

---

[351] Cfr. LEITÃO, Luis Manuel Teles de Menezes, *Direito das Obrigações – Introdução. Da constituição das obrigações*, vol. I, 11ª edição, Coimbra, Almedina, 2014.

[352] Que refere: *"1 – Os contratos de intermediação financeira relativos aos serviços previstos nas alíneas a) a d) do nº 1 do artigo 290º e a) e b) do artigo 291º e celebrados com investidores não qualificados revestem a forma escrita e só estes podem invocar a nulidade resultante da inobservância de forma."*

O CONTRATO DE *SWAP*

qualificado, a redução a escrito dos contratos de intermediação financeira, pelo que a forma escrita é voluntariamente adotada mesmo fora dos casos em que é obrigatória. Demonstrativo disso é a estandardização crescente de *master agreements* elaborados pelas associações internacionais especializadas na área para facilitar a celebração e contratação dos derivados financeiros, conforme adiante veremos.

De forma que, se a redução a escrito do contrato, no caso de existir intermediação financeira, é aceite voluntariamente, teremos de aplicar a disciplina do disposto no art. 222º do Código Civil[353].

Assumindo que se trata de um contrato típico, tratar-se-á de um contrato de permuta (*stricto sensu*) ou de um contrato diferencial? A resposta não é líquida. Existe o entendimento por parte da doutrina de que a função económico-social do contrato de *swap* se integra nos contratos com função de troca, e que a natureza das prestações pode variar. Sendo as prestações das partes efetuadas em dinheiro mas não servindo nenhuma delas uma função de pagamento de preço, então qualificam o contrato como sendo uma permuta em sentido estrito, mas se no cumprimento do contrato de *swap* não se efetuam duas prestações mas uma só, a qual impende sobre a parte em desfavor da qual se apurou a diferença (sistema de compensação)[354], teremos de qualificar o contrato de *swap* como sendo um contrato diferencial[355].

Na realidade, num contrato diferencial há apenas uma obrigação de prestar à contraparte o valor que se venha a apurar, correspondente à diferença entre o valor inicial de um bem – real ou nocional – que servir de referência ou base ao contrato e o valor que esse bem atinja no mercado em data futura a acordar entre as partes.

Ora, não se sabendo antecipadamente qual o valor que esse bem atingirá na data futura que as partes acordaram e mesmo assim aceitando as

---

[353] Que diz: *"1. Se a forma escrita não for exigida por lei, mas tiver sido adotada pelo autor da declaração, as estipulações verbais acessórias anteriores ao escrito, ou contemporâneas dele, são válidas, quando se mostre que correspondem à vontade do declarante e a lei as não sujeite à forma escrita.*
*2. As estipulações verbais posteriores ao documento são válidas, excepto se, para o efeito, a lei exigir a forma escrita".*

[354] Em algumas modalidades de *swap*, as obrigações recíprocas são substituídas pelo obrigação apenas de uma parte, designadamente por aquela em desfavor da qual foi apurada a diferença, na data de vencimento, de valores a trocar.

[355] Neste sentido, ALMEIDA, Carlos Ferreira de, *Contratos II – Conteúdo. Contratos de Troca*, Coimbra, Almedina, 3ª edição, 2012, p. 136. ISBN 9789724049649.

DO CONTRATO DE *SWAP* EM GERAL

mesmas contratar, naturalmente se constata que uma delas sairá benefi-ciada em detrimento da outra[356], sendo um contrato de risco por natureza.

### 3.1.2. Contratos-tipo

Muito se tem discutido acerca da natureza jurídica dos *master agreements* a cuja análise procederemos. Importa, desde já, procedermos à distin-ção entre três tipos de contrato: o contrato normativo, o contrato-tipo e o contrato-quadro[357].

Um contrato será normativo quando, do seu conteúdo, resultem regras gerais e abstratas a aplicar a certas situações que o próprio preveja. A pre-visão é geral e abstrata. Neste caso, será contrato quanto à sua constituição e lei quanto aos seus efeitos, os quais só se produzem perante as partes que o hajam celebrado, pois não é lei em sentido formal. Os contratos norma-tivos não são cláusulas contratuais gerais, pois estas estão pré-elaboradas e servem para concluir contratos singulares.

Os contratos-tipo são modelos de contratos que podem ser observados na celebração de contratos futuros e poderão funcionar como cláusulas contratuais gerais quando sejam colocados à disposição de interessados indeterminados[358], conforme adiante veremos.

Já os contratos-quadro[359] contêm elementos a inserir em contratos a serem celebrados no futuro, impondo a sua celebração, ordenando as suas cláusulas, momento de surgimento e encadeamento dos contratos que sur-girão entre as partes[360].

[356] Consoante o valor venha a ser mais alto ou mais baixo que o valor inicial de referência.
[357] Sobre a distinção entre contrato-quadro e contrato normativo veja-se SILVA, João Calvão da, «Seguro-Caução: Protocolo como contrato-quadro e circunstância atendível para a interpretação da apólice», *Revista de Legislação e de Jurisprudência*, Ano 132, pp. 345 e ss.
[358] Neste sentido, CORDEIRO, António Menezes, *Tratado de Direito Civil VII, Direito das Obrigações: Contratos. Negócios Unilaterais*, Coimbra, Almedina, 2014, p. 204. ISBN 978-972-40-4101-8.
[359] Aqui poderemos fazer um paralelismo com o disposto acerca dos acordos-quadro no Código dos Contratos Públicos, no art. 251º que refere *"Acordo quadro é o contrato celebrado entre uma ou várias entidades adjudicantes e uma ou mais entidades, com vista a disciplinar relações contratuais futuras a estabelecer ao longo de um determinado período de tempo, mediante a fixação antecipada dos respetivos termos"*.
[360] Embora esta terminologia não esteja ainda bem definida na nossa jurisprudência. Damos agora dois exemplos de acórdãos onde se utilizam ambas as expressões, sendo que no primeiro caso julgamos, pelo contexto, ter sido erradamente utilizada a expressão "contrato-tipo", pois seria mais adequada a expressão "contrato quadro" e no segundo caso se consegue apreender

O CONTRATO DE *SWAP*

Devido à crescente utilização e celebração de *swaps* impunha-se a resposta a diversas questões que irrompiam aquando da sua elaboração e

bem a diferença entre as duas expressões. Na primeira situação, surgida a propósito de um pacto atributivo de jurisdição, o Supremo Tribunal de Justiça, por acórdão datado de 11 de fevereiro de 2015, proferido no processo nº 877/12.7TVLSB.L1-A.S1, relatado por Gregório Silva Jesus, referiu que é "usual a utilização, no âmbito dos contratos de *swap*, de um contrato-tipo (*master agreement*), contendo a definição do regime geral para as sucessivas transações acordadas entre as partes, e que ocorram, previsivelmente, no futuro, e em que, além do mais, é consagrado um pacto de jurisdição, o qual é suscetível de, mediante instrumento particular celebrado pelas partes, integrar a relação contratual" acrescentando que a este propósito a "validade do pacto de jurisdição, constante de uma cláusula contratual geral, integrada num contrato celebrado entre um empresário ou entidade equiparada, é analisada, exclusivamente, segundo o disposto no art. 23º, do Regulamento nº 44/2001 (revogado pelo Regulamento CE nº 1215/2012, passando aquele artigo a art. 25º deste diploma), sendo inaplicável o regime jurídico interno das cláusulas contratuais gerais". E na segunda situação, a propósito da submissão a tribunal arbitral da resolução de qualquer litígio emergente do contrato de *swap*, referiu recentemente, o Tribunal da Relação do Porto, por acórdão, datado de 13 de abril de 2015, proferido no processo nº 471/14.8TVPRT.P1, relatado por Carlos Querido, que se as partes estipularam no contrato quadro (*master agreement*) celebrado entre ambas, o qual "se destinava «*a regular as condições gerais a que estão sujeitas todas as operações financeiras a estabelecer doravante entre as Partes, sejam elas do mesmo tipo ou natureza jurídica ou de tipo ou natureza diferente*»" que "«*Os diferendos que possam surgir entre as Partes no âmbito do presente contrato são dirimidos por um tribunal arbitral que julga segundo o direito estrito e de cuja decisão não há recurso para qualquer instância*», deverá interpretar-se a sua vontade no sentido de que visaram submeter à apreciação do tribunal arbitral as divergências emergentes do "Contrato de Permuta de Taxa de Juro (*Swap*)"" que celebraram mais tarde e ao abrigo desse contrato-quadro. A propósito deste último assunto – convenção de arbitragem -, aproveitamos para referir que se pronunciou igualmente o Tribunal da Relação de Guimarães, em acórdão datado de 25 de setembro de 2014, proferido no processo nº 403/13.0TCGMR.G1, relatado por Jorge Teixeira, referindo que os "tribunais arbitrais são competentes para conhecer da sua própria competência, devendo os tribunais estaduais absterem-se de decidir sobre essa matéria antes da decisão do tribunal arbitral, e isto mesmo que, para o efeito, haja necessidade de apreciar a existência, a validade ou a eficácia da convenção de arbitragem ou do contrato em que ela está inserida. Destarte, uma vez instaurada a ação nos tribunais estaduais e invocada a exceção de preterição de tribunal arbitral, apenas em casos de manifesta nulidade, ineficácia ou de inaplicabilidade da convenção de arbitragem – ou seja, que não necessita de mais prova para ser apreciada, recaindo apenas na consideração dos requisitos externos da convenção, como a forma ou a arbitrabilidade -, pode o juiz declará-lo e, consequentemente, julgar improcedente a exceção" e ainda o Tribunal da Relação de Lisboa, por acórdão datado de 24 de fevereiro de 2015, proferido no processo nº2186.13.5TVLSB.L1-7, relatado por Maria do Rosário Morgado, que "antes de os árbitros se pronunciarem sobre a sua competência, o tribunal estadual só pode afastar a competência do tribunal arbitral se, numa ação proposta relativa a diferendo abrangido por uma convenção de arbitragem, os vícios suscetíveis de afetar a validade, eficácia e exequibilidade da convenção

DO CONTRATO DE *SWAP* EM GERAL

execução. Desta forma, os agentes de mercado intervenientes resolveram associar-se e criar um padrão de contrato a utilizar, bem como uniformizar as práticas comerciais, criando uma espécie de código com as regras mais elementares a seguir na elaboração e execução dos contratos de *swap*.

Assim, foram surgindo associações de profissionais que criaram um conjunto de regras e definições a seguir, criando um contrato-tipo a que, por regra, obedeceriam os contratos de *swap* que se celebrassem daí em diante, ou seja, para onde estes remeteriam de quando em vez[361].

A este propósito escreveu Maria Clara Calheiros o seguinte: "Característica interessante é a presença em todos eles, ao lado de um conjunto de definições, de um modelo estandardizado de contrato de *swap*, i.e., um contrato-tipo para o qual as partes numa operação individual de *swap*, podem remeter, em ordem à definição do regime jurídico aplicável."[362] .

O contrato de *swap* é complexo. Não existindo nenhuma imposição legal relativamente à forma a observar na sua celebração vigora o princípio da consensualidade. As associações de profissionais elaboraram modelos para a celebração deste tipo contratual, modelos esses que as partes se habituaram a adotar ou, mais raro, que servem de inspiração para a celebração dos contratos singulares que as partes decidam formular especialmente.

Esta padronização dos modelos negociais visa estabelecer uma certa harmonização e normalização, para que não existam grandes disparidades entre dois contratos da mesma espécie e fim, bem como para facilitar a concretização dos contratos de forma mais célere.

Mas os *master agreements* criados por estas associações, que a seguir abordaremos, são contratos-tipo e não contratos-quadro, na medida em que a sua subscrição não implica a formalização ou celebração de qualquer uma das transações neles especificadas.

## 3.2. *International Swaps and Derivatives Association* – ISDA
Os bancos e intermediários financeiros que realizam operações no mercado de *swaps* e outros instrumentos derivados decidiram organizar-se numa

---

forem manifestos", mais acrescentando que é "duvidoso que a proibição prevista na al. *g*), do art. 19º do Regime Jurídico das Cláusulas Contratuais Gerais ao referir-se a "foro competente" se aplique a convenções arbitrais".

[361] E isto não se confunde com um contrato-quadro.
[362] CALHEIROS, Maria Clara, «O contrato de *swap*», *Studia Iuridica*, 51, *Boletim da Faculdade de Direito*, Coimbra Editora, 2000, pp.154 e 155. ISBN 9723209362.

O CONTRATO DE *SWAP*

associação que, entre outras atribuições, pretendia realizar um documento onde se uniformizasse os modelos a seguir na celebração de contratos de *swap*, bem como a definição das regras de contabilidade a aplicar e para que os representasse perante as autoridades de fiscalização e supervisão, designadamente, autoridades fiscais.

Os derivados financeiros, fruto da inovação financeira, são contratos cuja origem se deve aos profissionais altamente qualificados, que gerem os mercados e que exercem funções de intermediários nesses contratos. Como vimos, os derivados podem ser negociados em mercado regulamentado e organizado ou fora dele – OTC – caso em que os mesmos são adaptados às necessidades concretas dos investidores, não obstante poderem ser – e são-no – objeto atenção por parte das associações profissionais que, para facilitar a celebração e negociação dos mesmos.

Esta construção de modelos pré-elaborados, minutas preparadas para assinatura, vinculam os investidores que as subscrevem[363]. Os objetivos desta técnica consistem na minimização dos custos de negociação e celebração dos contratos, acelerando a conclusão dos contratos. Como em qualquer outro contrato, as cláusulas podem ser ajustadas por vontade das partes, desde que a isso anuam, o que não exclui a utilização de cláusulas uniformes já existentes, como as habituais cláusulas de compensação[364].

Estes derivados, não obstante estarem sujeitos às regras gerais, possuem, face à estandardização contratual levada a efeito pelas ditas associações profissionais – de que destacamos a *International Swaps and Derivatives Association* – regras específicas que lhes são aplicáveis e que são unanimemente aceites[365].

A celebração de contratos *swap* inicia-se, já sabemos, com a adesão e subscrição desses modelos padronizados – *master agreements* – no entanto, é necessário que as partes estipulem ainda outras cláusulas, que irão complementar e regular a operação individual que os vincula. O *master agre-*

---

[363] Sobre este fenómeno de estandardização, bem como para modelos contratuais vários de derivados, vide GOOCH, Anthony/ KLEIN, Linda, Documentation for Derivatives, 157 e segs., Euromoney, London, 1993; HARDING, Paul, Mastering the ISDA Master Agreements (1992 and 2002): A Practical Guide for Negotiation, 2nd edition, FT Prentice Hall, London, 2003. ISBN 9780273725206.

[364] Por exemplo, a *netting by novation* ou a *close-out netting*.

[365] O primeiro *master agreement* elaborado pela ISDA data de 1987, seguindo-se outro de 1992, um outro em 2002 e o último acrescento em 2006.

*ement* que subscreverem define apenas as condições gerais pelas quais a operação individual concretizada pelas partes se regerá.

O modelo subscrito pelas partes não é suficiente para disciplinar o contrato celebrado porquanto se limita a substabelecer regras acerca da possibilidade de cessão de posição contratual, formas de notificação entre as partes, foro e lei aplicável, causas de resolução de contrato e respetivas indemnizações, entre outras.

Não se estabelece nem menciona as datas de vencimento, os valores, as condições suspensivas ou outros elementos atinentes ao cumprimento e execução das obrigações que emergem para as partes. São estes pontos que têm de ser definidos pelas partes, configurando condições particulares que complementam as condições gerais a que as partes aderiram[366].

No que concerne aos derivados negociados em mercado regulamentado[367], não nos alongaremos sobre o seu regime, atendendo a que o nosso contrato em análise não é nele objeto de transação. Todavia, diremos que também eles foram padronizados na sua formulação, padronização essa que foi prosseguida pela entidade gestora do mercado e aprovadas pelas autoridades de supervisão. Neles intervêm a entidade gestora do mercado, na qualidade de contraparte central, bem como os intermediários financeiros e os investidores, possuindo uma negociação organizada e controlada por sistema informático e com uma câmara de compensação própria[368].

Prosseguimos lembrando que a crise financeira revelou os efeitos secundários indesejáveis da utilização de derivados negociados fora de mercado regulamentado. Por serem negociados ao balcão, em que a sua eficácia se cinge às partes e a sua negociação também, não existe tanta possibilidade de controlo e transparência como nos derivados negociados em mercado

---

[366] Neste sentido refere CALHEIROS, Maria Clara, *O contrato de Swap*, Coimbra, Coimbra Editora, 2000, p.155 o seguinte: «Assim, aliviadas do peso das negociações sobre uma série de questões essenciais à execução do contrato, as partes apenas terão de se preocupar em acordar os termos económicos específicos do *swap*».

[367] São exemplos de mercados organizados, a *Chicago Mercantile Exchange – CME Group*, e na Europa a *Euronext.Liffe*, que possui uma plataforma de negociação – *Liffe Connect* e uma câmara de compensação – *LCH. Clearnet* – próprias.

[368] Não é permitido aos investidores em mercado regulamentado transmitirem a sua posição, devendo, neste caso proceder como refere o art. 259º do CVM, com redação nova conferida pelo Decreto-Lei nº 40/2014 de 18 de março, que no nº 3 dispõe: "As posições abertas nos instrumentos referidos nas alíneas *e)* e *f)* do nº 1 do artigo 2º podem ser encerradas, antes da data de vencimento do contrato, através da abertura de posições de sentido inverso".

O CONTRATO DE *SWAP*

regulamentado e organizado. Neste seguimento, foi aprovado o Regulamento da União Europeia nº 648/2012, do Parlamento Europeu e do Conselho, de 4 de julho de 2012, que tem como objeto o tratamento de aspetos atinentes a estes derivados, bem como às contrapartes centrais e sobre os repositórios de transações – *European Market Infrastructure Regulation* – conforme abaixo desenvolveremos.

A *International Swaps and Derivatives Association* é um organismo constituído por um conjunto de profissionais onde estão integrados membros da comunidade financeira. Tal como outros organismos mundiais semelhantes[369] representa o mundo financeiro devidamente organizado. Foi criada em 1985 e tem aproximadamente oitocentos e quarenta mil membros. Muitas vezes, é à *International Swaps and Derivatives Association* que incumbe definir se há ou não falta de pagamento e de desencadear o seguro[370].

Neste seguimento surgiram diversos grupos e associações que visaram essa uniformização e padronização de práticas entre as quais consta a *International Swaps and Derivatives Association*, que agrega os diversos agentes económicos do mercado, nomeadamente os intermediários financeiros e banca, com vista à uniformização das regras a aplicar e seguir na elaboração e comercialização dos *swaps*. Formaram, também, um corpo representativo daqueles agentes face às autoridades de supervisão e fiscais. Nos seus desígnios, a *International Swaps and Derivatives Association* pretende tornar a negociação dos derivados *over the counter* [371] segura e eficiente.

Esta associação tem desempenhado um papel fundamental no fornecimento de informação e esclarecimento no que concerne à forma como os derivados financeiros se podem configurar como uma ferramenta de gestão e cobertura de risco.

Sem dúvida que a iniciativa da *International Swaps and Derivatives Association* em elaborar, à medida que as práticas comerciais vão evoluindo, um *master agreement,* a partir do qual partem todos os contratos celebrados, contribuiu para uma estandardização das práticas seguidas e para uma maior transparência na comercialização destes derivados. Tem como

---

[369] Como por exemplo, a *International Capital Market Association* (ICMA) ou a *Global Finantial Markets Association* (GFMA).

[370] Foi ela quem desencadeou o pagamento dos *swaps* de risco de incumprimento ou *credit defaul swaps* das obrigações gregas, pelo Estado grego em março de 2012.

[371] OTC, como se referiu na nota 1, é a sigla usada para os derivados *over the counter*, ou seja, instrumentos financeiros derivados negociados apenas em balcão.

DO CONTRATO DE *SWAP* EM GERAL

tarefas prioritárias a redução do risco de crédito da contraparte, aumentar a transparência e melhorar funcionamento do setor. Porém, ainda assim, dada a complexa estrutura destes produtos, não são de fácil apreensão, mesmo para um destinatário que possua conhecimentos acima do padrão normal do homem-médio.

Esta associação de profissionais altamente qualificados tem vindo a suprir a lacuna legislativa existente na regulamentação destes contratos. Cremos que seja uma lacuna voluntária, pelo menos do nosso legislador, o qual, presumimos, entendendo a complexidade destes contratos, opta conscientemente por não regulamentar estas matérias, aguardando por um amadurecimento do seu próprio conhecimento. Se este nosso racio-cínio estiver correto, aplaudimos a opção, deixando à autonomia privada a liberdade para autorregulamentação dos seus interesses. No entanto, reconhecemos que, relativamente a questões dúbias que se colocam acerca da aplicação ou não a estes contratos de certos institutos legais já existen-tes, e que acima enunciámos, urge, pelo menos, uma lei interpretativa, a única forma de obtermos nestes domínios uma interpretação autêntica e, por conseguinte, vinculativa.

A *International Swaps and Derivatives Association* conta hoje com a parti-cipação de cerca de oitocentas instituições membros, referentes a sessenta países, sendo que estes membros pertencem aos mais variados sectores, os quais intervêm no mercado de derivados de balcão, como por exemplo, gerentes de investimento, entidades supranacionais, companhias de segu-ros, empresas do sector energético, bancos regionais e internacionais, entre outros. A estes acrescem outros participantes, como bolsas, escritórios de advocacia, empresas de contabilidade[372].

---

[372] Como exemplo de membros primários da ISDA, indicamos o Banco BPI, S.A., o Banco Comercial Portugues S.A., Barclays, Citigroup, China CITIC Bank, Deutsche Bank AG, HSBC Holdings plc, Goldman Sachs & Co., Korea Exchange Bank, JPMorgan Chase & Co., Nomura Securities Co., Ltd., National Bank of Canada, Morgan Stanley & Co. International plc, Mitsubishi UFJ Financial Group (MUFG), Santander Central Hispano, S.A., UBS AG, como membros associados indicamos, a título de exemplo, a Abreu Advogados, Bloomberg Financial Markets, Deloitte LLP, Derivatives Risk Solutions LLP, Fitch Solutions, IBM, Intercontinental Exchange, Inc., Japan Credit Rating Agency, Ltd, e como membros subscritores, por exemplo, a American International Group, Inc., AXA BANK EUROPA SA, Bank for International Settlements, Central Bank of the Russian Federation (Bank of Russia), Electricite de France, EUROFIMA, Federal Home Loan Mortgage Corporation (Freddie Mac), Federal National Mortgage Association (Fannie Mae), Groupama Asset Management, Intel Corporation,

O CONTRATO DE *SWAP*

É no ano da sua fundação que se publica o ISDA Code[373], o qual foi sendo fruto de diversas alterações e atualizações, tendo já publicações mais recentes. Porém, o ISDA Code não é um contrato-tipo, não tem força de lei nem é juridicamente vinculativo em si mesmo. A sua elaboração e finalidade baseia-se em três grandes princípios ou objetivos, isto é, visa servir de glossário para entendimento uniforme do significado a atribuir a certos conceitos utilizados nos contratos, de compilação de possíveis cláusulas contratuais a inserir nos contratos *swap*, e ainda de depósito de regras supletivas que, caso nada seja estipulado pelas partes acerca de determinados elementos essenciais do contrato, se poderão aplicar aos contratos de *swap*.

O ISDA Code divide-se em duas partes, uma que se ocupa da disciplina atinente aos pagamentos e sua organização e outra reservada à fórmula de cálculo dos prejuízos indemnizáveis em caso de resolução do contrato[374].

Todavia, este código acabou por ser um pouco neutralizado devido à formação, pelos agentes de mercado mais ativos, do seu próprio *master agreement*, onde estipulavam, segundo os seus próprios critérios e juízos, regras próprias ajustadas aos seus interesses e mais adaptáveis aos destinatários com quem habitualmente se relacionam.

O *master agreement* opera como autêntico contrato de adesão que propõe aos seus clientes, funcionando como delineador e delimitador das duas relações futuras. Em todo o caso, sempre será mérito do ISDA Code a aclaração ao mercado e seus agentes de certas regras e práticas usadas, servindo, em última instância, de fonte clarificadora de aspetos que se apresentem duvidosos, designadamente a nível da terminologia e significados de muitos dos conceitos utilizados[375]. A *International Swaps and Derivatives*

---

McDonald's Corporation, Nordic Investment Bank, South African Reserve Bank, Swiss National Bank, Toyota Financial Services e Vodafone Group Services Ltd..

[373] Também designado por "The Code of Standard Wording, Assumptions and Provisions for Swaps".

[374] Cfr. CALHEIROS, Maria Clara, «O contrato de *swap*», *Studia Iuridica*, 51, *Boletim da Faculdade de Direito*, Coimbra Editora, 2000, p. 158.

[375] "Os contratos-tipo da ISDA são *master agreements* destinados a regular o conjunto de relações estabelecidas pelas partes signatárias, no domínio dos *swaps*. Apresentam-se sob a forma de um formulário contendo todas as cláusulas respeitantes aos principais aspetos do contrato, deixando apenas alguns espaços em branco que as partes preencherão com os dados relativos às suas pessoas. Em anexo existe um documento, designado por "Schedule", em que as partes mencionarão todos os aspetos em que desejam que o seu contrato distinga

*Association* publicou ainda, posteriormente, minutas de cartas de confirmação a serem subscritas, posteriormente, pelas contrapartes do *master*, na celebração dos contratos de *swap* individuais.

O *master agreement*[376] elaborado pela *International Swaps and Derivatives Association* delimita o seu campo de aplicação, embora não erga muros em seu redor, admitindo que em outras transações, com finalidades idênticas às transações nele previstas, se utilizem igualmente os seus modelos e regras.

O *master agreement* fornece regras uniformes às denominadas *specified transactions* ou operações (nele) especificadas, elencando, de forma não taxativa, quais as incluídas, dispondo no artigo 14º o seguinte: *"Specified Transaction"* means, subject to the Schedule, (a) any transaction (including an agreement with respect to any such transaction) now existing or hereafter entered into between one party to this Agreement (or any Credit Support Provider of such party or any applicable Specified Entity of such party) and the other party to this Agreement (or any Credit Support Provider of such other party or any applicable Specified Entity of such other party) which is not a Transaction under this Agreement but (i) which is a rate swap transaction, swap option, basis swap, forward rate transaction, commodity swap, commodity option, equity or equity index swap, equity or equity index option, bond option, interest rate option, foreign exchange transaction, cap transaction, floor transaction, collar transaction, currency swap transaction, cross-currency rate swap transaction, currency option, credit protection transaction, credit swap, credit default swap, credit default option, total return swap, credit spread transaction, repurchase transaction, reverse repurchase transaction, buy/sell-back transaction, securities lending transaction, weather index transaction or forward purchase or sale of a security, commodity or other financial instrument or interest (including any option with respect to any of these transactions) or

---

do contrato-tipo, i.e., quais as cláusulas que desejam ver acrescentadas, modificadas ou não aplicadas. Na realidade a única coisa que as partes negociarão, doravante, serão os elementos constantes do "Schedule" e, bem assim, os elementos de cada *swap* individual que celebrarem", CALHEIROS, Maria Clara, «O contrato de *swap*», *Studia Iuridica*, 51, *Boletim da Faculdade de Direito*, Coimbra Editora, 2000, p. 156.

[376] Sobre o ISDA *Master Agreement*, ver GOOCH, Anthony C. e KLEIN, Linda B., *Documentation for derivatives: Annotated Sample Agreements and Confirmations for Swaps and Other Over-The-Counter Transactions I*, Euromoney Books, 4ª Edição, 2002, Londres, pp. 18 a 23, ISBN 9781855649903.

O CONTRATO DE *SWAP*

(ii) which is a type of transaction that is similar to any transaction referred to in clause (i) above that is currently, or in the future becomes, recurrently entered into in the financial markets (including terms and conditions incorporated by reference in such agreement) and which is a forward, swap, future, option or other derivative on one or more rates, currencies, commodities, equity securities or other equity instruments, debt securities or other debt instruments, economic indices or measures of economic risk or value, or other benchmarks against which payments or deliveries are to be made, (b) any combination of these transactions and (c) any other transaction identified as a Specified Transaction in this Agreement or the relevant confirmation".

Sem nos prendermos em demasia com a análise individual das cláusulas que compõem o *master agreement*, realçamos apenas a sua estrutura, que nos aparece sob a forma articulada, composto por catorze cláusulas. Seguidamente, as partes preenchem um formulário – *schedule* – onde se especificam as variáveis do contrato, a saber as moradas para efeitos de notificações entre as partes, a escolha do foro, a lei aplicável, os procedimentos a seguir para efeitos do envio da confirmação, documentos a enviar à contraparte para efeitos da transação, entre outras. E, finalmente, há ainda o envio recíproco de declaração de confirmação da transação – *confirmation* – que contém as condições particulares dessa transação, como as datas de vencimento das obrigações, a divisa a utilizar, taxas a suportar por cada uma das partes, entre outros aspetos. Existem, portanto, três documentos: o *master agreement*, o *schedule* e a *confirmation*. Em caso de divergência entre eles, prevelece a *confirmation* primeiro, seguidamente, o disposto no *Schedule* e, por último, o referido no *master agreement*.

O *master agreement* prevê algumas cláusulas importantes, de que destacamos a cláusula segunda que se debruça sobre as regras a que devem obedecer os pagamentos entre as partes, mencionando os termos em que deve ocorrer a compensação entre os montantes a pagar que ambas as partes devem proceder mutuamente, sendo que daqui resulta que apenas deve haver liquidação física da parte que tenha de pagar um montante superior relativamente ao montante que tenha a receber da contraparte. Esta cláusula versa ainda sobre os juros de mora a pagar e as retenções a efetuar a nível fiscal[377].

---

[377] A cláusula tem a seguinte redação: "Obligations – (a) General Conditions: (i) Each party will make each payment or delivery specified in each Confirmation to be made by it, subject

154

DO CONTRATO DE *SWAP* EM GERAL

A propósito da compensação como método de extinção das obrigações contratuais das partes num *swap*, como dissemos, a mesma não é afastada

to the other provisions of this Agreement (ii) Payments under this Agreement will be made on the due date for value on that date in the place of the account specified in the relevant Confirmation or otherwise pursuant to this Agreement, in freely transferable funds and in the manner customary for payments in the required currency. Where settlement is by delivery (that is, other than by payment), such delivery will be made for receipt on the due date in the manner customary for the relevant obligation unless otherwise specified in the relevant Confirmation or elsewhere in this Agreement. (iii) Each obligation of each party under Section 2 (a)(i) is subject to (1) the condition precedent that no Event of Default or Potential Event of Default with respect to the other party has occurred and is continuing, (2) the condition precedent that no Early Termination Date in respect of the relevant Transaction has occurred or been effectively designated and (3) each other condition specified in this Agreement to be a condition precedent for the purpose of this Section 2(a) (iii). (b) Change of Account. Either party may change its account for receiving a payment or delivery by giving notice to the other party at least five Local Business Days prior to the Scheduled Settlement Date for the payment or delivery to which such change applies unless such other party gives timely notice of a reasonable objection to such change. (c) Netting of Payments. If on any date amounts would otherwise be payable; — (i)in the same currency; and (ii)in respect of the same Transaction, by each party to the other, then, on such date, each party's obligation to make payment of any such amount will be automatically satisfied and discharged and, if the aggregate amount that would otherwise have been payable by one party exceeds the aggregate amount that would otherwise have been payable by the other party, replaced by an obligation upon the party by which the larger aggregate amount would have been payable to pay to the other party the excess of the larger aggregate amount over the smaller aggregate amount. The parties may elect in respect of two or more Transactions that a net amount and payment obligation will be determined in respect of all amounts payable on the same date in the same currency in respect of those Transactions, regardless of whether such amounts are payable in respect of the same Transaction. The election may be made in the Schedule or any Confirmation by specifying that "Multiple Transaction Payment Netting" applies to the Transactions identified as being subject to the election (in which case clause (ii) above will not apply to such Transactions). If Multiple Transaction Payment Netting is applicable to Transactions, it will apply to those Transactions with effect from the starting date specified in the Schedule or such Confirmation, or, if a starting date is not specified in the Schedule or such Confirmation, the starting date otherwise agreed by the parties in writing. This election may be made separately for different groups of Transactions and will apply separately to each pairing of Offices through which the parties make and receive payments or deliveries. (d) Deduction or Withholding for Tax. (i) Gross-Up. All payments under this Agreement will be made without any deduction or withholding for or on account of any Tax unless such deduction or withholding is required by any applicable law, as modified by the practice of any relevant governmental revenue authority, then in effect. If a party is so required to deduct or withhold, then that party ("X") will: — (1) promptly notify the other party ("Y") of such requirement; (2) pay to the relevant authorities the full amount required to be deducted or

O CONTRATO DE *SWAP*

no direito bancário, sendo, pelo contrário, habitualmente utilizada em diversos contratos[378]. Esta possibilidade de compensação é benéfica para ambas as partes[379].

Podem existir dois tipos de compensações: a imprópria e a comum. Ora, a compensação comum poderá verificar-se sempre que banco e cliente sejam reciprocamente devedores e credores, que é precisamente o que resulta da execução do contrato de *swap*.

A cláusula terceira versa sobre as garantias de legalidade do contrato, mencionando uma série de representações primárias, na primeira parte, e na segunda parte um conjunto de representações díspares. De um modo

withheld (including the full amount required to be deducted or withheld from any additional amount paid by X to Y under this Section 2(d)) promptly upon the earlier of determining that such deduction or withholding is required or receiving notice that such amount has been assessed against Y; (3) promptly forward to Y an official receipt (or a certified copy), or other documentation reasonably acceptable to Y, evidencing such payment to such authorities; and (4) if such Tax is an Indemnifiable Tax, pay to Y, in addition to the payment to which Y is otherwise entitled under this Agreement, such additional amount as is necessary to ensure that the net amount actually received by Y (free and clear of Indemnifiable Taxes, whether assessed against X or Y) will equal the full amount Y would have received had no such deduction or withholding been required. However, X will not be required to pay any additional amount to Y to the extent that it would not be required to be paid but for:– (A) the failure by Y to comply with or perform any agreement contained in Section 4(a)(i), 4(a)(iii) or 4(d); or (B) the failure of a representation made by Y pursuant to Section 3(f) to be accurate and true unless such failure would not have occurred but for (I) any action taken by a taxing authority, or brought in a court of competent jurisdiction, after a Transaction is entered into (regardless of whether such action is taken or brought with respect to a party to this Agreement) or (II) a Change in Tax Law. (ii) Liability. If:– (1) X is required by any applicable law, as modified by the practice of any relevant governmental revenue authority, to make any deduction or withholding in respect of which X would not be required to pay an additional amount to Y under Section 2(d)(i)(4); (2) X does not so deduct or withhold; and (3) a liability resulting from such Tax is assessed directly against X, then, except to the extent Y has satisfied or then satisfies the liability resulting from such Tax, Y will promptly pay to X the amount of such liability (including any related liability for interest, but including any related liability for penalties only if Y has failed to comply with or perform any agreement contained in Section 4(a)(i), 4(a)(iii) or 4(d))".

[378] Por exemplo, nos contratos de mútuo, conta-corrente, etc.

[379] CORDEIRO, António Menezes, *Da compensação no direito civil e no direito bancário*, Coimbra, Almedina, 2003, p. 241. ISBN 972-40-1927-6, refere "O banqueiro, justamente por trabalhar na base dos grandes números, pode operar compensações em série, assim retirando uma relevante mais-valia para a sua função. Por seu turno, o cliente do banqueiro beneficia igualmente do fluxo de compensações, sendo confrontado apenas com o saldo".

DO CONTRATO DE *SWAP* EM GERAL

geral, o que se consagra é que as partes garantem que nenhuma das situações que prevêm como incumprimento já aconteceu ou seja expectável acontecer, que não existe qualquer litígio em curso nem se espera que ocorra a ponto de colocar em causa o bom cumprimento das obrigações resultantes do contrato. Finalmente, estipulam as partes que deve ser pontualmente prestada toda e qualquer tipo de informação, designadamente informação fiscal, e que essa informação tem de ser verdadeira e correta.

Na cláusula quarta, vinculam-se as partes a entregar à outra, após solicitação, toda e qualquer documentação necessária ao bom cumprimento das obrigações, bem como a cumprir obrigações paralelas que, não obstante não estarem expressamente consagradas no contrato, se vislumbram necessárias a facilitar ou viabilizar o cumprimento das que estão.

Torna-se ainda obrigatório a comunicação de toda e qualquer alteração de natureza fiscal que ocorra durante a execução do contrato.

Na cláusula quinta, uma das mais importantes do *master agreement*, estipulam-se as causas de incumprimento – *events of default* – e as causas de resolução do contrato – *termination events.*

Nas causas de incumprimento, destacamos a mais óbvia que consiste no incumprimento da obrigação *tout court,* ou quando as representações da parte se mostrem incorretas, quando haja insolvência ou uma fusão ou transformação da empresa, em que a nova entidade não assume os deveres contratuais.

Uma das causas de incumprimento é também o acionamento da cláusula *cross default*[380].

---

[380] Ou incumprimento cruzado que significa que as partes estabelecem que uma certa operação onde consta esta cláusula que estipula que, para além das obrigações diretas assumidas decorrente do contrato, as partes acordam que o incumprimento por parte da contraparte de outras obrigações no âmbito de outras operações contratadas, determinará o vencimento antecipado das obrigações decorrentes do contrato celebrado, onde consta esta cláusula de *cross default*. No ISDA *Master Agreement* esta cláusula (5ª, ), vi) consta da seguinte forma: "Cross-Default"is specified in the Schedule as applying to the party, the occurrence or existence of: (1) a default, event of default or other similar condition or event (however described) in respect of such party, any Credit Support Provider of such party or any applicable Specified Entity of such party under one or more agreements or instruments relating to Specified Indebtedness of any of them (individually or collectively) where the aggregate principal amount of such agreements or instruments, either alone or together with the amount, if any, referred to in clause (2) below, is not less than the applicable Threshold Amount (as specified in the Schedule) which has resulted in such Specified Indebtedness

O CONTRATO DE *SWAP*

Ressalve-se que as causas de incumprimento dependem de atuação das partes. Já nas causas de resolução[381], a atuação das partes é indiferente e reporta-se a alterações legislativas entretanto ocorridas e que dificultam ou impedem o cumprimento das obrigações. Aqui, vislumbra-se a consciência das partes de que pode existir uma alteração das circunstâncias, onde previnem a ocorrência de circunstâncias não expectáveis e novas que tragam implicações negativas para as partes durante a execução do contrato. Essas causas podem traduzir-se, como dissemos, numa inovação legislativa ou numa formação adversa de corrente jurisprudencial acerca da interpretação de certas normas jurídicas[382]. Aqui, existe preocupação acrescida com as alterações a nível fiscal, como aumento de impostos ou taxas, sendo que a responsabilidade pelos mesmos cabe, em princípio, ao sujeito passivo da relação jurídica tributária.

Em caso de confronto entre duas situações, uma consubstanciando uma causa de incumprimento, outra como causa de resolução, prevalece o regime e procedimento contratual estabelecido para estas últimas[383].

A cláusula sexta prevê o procedimento em caso de ocorrência de uma causa de incumprimento ou resolução e cuida de outras possibilidades de cessação do contrato, seja por caducidade ou por incumprimento da contraparte ou do garante – *credit support provider* – ou por perda do benefício do prazo ou ilegalidade superveniente no cumprimento. É uma cláusula bastante extensa e de percetibilidade difícil, a que nos dedicaremos mais adiante quando nos ocuparmos com as formas de cessação do contrato.

---

becoming, or becoming capable at such time of being declared, due and payable under such agreements or instruments before it would otherwise have been due and payable; or (2) a default by such party, such Credit Support Provider or such Specified Entity (individually or collectively) in making one or more payments under such agreements or instruments on the due date for payment (after giving effect to any applicable notice requirement or grace period) in an aggregate amount, either alone or together with the amount, if any, referred to in clause (1) above, of not less than the applicable Threshold Amount".

[381] Sobre a possibilidade de as partes acrescentarem causas de resolução, refere a cláusula 5º, *b*), vi) – "*Additional Termination Event*. If any "Additional Termination Event" is specified in the Schedule or any Confirmation as applying, the occurrence of such event (and, in such event, the Affected Party or Affected Parties will be as specified for such Additional Termination Event in the Schedule or such Confirmation".

[382] Sobre as consequências de uma alteração legislativa para um contrato de swap, veja-se CALHEIROS, Maria Clara, «O contrato de *swap*», *Studia Iuridica*, 51, *Boletim da Faculdade de Direito*, Coimbra Editora, 2000, pp. 183 a 189.

[383] Cfr. Cláusula 5º, al. *c*) do ISDA *Master Agreement*.

DO CONTRATO DE *SWAP* EM GERAL

E a cláusula sétima prevê a possibilidade de cessão da posição contratual que trataremos a seguir[384].

Na clásula oitava, estipula-se a moeda do contrato.

Da nona cláusula resulta que o contrato é imutável e só pode ser alterado por acordo escrito de ambas as partes, portanto, todas as comunicações verbais ou mesmo escritas mas sem consentimento da contraparte serão inofensivas para a disciplina do contrato, nada valendo. Na cláusula décima, convenciona-se o lugar de cumprimento das obrigações.Na décima primeira, fixa-se que a parte incumpridora terá de suportar todas as despesas inerentes a esse incumprimento contratual, nomeadamente as despesas fiscais e judiciais. A cláusula décima terceira versa sobre a escolha do foro e da jurisdição. A propósito da escolha do foro, há que atentar no disposto no art. 25º[385] do Regulamento 1215/2012, do Parlamento Europeu e do Conselho, de 12 de dezembro de 2012, que pende sobre a competência judiciária, o reconhecimento e a execução de decisões em matéria civil e comercial. Cremos que face ao nosso art. 94º, nº 1, do Código de Processo Civil não será necessário chamar à colação aquele preceito comunitário. No que concerne à escolha de lei, há que considerar sempre o disposto no art. 3º, nº 1 e nº 3 do Regulamento de Roma I[386], sobre a lei aplicável às obrigações contratuais. Não obstante o contrato se reger pela lei escolhida pelas partes, se "todos os outros elementos relevantes da situação se situem, no momento da escolha, num país que não seja o país da lei escolhida, a escolha das partes não prejudica a aplicação das disposições da lei desse outro país não derrogáveis por acordo". A *Confirmation* tem por finalidade ratificar entre as partes as cláusulas e condições que previamente negociaram e acertaram. Não serve para finalizar o negógio ou transação que, por sua vez, já está firmada entre as partes e se situa cronologicamente em momento anterior. Como referimos acima, não existe forma legal para formalização destes contratos, podendo ser celebrados verbalmente. A *Confirmation* surge apenas para corroborar o que já está firmado, conforme atrás se expôs. Os três documentos juntos – Acordo-base, Anexo e Confirmação – formam um *single agreement*. O ISDA

---

[384] *Vide* ponto 5.7.
[385] Refere: "As partes só podem derrogar ao disposto na presente secção por acordos que: 1) Sejam posteriores ao surgimento do litígio; ou 2) Permitam ao trabalhador recorrer a tribunais que não sejam os indicados na presente secção."
[386] Regulamento 593/2008 do Parlamento Europeu e do Conselho, de 17 de Junho de 2008.

*Master Agreement* é o mais adotado no mercado de derivados financeiros. Das quinhentas maiores empresas do mundo, 96 % utiliza o *International Swaps and Derivatives Association* nas suas transações, daí que haja quem apelide este *Master Agreement* de *lex mercatoria* dos derivados. Não obstante esta circunstância, certos países adaptam-no às legislações nacionais. Em Espanha, por exemplo, é utilizado o Contrato Marco de Operaciones Financieras (CMOF) que está adaptado à legislação espanhola.

Para finalizar, assinala-se a dificuldade de assimilação integral do teor do ISDA *Master Agreement*, que não é de fácil compreensão. A sua forma, conteúdo e estrutura não viabilizam um acessível entendimento do seu modo de funcionamento. A sua tradução é difícil e truncada.

O contrato-tipo padrão da *International Swaps and Derivatives Association* visou transformar o mercado OTC mais estável e previsível. No entanto, a linguagem utilizada no *Master Agreement* não é clara e os tribunais ingleses, por exemplo, têm suscitado dúvidas na interpretação dos termos nele constantes.

Mais. Este facto está em consonância com todo o universo dos mercados financeiros, que estão alicerçados de forma a dificultar a sua compreensão ao comum cidadão, tornando-os acessíveis apenas a alguns. Não há um real interesse em que haja um domínio desta matéria pela maioria da população. Talvez por isso o legislador imponha a prossecução e realização do interesse do investidor na prestação da atividade de intermediação financeira e tente cercar os intermediários de deveres de informação e outros.

## 4. *Swap*: contrato de adesão

Um dos princípios base do nosso ordenamento jurídico consiste na faculdade que todas as pessoas, desde que dotadas de plena capacidade de exercício, possuem para, no âmbito da sua autonomia privada, regulamentarem os seus interesses, autogovernando a sua esfera jurídica, através da sua escolha em celebrar ou não negócios jurídicos e, escolhendo celebrá-los, fixarem livremente o respetivo conteúdo[387].

No âmbito dessa liberdade de fixação do conteúdo contratual, podem as partes simplesmente acolher o regime jurídico já estabelecido legalmente para esse tipo de contrato que pretendem celebrar[388], acrescentar-lhe outras cláusulas típicas de outros contratos previstos, conjugando

---

[387] Como, aliás, resulta do artigo 405º do CC.
[388] Sendo, nesse caso, um contrato típico.

DO CONTRATO DE *SWAP* EM GERAL

diferentes tipos contratuais previstos na lei[389] ou, simplesmente, estipularem um conteúdo completamente diferente de qualquer outro previsto[390], desde que, naturalmente, não contrarie a lei, a ordem pública nem seja ofensivo dos bons costumes, e contenha um objeto física e legalmente possível e seja determinável. Precisamente, são ressalvas desta natureza que, considerando os princípios que lhe são subjacentes, justificam esta limitação da liberdade de fixação do conteúdo das relações jurídicas, às quais acrescem outras restrições que se destinam a pugnar pela manutenção de um sistema jurídico igualitário e justo, sem desequilíbrios clamorosos entre as partes, punindo e evitando atuações menos dignas.

Não permite, por isso, o nosso ordenamento jurídico negócios usurários[391], obriga as partes a pautarem-se pelo princípio da boa-fé, seja antes seja durante a celebração do contrato, bem como mesmo após a execução das prestações a que as partes se vincularam e o contrato ter, assim, sido integralmente cumprido. E, ainda, em alguns casos, *"a lei reconhece e admite certos contratos-tipo que, celebrados a nível de categorias económicas ou profissionais, contêm normas a que os contratos individuais, celebrados entre pessoas pertencentes às referidas categorias, têm de obedecer; daí que se fale nestes casos de contratos normativos"*[392], como é o caso, por exemplo, das convenções coletivas de trabalho[393].

Mas, uma das restrições práticas mais importantes a esta liberdade de modelação do conteúdo da relação jurídica ocorre ao nível dos contratos de adesão. O contrato de adesão é composto por um conjunto de cláusulas pré-elaboradas apenas por um dos contraentes, com exclusão da participação ou negociação do outro, o qual se limita a aderir ou não ao contrato tal qual o mesmo se encontra redigido.

Normalmente, o contraente que elabora tais cláusulas é uma empresa de dimensão considerável que apresenta o contrato num impresso ou formulário de adesão ao público interessado[394]. O destinatário desses impres-

---

[389] Contratos mistos.

[390] Ou seja, celebrar contratos atípicos.

[391] Ver artigo 282º do CC.

[392] PINTO, Carlos Alberto da Mota, *Teoria Geral do Direito Civil*, Coimbra, Coimbra Editora, 4ª edição, 2012, p. 99. ISBN 9789723221022.

[393] Ver artigo 2º, nº 3, do Código de Trabalho.

[394] Neste sentido, PINTO, Carlos Alberto da. Mota, *Teoria Geral do Direito Civil*, Coimbra, Coimbra Editora, 2012, p. 100. ISBN 9789723221022.

sos ou formulários, dir-se-á, tem liberdade de os aceitar ou não e será neste aspeto que se baseará a sua liberdade.

Porém, nem sempre assim sucede, pois não aderir a tal contrato poderá significar não satisfazer uma necessidade básica, uma vez que o contraente que fornece tais contratos é também detentor de uma posição de supremacia face aos destinatários, na medida em que se encontra numa situação de domínio do sector no mercado, quase em monopólio[395].

O fenómeno dos contratos de adesão não é novo e os motivos que levaram as entidades que oferecem certos serviços aos consumidores a socorrerem-se desta técnica contratual são sobejamente conhecidos, bem como os que levaram o sector da banca e dos seguros a utilizarem, também, os contratos de adesão.

As múltiplas necessidades dos consumidores e a concorrência crescente nestes sectores não se compadecem com processos de formação de contratos morosos que a negociação particular de todas as cláusulas contratuais acarretaria.

A acrescer, existe o facto de que nestes campos imperar o princípio da autonomia privada e da liberdade negocial, o qual desde logo encontra reflexo na liberdade de forma do contrato, conforme estipula o disposto no art. 219º do Código Civil. Porém, sempre resultaria também da circunstância dos atos bancários serem de natureza comercial, como expressamente consagra o art. 362º do Código Comercial[396] e o art. 4º do Regime Jurídico do Contrato de Seguro[397], que define primeiramente como direito subsidiário aplicável aos contratos de seguro a lei comercial a par da lei civil. Ora, o direito comercial, de uma maneira geral, tende a ser muito menos formalista que o direito civil.

---

[395] Por exemplo, e para não mencionar o óbvio setor do fornecimento de gás e eletricidade, pensemos nos contratos de seguro que sejam obrigatórios, como o seguro automóvel. Ou seguro de responsabilidade civil ou seguro contra incêndio para aqueles agentes que, para o desempenho da respetiva atividade, estejam obrigados legalmente a tal.

[396] O art. 362º do Código Comercial que dispõe: "São comerciais todas as operações de bancos tendentes a realizar lucros sobre numerário, fundos públicos ou títulos negociáveis, e em especial as de câmbio, os arbítrios, empréstimos, descontos, cobranças, aberturas de créditos, emissão e circulação de notas ou títulos fiduciários pagáveis à vista ao portador".

[397] Estipula o art. 4º do RJCS da seguinte forma: "Às questões sobre contratos de seguro não reguladas no presente regime nem em diplomas especiais aplicam-se, subsidiariamente, as correspondentes disposições da lei comercial e da lei civil, sem prejuízo do disposto no regime jurídico de acesso e exercício da actividade seguradora".

DO CONTRATO DE *SWAP* EM GERAL

Por liberdade contratual e autonomia da vontade, como vimos, devemos reconhecer a possibilidade de celebração de contratos, nominados, inominados, atípicos ou típicos, mistos, em união ou coligação.

As operações financeiras[398] são diversas, fruto de inovações financeiras e de estrutura complexa. A sua diversidade deve-se também às necessidades distintas dos clientes, sendo um desejo das instituições financeiras darem resposta a todas estas necessidades.

Existem certos contratos de serviços financeiros em que se exige forma. Pensemos nos contratos de intermediação financeira celebrados com investidores não qualificados em que se exige forma escrita, não obstante poder recorrer-se a cláusulas contratuais gerais, em que os investidores não qualificados são equiparados a consumidores, estipulando o art. 321º-A do Código de Valores Mobiliários[399] o conteúdo mínimo que tais contratos devem possuir.

Uma outra característica dos contratos celebrados pelas instituições financeiras, além das já mencionadas *supra*, é a sua padronização.

Utilizam-se as cláusulas contratuais gerais para encorparem os contratos de adesão disponibilizados, onde propõem a formalização das operações financeiras à sua clientela. Esta tem apenas a liberdade de aderir ou não. A liberdade também muitas vezes é apenas de um sentido atendendo à indispensabilidade do serviço e da importância que o mesmo representa para a economia do destinatário. E é a massificação destas operações financeiras que conduzem à técnica da padronização dos contratos. Tempo é dinheiro e a racionalização deste tempo significa maximizar os lucros, daí que a celeridade e segurança na contratação exijam técnicas que simplifiquem o processo da contratação.

Contudo, atendendo ao flagrante desequilíbrio de posições, conhecimentos e domínio de informação entre os operadores financeiros e os destinatários das operações financeiras, impõem-se regras protetoras destes no processo de formação contratual o que representa um ónus para os operadores financeiros.

---

[398] Por operações financeiras devemos entender operações de bolsa, operações securativas e operações bancárias.

[399] Art. 321º, nº 1 do CVM que dispõe: "Os contratos de intermediação financeira relativos aos serviços previstos nas alíneas *a)* a *d)* do no 1 do artigo 290º e *a)* e *b)* do artigo 291º e celebrados com investidores não qualificados revestem a forma escrita e só estes podem invocar a nulidade resultante da inobservância de forma".

O CONTRATO DE *SWAP*

As obrigações que resultam para os operadores financeiros na celebração de contratos de adesão com recurso a cláusulas contratuais gerais constam do Decreto-lei nº 446/85, de 25 de outubro, que estabelece o Regime Jurídico das Cláusulas Contratuais Gerais[400].

Na realidade, este diploma legal aplica-se a todos os contratos de adesão que utilizem "cláusulas contratuais gerais elaboradas sem prévia negociação individual, (em) que proponentes ou destinatários indeterminados se limitem, respetivamente, a subscrever ou aceitar", sendo também contratos de adesão aqueles "contratos individualizados, mas cujo conteúdo previamente elaborado o destinatário não pode influenciar"[401].

## 4.1. Dos deveres de comunicação e de informação e esclarecimento

Ao predisponente destas cláusulas, ou seja, a quem se socorre destes contratos de adesão para estabelecer as suas relações jurídicas, impõem-se certos deveres, cujo incumprimento poderá determinar a exclusão de certas cláusulas do contrato ou a sua declaração de nulidade, conforme os casos.

### 4.1.1. Do Dever de Comunicação

É dever do predisponente a comunicação integral de todas as cláusulas e que essa comunicação seja efetuada de forma idónea e com a antecedência razoável para que ao destinatário seja efetivamente possível conhecê-las, sendo que essa adequação dos termos em que essa comunicação foi feita e o tempo de antecedência concedido para o efeito são avaliados considerando a extensão e complexidade das cláusulas utilizadas. A lei não quer que se trate o destinatário como mentecapto, nem como inábil ou incapaz, pois isso seria imputar um ónus pouco razoável para o predisponente aquando da avaliação do cumprimento dos seus deveres de comunicação, bastando para tanto que os padrões da comunicação sejam considerados adequados face a um homem médio, um bom pai de família, nas palavras da lei, "por quem use de comum diligência". O mesmo será dizer que o grau de diligência postulado por parte do aderente, e que releva para efeitos de calcular o esforço posto na comunicação, é o comum, ou seja, deve ser apreciado *in abstracto*, como é típico no direito civil.

---

[400] Este Decreto-Lei encontra-se atualizado pelos Decreto-Lei nº 220/95, de 31 de agosto, Decreto-lei nº 249/99, de 07 de julho e Decreto-Lei nº 323/2001, de 17 de dezembro.
[401] Cfr. Art. 1º, nº 1 e 2 do RJCCG.

DO CONTRATO DE *SWAP* EM GERAL

O ónus da prova da comunicação adequada e efetiva cabe ao predisponente pois é ele quem faz uso das cláusulas contratuais gerais, conforme resulta das disposições conjugadas do art. 5º, nº 3 do Regime Jurídico das Cláusulas Contratuais Gerais e do art. 342º, nº 1 do Código Civil.

Se este dever não for cabalmente cumprido relativamente a alguma cláusula, ter-se-á a mesma por excluída daquele contrato, conforme postula o art. 8º, alínea *a)* do Regime Jurídico das Cláusulas Contratuais Gerais. A propósito da prova do cumprimento deste dever de comunicação, isto é, para se determinar se a comunicação foi adequada, completa e prévia, a jurisprudência[402] tem entendido que bastará ao predisponente provar que enviou a minuta contendo todas as cláusulas do contrato para o destinatário com a devida antecedência, em termos de este as poder conhecer integralmente, lendo-as, mais referindo que essa prova produzir-se-á "através de indícios exteriores variáveis, consoante as circunstâncias" e que a assinatura dos formulários pressupõe que o signatário tenha tomado conhecimento e compreendido o seu conteúdo, sendo que isso ficará ainda mais seguro se se tratar de alguém que possui instrução básica, impondo, contudo, um "atendimento mais demorado e personalizado" se em causa estiver alguém que é analfabeto. Realça ainda o acórdão do Supremo Tribunal de Justiça que o legislador não tratou, nem deseja que assim se trate, o aderente como inábil ou incapaz, impondo-lhe antes a adoção de todos os cuidados inerentes a uma pessoa diligente no conhecimento das cláusulas de um contrato que pretende celebrar.

Sobre este assunto dispôs ainda o Tribunal da Relação de Lisboa[403] que "o cumprimento dos deveres de comunicação e informação que recaem sobre o predisponente não dispensa o outro contratante de adotar um comportamento diligente, visando o seu total esclarecimento. Por isso, o contratante não pode invocar o desconhecimento de cláusulas, visando eximir-se ao respectivo cumprimento, quando esse desconhecimento resultou do facto de não ter lido o contrato, antes de o aceitar e assinar, quando o podia ter feito".

---

[402] Cfr. Acórdão do Supremo Tribunal de Justiça, datado de 24/03/2011, proferido no Processo nº 1582/07.1TBAMT-B.P1.S1, relatado por Granja da Fonseca.
[403] Veja-se o Acórdão do Tribunal da Relação de Lisboa, datado de 13 de maio de 2013, proferido no processo nº 309.11.8TVLSB.L1-7, relatado por Maria do Rosário Morgado.

O CONTRATO DE *SWAP*

## 4.1.2. Do Dever de informação/ esclarecimento

Um outro dever imposto ao predisponente e cujo incumprimento relativamente a algumas cláusulas determina a mesma consequência é o dever de informação, conforme resulta do art. 6º e art. 8º, alínea *b)* do Regime Jurídico das Cláusulas Contratuais Gerais. Este dever, no entanto, subdivide-se em duas variantes, as quais devem ser cumpridas pelo predisponente. A primeira consta do art. 6º, nº1, do Regime Jurídico das Cláusulas Contratuais Gerais, que impõe uma iniciativa do predisponente, ou seja, é seu dever informar e aclarar todas as cláusulas do contrato, de modo a torná-las perfeitamente percetíveis e compreendidas pelo destinatário – dever pró-ativo. A segunda resulta da atitude que o aderente pode adotar que é a de solicitar certos esclarecimentos ou aclaração de dúvidas acerca das cláusulas. Aqui, o predisponente tem de responder de forma clara e satisfatória a todas as questões que o destinatário colocar, prestando todos os esclarecimentos que se imponham no caso – dever reativo.

O cumprimento deste dever de informação fica igualmente a cargo do predisponente mas pode "provar-se através de indícios exteriores variáveis, consoante as circunstâncias". E a jurisprudência[404] tem ainda entendido que a informação deve ser adaptada ao destinatário, consoante, por exemplo, ao seu nível de instrução, mas faz apenas uma distinção entre ter instrução, ainda que básica, e não ter nenhuma, ou seja, ser-se analfabeto. Pois, ainda que com instrução básica, o destinatário que assina os formulários certamente compreenderá o que neles consta, já se for analfabeto, o atendimento tem de ser personalizado e mais demorado, como se expôs.

Discordamos da aplicação deste entendimento a qualquer operação financeira que seja apresentada pelos operadores financeiros. Na realidade, se será fácil para alguém, seja ou não alfabetizado, perceber em que consiste um contrato de mútuo, embora a explicação deva ser muito mais pormenorizada neste último caso, o mesmo não acontece com certos produtos financeiros que os bancos comercializam ao balcão. Desde logo os derivados *over the counter.* Aqui, mesmo falando de destinatários com instrução, há cuidados acrescidos que os operadores financeiros devem adotar para que se considere, em nosso ver, cumpridos os seus deveres de comunicação e informação.

---

[404] Cfr. de novo, o Acórdão do Supremo Tribunal de Justiça, datado de 24 de março de 2011, proferido no Processo nº 1582/07.1TBAMT-B.P1.S1, relatado por Granja da Fonseca.

DO CONTRATO DE *SWAP* EM GERAL

Cremos que aqui, atendendo à complexidade destes produtos, mesmo uma pessoa com instrução, pode ter dificuldade em perceber o que resulta dos formulários que lhe são apresentados e pode ser induzida num determinado entendimento que não corresponde, de todo, à realidade do produto.

Note-se que, inclusivamente, o Código dos Valores Mobiliários distingue entre investidores qualificados e investidores não qualificados, destinando regimes diferentes a cada um deles, conforme veremos a seguir.

Esta diferença de tratamento e ajustamento de deveres consoante se trate de investidor qualificado ou não qualificado impõe-se aos intermediários financeiros, os quais constam do art. 293º do Código de Valores Mobiliários[405].

Como se disse, é sobre os bancos que impende o ónus de prova da adoção de medidas adequadas no que diz respeito à comunicação e informação das cláusulas que compõem os seus contratos de adesão.

Com o intuito de facilitar esta tarefa, tem sido hábito os bancos recolherem a assinatura dos aderentes em declaração onde os mesmos afirmam terem tomado conhecimento de todas as cláusulas e que entenderam o seu respetivo alcance, permitindo assim ao banco provar o cumprimento dos seus deveres.

Muita tem sido a discussão em torno da validade destas declarações.

Desde logo, perguntamos nós, se os aderentes têm consciência do que esta declaração representa e do seu alcance.

Cremos que não. Da mesma forma que poderão não ter tido conhecimento integral das cláusulas e do seu significado, poderão igualmente

---

[405] O art. 293º, nº 1, refere que "são intermediários financeiros em instrumentos financeiros: *a)* As instituições de crédito e as empresas de investimento que estejam autorizadas a exercer atividades de intermediação financeira em Portugal; *b)* As entidades gestoras de instituições de investimento coletivo autorizadas a exercer essa atividade em Portugal; *c)* As instituições com funções correspondentes às referidas nas alíneas anteriores que estejam autorizadas a exercer em Portugal qualquer atividade de intermediação financeira. *d)* As sociedades de investimento mobiliário e as sociedades de investimento imobiliário" e o nº 2 estipula que "são empresas de investimento em instrumentos financeiros: *a)* As sociedades corretoras; *b)* As sociedades financeiras de corretagem; *c)* As sociedades gestoras de patrimónios; *d)* As sociedades mediadoras dos mercados monetário e de câmbios; *e)* As sociedades de consultoria para investimento; *f)* As sociedades gestoras de sistemas de negociação multilateral; *g)* Outras que como tal sejam qualificadas por lei, ou que, não sendo instituições de crédito, sejam pessoas cuja atividade, habitual e profissionalmente exercida, consista na prestação, a terceiros, de serviços de investimento, ou no exercício de atividades de investimento".

também não ter entendido o que representa uma declaração desta natureza. Acresce que esta declaração representa para os aderentes, na maioria das vezes, apenas *mais um documento* para assinar de entre os muitos cuja assinatura o banco exige do cliente para formalização do contrato, seja ele qual for.

De modo que não poderá esta declaração por si só servir de prova suficiente do cumprimento daqueles deveres por parte do banco, quanto muito, servirá como início ou auxiliar de prova.

A este propósito, Pinto Monteiro[406] tem entendido que não se pode ficar indiferente à existência desta declaração e que a mesma "inverte, em princípio, o ónus da prova: terá de ser o cliente, que assina uma declaração a dizer que lhe foram prestadas todas as informações de que necessitava, que conhece e compreende o sentido do contrato que celebrou e que está consciente dos riscos que corre, terá de ser o cliente, dizíamos, que assina uma declaração deste teor, a ter de vir provar o contrário do que afirma nessa declaração".

A nossa jurisprudência tem antes ditado que "(...) no contrato de adesão, cabe ao contratante que submeta a outrem as cláusulas contratuais gerais o ónus da prova da comunicação adequada e efetiva do respetivo conteúdo. A satisfação de tal ónus não se basta com a mera assinatura aposta pelo cliente sob declaração pré – impressa pelo proponente e, por isso, não submetida ao campo negocial (...)"[407].

E mais recentemente, o mesmo Tribunal não teve dúvidas em considerar que a "cláusula na qual se refere que o aderente tomou conhecimento das condições do contrato carece ela própria de ser comunicada, sendo que a demonstração da sua adequada comunicação mais não pode consubstanciar do que um princípio de prova de que as restantes cláusulas também foram comunicadas"[408].

Ou seja, defende-se aqui a existência de uma presunção de cumprimento por parte do banco daqueles deveres a que está adstrito legalmente, embora se ressalve a eventualidade de a declaração por qualquer motivo

---

[406] Cfr. MONTEIRO, António Pinto, «Banca e cláusulas contratuais gerais (Breve apontamento»), *I Congresso de Direito Bancário*, Coimbra, Almedina, 2015, p. 105. ISBN 978-972-40-5896-2.

[407] Cfr. Acórdão da Relação do Porto, datado de 14 de junho de 2007, proferido no processo nº 0732302, relatado por Amaral Ferreira.

[408] Cfr. Acórdão do Tribunal da Relação do Porto, datado de 29 de maio de 2014, proferido no processo nº 1295/11.0TBVCD-B.P1, relatado por José Manuel de Araújo Barros.

DO CONTRATO DE *SWAP* EM GERAL

ser inválida, caso em que dela não brota nenhuma consequência ou efeito jurídico. Mas, sendo válida, inverterá o ónus de prova ao abrigo do princípio da auto-responsabilidade[409].

Aconselha-se, no entanto, prudência na determinação deste tipo de consequência sempre que exista uma declaração desta natureza. Na verdade, não poderá extrair-se tal juízo perante uma declaração com este teor se as cláusulas a que se reporta são compostas por termos técnicos de elevada sofisticação e de difícil percepção, mesmo para cliente experiente, se a mesma é assinada por alguém que, por exemplo, só possui a instrução básica ou, mesmo com elevada instrução, não possui nenhuns conhecimentos na área, pense-se, por exemplo, num Professor Doutor em Medicina que nada percebe de contratos financeiros[410].

---

[409] A este propósito e sobre o local onde deve surgir a assinatura do aderente num contrato de adesão, veja-se FERREIRA, Manuel Ataíde e, RODRIGUES, Luís Silveira, «Cláusulas Contratuais Gerais (Anotações ao Diploma»), DECO, 2011, p. 62, que refere: "...a inserção de tal declaração, na melhor das hipóteses, apenas pode obstaculizar a aplicação das als. *a)* e *b)* do referido art. 8º, pois apenas demonstra, muito sub-repticiamente, que o consumidor foi informado que existem condições particulares e gerais que regem aquele contrato. [...] É que a norma constante da al. *d)* do art. 8º é independente (e se sobrepõe) dos deveres de informação previstos nos artigos 5º e 6º do RJCCG, o que não acontece com as als. *a)* e *b)* do mesmo artº 8º que estão intimamente relacionadas com tais artigos. Se a interpretação que é defendida por tal jurisprudência fosse a pretendida pelo legislador então a norma da al. *d)* do artº 8º seria inútil. Na verdade, bastaria que o predisponente de tais contratos demonstrasse que informou o consumidor da existência de tais cláusulas (pois a declaração que está nos formulários em questão mais não faz do que isso) para ser indiferente o local onde era aposta a sua assinatura. Ora, pelo contrário, o legislador quis garantir que não se ficaria por um cumprimento formal do exigido nos artigos 5º e 6º mas que, em caso algum, a assinatura do consumidor deveria ser aposta antes das condições gerais objecto da legislação que nos ocupa...", apud Acórdão do Tribunal da Relação de Lisboa, datado de 20 de setembro de 2011, proferido no processo nº 374701/09.2YIPRT.L1-7, relatado por Maria Amélia Ribeiro que também refere: "Têm-se como não escritas as cláusulas contratuais que fisicamente se encontram no verso do documento, após as assinaturas dos contraentes, ainda que, antes dessas assinaturas, haja uma cláusula no sentido de que o mutuário declara ter tomado conhecimento e dado o seu acordo às que constam do verso".

[410] Mas sobre esta temática, salientamos que o cliente bancário, enquanto consumidor, encontra-se, de uma maneira geral, salvaguardado por normas de proteção. Assim, a maioria das cláusulas proibidas que constam do art. 22º do Regime Jurídico das Cláusulas Contratuais Gerais aplicam-se aos contratos bancários, sem prejuízo do disposto nos n.ᵒˢ 2 alínea *a)* e 3, alínea *a)* deste preceito legal.

O CONTRATO DE *SWAP*

## 4.2. Definição do perfil do cliente/investidor segundo a DMIF e CVM

O contrato de *swap*, sendo um derivado negociado em balcão, incompatibiliza o acesso universal e uniforme de informação, sendo a maioria das vezes os intermediários financeiros e as entidades financeiras que mais utilizam estes instrumentos os melhores posicionados para perceberem quais as condições mais vantajosas subjacentes a este contrato, em detrimento de um utilizador (contraparte) menos informado ou esclarecido, o qual não tem o mesmo grau de entendimento e instrução sobre as cláusulas complexas que formam o conteúdo destes instrumentos financeiros.

A promoção da literacia e formação financeira da população em geral é um dos objetivos do Banco de Portugal, no âmbito do exercício das suas funções de supervisão comportamental. Assume-se que é importante que os cidadãos façam uma escolha esclarecida no momento de subscreverem os produtos que lhe são apresentados pelas instituições de crédito.

Só dessa forma poderá dizer-se que cada uma das partes sabia as vantagens e custos da subscrição de determinado produto, que ambas as partes estavam conscientes dos riscos em que incorriam, tentando-se assim que exista um nível de paridade entre as partes, pelo menos no domínio das cláusulas e termos em que tais contratos são apresentados e celebrados.

É importante que o cidadão faça uma gestão do seu orçamento familiar e uma aplicação das suas poupanças da forma mais adequada possível e tal só é possível se o cliente conhecer os produtos que lhe são apresentados, para avaliar, em face das suas condições pessoais e financeiras se será um ato de boa gestão ou um ato ruinoso que possa vir a contribuir para uma eventual situação de insolvabilidade. Ou aumento do nível de endividamento.

Por outro lado, quanto maior for o nível de compreensão dos cidadãos, mais aumentam os níveis de fiscalização e regulação das instituições de crédito.

O Banco de Portugal, numa tentativa de ir anulando cada vez mais o fosso existente entre as instituições de crédito e os cidadãos, tem vindo a desenvolver uma série de iniciativas de promoção e mais clara divulgação de informação referente aos produtos financeiros comercializados e informação relativa aos direitos dos cidadãos. A iniciativa que mais se destaca neste domínio resultou na criação de um portal do cidadão no segundo trimestre do ano de 2008.

## DO CONTRATO DE *SWAP* EM GERAL

A Comissão de Mercado de Valores Mobiliários efetuou um inquérito a mais de quinze mil famílias portuguesas e concluiu que menos de dez por cento dessas famílias possuem investimentos em ativos financeiros, ficando-se a grande maioria pelos tradicionais e mais seguros depósitos a prazo e certificados de aforro. Não têm conhecimento seguro de investimento em ações, obrigações ou em unidades de participação de fundos de investimento, desconhecendo em que se traduzem e qual o respetivo modo de funcionamento, muito menos estão familiarizados com os produtos derivados ou estruturados. Esta circunstância justifica a reduzida percentagem da capitalização acionista das nossas empresas. A participação direta em capital acionista em Portugal é bem menor do que a que se verifica em países como a Grécia, Espanha ou Itália[411].

Na verdade, o que se constata é que os ativos de médio e elevado risco só são subscritos por investidores com conhecimentos mais elevados, sendo tanto maior os investimentos quanto maior for o conhecimento. Ousamos dizer que os investidores quanto mais conhecem mais arriscam[412].

A escolha dos ativos que compõem uma carteira de investimentos é presidida por fatores como a poupança que o investidor está disposto a fazer, o tempo que o mesmo despende e dedica a esses investimentos e respetivo acompanhamento, bem como a natureza do ativo.

Já o Banco de Portugal, em 2010, levou a cabo um inquérito à população com os objetivos de procurar conhecer e analisar as três componentes inerentes ao conceito de literacia financeira adotado[413]. Pretendeu avaliar do grau de inclusão financeira para aferir o nível de compreensão da população, o motivo pelo qual alguns cidadãos optam por não abrir e manter conta bancária, o nível de movimentações financeiras realizadas e sua frequência,

---

[411] Os resultados poderão ser consultados de forma mais pormenorizada no Estudo sobre o Perfil do Investidor Particular Português em Valores Mobiliários, Maio de 2001, disponível em: www.cmvm.pt. (acedido em 20 de janeiro de 2015).

[412] A este propósito, constatou SARAIVA, Tânia, «Perfil de risco do investidor: diferenças entre homens e mulheres», *Cadernos do Mercado de Valores Mobiliários*, nº 40, Dezembro 2011, CMVM, p. 69, que "Só metade dos investidores do género masculino revela deter ativos de médio e elevado risco, enquanto dos investidores do género feminino apenas 22,2% possuem ativos de médio ou elevado risco".

[413] De acordo com o conceito definido por SCHAGEN, S., entende-se por literacia financeira *"a capacidade de fazer julgamentos informados e tomar decisões concretas tendo em vista a gestão do dinheiro"*, «The evaluation of Natwest Face 2 Face with Finance», *National Foundation for Educational Research*, 1997.

O CONTRATO DE *SWAP*

quantidade de investimentos em produtos financeiros, forma de gestão dos respetivos saldos, serviços utilizados[414], níveis de poupança, motivos que presidem no momento da escolha de uma instituição bancária, produtos bancários escolhidos pelas famílias para efeito de investimento[415], auxílio e informações solicitadas pelas famílias, finalmente, conhecimento da população sobre produtos e conceitos bancários mais utilizados[416].

Os resultados obtidos e divulgados posteriormente pelo Banco de Portugal[417] permitem orientar o Banco Portugal, enquanto entidade reguladora e supervisora das instituições de crédito, redefinir as práticas utilizadas por estas e implementar novas ações de formação nesta área. Também o Conselho Nacional de Supervisores Financeiros[418] elaborou um Plano Nacional para a Educação Financeira, para os anos de 2011 a 2015[419].

Os cidadãos escolhem os produtos financeiros onde aceitam investir consoante o seu nível de conhecimento sobre os mesmos.

Se analisarmos o relatório dos resultados do inquérito sobre literacia financeira à população portuguesa verificamos que a grande maioria da população, mesmo aqueles que possuem um crédito à habitação, não sabe

---

[414] Se usam ou não sistema de *homebanking*, utilização de caixas automáticas e cartões de multibanco.

[415] Se depósitos a prazo com taxas de rendibilidade mais baixas ou se outros produtos financeiros com taxas de rendibilidade mais altas, mas com níveis de risco maiores.

[416] Para maiores desenvolvimentos sobre os propósitos deste inquérito realizado em 2010 e quais as regras que presidiram às sua realização, consultar Inquérito à literacia financeira da população portuguesa, disponível em: http://clientebancario.bportugal.pt/pt-PT/Publicacoes/ InqueritoLiteraciaFinanceira/Biblioteca%20de%20Tumbnails/S%C3%ADntese%20dos%20 resultados%20do%20Inqu%C3%A9rito%20%C3%A0%20Literacia%20Financeira.pdf (acedido em 11 de janeiro de 2015).

[417] Para maior pormenor acerca dos resultados, consultar o Relatório do Inquérito à literacia financeira da população portuguesa, disponível em: http://clientebancario.bportugal. pt/pt-PT/Publicacoes/InqueritoLiteraciaFinanceira/Biblioteca%20de%20Tumbnails/ Relat%C3%B3rio%20do%20Inqu%C3%A9rito%20%C3%A0%20Literacia%20Financeira%20 da%20Popula%C3%A7%C3%A3o%20Portuguesa%20(2010).pdf (acedido em 11 de janeiro de 2015).

[418] Criado pelo Decreto-Lei nº 228/2000, de 23 de setembro, cuja composição é presidida pelo Governador do Banco de Portugal, incluindo depois os seguintes membros permanentes: o membro do Conselho de Administração do Banco de Portugal com o pelouro da supervisão, o Presidente da Comissão do Mercado de Valores Mobiliários e o Presidente do Autoridade de Supervisão de Seguros e Fundos de Pensões.

[419] Plano disponível em: http://www.todoscontam.pt/SiteCollectionDocuments/ NationalPlanforFinancialEducation.pdf (acedido em 11 de janeiro de 2015).

DO CONTRATO DE *SWAP* EM GERAL

em que consiste a taxa Euribor[420], e mesmo os cidadãos que possuem um grau de escolaridade a nível de ensino superior também não consegue responder corretamente à questão, e idêntico cenário acontece com a questão de se saber em que consiste o *spread*, desconhecendo a maioria da população, mesmo quem possui crédito à habitação, que o *spread* é a percentagem que incide sobre uma taxa de juro de referência. Sendo curioso ainda analisar que quarenta e cinco por cento dos entrevistados no âmbito deste inquérito consideram que os planos poupança reforma são aplicações de baixo risco, o que não é necessariamente verdade, atendendo a que alguns deles podem ter por base fundos de ações e obrigações, já em si mesmo considerados de risco elevado.

Podemos ainda distinguir entre dois principais grupos de pessoas. Os que possuem índices de literacia financeira mais elevada e os que possuem esses índices em níveis mais baixos, analisando as principais diferenças que existem entre as pessoas que compõem esses grupos.

É importante analisar estes dados, uma vez que, se é verdade que não se pode nem se deve tratar o cliente bancário como néscio, também não se pode ignorar e desconsiderar diferenças de entendimento e compreensão que derivam de diversos fatores, como o grau de instrução, o meio económico envolvente, faixa etária, localização geográfica, perfil individual de risco e, até, o campo profissional em que o cliente bancário se insere.

A linguagem utilizada pelas instituições bancárias contém conceitos técnicos cerrados, muitos deles de difícil apreensão, inclusivamente para indivíduos que, sendo dotados de um elevado grau de instrução, não desenvolvem a sua atividade em nenhuma área que seja sequer conexa com o sector bancário.

No âmbito daquele inquérito chegou-se à conclusão que existe dois grandes grupos de pessoas, os que têm os melhores e os piores resultados de literacia financeira. Os indivíduos com licenciatura ou mais, com rendimento superior a mil euros, possuidores de cartão de crédito e que utilizam *homebanking* são detentores dos melhores resultados, em detrimento dos que não têm sequer instrução primária, com setenta ou mais anos, sem conta bancária, não conhecem o *homebanking* e que consideram pouco importante o planeamento do orçamento familiar, que alcançaram os piores resultados.

---

[420] Indexante da maioria dos empréstimos à habitação, tratando-se de uma taxa que resulta dos empréstimos realizados entre um conjunto de bancos europeus.

Em suma, é inegável que existem níveis de compreensão diferentes por parte dos clientes bancários. Desta forma, é necessário ajustar, de facto, as obrigações dos bancos ao nível de entendimento do cliente bancário.

Neste seguimento, percebemos o motivo pelo qual a Directiva 2004/39/CE (DMIF) distinguiu o conceito de "investidores qualificados" de "investidores não qualificados", fazendo variar o nível de exigência na obrigação de transmissão e explicação da informação inerente aos produtos financeiros consoante o destinatário ou cliente.

Dispõe o art. 30º, nº 4 do Código de Valores Mobiliários o seguinte sobre os investidores qualificados: "A CMVM pode, por regulamento, qualificar como investidores qualificados outras entidades dotadas de uma especial competência e experiência relativas a instrumentos financeiros, nomeadamente emitentes de valores mobiliários, definindo os indicadores económico-financeiros que permitem essa qualificação" e o art. 317º, nº 1 que "O intermediário financeiro deve estabelecer, por escrito, uma política interna que lhe permita, a todo o tempo, conhecer a natureza de cada cliente, como investidor não qualificado, qualificado ou contraparte elegível, e adotar os procedimentos necessários à concretização da mesma" e o nº 2 alínea *a)* que "o intermediário financeiro pode, por sua própria iniciativa, tratar: *a)* qualquer investidor qualificado como investidor não qualificado".

No artº 312º, nº 1, alínea *b)* do Código de Valores Mobiliários determina-se que o intermediário financeiro "deve prestar, relativamente aos serviços que ofereça, que lhe sejam solicitados ou que efectivamente preste, todas as informações necessárias para uma tomada de decisão esclarecida e fundamentada, incluindo nomeadamente as respeitantes: *b)* À natureza de investidor não qualificado, investidor qualificado (...)", sendo que no nº 2 refere que a "extensão e a profundidade da informação devem ser tanto maiores quanto menor for o grau de conhecimentos e de experiência do cliente". Preocupando-se ainda em definir, no art. 312º-A, quais os critérios de aferição da qualidade da informação prestada quando em causa estejam investidores não qualificados e no art. 312º-B qual o momento da prestação dessa informação.

Aliás, no art. 7º, nº 1 do Código de Valores Mobiliários estipula-se que a "informação respeitante a instrumentos financeiros, as formas organizadas de negociação, às atividades de intermediação financeira, à liquidação e à compensação de operações, a ofertas públicas de valores mobiliários

DO CONTRATO DE *SWAP* EM GERAL

e a emitentes deve ser completa, verdadeira, atual, clara, objetiva e lícita",
pelo que se consagram também neste código disposições especiais relativamente à qualidade de informação que deve ser prestada quando haja
alguma operação relacionada com valores mobiliários e respetivos mercados, ofertas públicas[421], atividades de intermediação, entre outras matérias
conexionadas com estes assuntos.

Parte da doutrina defende que os deveres de informação que o Código
de Mercado de Valores Mobiliários consagrava destinava-se a proteger os
investidores que, teoricamente, se encontravam em desvantagem relativamente ao nível de informações que os prestadores de serviços financeiros
tinham, mas que isso não quereria significar que competia a estes alertar
os investidores para o que poderia ser uma má assunção de riscos, pois isto
deveria consubstanciar uma decisão do investidor. O que se pretendia é
que as informações fossem suficientes e claras a ponto de o próprio investidor poder avaliar os riscos que correria com certa operação[422].

Acresce que a doutrina também se dividia acerca da natureza da responsabilidade emergente para os prestadores de serviços financeiros por
violação destes deveres, sendo que uma parte da doutrina dizia que con-
substanciaria responsabilidade pré-contratual[423] e outros defendiam que
seria responsabilidade delitual[424], com base no art. 485º, nº 2 do Código
Civil.

Certo é o dever dos intermediários financeiros classificarem os clientes
como investidores qualificados ou não qualificados em função da experiência e conhecimentos demonstrados sobre investimento em mercados

---

[421] Por exemplo, as ofertas públicas referentes a valores mobiliários devem ter prospetos
completos, com informação percetível e de fácil compreensão, objetiva e lícita e ainda conter
a identificação dos responsáveis pela emissão dos mesmos e conteúdo, pelos objetivos da
oferta. Se houver desconformidade entre o prospeto e o consagrado no art. 135º do CVM, há
responsabilidade do oferente pelos danos que dessa desconformidade sobrevierem e se forem
vários, a responsabilidade é solidária entre todos- art. 151º do CVM.

[422] Neste sentido, SILVA, Eva Sónia Moreira da, *Da responsabilidade pré-contratual por violação dos
deveres de informação*, Coimbra, Almedina, p. 161, ISBN 972-40-1987-X citando PINA, Carlos
Costa, *Dever de informação e responsabilidade pelo prospecto no mercado primário de valores mobiliários*,
Coimbra, Coimbra Editora, 1999, pp. 20 a 23.

[423] SILVA, Manuel Gomes da, e CABRAL, Rita Amaral, Parecer publicado em *A privatização
da Sociedade Financeira Portuguesa*, Lisboa, Lex, 1995, pp. 316 e ss. ISBN 9729495464.

[424] PINA, Carlos Costa, *Dever de informação e responsabilidade pelo prospecto no mercado primário
de valores mobiliários*, Coimbra, Coimbra Editora, 1999, p. 184.

O CONTRATO DE *SWAP*

de capitais[425]. É esta experiência e conhecimento que possibilitam uma adequada e correta avaliação do risco por parte do cliente no investimento que tenciona fazer. O intermediário financeiro deve informar o cliente da classificação que lhe atribuiu, sendo que este pode ser tratado como investidor qualificado se o pedir[426], no caso de ter sido classificado como investidor não qualificado.

A realidade inversa também pode suceder, ou seja, um investidor que tenha sido considerado como investidor qualificado pode solicitar que seja tido como não qualificado, a novidade é que o intermediário financeiro neste caso pode recusar-se a prestar serviços a este investidor.

Com base nesta classificação os deveres do intermediário financeiro alteram-se, sendo muito mais exigentes e rigorosos quando em causa esteja um investidor não qualificado. O intermediário financeiro deve ainda efetuar testes de adequação do serviço ao perfil do investidor.

O intermediário financeiro, no entanto, é sempre obrigado a realizar testes de adequação se o investimento incidir sobre produtos financeiros complexos, exceto se se tratar de um investidor qualificado. Isto deve-se muito devido ao facto de nos instrumentos financeiros complexos ser mais difícil determinar o nível de risco e rendibilidade envolvidos, sendo que o investimento nestes produtos financeiros complexos exige maior conhecimento por parte do investidor.

São, por exemplo, considerados produtos financeiros complexos obrigações com *warrants*, *warrants*, títulos de participação, futuros, opções,

---

[425] Sobre a não obrigatoriedade de o Banco elaborar qualquer perfil prévio do investidor antes da entrada em vigor do Decreto-Lei nº 357-A/2007, de 31 de outubro, veja-se o Acórdão do Tribunal da Relação de Lisboa, datado de 25 de setembro de 2012, proferido no processo nº 2408/10.4TVLSB.L1-7, relatado por Luís Espírito Santo.

[426] Todavia, o investidor não qualificado só pode pedir para ser tratado como investidor qualificado se se verificar pelo menos dois dos requisitos que o art 317º-B, nº 3 do CVM estipula, ou seja, que o cliente, no mínimo, respeite dois dos seguintes requisitos: *a)* Ter efectuado operações com um volume significativo no mercado relevante, com uma frequência média de 10 operações por trimestre, durante os últimos quatro trimestres; *b)* Dispor de uma carteira de instrumentos financeiros, incluindo também depósitos em numerário, que exceda (euro) 500 000; *c)* Prestar ou ter prestado funções no sector financeiro, durante, pelo menos, um ano, em cargo que exija conhecimento dos serviços ou operações em causa". A solicitação de tratamento como investidor qualificado segue os procedimentos previstos no nº 5 do mesmo preceito legal. Esse tratamento deixará de existir caso algumas das condições que levaram à aplicação desse tratamento desapareçam, conforme dispõe o art. 317º-C do CVM.

DO CONTRATO DE *SWAP* EM GERAL

*forwards*, contratos derivados para transferência do risco de crédito, *swaps*, derivados sobre mercadorias, contratos diferenciais, *reverse convertibles, credit linked notes*, unidades de participação em fundos de investimento especiais, entre outros.

Mas relativamente à questão mais sensível quando se celebra um contrato que formaliza uma operação financeira, que se cinge à natureza dos riscos assumidos, o art. 312º-E, nº 1 do Código de Valores Mobiliários estipula que "o intermediário financeiro deve informar os investidores da natureza e dos riscos dos instrumentos financeiros, explicitando, com um grau suficiente de pormenorização, a natureza e os riscos do tipo de instrumento financeiro em causa" e no nº 2 menciona os critérios que devem presidir a essa informação em particular.

No que concerne à qualidade da informação, quando prestada a investidores não qualificados, esta deve incluir projeções, mas não baseadas em resultados passados e deve ser prestada de modo a ser compreendida por um destinatário médio[427].

O Código dos Valores Mobiliários vai até mais longe nas obrigações impostas aos intermediários financeiros, quando no art. 314º lhes impõe o ónus de aferição da adequação da operação proposta ao perfil de investidor do cliente. Isto é, os intermediários financeiros devem advertir por escrito que entendem ser uma operação inadequada para aquele cliente se constatarem que o mesmo não é capaz de entender o nível de risco que a respetiva operação engloba.

Duas coisas apraz-nos pronunciar sobre este preceito legal, em nosso ver, vazio no seu sentido. Primeiro, não é crível que quem quer celebrar um negócio sobre um produto, sabendo-se que é dessa conclusão de negócio que sairá a sua comissão, vá advertir o seu alvo dos perigos em que o mesmo incorre. Se assim não fosse, o artº 310º, nº 1[428], não necessitaria de regular sobre a possibilidade de uma intermediação excessiva. Segundo, cremos que o legislador não foi suficientemente longe se aquilo que queria era efetivamente evitar que fossem concluídos negócios considerados inade-

---

[427]  Cfr. art. 312º-A, nº 1, al. *c)* e nº 5 al. *a)* do CVM.

[428]  Que dispõe: "O intermediário financeiro deve abster-se de incitar os seus clientes a efetuar operações repetidas sobre instrumentos financeiros ou de as realizar por conta deles, quando tais operações tenham como fim principal a cobrança de comissões ou outro objetivo estranho aos interesses do cliente".

O CONTRATO DE *SWAP*

quados para os clientes. Melhor seria impor a não contratação desses produtos, em vez da obrigação de advertência da inadequação por escrito[429].

O que o legislador pretende com a imposição destes deveres de comunicação e informação no âmbito de um contrato de adesão é precisamente ter a certeza de que o destinatário deste contrato sabe exatamente em que consiste aquele contrato e, ainda assim, decidiu celebrá-lo em consciência, ciente das implicações que o mesmo poderá acarretar para a sua esfera jurídica, procurando a transparência no processo de elaboração dos contratos, em cumprimento do dever de boa-fé pré-contratual, estabelecida no art. 227º do Código Civil[430]. A informação deve ser prestada com a antecedência considerada adequada e razoável antes de qualquer vinculação, nos termos do artº 312º-B do Código de Valores Mobiliários. O art. 312º, nº 4 do Código de Valores Mobiliários preceitua que as informações que devem ser prestadas pelos intermediários financeiros têm de ser efetuadas por escrito, mas admite que o seja de forma padronizada. Todavia, se estivermos perante um investidor não qualificado, e considerando as exigências acrescidas para os intermediários financeiros relativamente à diligência com que presta a informação – foi esse o espírito do legislador – cremos que neste caso não deveria ser admitida esta possibilidade de informação padronizada, admitindo-a se em causa estiver um investidor qualificado.

Relativamente à violação dos deveres de informação, o ónus de prova de cumprimento cabe ao intermediário financeiro, atendendo à inversão do ónus de prova que a sua presunção de culpa nessa violação determina.

A responsabilidade do intermediário financeiro em caso de mera culpa ou culpa leve prescreve decorridos dois anos a contar da data em que o

---

[429] O art. 314º do CVM dispõe: "1 – O intermediário financeiro deve solicitar ao cliente informação relativa aos seus conhecimentos e experiência em matéria de investimento no que respeita ao tipo de instrumento financeiro ou ao serviço considerado, que lhe permita avaliar se o cliente compreende os riscos envolvidos. 2 – Se, com base na informação recebida ao abrigo do número anterior, o intermediário financeiro julgar que a operação considerada não é adequada àquele cliente deve adverti-lo, por escrito, para esse facto. 3 – No caso do cliente se recusar a fornecer a informação referida no nº 1 ou não fornecer informação suficiente, o intermediário financeiro deve adverti-lo, por escrito, para o facto de que essa decisão não lhe permite determinar a adequação da operação considerada às suas circunstâncias. 4 – As advertências referidas nos n.os 2 e 3 podem ser feitas de forma padronizada".

[430] Sobre a proibição das cláusulas-surpresa, exclusão de cláusulas opacas e sobre a integração e interpretação das cláusulas contratuais, veja-se SILVA, João Calvão da, *Banca, Bolsa e Seguros, Tomo I – Direito Europeu e Português,* 4ª edição, Coimbra, Almedina; 2013, pp. 172 a 175.

DO CONTRATO DE *SWAP* EM GERAL

cliente teve conhecimento da conclusão do negócio e dos respetivos termos. Há aqui um desvio à regra relativamente aos prazos de prescrição estabelecidos no Código Civil para a responsabilidade contratual e extracontratual[431].

## 4.3. Prestação de informações pela instituição financeira no âmbito da negociação do contrato e seu *modus operandi* na contratação

Como se disse, compete às partes, no âmbito da formação de um contrato, proceder segundo princípios de boa-fé, lealdade e honestidade, impondo--se o cumprimento do dever de informação adequado para que a decisão de contratar assente na posse de todos os elementos necessários. Importante é saber se ambas as partes, no momento da celebração do contrato e na sua fase pré-negocial, conhecem os riscos que potencialmente para si resultam daquele tipo contratual e se estão conscientes deles[432]. Para isso, cumpre analisar se foram cumpridos, desde logo, todos os deveres de informação aquando da subscrição do contrato, se ambas as partes estavam nas mesmas condições para poderem perceber ou ter a perceção do modo como as taxas iriam evoluir no futuro.

Contudo, uma coisa é as partes serem obrigadas a proceder segundo aqueles princípios na prestação das informações, outra coisa é saber se existe alguma imposição legal que obrigue as partes a revelar informações à contraparte no âmbito das negociações. As únicas disposições legais que existem a este propósito são os artigos 253º e 254º do Código Civil que impõem uma proibição de prestar falsas informações com o propósito de mentir ou enganar a contraparte. Portanto, importa saber, nos deveres de informação da contraparte, que informações têm de ser transmitidas. Serão todas? Ou apenas as que são indispensáveis à outra parte para que possa formar o seu juízo e convicção de contratar ou não?

---

[431] Cfr. art. 324º, nº 2 do CVM.

[432] A este propósito refere TEIXEIRA, Felipe Canabarro, «Os deveres de informação dos intermediários financeiros em relação a seus clientes e sua responsabilidade civil», *Cadernos do Mercado de Valores Mobiliários*, nº 31, Dezembro, 2008, CMVM, p. 82, que "O princípio de Proteção dos Interesses dos Clientes, demonstra que a atividade de intermediação não é uma simples atividade comercial, no caso a prestação de serviços, que normalmente é norteada, quase que exclusivamente, pelo objetivo de lucro, pois os intermediários financeiros somente poderão alcançar este, respeitando tal princípio. De qualquer forma, é inegável que esse vasto leque de informações que devem ser fornecidas aos investidores, possuem, dentre seus escopos, o de implementar a proteção clientes do intermediário financeiro, principalmente os não qualificados".

Entendemos que devem ser prestadas as informações necessárias para que a outra parte decida, em consciência, se celebra ou não o contrato, mas já não as informações que colocam uma parte numa situação mais favorável que a outra, e que são fruto do seu estudo de mercado, investigação e preparação para a celebração do negócio.

Num contrato de seguro, quais as informações a que ambas as partes se encontram vinculadas a prestar?

O tomador de seguro, quando realiza um contrato de seguro, está duplamente protegido uma vez que a seguradora tem obrigações de informação impostas por dois diplomas legais. Primeiro, porque o contrato de seguro fornecido pela seguradora consubstancia um contrato de adesão, ficando esta sujeita, por conseguinte, aos deveres impostos ao predisponente do serviço pelo Regime Jurídico das Cláusulas Contratuais Gerais. Por outro, estes deveres de informação não excluem, antes complementam, os deveres de informação que especialmente estão consagrados e são impostos pelo Regime Jurídico do Contrato de Seguro[433]. Acresce que, em todos estes deveres, devem as partes, e não só a seguradora, proceder de boa-fé no processo formativo do contrato, conforme impõe o art. 227º do Código Civil.

Desta forma, a seguradora surge como duplamente obrigada e o tomador de seguro duplamente protegido[434].

Acrescenta ainda o Regime Jurídico do Contrato de Seguro, no art. 22º, que a seguradora tem ainda um dever informativo reativo, ou seja, tem o dever de esclarecer todas as questões que sejam suscitadas pelo tomador de seguro, consubstanciando uma espécie de dever de aconselhamento.

Caso a seguradora não cumpra com os deveres a que está adstrita, incorrerá em responsabilidade civil, cuja culpa está presumida[435].

Este dever especial de esclarecimento só é dispensado no caso de "contratos relativos a grandes riscos[436] ou em cuja negociação ou celebração

---

[433] Cfr. art. 18º e art. 21º do RJCS que complementam o os deveres consagrados no RJCCG – Decreto-Lei nº 446/85, de 25 de Outubro.

[434] Também neste sentido, VASCONCELOS, Luís Miguel Pestana de, «O seguro financeiro na reforma do Direito dos Seguros», *Revista da Faculdade de Direito da Universidade do Porto*, Ano VI, 2009, p. 363.

[435] Cfr. art. 23º do RJCS.

[436] Aos "grandes riscos" contrapõem-se os "riscos de massa", sendo que a sua grande distinção reside na álea e na necessidade de proteção do tomador de seguro. São "riscos de massa" os que não estejam definidos como sendo "grandes riscos", trata-se pois de uma definição residual.

## DO CONTRATO DE *SWAP* EM GERAL

intervenha mediador de seguros, sem prejuízo dos deveres específicos que sobre este impendem nos termos do regime jurídico de acesso e de exercício da atividade de mediação de seguros"[437].

É que no caso dos "grandes riscos", "não há lugar à presunção de desproteção do tomador de seguro subjacente à previsão do dever especial de esclarecimento" pois este dever especial de esclarecimento, por se movimentar no âmbito dos contratos relativos a riscos de massa, determina-se na sua extensão e modo de prestar, "pela competência em concreto do cliente, a sua educação, experiência e capacidade de entendimento e de discernimento", e o cumprimento deste dever é "elástico, variável, podendo relativamente a um dado aspeto bastar-se com a indicação genérica para o cliente A, e exigir uma especial sinalização para o cliente B"[438].

Nesta parte não existem muitas diferenças para com os deveres dos intermediários financeiros que também têm a obrigação de esclarecer e o dever de aconselhar, nomeadamente acerca da adequação do produto ao investidor.

Não é apenas à seguradora que, neste processo formativo do contrato de seguro, incumbe deveres de informação. Também o tomador de seguro deve prestar todas as informações sobre factos que possam relevar para a seguradora para efeitos de cômputo dos potenciais riscos e nível de probabilidade de ocorrência. É a partir destas informações que a seguradora efetua os seus cálculos e decide o montante do prémio de seguro a pagar pelo tomador.

Pela sua importância, verifica-se que estas informações devem ser fidedignas, no sentido de que o evento futuro e de verificação incerta em que se baseia o contrato de seguro não seja já mais previsível do que "chuva no Inverno".

Assim, todos os dados e factos que possam ser significativos e importantes para efeitos de apuramento da sua probabilidade de ocorrência ou

---

Assentes nesta divisão, importa salientar desde logo uma implicação relevante a nível de regime jurídico, existindo aqui uma obrigação diferenciada para a seguradora consoante estejamos perante um seguro de "grandes riscos" ou de "riscos de massa". As normas de proteção do tomador de seguro, segurado ou beneficiário da proteção de seguro aplicáveis no âmbito dos seguros de massa não o são nos "grandes riscos", designadamente este dever especial de esclarecimento pré-contratual.

[437] Cfr. art. 22º, nº 4, do RJCS.

[438] MARTÍNEZ, Pedro Romano [*et al.*], *Lei do Contrato de Seguro Anotada*, 2ª edição, Coimbra, Almedina, 2011, pp. 122 e 125.ISBN 978-972-40-4569-6.

O CONTRATO DE *SWAP*

extensão, devem ser comunicados à seguradora para que esta possa apurar e calcular o risco que assume.

Note-se, não fica o tomador de seguro desobrigado de fornecer a informação só porque não foi, por algum motivo, solicitada pela seguradora. O tomador tem o dever ativo de as fornecer à seguradora.

A lei opta por não elencar de forma taxativa quais as informações a prestar, pela circunstância de a realidade ser de tal forma rica e diversa que se correria o risco de não deixar consignada a prestação de certos factos que são relevantes. Opta, portanto, pela utilização da expressão "todas as circunstâncias que conheça e razoavelmente deva ter por significativas para a apreciação do risco pelo segurador", abarcando desta forma muito mais factos a informar do que aqueles que seria possível prever[439].

Ora, num contrato de *swap*, a maioria das vezes, o banco que atua como contraparte também é intermediário financeiro, e portanto, as exigências que lhe são exigidas em termos de informação são precisamente as mesmas que se impõem aos intermediários financeiros.

As exigências para os intermediários financeiros são maiores se se tratar da prestação de serviços financeiros a investidores não qualificados.

Quanto menor for o grau de experiência e conhecimento do investidor, mais completa deve ser a informação prestada[440].

Na Alemanha, as decisões dos tribunais têm seguido o sentido de que caso haja incumprimento dos deveres de informação e aconselhamento do banco relativamente ao cliente no que se refere à complexidade e riscos inerentes ao produto financeiro, este pode exigir àquele indemnização pelos danos que haja sofrido em virtude dessa violação[441].

---

[439] Assim refere o Art. 24º, nº 1, do RJCS. O nº 3 deste preceito demonstra que cumpridos os requisitos de informação impostos ao tomador de seguro e a seguradora tenha aceitado fazer o seguro, a mesma não poderá "prevalecer-se: *a)* Da omissão de resposta a pergunta do questionário; *b)* De resposta imprecisa a questão formulada em termos demasiado genéricos; *c)* De incoerência ou contradição evidente nas respostas ao questionário; *d)* De facto que o seu representante, aquando da celebração do contrato, saiba ser inexato ou, tendo sido omitido, conheça; *e)* De circunstâncias conhecidas do segurador, em especial quando são públicas e notórias", execeto se existir dolo do tomador de seguro na ocorrência de tais circunstâncias.

[440] Cfr. art. 312º, nº 2 do CVM.

[441] Cfr. MOMBERG, Rodrigo, «Beyond the Risk: Swaps, Financial Crisis and Change of Circumstances. Comparative Case Note. Supreme Court of Portugal – 10.10.2013», *European Review of Private Law*, Kluwer Law International, 2015, 23 ERPL 1, p.151, que refere: "Thus, in Germany, the courts have established the existence of an advisory contract between the

DO CONTRATO DE *SWAP* EM GERAL

Em Itália, não obstante conter no seu ordenamento jurídico norma semelhante ao nosso art. 437º do Código Civil, não têm os tribunais decidido subsumir os contratos de *swap* na sua previsão, antes decidindo pela sua invalidade por falta de causa, atendendo a que esta, no ordenamento jurídico italiano, é um dos elementos essenciais do contrato – art-º 1325º do Código Civil Italiano – bem como devido à estrutura desequilibrada do contrato de *swap* e da falta de conhecimento razoável das partes acerca dos riscos inerentes aos mesmos.

Também em França, a jurisprudência tem seguido esta orientação de invalidade dos contratos de *swap* devido à sua (falta de) causa, embora neste ordenamento jurídico a causa tenha um sentido (subjetivo) diferente do sentido (objetivo) adotado em Itália. Na Bélgica, a discussão tem-se gerado igualmente à volta do incumprimento dos deveres de informação por parte do banco e do correspondente erro por parte do investidor, designadamente no período da formação do contrato. Em Espanha, os litígios que envolvem estes contratos de *swap* de taxa de juro têm sido declarados judicialmente nulos. A justificação assenta na seguinte ideia: tendo os contratos sido celebrados por pessoas singulares que se haviam financiado junto de bancos para a aquisição de habitação e considerando que a subida das taxas de juro parecia não ter um fim, a parte pretendeu precaver-se da subida contínua das taxas celebrando tais contratos com a instituição financeira onde se havia financiado. Mas a parte não obteve uma informação precisa sobre o conteúdo contratual e respetivas consequências no caso de as taxas baixarem, informação essa que teria obrigatoriamente de ser prestada pela instituição financeira, atento o desnível profundo relativamente ao domínio do conteúdo deste produto financeiro, entre as partes do contrato. O Supremo Tribunal de Espanha tem decidido pela invalidade dos contratos de *swap*, fundamentando as suas decisões no erro ou engano do cliente acerca da assunção dos riscos inerentes ao contrato de *swap* de taxa de juro e das consequências provenientes desse contrato para si em caso de uma variação das taxas de juro. Este erro do cliente, entendeu aquele tribunal, decorreu da falta de informação adequada e clara, a

---

banks and their prospective investors, by which the bank is under a duty to inform and advice the client about the complexity and risks of the financial product. The breach of that duty entitles the client to claim damages to the bank. A less common ground is the invalidation of the contract for the infringement of public policy under section 138 BGB".

## O CONTRATO DE *SWAP*

qual deveria ter sido prestada pelo banco, que não atendeu à (pouca) experiência do cliente, sendo que não adequou a sua atuação e o seu dever de informação ao cliente que se prefigurava como contraparte no contrato. A título exemplificativo, recordamos três decisões do Supremo Tribunal espanhol, uma de 8 de julho de 2014, outra de 7 de julho de 2014 e outra de 26 de fevereiro de 2015, que declararam a nulidade do contrato: a primeira por erro vício no consentimento do cliente bancário[442], a segunda por incumprimento do dever de informação consagrado na DMIF[443], e a terceira por erro do cliente bancário sobre o risco assumido[444].

[442] Da primeira decisão, datada de 8 de julho de 2014, transcrevemos o seguinte trecho: "(...) la sentencia recurrida al apreciar error vicio del consentimiento y acordar la nulidad del contrato no infringió la normativa MiFID ni la jurisprudencia sobre el error vicio, pues está acreditado el déficit de información y la no realización del test de idoneidad que permiten presumir el error, no siendo aceptable la argumentación expuesta por la recurrente en los motivos", alegando a doutrina que tem sido seguida por aquele Tribunal, que refere "Conforme a esta línea jurisprudencial, el cliente debe ser informado por el banco antes de la perfección del contrato de los riesgos que comporta la operación especulativa, como consecuencia del deber general de actuar conforme a las exigencias de la buena fe que se contienen en el artículo 7 CC , y para el cumplimiento de ese deber de información no basta con que esta sea imparcial, clara y no engañosa, sino que deberá incluir de manera comprensible información adecuada sobre los instrumentos financieros y las estrategias de inversión y también orientaciones y advertencias sobre los riesgos asociados a tales instrumentos o estrategias" e que "Para articular adecuadamente ese deber legal que se impone a la entidad financiera con la necesidad que el cliente minorista tiene de ser informado (conocer el producto financiero que contrata y los concretos riesgos que lleva asociados) y salvar así el desequilibrio de información que podía viciar el consentimiento por error, la normativa MiFID impone a la entidad financiera otros deberes que guardan relación con ese conflicto de intereses que se da en la comercialización de un producto financiero complejo y, en su caso, en la prestación de asesoramiento financiero para su contratación, como son la realización del *test de conveniencia* -cuando la entidad financiera opera como simple ejecutante de la voluntad del cliente previamente formada, dirigido a evaluar si es capaz de comprender los riesgos que implica el producto o servicio de inversión que va a contratar, y *el test de idoneidad* , cuando el servicio prestado es de asesoramiento financiero, dirigido además de a verificar la anterior evaluación, a efectuar un informe sobre la situación financiera y los objetivos de inversión del cliente para poder recomendarle ese producto", sendo que a decisão integral está disponível em: http://www.poderjudicial.es/search/doAction?action=contentpdf&databasematch=T S&reference=7123258&links=swap&optimize=20140714&publicinterface=true (acedida em 19 de março de 2015).
[443] Da segunda decisão, datada de 7 de julho de 2014, retemos o seguinte e em síntese: "El criterio de la sentencia recurrida al apreciar error excusable determinante de la nulidad del contrato se ajusta en lo esencial a la citada doctrina de esta Sala que, como ya se ha dicho, partiendo de que el incumplimiento de los deberes de información no conlleva necesariamente

184

## DO CONTRATO DE *SWAP* EM GERAL

Cremos que será esta a via pela qual se poderá discutir a validade destes contratos nos tribunais portugueses e não pela aplicação do art. 437º do Código Civil.

Importa, portanto, esclarecer e analisar o *modus operandi* das instituições financeiras na celebração destes contratos.

As empresas que recorrem a este tipo de contratos, tendo sofrido prejuízos com os mesmos, acusam as instituições financeiras de serem pouco elucidativas no momento da formação do contrato, com a intenção de as embarricar numa espiral de perdas, desde logo porque aquilo que as referidas empresas procuravam era a cobertura e proteção contra a verificação de eventos futuros e incertos que, a ocorrerem, lhes traria prejuízos.

Arguem que aquilo que na realidade lhes foi pespegado pelas instituições financeiras foi um contrato puramente especulativo, sem ligação ou qualquer relação com financiamentos que essas empresas também detinham com as instituições financeiras.

Como se viu pelo Relatório de Literacia Financeira acima exposto, a população portuguesa no geral é ainda pouco instruída na área financeira e estes instrumentos financeiros derivados encerram em si mesmo uma complexidade ainda maior dentro da área financeira.

O *core business* da Banca assenta na recolha de poupanças de uma coletividade através de depósitos para depois, com esses valores e através da concessão de crédito, injetar capital no desenvolvimento da economia. Para o regular e natural desenvolvimento da atividade bancária impõe-se

---

la apreciación del error vicio pero puede incidir en la apreciación del mismo y directamente en la concurrencia del requisito de excusabilidad del error, permite presumir el error cuando como es el caso la entidad bancaria no realizó, siendo preceptivo, el test de idoneidade", cuja decisão integral está disponível em: http://www.poderjudicial.es/search/doAction?action=contentpdf&databasematch=TS&reference=7122174&links=swap&optimize=20140711&publicinterface=true (acedida em 19 de março de 2015).

[444] Da última decisão, datada de 26 de Fevereiro de 2015, e mais recente, acrescentamos o alegado por aquele Tribunal para complementar: "No está de más añadir -puesto que la entidad financiera realizó un test de conveniencia- que nada relevante aporta su contenido, pues lo único que deriva de él es la nula experiencia previa del cliente en productos financieros complejos, por lo que, en ningún caso, pudo servir de justificación para el incumplimiento por el banco del deber de información mediante el test de idoneidad previo a la contratación", disponível em: http://www.poderjudicial.es/search/doAction?action=contentpdf&databasematch=TS&reference=7323771&links=swap&optimize=20150313&publicinterface=true (acedida em 19 de março de 2015).

O CONTRATO DE *SWAP*

a manutenção de um nível forte de confiança no sector bancário, seja no seu modo de funcionamento, seja nos seus intervenientes e representantes, desde funcionários bancários até aos seus gestores e administradores.

Sempre que se torna público algum episódio de má gestão ou gestão pouco transparente na atividade bancária, o qual até pode consubstanciar (e consubstancia, não raras vezes) a prática de um ilícito criminal, assistimos a um descrédito por parte da população neste sector e nos seus agentes, com decréscimo dos níveis de confiança, o que abala todo o sector bancário, e não só a instituição bancária onde aquele episódio se verifica[445].

Na realidade, é necessário criar-se e manter-se um clima de confiança quase absoluta entre as instituições bancárias e a população em geral, pois esse clima é essencial para o bom funcionamento da atividade bancária na concessão de crédito e igualmente para incentivar o aforro. Sem esta confiança nenhum daqueles propósitos se realiza na sua plenitude, sendo no mirrar da economia que esta realidade se reflete[446].

Inerente à confiança que se exige na relação entre as instituições bancárias e a população em geral, encontra-se a necessidade de prestar a esta por aquelas, informação verdadeira e transparente.

O panorama nacional dos gestores das pequenas e médias empresas de Portugal não anda longe dos resultados desse relatório. Pelo que, aliando este facto à circunstância de a maioria das empresas estarem numa relação de dependência face a determinadas instituições financeiras, no sentido em que possuem vários contratos de financiamento com as mesmas – ascendência comercial das instituições financeiras – depositando nestas

---

[445] A este propósito, referimos, a título meramente exemplificativo, o caso Banco Privado Português, em que a sua insolvência suscitou um sentimento de desconfiança que se estendeu a quase todas as instituições bancárias e, mais recentemente, o caso do Banco Espírito Santo.

[446] Aliás, refira-se, o sigilo bancário é um dos meios legais previstos para proteção dessa relação de confiança, uma vez que pretende salvaguardar interesses de ordem pública e interesses de ordem privada ou particular, sendo os interesses de ordem pública a proteger a criação do referido clima de confiança para que a Banca seja, então, idónea de incentivar o aforro e para financiar o investimento, e os interesses de ordem particular a proteger prendem-se com a necessidade de reservar e preservar a vida privada dos clientes, sendo o sigilo bancário apenas uma expressão do direito à reserva da intimidade da vida privada, previsto no artigo 26º, nº 1, da Constituição da República Portuguesa. Embora seja assente que tal direito não é absoluto e que, em determinadas situações legalmente previstas, tem de ceder. Porém, escusamo-nos de maiores alongamentos sobre este tema, pelo mesmo não ser o objeto do nosso trabalho.

DO CONTRATO DE *SWAP* EM GERAL

uma certa dose de confiança, chegamos a um cenário sensível que requer atenções redobradas para celebração destes contratos de *swap*.

A instituição financeira deve cumprir os seus deveres de comunicação, informação e, acrescentamos, explicação, com muito rigor, atendendo ao perfil do cliente, nos termos já expostos. A prática indica-nos que na celebração destes contratos as instituições financeiras delegam o cumprimento destes deveres nos seus funcionários, os quais, muitas vezes, não têm informação suficiente e adequada a um cabal esclarecimento de todas as dúvidas colocadas, nem tão pouco conhecem, por vezes, a verdadeira essência do contrato que apresentam.

A ditadura dos números impõe-lhes vendas, ainda que para isso se sacrifiquem certos valores. Não estamos perante facínoras, como os defensores dos *prejudicados* naturalmente tentam invocar, tão-somente a nossa sociedade é hoje movida a um ritmo agitado que não se compadece com explicações exaustivas, nem serenas. A busca pelo cumprimento de objetivos é responsável pela rejeição de qualquer expediente que atrase a celebração do negócio.

Então, a comunicação e informação das cláusulas contratuais são feitas pelo gestor de conta, face visível do banco perante o cliente e em quem este deposita confiança, através de apresentações feitas com recurso a *power point*, cujo domínio lhes pertence, especial repetição das vantagens que o contrato poderá trazer, para aliciar à respetiva celebração, especial atenuação das desvantagens ou riscos em que o cliente pode incorrer, parca informação sobre os direitos do cliente no âmbito do contrato, ocultação de informações privilegiadas que tenha acerca da sentido da verificação do facto futuro e incerto, com intenção de conduzir o cliente a contratar.

O modo de celebração do contrato é também importante, bem como a assinatura da *confirmação* das cláusulas *acordadas* e o reenvio, o mais brevemente possível, para que possa começar a usufruir das referidas *vantagens*.

Poderemos afirmar que estamos perante uma atuação enganadora das instituições financeiras? Em caso afirmativo, estaríamos perante uma situação que geraria responsabilidade civil e bancária[447]. E responsabilidade criminal? Poderá assim ser caso se constate e prove qua a instituição finan-

---

[447] Sobre Informação e Responsabilidade Bancárias, veja-se CORDEIRO, António Menezes, *Direito Bancário*, 5ª edição revista e atualizada, Coimbra, Almedina, 2014, pp. 396 a 444. ISBN 978-972-40-5625-8.

O CONTRATO DE *SWAP*

ceira ou bancária usou deliberadamente de artifício para iludir e ludibriar outrem, pretendendo obter enriquecimento ilegítimo, com reveladora má-fé, existindo um desvalor da ação que, pela sua intensidade ou gravidade, terá o merecimento da adequada sanção, por atentatória do bem jurídico património. Dispõe o art. 217º, nº 1 do Código Penal, sobre o crime de burla, o seguinte: «Quem, com intenção de obter para si ou para terceiro enriquecimento ilegítimo, por meio de erro ou engano sobre factos que astuciosamente provocou, determinar outrem à prática de actos que lhe causem, ou causem a outra pessoa, prejuízo patrimonial é punido com pena de prisão até 3 anos ou com pena de multa». Trata-se de crime cuja consumação implica um real prejuízo patrimonial.

Não se cura neste tipo legal de sancionar a deslealdade, a falta de transparência, a inverdade ou a má-fé de *per si* mas verificados e provados em concreto todos os elementos subjetivos e objetivos do tipo legal e a dupla vinculação «erro ou engano» e «factos astuciosamente provocados», poderá consubstanciar um crime qualificado em razão do valor.

O que significa que por si só a falta de informação, a distorção da verdade ou o seu encobrimento não constitui infração criminal. Poderá é ser um *modus faciendi* do cometimento do crime de burla verificados os demais elementos constitutivos, abrangendo as variadas modalidades de dolo – direto, necessário ou eventual. Não sendo este o objeto do nosso estudo, não nos alongaremos mais nesta pequena incursão. Entendemos que esta conceção impõe uma reflexão mais aprofundada, embora noutra sede.

### 4.4. Cláusula do "método do valor de mercado" para aferir o valor do contrato

O *Master Agreement* da ISDA dispõe na cláusula sexta, alínea *e*) o seguinte: "*Payments on Early Termination.* If an Early Termination Date occurs, the amount, if any, payable in respect of that Early Termination Date (the "Early Termination Amount") will be determined pursuant to this Section 6(e) and will be subject to Section 6(f).", sendo que a alínea *f*), nos termos dos quais se apura o pagamento, refere "(f) *Set-Off.* Any Early Termination Amount payable to one party (the "Payee") by the other party (the "Payer"), in circumstances where there is a Defaulting Party or where there is one Affected Party in the case where either a Credit Event Upon Merger has occurred or any other Termination Event in respect of which all outstanding Transactions are Affected Transactions has occurred, will, at the option of the Non-defaulting Party or the Non-affected Party, as the case may be ("X") (and without prior notice to the Defaulting Party or the Affected Party, as the case may be), be reduced by its set-off against any other amounts ("Other Amounts") payable by the Payee to the Payer (whether or not arising under this Agreement, matured or contingent and irrespective of the currency, place of payment or place of booking of the obligation). To the extent that any Other Amounts are so set off, those Other Amounts will be discharged promptly and in all respects. X will give notice to the other party of any set-off effected under this Section 6(f)".

O que significa que se o contrato cessar os seus efeitos antes da data previamente acordada, será feita uma contabilização dos valores a pagar entre as partes com base no "método do valor de mercado" e efetua-se uma compensação entre os valores apurados.

Perguntamos se resultará do princípio da boa-fé na execução dos contratos ou se se trata de matéria a incluir especificamente nos deveres de informação impostos às instituições financeiras a informação diária ao cliente sobre o valor da operação em que está envolvido para que este possa decidir por manter o contrato ou desvincular-se dele.

## 5. Formas de cessação do contrato

Conforme já referenciámos, o contrato de *swap* é um contrato com prestações duradouras e de execução periódica ou com trato secessivo, pelo que se torna necessário definir e explicar os instrumentos jurídicos de cessação contratual que lhe são aplicáveis.

Nos derivados financeiros as prestações podem ser cumpridas na data de vencimento, através de uma liquidação física ou através de uma liquidação financeira[448]. Na liquidação física, também denominada por *physical settlement*, ocorre a entrega do ativo subjacente contra o pagamento do preço correspondente, no momento de concretização da operação de venda ou finalização de uma operação de investimento ou na maturidade do produto financeiro. Na liquidação financeira, ou *cash settlement*, ocorre apenas uma operação de apuramento da diferença entre o preço do ativo – *strike price* – estipulado no momento da celebração do contrato, e o preço do mesmo no momento do vencimento do contrato – *spot price*. Apura-se a

---

[448] Neste sentido, ver ANTUNES, José A. Engrácia, «Os derivados», *Cadernos do Mercado de Valores Mobiliários*, nº 30, Agosto, 2008, p. 10.4

O CONTRATO DE *SWAP*

diferença entre o preço de exercício e o preço de referência e a prestação corresponderá ao pagamento do valor diferencial, a efetuar pela parte em desfavor da qual se apurou a diferença.

Carlos Ferreira de Almeida defende que se nos derivados de crédito existir uma liquidação financeira, em que se procede ao pagamento da diferença entre o valor nominal do ativo de referência, que é um crédito, e o valor atual do crédito, o contrato assume a natureza de um contrato diferencial[449].

Nos derivados de mercado organizado existe uma liquidação diária, ajustando-se os ganhos e as perdas, havendo um pagamento diário dos remanescentes resultantes do encontro entre ganhos e perdas, sendo que esses ganhos e perdas são apurados por referência à cotação do dia a que o derivado esteja sujeito ou subordinado – *margin calls*[450].

Se conjugarmos o art. 2º, nº 1, alínea *e)* e o art. 207º, nº 2 do Código de Valores Mobiliários verificamos que os *swaps*, são operações que se realizam nos termos das cláusulas contratuais gerais, em que são padronizados, entre outros elementos, a periodicidade dos ajustes de perdas e ganhos e a modalidade de liquidação.

Os motivos que determinam que uma parte do contrato de *swap* se queira desvincular podem ser de ordem diversa. No entanto, destacamos uma das razões que esclarece, simultaneamente, um dos argumentos que tem sido esgrimido para justificar o carácter especulativo dos *swaps*. Referimo-nos ao facto de não existir coincidência entre a duração temporal do contrato que consubstancia o ativo subjacente e a duração do contrato de *swap*. Tem-se afirmado que esta diferença denota o caráter especulativo do *swap*. Discordamos. O facto é que, como vimos, sempre que uma parte tem a finalidade de cobertura de um risco financeiro e celebra um *swap* para do mesmo se prevenir, a contraparte tem de aceitar essa transferência de risco, sendo que este é o especulador e aquele o *hedger*. É um *casamento* perfeito, em que a especulação aparece associada à cobertura de risco. E isto não perde validade por existir diferença de duração entre o contrato de *swap* e o ativo subjacente, até porque se a finalidade de cobertura por

---

[449] Cfr. ALMEIDA, Carlos Ferreira de, *Contratos III, Contratos de liberalidade, de cooperação e de risco*, 2ª edição, Coimbra, Almedina, 2013, p. 270.

[450] Sistema MTM ou *mark-to-market*, que significa o procedimento através do qual se apura e liquida diariamente as perdas e os ganhos provenientes da detenção de numa posição num contrato derivado.

parte do *hedger* termina ele pode sempre ceder a sua posição contratual a outra parte que procure também proteção, outro *hedger*.

Uma outra razão que justifica a necessidade de uma parte pretender desvincular-se do contrato de *swap* é a alteração da sua perspetiva inicial relativamente à variável que serviu de base à sua contratação[451].

## 5.1. Da Caducidade

A caducidade verifica-se pela ocorrência de um facto jurídico propriamente dito, mas que não se consubstancia num ato jurídico ou negócio jurídico. Normalmente, esse facto jurídico consiste no decurso de um prazo que foi estabelecido pelas partes. Mas pode ser por exemplo a morte de uma das partes no caso de o contrato ter natureza *intuitu personae*.

Num contrato que estabeleça um prazo, no termo desse prazo caduca, ou seja, o próprio contrato estabelece uma data a partir da qual, se não existir renovação[452], cessa os seus efeitos. No contrato de *swap* não é diferente.

A duração do contrato de *swap* é variável, sendo a duração mais comum de cinco anos. Mesmo que exista um outro contrato que sirva de ativo subjacente e com certo prazo também estabelecido, a caducidade daquele não determina a caducidade do contrato de *swap*. Também por esta particularidade se afere a autonomia do contrato de *swap* face ao seu ativo subjacente.

## 5.2. Da Denúncia

Não se pode confundir a denúncia com a resolução contratual.

Na denúncia, a declaração de vontade emitida não tem de expor ou ser fundamentada por qualquer razão, não precisa de ser justificada. Já a resolução contratual deve ser fundamentada, podendo ter associado um motivo, o qual pode ser, desde logo, a alteração anormal das circunstâncias em que as partes se basearam para contratar, causando um desequilíbrio prestacional, sendo que, neste contrato em análise, já vimos ser, em nosso entendimento, inaplicável. Mas a diferença entre estas duas figuras também se reflete no momento a partir do qual produzem efeitos. Enquanto na denúncia os efeitos só se produzem após o decurso do prazo designado

---

[451] Neste sentido, CALHEIROS, Maria Clara, «O contrato de *swap*», *Studia Iuridica*, 51, *Boletim da Faculdade de Direito*, Coimbra Editora, 2000, pp. 175 e 176.

[452] Sobre a circunstância de a oposição à renovação conjugar as figuras da caducidade e da denúncia, veja-se LEITÃO, Luís Manuel Teles de Menezes, *Direito das Obrigações*, Volume II, Almedina, Fevereiro 2002, p.104. ISBN 972-40-1688-9.

O CONTRATO DE *SWAP*

por aviso prévio, na resolução os efeitos produzem-se retroativamente[453]. Queremos agora ocupar-nos apenas da denúncia contratual. Poderá haver denúncia pelas partes num contrato de *swap*? Se não existir disposição que a permita, em princípio, não será possível atendendo a que o contrato de *swap* é um contrato de duração limitada e a denúncia por regra só é admitida nos contratos de duração indeterminada[454]. Assim, a cessação antecipada do contrato de *swap* não poderá ser feita por denúncia contratual, a menos que a partes o consignem no clausulado. A realidade é que esta possibilidade cada vez se tem vindo a acentuar mais nestes tipos contratuais. As partes querem deixar em aberto a possibilidade de se desligarem de um contrato que acarreta o risco de perda, todavia, para que não seja abusivo esse desligamento e não quebre as expetativas da contraparte, consagra-se a obrigação de pagamento de um montante pecuniário.

A cláusula penal determina o pagamento de uma quantia pelo incumprimento definitivo ou temporário de um contrato, podendo revestir três modalidades. A primeira como cláusula moratória ou compensatória que visa a reparação de danos mediante a fixação antecipada da indemnização em caso de não cumprimento definitivo ou de simples mora do devedor. A segunda, chamada cláusula penal propriamente dita, visa substituir o cumprimento ou a indemnização, e finalmente, a terceira modalidade em que a cláusula penal é compulsiva ou compulsória acrescendo ao cumprimento ou indemnização pelo incumprimento, em que a intenção reside em pressionar o incumpridor a adotar a conduta devida, efetuando a prestação a que está adstrito.

Já a quantia que as partes estipulam se alguma exercer o direito de denúncia contratualmente estipulado tem em vista tão-somente ressarcir a contraparte pela quebra da sua expetativa de que o contrato só terminaria posteriormente, isto é, no termo acordado pelas partes. Na verdade, as partes quando celebram um determinado contrato, um qualquer, têm uma certa expectativa de obtenção de certas utilidades e vantagens, as quais se baseiam no cumprimento integral do mesmo. Ora, se aquele vínculo cessa antecipadamente por vontade de apenas uma das partes e sem que

---

[453] Também neste sentido, Acórdão do Supremo Tribunal de Justiça, datado de 18/11/1999, proferido no processo nº 99B852, relatado por Noronha do Nascimento.
[454] Cfr. Neste sentido, CALHEIROS, Maria Clara, «O contrato de *swap*», *Studia Iuridica*, 51, *Boletim da Faculdade de Direito*, Coimbra Editora, 2000, pp. 177.

DO CONTRATO DE *SWAP* EM GERAL

para isso tenha de apresentar qualquer motivo ou sequer, sem que tenha de haver motivo, é normal que se compense a contraparte por esta quebra do vínculo com a consequente frustração das expetativas nele baseadas. Note-se que o fim desta quantia é diferente da quantia paga a título de cláusula penal pois esta tem intenção sancionatória e aquela não.

Uma nota apenas para a inaplicabilidade do direito de desistência do consumidor[455], aqui cliente bancário, no âmbito da comercialização à distância de serviços financeiros, como os *swaps* de taxas de juro, de divisas ou de fluxos ligados a acções ou índices de acções (*equity swaps*), que sejam prestados a consumidores, em que cujo preço depende de flutuações do mercado financeiro, fora do controlo do prestador, podendo efectuar-se durante o prazo de desistência[456].

## 5.3. Da Resolução

A resolução do contrato pode resultar diretamente da lei ou de acordo das partes. É o que resulta do art. 432º, nº 1 do Código Civil. Quanto à forma de exercício do direito de resolução do contrato, podemos encontrar duas hipóteses no direito comparado, sendo que Portugal adotou a segunda. A primeira verifica-se em França, em que a resolução só pode exercer-se mediante o recurso a Tribunal; a segunda, adota o sistema alemão que perfilha a solução de que basta a simples declaração unilateral à outra parte, sem necessidade de recurso a Tribunal. Como dissemos, em Portugal, a resolução contratual opera mediante declaração unilateral de uma parte à contraparte, sempre com base em fundamentos supervenientes à formação e celebração do contrato[457]. Desta forma, não se confunde

---

[455] Que é a garantia de que o consumidor dispõe de um prazo de catorze dias de calendário para rescindir o contrato, sem indicação do motivo nem penalização. Este prazo sobe para trinta dias de calendário no caso de contratos à distância, abrangidos pela Directiva 90/619/CEE, relativos a seguros de vida e no caso de operações referentes a pensões individuais.

[456] Cfr. art. 6º, nº 2, al. *a*) da Diretiva 2002/65 de 23 de setembro do Parlamento Europeu e do Conselho, relativa à comercialização à distância de serviços financeiros prestados a consumidores.

[457] Sem prejuízo da necessidade de declaração de resolução pelo Tribunal no caso da locação. Nos restantes casos, nada impede que se recorra a Tribunal para o efeito, mas aqui o Tribunal apenas irá sindicar se existe motivo que a sustente e, em caso afirmativo, declara-a. Mas a ação para este efeito não é constitutiva, mas de simples apreciação ou, eventualmente, de condenação.

O CONTRATO DE *SWAP*

com a revogação, a qual para operar carece de acordo das partes. Na reso-lução, a causa resolutiva[458] resulta de acordo prévio das partes[459] ou da lei.

Se a causa resolutiva não consta de convenção, ela terá de ser exercida dentro dos trâmites legais, consubstanciando o que a doutrina denomina o exercício de um direito potestativo vinculado.

Uma vez verificada a causa resolutiva, não é obrigatório que o titular do direito de resolução exerça esse direito, todavia, não se pode criar uma situação de indefinição[460]. Pelo que, para evitar que o titular do direito de resolução que opta por não declarar à outra parte a resolução não fique imbuído de uma faculdade de poder terminar a todo o tempo o contrato (atendendo à iminência com que pode *decidir* exercer o direito de resolu-ção), concede-se um prazo razoável para que o exerça, sob pena de, não o fazendo, esse direito caducar[461].

O art. 433º do Código Civil determina que em caso de resolução do contrato se aplique o regime destinado à declaração de nulidade e anula-bilidade do negócio, consagrado no art. 289º do Código Civil. Estipulando ainda que o que se pretende é repor a situação em que as partes estariam caso não tivesse sido celebrado o contrato resolvido, devendo-se, portanto, restituir todas as prestações que foram prestadas ao abrigo da execução do mesmo, e de forma simultânea.

Conforme *supra* expusemos, o ISDA *Master Agreement* consubstancia a lei das partes na ausência de lei aplicável às *specified transactions* nele pre-vistas, não podendo contudo contrariar lei imperativa aplicável.

---

[458] Não confundir causa resolutiva com condição resolutiva do art. 270º do CC. Nesta, a verificação é automática e implica a ineficácia do contrato. Na causa resolutiva, depois de verificada, confere ao titular do direito o poder de decidir se mantém o contrato ou exerce o respetivo direito de resolução.

[459] Todavia ressalve-se que a estipulação de causas resolutivas não podem ferir princípios basilares e estruturantes da ordem jurídica, como por exemplo o princípio da proporcionalidade/adequação entre o meio invocado e o resultado desvinculativo, ou o princípio da boa-fé contratual e da inexigibilidade por o fundamento cessativo não corresponder a uma ideia materialmente justa, pretendendo legitimar-se tal cláusula ao abrigo do princípio da autonomia privada. Precisamente neste sentido, veja-se o Acórdão do Supremo Tribunal de Justiça, datado de 8 de Outubro de 2013, proferido no processo nº 6431/09.3TVLSB.L1.S1, relatado por Fernandes do Vale.

[460] Ver LEITÃO, Luís Manuel Teles de Menezes, *Direito das Obrigações*, Volume II, Coimbra, Almedina, 2002, p.103.ISBN 972-40-1688-9.

[461] Cfr. Art. 436º, nº 2 do CC.

## DO CONTRATO DE *SWAP* EM GERAL

As partes na justacomposição do seu contrato tentam conciliar a legalidade deste face ao ordenamento jurídico dos respetivos países, no caso de pertencerem a países diferentes, ou ao país comum a ambas as partes. Aliás, essa obrigação resulta do *Master Agreement* da ISDA, logo no início. De facto, de nada valeria um contrato que, em caso de litígio, na submissão à apreciação judicial, culminasse na declaração de um juízo de absoluta ilegalidade por contrariedade à lei interna aplicável.

Assim, as formas de cessação do contrato constam da cláusula sexta, donde resulta o procedimento a adotar em caso de resolução contratual, ou seja, em situações de verificação de *termination events*.

Por exemplo, em caso de incumprimento, a parte não faltosa terá de interpelar a inadimplente, concedendo-lhe um prazo admonitório de vinte dias, para que cumpra. Caso se esgote este prazo sem que haja cumprimento, pode resolver-se o contrato[462].

No ISDA *Master Agreement* acrescenta-se que a parte "afetada" deve tentar evitar a verificação do *termination event*, mudando inclusivamente a sua conta para outra jurisdição, e concede-se um prazo entre vinte a trinta dias; se mesmo assim a circunstância resolutiva se mantém, a parte "não afetada" pode resolver o contrato[463]. No entanto, há uma particularidade,

---

[462] Este regime é totalmente enquadrável e compatível com a nossa lei interna, designadamente com o atrt. 808º nº 1 do Código Civil.

[463] Cfr. Cláusula 6º, al. *b*), i e ii estipula: "(i) *Notice*. If a Termination Event other than a Force Majeure Event occurs, an Affected Party will, promptly upon becoming aware of it, notify the other party, specifying the nature of that Termination Event and each Affected Transaction, and will also give the other party such other information about that Termination Event as the other party may reasonably require. If a Force Majeure Event occurs, each party will, promptly upon becoming aware of it, use all reasonable efforts to notify the other party, specifying the nature of that Force Majeure Event, and will also give the other party such other information about that Force Majeure Event as the other party may reasonably require.

(ii) *Transfer to Avoid Termination Event*. If a Tax Event occurs and there is only one Affected Party, or if a Tax Event Upon Merger occurs and the Burdened Party is the Affected Party, the Affected Party will, as a condition to its right to designate an Early Termination Date under Section 6(b)(iv), use all reasonable efforts (which will not require such party to incur a loss, other than immaterial, incidental expenses) to transfer within 20 days after it gives notice under Section 6(b)(i) all its rights and obligations under this Agreement in respect of the Affected Transactions to another of its Offices or Affiliates so that such Termination Event ceases to exist.

If the Affected Party is not able to make such a transfer it will give notice to the other party to that effect within such 20 day period, whereupon the other party may effect such a transfer within 30 days after the notice is given under Section 6(b)(i).

O CONTRATO DE *SWAP*

que para o nosso caso importa, que se reporta aos efeitos da resolução nos contratos de execução continuada ou periódica, em que a resolução não pode ter eficácia retroativa, assim o determina o art. 434º, nº 2 do Código Civil. Como *supra* indicámos, o contrato de *swap* é um contrato duradouro de execução periódica ou sucessiva. De facto, as partes acordam na realização de uma série de pagamentos em datas que elas próprias também fixam e com base em critérios para determinação do montante que também se encontra estipulado no contrato.

A este propósito refere Costa Ran[464] que "o contrato de *swap* estabelece uma cláusula específica, o detalhe do calendário correspondente ao vencimento dos pagamentos a cumprir por ambas as partes. Tanto a vontade das partes como o interesse determinante do fim negocial do *swap* induzem-nos a afirmar que o tempo de cumprimento das obrigações assumidas no contrato de *swap* é essencial".

Aplicando-se o regime, a existir resolução contratual do contrato de *swap*, esta não poderá ter efeitos retroativos, isto é, nestes contratos a resolução tem efeitos *ex nunc* e não retroativos, nos termos do preceituado no artigo 434º, nº 2 do Código Civil. Mas o contrato pode também estipular valores a pagar pela parte que deu causa à resolução contratual, ou estabelecer a fórmula de cálculo para apuramento desse valor. E no ISDA *Master Agreement* constam essas cláusulas.

Acrescentamos ainda que, conforme já se deixou exposto, o contrato de *swap* é bilateral e sinalagmático, é-lhe aplicável todas as normas jurídicas adaptáveis a este género contratual, como o caso da exceção de não cumprimento do contrato, previsto no art. 428º do Código Civil, bem como a faculdade, conforme expusémos, de resolução por incumprimento contratual decorrente de mora ou incumprimento definitivo, resultante do art. 801º, nº 2 e do art. 808º do Código Civil[465].

---

Any such transfer by a party under this Section 6(b)(ii) will be subject to and conditional upon the prior written consent of the other party, which consent will not be withheld if such other party's policies in effect at such time would permit it to enter into transactions with the transferee on the terms proposed".

[464] COSTA RAN, Lluis, «El contrato de Permuta Financiera», *Revista Juridica de Catalunya*, nº 1, 1990, p.71.

[465] Também neste sentido, CALHEIROS, Maria Clara, «O contrato de *swap*», *Studia Iuridica*, 51, *Boletim da Faculdade de Direito*, Coimbra Editora, 2000, pp.83 e 84.

## 5.4. Abuso de direito

Será que podemos considerar o desequilíbrio das obrigações das partes, decorrente da execução do contrato de *swap*, subsumível ao instituto do abuso do direito?

O abuso de direito pressupõe a existência de um direito subjetivo ou poder legal. Como ensina Heinrich Hörster, a estrutura da relação jurídica e a noção de direito subjetivo "traduzem poderes postos nas mãos de particulares que são os sujeitos ou titulares. Esses poderes individuais ou privados correm o perigo (...) de um exercício abusivo"[466]. No contexto em que se desenvolve o nosso estudo, referimo-nos a um direito subjetivo relativo, o direito de crédito da parte em favor da qual evolui o contrato de *swap*.

Acresce que só pode haver *abuso de direito* e só podem ser extraídas as consequências que concretamente se justificarem dessa situação quando aquele que comete o abuso, violando manifestamente as regras da boa fé, dos bons costumes ou do fim social ou económico do direito, seja titular de um *direito* reconhecido formalmente pelo direito positivo, e o seu direito encontra-se consagrado nos arts. 397º, 762º, nº 2 e 763º do Código Civil. Assim, pretende-se saber se a parte que obtém benefícios avultados – e que tem o direito de exigir da outra parte o cumprimento de um dever jurídico *positivo* à custa de sacrifícios da contraparte à qual compete o cumprimento da obrigação a que se vinculou – poderá consubstanciar uma situação jurídica de abuso de direito daquela.

O abuso de direito, consagrado entre nós no art. 334º do Código Civil, é a expressão máxima do princípio da boa-fé, no sentido em que é a boa-fé que constitui um limite ao exercício dos direitos conferidos pela ordem jurídica.

Desta forma, considera-se que age em abuso de direito aquele que sendo detentor de um determinado direito "o exercita, todavia, no caso concreto, fora do seu objectivo natural e da razão justificativa da sua existência e em termos, apodicticamente, ofensivos da justiça e do sentimento jurídico dominante, designadamente com intenção de prejudicar ou de comprometer o gozo do direito de outrem ou de criar uma desproporção objectiva

---

[466] HÖRSTER Heinrich Ewald, *A parte do Código Civil português, Teoria Geral do Direito Civil*, 6ª reimpressão da edição de 1992, Coimbra, Almedina, 2012, pp. 278 a 288. ISBN 978-972-40-0710-6.

entre a utilidade do exercício do direito por parte do seu titular e as consequências a suportar por aquele contra o qual é invocado"[467].

A doutrina portuguesa tem categorizado os tipos de atos abusivos. Entre os diversos tipos de atos abusivos podemos elencar a *exceptio doli*, o *venire contra factum proprium nulla concidetur*, a *suppressio* e a *surrectio*, o *tu quoque* e o desequilíbrio no exercício de posições jurídicas.

A *exceptio doli*, ou exceção de dolo, permitia a detenção da posição jurídica do adversário em duas situações diversas, em que se alegava o dolo do autor, pelo defendente, no momento da constituição da situação jurídica levada a juízo ou o dolo do autor no momento da discussão da causa[468].

Por *venire contra factum proprium* entende-se que a ninguém é permitido agir contra o próprio ato, o que significa que se censura todo aquele que manifesta ou assume comportamentos contraditórios[469].

A *suppressio* existe quando durante um certo tempo não se exerceu certa posição jurídica e, ao exercê-la após esse tempo, poderá consubstanciar uma situação atentatória contra a boa-fé, daí que haja uma *supressão* de certas faculdades jurídicas.

A *surrectio* traduz-se no fenómeno inverso, ou seja, em observância ao princípio da boa-fé, alguém ver surgir na sua esfera jurídica uma faculdade que de outra forma não teria[470].

O *tu quoque*[471] significa que quem viola certa norma jurídica não poderá beneficiar das consequências que daí poderão advir para si. Um exemplo

---

[467] Cfr. Acórdão do Supremo Tribunal de Justiça, datado de 15/12/2011, proferido no processo nº 2/08.9TTLMG.P1S1, relatado por Pereira Rodrigues.

[468] Sobre esta modalidade, CORDEIRO, António Menezes, *Tratado de Direito Civil Português, Parte Geral*, Tomo I, 2ª edição, Coimbra, Almedina, 2000, pp. 249 e 250.

[469] Sobre esta modalidade, dispõe o Acórdão do Supremo Tribunal de Justiça, datado de 12/11/2013, proferido no processo nº 1464/11.2TBGRD-A.C1.S1, relatado por Nuno Cameira que "são pressupostos desta modalidade de abuso do direito – *venire contra factum proprium* – os seguintes: a existência dum comportamento anterior do agente susceptível de basear uma situação objectiva de confiança; a imputabilidade das duas condutas (anterior e actual) ao agente; a boa fé do lesado (confiante); a existência dum "investimento de confiança", traduzido no desenvolvimento duma actividade com base no *factum proprium*; o nexo causal entre a situação objectiva de confiança e o "investimento" que nela assentou". Não será, todavia, esta a modalidade que aqui pretendemos analisar.

[470] Neste sentido, CORDEIRO, António Menezes, *Tratado de Direito Civil Português, Parte Geral*, Tomo I, 2ª edição, Coimbra, Almedina, 2000, pp. 258 a 261.

[471] Esta expressão advém da célebre frase *"Tu quoque, Brute, fili mi?"*, que significa "Até tu, Brutus, meu filho?" proferida por César, quando descobriu que o seu filho Brutus estava entre os que o assassinaram em 44 a.c..

DO CONTRATO DE *SWAP* EM GERAL

desta modalidade expressa e acolhida no nosso Código Civil consta no art. 765º, nº 2 que dispõe: "O devedor que, de boa ou má-fé, prestar coisa de que lhe não é lícito dispor não pode impugnar o cumprimento, a não ser que ofereça uma nova prestação".

Interessa-nos esta última categoria de atos abusivos – o desequilíbrio no exercício de posições jurídicas. Pode subdividir-se o desequilíbrio no exercício de posições jurídicas em três hipóteses.

A primeira traduz-se num exercício, contrário à boa-fé, de direitos de modo inútil e provocando danos na esfera jurídica alheia – exercício danoso inútil.

A segunda, na circunstância de alguém, contrariamente à boa-fé, exigir algo que deva posteriormente restituir, ou seja, na existência de uma exigência injustificada[472].

E, finalmente, a última hipótese de desequilíbrio no exercício de posições jurídicas, que para o nosso assunto releva, é a desproporcionalidade entre os benefícios colhidos por uma das partes na relação jurídica, em virtude do exercício de um direito, e o sacrifício imposto à contraparte, sendo que essa desproporcionalidade contraria o princípio da boa-fé, sendo, por conseguinte, abusivo o exercício desse direito.

Nas palavras de Menezes Cordeiro, existe "um exercício jurídico, aparentemente regular, mas que desencadeia resultados totalmente alheios ao que o sistema poderia admitir"[473].

Colocamos a questão: poderemos considerar que a parte num contrato de *swap* que tem vindo a obter ganhos avultados na sequência da flutuação favorável da variável que serve de ativo subjacente, real ou nocional, ao *swap*, e que gera sacrifícios à contraparte, estará também a atuar em abuso de direito nesta última modalidade? Consideramos que não. Pelas mesmas razões que concluímos pela tese da inaplicabilidade do art. 437º do Código Civil ao contrato de *swap*, em que as partes se sujeitaram à possibilidade de, na execução do contrato, poder subsistir um desequilíbrio ou desproporcionalidade nas prestações, pois esse era o risco do contrato celebrado[474].

---

[472] Na expressão latina *dolo agit qui petit quod statim redditurus est*.

[473] Cfr. CORDEIRO, António Menezes, *Tratado de Direito Civil Português, Parte Geral*, Tomo I, 2ª edição, Coimbra, Almedina, 2000, p. 265.

[474] Contrariamente, SANTOS, Hugo Luz dos, «O contrato de swap de taxas de juro e os instrumentos derivados financeiros à luz do recente acórdão do Supremo Tribunal de Justiça, de 10 de Outubro de 2013: a "alteração anormal das circunstâncias" e as categorias doutrinais

O CONTRATO DE *SWAP*

Diferentemente seria se estivessemos numa desequilibrada distribuição dos riscos, em abstracto, no momento da celebração do contrato, o que teria de ser apreciado noutra sede e não em face dos resultados.

## 5.5. Da invalidade jurídica do contrato de *swap* puramente especulativo por ofensa à ordem pública

Apresentamos uma nota para a mais recentemente jurisprudência portuguesa[475] que declarou um contrato de *swap* nulo por ofensa aos princípios e valores que enformam a ordem pública. Sustentou que contratos de *swap*, cuja finalidade seja apenas especulativa, isto é, sem qualquer tipo de ativo subjacente, reconduzem-se à categoria de jogo ou aposta, e que, mesmo que assim não se entendesse, sempre deveriam ser declarados nulos, seja por ofensa à ordem pública, seja por ilicitude, devido à falta de causa, conforme dispõem os artigos 280º[476] e 281º[477] do Código Civil.

Sem prejuízo do que adiante abordaremos acerca da inexistência da consagração legal no nosso ordenamento jurídico da causa como elemento do contrato[478], terá o nosso Acórdão do Supremo Tribunal de Justiça[479] decidido à margem do ordenamento jurídico positivado, pois nele se não releva nem considera a causa como elemento exigível do contrato?

Refere o Acórdão que a causa ou função económica concreta do contrato de *swap* em análise é a especulação e que em confronto entre a pura especulação e os princípios e valores dominantes da sociedade há uma desvalia daquela face aos valores cogentes e ao bem comum, logo o contrato de *swap* especulativo é contrário à ordem pública e portanto, nulo, nos termos do art. 280º do Código Civil.

---

americanas da "unconscionability" e da "bounded rationality": um "estranho caso" de aliança luso-americana?», *Revista de Direito das Sociedades*, Ano VI, 2014, Nº 2, Lisboa, Almedina, p. 440.

[475] Cfr. Acórdão do Supremo Tribunal de Justiça, datado de 29 de Janeiro de 2015, proferido no processo n,º 531/11.7TVLSB.L1.S1, relatado por Bettencort de Faria.

[476] «Requisitos do objecto negocial – 1. É nulo o negócio jurídico cujo objecto seja física ou legalmente impossível, contrário à lei ou indeterminável. 2. É nulo o negócio contrário à ordem pública ou ofensivo dos bons costumes».

[477] «Fim contrário à lei ou à ordem pública ou ofensivo dos bons costumes – Se apenas o fim do negócio jurídico for contrário à lei ou à ordem pública, ou ofensivo dos bons costumes, o negócio só é nulo quando o fim for comum a ambas as partes».

[478] *Vide* Cap. III, ponto 1.

[479] Acórdão do Supremo Tribunal de Justiça, datado de 29 de janeiro de 2015, proferido no processo nº 531/11.7TVLSB.L1.S1, relatado por Bettencourt de Faria.

DO CONTRATO DE *SWAP* EM GERAL

Todavia, cremos que esta norma não fora bem empregue e, a ser o sentido da decisão da contrariedade à ordem pública do *swap* atendendo ao seu carácter especulativo, melhor seria se se aplicasse o art. 281º do Código Civil.

Nesta norma, prevêem-se casos de licitude do ato mas com fim ilícito e que ambas as partes tenham em vista um fim ilícito. Desta forma, nada está relacionado, na disciplina deste preceito, com o objeto do contrato ou o seu conteúdo[480].

Entendemos, diversamente do referido no Acórdão, que a especulação não é um fim ilícito e muito menos contrário à lei ou ordem pública[481], nem este preceito do art. 281º do Código Civil teria aplicabilidade.

Relembramos que mesmo num contrato de *swap* com finalidade de *hedging* há sempre uma das partes que prossegue uma finalidade especulativa, pense-se no *credit default swap* em que uma parte quer cobrir o risco a que está exposto e inerente a uma relação creditícia que possui com a entidade de referência. Aqui, o vendedor de proteção tem de aceitar correr esse risco, pelo que o mesmo é para si transferido, embora não tenha nenhuma conexão com o devedor de referência, e portanto, o CDS para si é especulativo.

Este facto, que é inegável, descompõe o argumento utilizado naquele Acórdão que refere as alegadas "desutilidades sociais e económicas[482]" da

---

[480] Assim se refere em LIMA, Pires de / VARELA, Antunes, *Código Civil Anotado*, Volume I, 4ª edição revista e atualizada, reimpressão, Coimbra, Coimbra Editora, 2011, p. 259. ISBN 972-32-0036-8.

[481] A propósito da especulação enquanto fim ilícito, considera João Bernardo no voto de vencido expresso no Acórdão do Supremo Tribunal de Justiça, datado de 29 de janeiro de 2015, proferido no processo nº 531/11.7TVLSB.L1.S1, relatado por Bettencourt de Faria que "o artigo 99º, alínea *c*) da Constituição da República Portuguesa, ao dispor que são objetivos da política comercial, entre outros, "o combate às actividades especulativas..." é um preceito comprometido com a redação vigente até 1989 (então do artigo 109º, nº1) que impunha ao Estado a intervenção na "racionalização dos circuitos de distribuição e na formação e controlo dos preços a fim de combater actividades especulativas...". A sua interpretação, assente neste elemento histórico e inserida no contexto resultante também doutros preceitos constitucionais, mormente os relativos à iniciativa privada, levam a que se devam colocar os *swaps*, mesmo os reportados a capital nocional (também designado por fictício ou hipotético) fora do âmbito do combate que o legislador constitucional determina". Opinião a que aderimos.

[482] Cfr. Acórdão do Supremo Tribunal de Justiça, datado de 29 de janeiro de 2015, proferido no processo nº 531/11.7TVLSB.L1.S1, relatado por Bettencourt de Faria, que refere: "Confrontando a pura especulação viabilizada pelos contratos dos autos com os princípios e valores prevalentes

O CONTRATO DE *SWAP*

especulação, pois se assim fosse, também o contrato de seguro poderia ser inválido por contrariedade à ordem pública, dado a seguradora em todos os contratos que realiza ser um especulador.

Finalmente, no que concerne à questão de saber se existe ou não um desequilíbrio entre os riscos assumidos neste género contratual, importa salientar que não se pode aferir esse desequilíbrio pelos resultados, mas antes pelas "regras" definidas pelas partes no início do contrato, ou seja, a forma como essa distribuição ficou estipulada. Não é a mesma coisa o desequilíbrio na distribuição dos riscos e o desequilíbrio nos ganhos e perdas.

A assimetria deve ser aferida em sede inicial, nas regras delineadoras dos riscos atribuídos a cada uma das partes e não em sede de execução contratual.

E será esta assimetria na distribuição de riscos contrária à ordem pública?

A lei não define o que se entende por ordem pública, antes empregando este conceito indeterminado, precisamente para atribuir margem para a atuação e preenchimento em concreto dos julgadores.

Parece-nos que aqui, a determinar-se a invalidade do contrato por desequilíbrio manifesto na distribuição dos riscos do contrato, com mais propriedade se aplicaria o regime jurídico dos negócios usurários.

Na verdade, sempre que alguém se aproveita da inexperiência de outrem para obter, em seu proveito ou de terceiro, benefícios excessivos ou injustificados, move-se no campo da usura, devendo-lhe ser aplicado o respetivo regime previsto no art. 282º do Código Civil[483].

Mesmo no âmbito dos contratos aleatórios, nos quais se consegue aferir o nível dos riscos assumidos segundo os critérios ou juízos de probabilidade acerca da ocorrência do evento que condiciona o montante das obrigações, é possível aplicar-se este regime[484].

---

na nossa sociedade (ainda que interpretados actualisticamente), ponderando as desutilidades sociais e económicas que aqueles são aptos a gerar e rememorando o que evola do artigo 99º, al. *c)* da Constituição da República Portuguesa, facilmente se alcança a sua desvalia face a esses valores cogentes e ao bem comum, o que autoriza que se conclua pela sua contrariedade à ordem pública e, consequentemente, pela sua nulidade (nº 2 do artigo 280º do Código Civil).

[483] Art. 282º do CC dispõe: "1. É anulável, por usura, o negócio jurídico, quando alguém, explorando a situação de necessidade, inexperiência, ligeireza, dependência, estado mental ou fraqueza de carácter de outrem, obtiver deste, para si ou para terceiro, a promessa ou a concessão de benefícios excessivos ou injustificados. 2. Fica ressalvado o regime especial estabelecido nos artigos 559º-A e 1146º".

[484] A este propósito salientamos o Acórdão do Tribunal da Relação de Lisboa, datado de 19 de Fevereiro de 2015, proferido no processo 1320/11.4TVLSB.L1-8, relatado por Isoleta

DO CONTRATO DE *SWAP* EM GERAL

Se na distribuição inicial de riscos uma parte – mais experiente – se aproveita da outra – inexperiente – para com isso obter benefícios injustificados, então, este negócio é usurário.

Exige-se, todavia, a consciência da inexperiência da contraparte, querendo-se com isso retirar vantagens injustificadas.

Torna-se ainda necessário que haja um aproveitamento dessa inferioridade e, por fim, que estas vantagens ou benefícios sejam manifestamente excessivos, o que só se conseguirá aferir casuisticamente[485].

É inegável que no âmbito de um contrato de *swap*, celebrado entre um profissional e um não profissional a assimetria informativa existe naturalmente, a qual aumenta ainda mais se atentarmos na forma padronizada de celebração dos contratos, em que o predisponente – profissional – conhece de forma mais profunda e completa os termos contratuais do que a sua contraparte. Neste cenário o não profissional, aqui configurado como consumidor, atua com racionalidade limitada, ou na terminologia norte americana, *bounded rationality*[486].

Desta forma, diz-se que deverá a parte mais forte, que é o predisponente das cláusulas contratuais gerais, suportar as consequências da "incidência tendencial do risco em sede de instrumentos derivados financeiros", porque possui um poder económico-financeiro e conhecimentos técnicos superiores aos da contraparte, exceto, consideramos nós, se a contraparte for também um profissional, uma vez que não raras vezes se celebram *swaps* entre duas instituições de crédito.

## 5.6. O *swap* reversal

Considerando uma parte de um *swap*, a que chamaremos inicial, a quem não é consentida a cessão de posição contratual pela contraparte, nem a sua denúncia, por falta de estipulação contratual permissiva, que quer anular

---

Costa, que relata "O conceito de usura, prescrito no artigo 282º nº1 do Código Civil, implica se verifique: 1) O desequilíbrio ou desproporção no seio do negócio; 2) A situação de fraqueza do lesado; 3) A exploração reprovável pelo usurário".

[485] Cfr. LIMA, Pires de/VARELA, Antunes, *Código Civil Anotado*, Volume I, 4ª edição revista e atualizada, reimpressão, Coimbra, Coimbra Editora, 2011, pp. 259 e 260. ISBN 972-32-0036-8.

[486] SANTOS, Hugo Luz dos, «O contrato de swap de taxas de juro e os instrumentos derivados financeiros à luz do recente acórdão do Supremo Tribunal de Justiça, de 10 de Outubro de 2013: a "alteração anormal das circunstâncias" e as categorias doutrinais americanas da "unconscionability" e da "bounded rationality": um "estranho caso" de aliança luso-americana?», *Revista de Direito das Sociedades*, Ano VI, 2014, Nº 2, Lisboa, Almedina, p. 439.

O CONTRATO DE *SWAP*

o risco que essa posição no *swap* inicial lhe traz ou pode trazer, atendendo à evolução do mercado e das taxas de juro e de câmbio, pode celebrar um outro *swap*, com outra entidade, em sentido inverso ao *swap* inicial. A este segundo *swap*, apelidamos de *swap* reversal, pois pretende inverter os riscos em que aquela parte pode incorrer decorrente do *swap* inicial, procurando obrigações simétricas às assumidas no *swap* inicial.

Trata-se de dois *swaps* diferentes, autónomos, mas paralelos, no sentido em que um visa anular os efeitos do outro, mas o *swap* inicial mantém-se na esfera jurídica da parte que decidiu celebrar o *swap* reversal, pretendendo com isso uma cessação, ainda que fictícia, dos efeitos do *swap* inicial, mas tal só sucede em termos económicos.

Deve é ressalvar-se que a parte que o celebra fica com duas posições, alegadamente inversas, mas está agora sujeita ao risco duplamente, além de que terá de suportar os custos inerentes a dois *swaps*. E poderá pretender que um *swap* anule os prejuízos em que possa incorrer no *swap* inicial, mas dificilmente o conseguirá de forma total, porquanto é difícil efetuar um *match* total e integral entre as perdas num *swap* e os ganhos suficientes para os cobrir noutro[487].

### 5.7. A cessão da posição contratual

No ISDA *Master Agreement*, na cláusula 7ª, dispõe-se que é possível a cessão da posição contratual, contudo, apenas com o consentimento da contraparte.

Prevêm-se apenas duas circunstâncias em que tal consentimento é dispensado, as quais estão identificadas nas alíneas *a)* e *b)* daquela cláusula[488]. Toda e qualquer outra forma para a cessão da posição contratual será nula.

Na cessão da posição contratual, o cedente abandona a sua posição no contrato de *swap* e transfere-a para outra, a qual assume todos os direitos

---

[487] Também neste sentido, CALHEIROS, Maria Clara, «O contrato de *swap*», *Studia Iuridica*, 51, *Boletim da Faculdade de Direito*, Coimbra Editora, 2000, pp. 57, nota 104, pp. 180 e 181.

[488] Que estipulam: "(a) a party may make such a transfer of this Agreement pursuant to a consolidation or amalgamation with, or merger with or into, or transfer of all or substantially all its assets to, another entity (but without prejudice to any other right or remedy under this Agreement); and (b) a party may make such a transfer of all or any part of its interest in any Early Termination Amount payable to it by a Defaulting Party, together with any amounts payable on or with respect to that interest and any other rights associated with that interest pursuant to Sections 8, 9(h) and 11".

e obrigações inerentes àquela posição[489]. A cessão não é, neste caso, gratuita, tendo o cessionário que pagar o *pricing* do *swap*, cuja determinação não constitui tarefa fácil; sabe-se é que o cessionário terá, em termos abstratos, que pagar ao cedente o valor de mercado que aquele contrato tiver à data da cessão.

A cessão da posição contratual consiste em um negócio causal e conforme estipula o art. 425º do Código Civil, o seu regime definir-se-á em função do tipo de negócio que serve de base à cessão. Assim, se o cedente cede a sua posição em troca do pagamento de um preço, ocorrendo o efeito translativo, o negócio que baseia a cessão é a compra e venda, sendo o regime desta que se aplicará à cessão.

Como *supra* referenciámos, casuisticamente, o contrato de *swap* pode assumir o caráter *intuitu personae*, nesse caso a possibilidade de cessão não existe, atendendo a que a sua celebração foi presidida pelo respeito pela identidade das duas partes e até por esse facto celebrado.

Mas a cessão de posição contratual, dependendo do consentimento da contraparte, nem sempre é exequível porque quem tem de consentir pode não estar interessado na troca de posições. Note-se que tal implicaria desde logo uma prévia análise de crédito acerca do terceiro adquirente da posição e uma avaliação da estrutura e credibilidade do mesmo. Pode também não compensar em termos fiscais a troca de posições. Assim, as partes no contrato serão sempre as mesmas a menos que haja consentimento do cedente, o que significa que a parte que queira ceder fica dependente da vontade da outra parte, estando *presa* ao contrato.

Maria Clara Calheiros fala-nos da possibilidade de se incluir no contrato a obrigação de indicação de justificação no caso de recusa do consentimento, para se evitar esta imutabilidade, que até poderia ser movida por mero capricho ou forma de pressão, mas isso impediria ou criaria entraves à liberdade de manobra, como a própria Autora refere também[490].

Uma outra solução possível seria, no momento da celebração do contrato, ambas as partes elegerem e consignarem em anexo ao contrato uma

---

[489] Sobre as implicações e restrições da possibilidade de o swap ser transmissível por via do endosso, ver CALHEIROS, Maria Clara, «O contrato de *swap*», *Studia Iuridica*, 51, *Boletim da Faculdade de Direito*, Coimbra Editora, 2000, nota 501. p. 178.

[490] Cfr. CALHEIROS, Maria Clara, «O contrato de *swap*», *Studia Iuridica*, 51, *Boletim da Faculdade de Direito*, Coimbra Editora, 2000, p. 180.

O CONTRATO DE *SWAP*

lista dos potenciais adquirentes das suas posições no futuro, mas facilmente se constata que isso traria para o contrato negociações e formalidades acrescidas e morosas, o que foi algo que desde início se quis evitar e anular, tenhamos presente o exemplo do fenómeno da padronização dos contratos.

A consagração da livre cessão de posição contratual beneficiaria, em muito, a liquidez do mercado secundário dos *swaps*.

### 5.7.1. O mercado primário e secundário dos *swaps*

O mercado primário é composto pelos contratos de *swap* criados *ex novo* para atingir as finalidades características dos contratos *swap*.

O mercado secundário, por sua vez, abarca todos aqueles contratos *swap* em que uma das partes iniciais já não pretende continuar vinculada, ou seja, onde essa posição irá ser negociada. Este mercado inclui três tipos de operações: a venda de *swaps* para um novo parceiro – falamos aqui da cessão da posição contratual, nos casos em que é permitida – o *swap reversal*, e aqueles contratos onde as partes acordam mutuamente a respetiva revogação, mas com efeitos *ex nunc*, ou seja, sem efeitos retroativos.

O mercado secundário dos *swaps* tem vindo a crescer cada vez mais, fomentado desde logo pela cessão de posições contratuais.

Esta ideia de mercado organizado dos *swaps* é um fenómeno desejado, atendendo a que todas as operações tendem a ser controladas por uma Câmara de Compensação que centraria em si os pagamentos a receber e a efetuar decorrentes das diversas posições, encarregando-se de redistribuir posteriormente os respetivos valores pelas posições correspondentes, efetuando a compensação entre posições. Por compensação entenda-se o processo de apuramento de posições, efetuando-se o cálculo das obrigações líquidas, e de garantia da disponibilidade dos instrumentos financeiros, numerário ou ambos, que assegurem o cumprimento das exposições decorrentes dessas posições.

Ao nível de características dos contratos de *swap* implicaria desde logo duas alterações ou ajustamentos: o contrato perderia o seu caráter bilateral para assumir a multilateralidade e, definitivamente, abandonaria o seu caráter *intuitu personae*.

## DO CONTRATO DE *SWAP* EM GERAL

## 5.7.2. A Câmara de Compensação

A criação de uma Câmara de Compensação acarreta elevados custos mas, ao mesmo tempo, traz um controlo mais rigoroso a este mercado de *swaps*[491].

Esta autoridade central tem de ser capaz de organizar e gerir todas as posições existentes e ser ela própria a garantir os pagamentos necessários, cruzando todas as posições e interpondo-se entre os diversos intervenientes. Esta entidade centra em si os pagamentos a receber e a efetuar decorrentes das diversas posições, encarregando-se de redistribuir posteriormente os respetivos valores pelas posições correspondentes.

O modo de funcionamento e fim é em tudo idêntico à Câmara de Compensação que já existe para o mercado de futuros.

A Câmara de Compensação interpõe-se, através do mecanismo da novação, entre o comprador e vendedor, tornando-se vendedor perante o comprador e a compradora perante o vendedor, assumindo assim os riscos de perda de uma das contrapartes, substituindo-se a essa contraparte.

Nos Estados Unidos, por exemplo, as câmaras de compensação são mais especializadas, enquanto na Europa tendem a efetuar compensação entre produtos, cobrindo vários títulos diferentes e derivados, na sequência de um processo de consolidação, envolvendo alianças e fusões[492].

Em França, a câmara de compensação é a *LCH, Clearnet, Group Ltd.*[493] criada em 1969, com o nome Banco Central de Compensações, S.A.. Esta câmara compensa, nomeadamente, os mercados de derivados continen-

---

[491] Cfr. The Payment System, ISBN 978-92-899-0632-6, Tom Kokkola Editor, European Central Bank, 2010, p. 108: "Where trades are cleared centrally by a CCP, each party will have one single counterparty risk exposure – an exposure vis-à-vis the CCP, an institution specialising in risk management. One of the key benefits of CCP clearing is the fact that, as a result of multilateral netting by novation, clearing members' credit risk exposures are much smaller than they would be in bilateral relationships. Moreover, CCPs apply consistent, highly robust risk management tools to all exposures" e "While central clearing is preferable to bilateral clearing for transparency and financial stability reasons, it would be extremely difficult – and costly – to make all OTC derivatives subject to CCP clearing".

[492] Também assim The Payment System, ISBN 978-92-899-0632-6, Tom Kokkola Editor, European Central Bank, 2010, p. 108: "In some countries and regions of the world (e.g. in the United States), CCPs tend to be more specialised, while in other countries and regions (e.g. in Europe) various CCPs now offer cross-product clearing (i.e. clearing covering various different securities and derivatives) and, following a process of consolidation involving alliances and mergers, cross-border clearing and netting".

[493] Informação mais pormenorizada acerca das funções deste organismo disponível em: http://www.lchclearnet.com/home (acedido em 19 de março de 2015).

O CONTRATO DE *SWAP*

tais da Euronext, como a *Marché à Terme International de France*[494] e a *Marché des Options Negociables de Paris*[495], mercados de derivados em França, compensando igualmente os mercados de obrigações e transações sobre *credit defauls swaps.*

### 5.7.3. O Regulamento EMIR

Na realidade, como refere Paulo Câmara[496], "a crise financeira iniciada em 2008 expôs as deficiências na estrutura de capital, no cumprimento dos deveres de conduta e no governo societário de múltiplas instituições de crédito" o que suscitou "discussões amplas sobre a eficácia das autoridades de supervisão bancárias".

Antes de avançarmos para as inovações trazidas pelo Regulamento EMIR, salientamos que a reforma das regras de supervisão basearam-se no risco e no perfil de risco das instituições de crédito[497].

Com base neste pressuposto, foram delineadas e aprimoradas técnicas de mensuração dos riscos a que cada instituição se encontra em dado momento exposta, efetuando-se *stress tests*, ou testes de resistência, e análises aprofundadas da estrutura organizacional de cada instituição, para melhor se perceber (e controlar) o governo das mesmas.

Os testes de resistências tiveram a sua origem nos Estados Unidos da América, delineados por Timothy Franz Geithner, nomeado em 2009 por Barack Obama, Secretário do Tesouro dos Estados Unidos.

O objetivo destes testes é a certificação de que as instituições possuem um nível bom de resiliência face a cenários de crise económica ou situações de emergência, ou seja, testar se são capazes de superar e recuperar em circunstâncias de dificuldades económicas extremas. Funcionam assim como um importante método de supervisão[498].

---

[494] MATIF.

[495] MONEP.

[496] Cfr. CÂMARA, Paulo, «Supervisão bancária: recentes e próximos desenvolvimentos», *I Congresso de Direito Bancário*, Coimbra, Almedina, 2015, pp. 284 e 285. ISBN 978-972-40-5896-2.

[497] CÂMARA, Paulo, Supervisão bancária: recentes e próximos desenvolvimentos, I Congresso de Direito Bancário, Coimbra, Almedina, 2015, p. 288. ISBN 978-972-40-5896-2, refere que: "O perfil de risco de cada instituição contribui para definir as prioridades de supervisão por parte de cada autoridade e para determinar o programa de supervisão (off-site e on-site) a aplicar.

[498] No último exercício, efetuado pelo Banco Central Europeu e pela European Banking Authority – EBA, a cento e vinte e três bancos da zona Euro, e que tiveram em consideração os

## DO CONTRATO DE *SWAP* EM GERAL

Um outro método de supervisão são os *living wills* que consistem na obrigação de apresentação de planos de recuperação e de resolução em caso de insolvência da instituição financeira.

Estes *living wills* são obrigatórios para toda e qualquer instituição que esteja legalmente habilitada a rececionar depósitos, já nos Estados Unidos da América só são aplicáveis para aquelas instituições que sejam classificadas como sistemicamente relevantes. Cremos que a nossa política se afigura melhor, em termos preventivos.

Para melhor visualização da consagração destes planos na nossa legislação[499], seguimos de perto a explicação de Paulo Câmara[500] que menciona a existência de diversos deveres autónomos mas interligados entre si, em que de "um lado, é estabelecido um dever de apresentação de um plano de recuperação, que visa a correção oportuna de desequilíbrios financeiros ou de risco que tais desequilíbrios ocorram. De outro lado, consagrou-se um dever de apresentação de um plano de resolução, com o objetivo de prestação de informações necessárias para assegurar ao Banco de Portugal uma resolução ordenada, caso a pretendida recuperação não seja alcançada".

Isto posto, a União Europeia elaborou o Regulamento (UE) nº 648/2012, Parlamento Europeu e do Conselho, de 4 de julho, relativo aos derivados do mercado de balcão, às contrapartes centrais e aos repositórios de transações, a estabelecer o respetivo regime sancionatório, que designaremos por Regulamento EMIR, por se dedicar à regulamentação sobre o *European Market Infrastruture Regulation*[501].

O Regulamento EMIR deve ser interpretado em conjunto com as respetivas normas técnicas de regulamentação, constantes do Regulamento Delegado nº 148/2013, de 19 de dezembro, referente aos dados mínimos a comunicar aos repositórios de transações, Regulamento Delegado

---

resultados de Dezembro de 2013, existiram vinte e cinco bancos que chumbaram, sendo que o Banco Comercial Português fora um deles. Os outros dois bancos portugueses sujeitos a estes testes, Caixa Geral de Depósitos e o Banco Português de Investimento, passaram. Os resultados dos testes referentes a todos os bancos submetidos aos mesmos podem ser consultados em https://www.eba.europa.eu/risk-analysis-and-data/eu-wide-stress-testing/2014/results.

[499] Cfr. Art. 116º D do RGICSF.

[500] CâmarA, Paulo, «Supervisão bancária: recentes e próximos desenvolvimentos», *I Congresso de Direito Bancário*, Coimbra, Almedina, 2015, p. 293. ISBN 978-972-40-5896-2.

[501] As atribuições do EMIR foram consultadas em http://ec.europa.eu/internal_market/ financial-markets/docs/derivatives/emir-faqs_en.pdf (acedido em 02 de fevereiro de 2015).

## O CONTRATO DE *SWAP*

nº 149/2013, de 19 de dezembro[502], sobre os acordos de compensação indireta, a obrigação de compensação, o registo público, o acesso a um espaço ou organização de negociação, as contrapartes não financeiras e as técnicas de atenuação dos riscos para os contratos de derivados *over the counter* não compensados através de uma contraparte central, do Regulamento Delegado nº 150/2013, de 19 de dezembro, relativo aos pormenores dos pedidos de registo como repositório de transações, do Regulamento Delegado nº151/2013, de 19 de dezembro, do Regulamento Delegado nº 152/2013, de 19 de dezembro, do Regulamento Delegado nº153/2013, de 19 de dezembro e do Regulamento Delegado nº 876/2013, de 28 de maio e com as normas técnicas de execução constantes do Regulamento de Execução nº 1247/2012, de 19 de dezembro, do Regulamento de Execução nº 1248/2012, de 19 de dezembro e do Regulamento de Execução nº1249/2012, de 19 de dezembro. A principal disciplina que este Regulamento trouxe refere-se à obrigatoriedade de certos derivados, pelo seu volume e importância, terem de ser compensados por contrapartes centrais autorizadas, visando assegurar o bom funcionamento do mercado.

Entre outras medidas, o Regulamento trouxe ainda a imposição do dever de comunicação aos repositórios de transações, dos dados referentes a todos os contratos de derivados celebrados. Este dever impende sobre

---

[502] Destacamos, com relevância para o nosso trabalho, o art. 12º alíneas *a)* e *b)* que referem que "um contrato de derivados OTC celebrado entre contrapartes financeiras ou não financeiras referidas no artigo 10º do Regulamento EMIR e que não seja compensado através de uma CCP, deve ser confirmado, sempre que possível por via eletrónica, logo que possível e o mais tardar: *a)* Para os *swaps* de risco de incumprimento de crédito e *swaps* de taxas de juro celebrados até 28 de fevereiro de 2014, inclusive, até ao final do segundo dia útil seguinte à data de execução do contrato de derivados OTC; *b)* Para os swaps de risco de incumprimento de crédito e swaps de taxas de juro celebrados após 28 de fevereiro de 2014, até ao final do dia útil seguinte à data de execução do contrato de derivados OTC", e o art. 10º, que estipula os critérios para determinar que contratos de derivados OTC reduzem objetivamente os riscos, sendo que no nº 1, al. *b)* diz que "um contrato de derivados OTC será considerado como um contrato que reduz de forma objetivamente mensurável os riscos diretamente relacionados com a atividade comercial ou com as atividades de gestão de tesouraria das contrapartes não financeiras ou dos grupos envolvidos quando, quer por si só quer em combinação com outros contratos de derivados, quer diretamente quer mediante instrumentos estreitamente correlacionados, preencher uma das seguintes condições: *b)* Cobre os riscos decorrentes do potencial impacto indireto sobre o valor dos ativos, serviços, fatores de produção, produtos, mercadorias ou passivos referidos na alínea *a)* em resultado de flutuações das taxas de juro, das taxas de inflação, das taxas de câmbio ou do risco de crédito.

DO CONTRATO DE *SWAP* EM GERAL

as contrapartes financeiras e não financeiras e sobre as contrapartes centrais, para que haja uma informação completa centralizada e atualizada, de modo a facultar uma maior transparência sobre estas operações e a facilitar a tarefa da entidade supervisora.

Foi designada como autoridade nacional competente para a supervisão das contrapartes financeiras o Banco de Portugal, juntamente com a Comissão de Mercados de Valores Mobiliários e o Autoridade de Supervisão de Seguros e Fundos de Pensões[503], estas últimas nos sectores de supervisão a que estão obrigadas por força dos seus estatutos. A supervisão das contrapartes não financeiras fica a cargo da Comissão de Mercados de Valores Mobiliários, bem como a autorização e supervisão das contrapartes centrais, controlando ainda a autenticidade das decisões da Autoridade Europeia dos Valores Mobiliários e dos Mercados[504].

Esta autoridade europeia tem o dever de seguir a atividade dos derivados do mercado de balcão, sinalizando os derivados desta categoria que são suscetíveis de propiciar risco sistémico e agir no sentido de salvaguardar a estabilidade dos mercados financeiros em situações de emergência, garantindo uma aplicação coerente das regras da União por parte das autoridades nacionais de supervisão e resolvendo diferendos entre as diversas autoridades[505].

As câmaras de compensação mantêm-se com este regulamento, todavia, as suas entidades gestoras não podem continuar a funcionar como contrapartes centrais. Só às contrapartes centrais compete a função de o ser.

Este Regulamento visou, portanto, atingir uma maior transparência nos derivados de mercado de balcão, atendendo à sua forma de negociação, que é privada e produz efeitos *inter partes*. Mas a rede que criam, dificulta a percepção dos níveis de risco que os mesmos encerram. Aliás, esta necessidade de controlo e maior transparência relativamente à negociação

---

[503] Substitui a designação ISP – Instituto de Seguros de Portugal – e continua a ser a autoridade nacional responsável pela regulação e supervisão, quer prudencial, quer comportamental, da atividade seguradora, resseguradora, dos fundos de pensões e respetivas entidades gestoras e da mediação de seguros.

[504] Também denominada pelo acrónimo ESMA. Esta entidade é a autoridade responsável pelo sancionamento, registo, reconhecimento e supervisão dos repositórios de transações e foi instituída pelo Regulamento Europeu nº 1095/2010, do Parlamento Europeu e do Conselho.

[505] Cfr. Regulamento (UE) nº 648/2012 do Parlamento e do Conselho, de 4 de julho de 2012, ponto 10.

O CONTRATO DE *SWAP*

dos derivados OTC levou a que, em setembro de 2009, os líderes do G20 acordassem que os mesmos deveriam ser compensados através de contrapartes centrais e ser comunicados a repositórios de transações.

Note-se que o Código dos Valores Mobiliários, não obstante a nova redação que lhe foi conferida pelo Decreto-Lei nº 40/2014, de 18 de março, com início de vigência a 17 de abril de 2014, que aprova as medidas nacionais necessárias à aplicação em Portugal do Regulamento EMIR, manteve a necessidade de as operações realizadas em mercado regulamentado e sistema de negociação multilateral sobre os instrumentos financeiros referidos nas alíneas *e)* e *f)* do nº 1 do artigo 2º serem objeto de compensação com interposição de contraparte central[506].

A Lei nº 6/2014, de 12 de fevereiro, autorizou o Governo a aprovar o regime que assegura a execução, na ordem jurídica interna, das obrigações decorrentes do Regulamento EMIR. No art. 1º, nº 2 alínea *c)* da referida lei prevê-se que o Governo regulamente os limites ao exercício da atividade de contraparte central e pelo nº 3 fica também autorizado o Governo, para assegurar a execução do referido Regulamento na ordem jurídica interna, a regular o funcionamento de câmara de compensação ou de sistema de liquidação.

Através do Decreto-Lei nº 40/2014, de 18 de março[507], o Governo, na sequência da autorização legislativa concedida, aprova as medidas nacionais necessárias à aplicação em Portugal do Regulamento EMIR e no seu preâmbulo, refere-se que a crise financeira colocou a *nu* os riscos que a utilização de contratos de derivados negociados fora de mercado regulamentado acarretam, uma vez que existe uma rede complexa de interdependências que se estabelecem, o que contribui para um grau de transparência diminuto, uma vez que são negociados de forma exclusivamente bilateral.

Desta forma, o Regulamento impõe que certas categorias dos contratos de derivados sejam compensados através de contrapartes centrais, para assegurar um funcionamento regular do mercado e para evitar repetição dos efeitos que causaram um abalo sério no sistema financeiro. Relembre--se que a crise financeira demonstrou que os derivados, em períodos de *stress* dos mercados, tendem a potenciar as incertezas e conduzem, por

---

[506] Cfr. art. 258º do CVM.

[507] Já alterado pelo Decreto-Lei nº 157/2014 de 24 de outubro, que transpôs para a ordem interna a Diretiva 2013/36/EU.

DO CONTRATO DE *SWAP* EM GERAL

conseguinte, a uma instabilidade dos mercados e do sistema financeiro, impondo-se, portanto, este aumento da transparência nestes contratos derivados. Visou-se, assim, implementar maior segurança e transparência na negociação destes derivados, pretendendo-se com isso evitar que haja um controlo pouco eficaz e falacioso dos riscos envolvidos nessas operações. Em suma, o que se aspirou foi a implementação de medidas para controlo dos riscos em cenários de pressão dos mercados[508].

De forma não exaustiva, referimos que o EMIR prevê várias obrigações, sendo que em derivados prevê a obrigação de compensação centralizada, isto é, junto de uma contraparte central, a mitigação de risco para derivados *over the counter* não compensados centralmente, a comunicação obrigatória das transações sobre todos os derivados a repositórios de transações. No que concerne às contrapartes centrais, prevê a autorização e supervisão, os requisitos aplicáveis e a interoperabilidade, e relativamente aos repositórios de transações[509], consagra regras sobre o registo e supervisão e sobre o acesso à informação[510].

O principal objetivo dos repositórios de transações é a concentração de toda a informação para uma identificação mais fácil e eficaz do nível de risco sistémico, bem como quais as entidades onde o mesmo começa a sobressair e a respetiva dimensão.

---

[508] Refere o Regulamento EMIR, ponto 4, que "os derivados do mercado de balcão («contratos de derivados OTC») são pouco transparentes, já que são contratos negociados de forma privada relativamente aos quais, normalmente, só as partes contratantes dispõem de informações. Criam uma complexa rede de interdependências que pode dificultar a identificação da natureza e do nível dos riscos envolvidos. A crise financeira veio demonstrar que essas características aumentam a incerteza em períodos de pressão sobre os mercados e, por conseguinte, provocam riscos para a estabilidade financeira. O presente regulamento estabelece condições para a limitação desses riscos e para o aumento da transparência dos contratos de derivados".

[509] Por repositório de transações entenda-se uma pessoa coletiva que recolhe e conserva centralmente os dados respeitantes a derivados. Estes repositórios de transações armazenam a informação referente aos derivados e que lhe é comunicada pelos participantes de Mercado, quer sejam ou não compensados por uma pessoa coletiva que se interpõe entre as contrapartes em contratos negociados num ou mais mercados financeiros, agindo como comprador perante todos os vendedores e como vendedor perante todos os compradores, também denominada por CCP. A informação fica acessível à ESMA, ao ESRB e aos bancos centrais relevantes.

[510] Cfr. Nota de Esclarecimento do Conselho Nacional de Supervisores Finaceiros (CNSF), disponível em: http://www.asf.com.pt/NR/rdonlyres/5BAABDBC-FBF7-4C8E-B0D6-0443CD365979/0/CNSF_NotaEsclarecimentoEMIR.pdf (acedido em 01 de fevereiro de 2015).

O CONTRATO DE *SWAP*

Resulta dos artigos 4º, 5º e 6º do Regulamento EMIR e do Regulamento Delegado nº 149/2013 quais os derivados OTC que têm de ser compensados por contrapartes centrais.

Sobre a contraparte central, o Regulamento prevê os requisitos relativos à autorização, ao exercício da atividade e à supervisão de contrapartes centrais nos seus artigos 14º a 54º, quais os requisitos de capital mínimo e prudenciais, no que diz respeito à sua organização e exercício de atividade, sendo que além dos que constam do Regulamento EMIR, podem os Estados Membros exigir requisitos suplementares[511].

As contrapartes centrais são pessoas coletivas que se interpõe entre as contrapartes em contratos negociados num ou mais mercados financeiros, agindo, como vimos, como comprador perante todos os vendedores e como vendedor perante todos os compradores.

Com este Regulamento, deixam de poder acumular outras funções, nomeadamente a de entidades gestoras das câmaras de compensações, que se mantêm, consagrando-se a exclusividade do seu objeto das contrapartes centrais.

Faz-se uma divisão entre contratos de derivados elegíveis e não elegíveis para compensação através de contraparte central, estipulando-se regras diferentes consoante a classe em que os derivados se insiram.

Estipulam-se e regulamentam-se as obrigações que impendem sobre as contrapartes financeiras[512] nos contratos de derivados, abrangendo as entidades autorizadas a exercer atividades nos setores bancário, segurador e dos fundos de pensões e dos valores mobiliários.

As instituições que tenham celebrado um *ISDA Master Agreement* com contrapartes, ao abrigo do qual tivessem sido celebrados contratos de derivados *OTC*, deverão implementar os procedimentos e mecanismos exi-

---

[511] Sobre as normas técnicas de regulamentação sobre os requisitos de capital das contrapartes centrais, veja-se o Regulamento Delegado (UE) nº 152/2013 da Comissão, de 19 de dezembro de 2012.

[512] São contrapartes financeiras as Empresas de investimento autorizadas nos termos da Diretiva nº 2004/39/CE, Instituições de crédito autorizadas nos termos da Diretiva nº 2006/48/CE, as Empresas de seguros autorizadas nos termos das Diretivas nºs 73/239/CEE e 2002/83/CE, as Empresas de resseguros autorizadas nos termos da Diretiva nº 2005/68/CE, os Organismos de investimento coletivo em valores mobiliários e a respetiva sociedade gestora autorizada nos termos da Diretiva nº 2009/65/CE, as Instituições de realização de planos de pensões profissionais, os Fundos de investimento alternativo geridos por uma entidade responsável pela gestão autorizada ou registada nos termos da Diretiva nº 2011/61/UE.

DO CONTRATO DE *SWAP* EM GERAL

gidos pelo Regulamento EMIR, a fim de os adequar às novas obrigações impostas por este Regulamento.

A Autoridade Europeia dos Valores Mobiliários e dos Mercados (ESMA[513]) é a autoridade responsável pelo registo, reconhecimento, supervisão e sancionamento das entidades que funcionarão como repositórios de transações, ou seja, pessoas coletivas que recolhem e conservam centralmente os dados respeitantes a derivados.

O Regulamento procedeu ainda à alteração da Diretiva nº 98/26/CE, do Parlamento Europeu e do Conselho, de 19 de maio, no que concerne ao caráter definitivo da liquidação nos sistemas de pagamento e de liquidação de valores mobiliários, protegendo mais os direitos dos operadores.

Desta forma, em suma, com as novas imposições trazidas com o Regulamento EMIR, passa a existir a obrigação de compensação centralizada, com imposição de intervenção de uma contraparte central. Esta câmara de compensação irá assumir a responsabilidade pela execução de todos os contratos de *swap* e assumirá o *default* de uma das partes, isto é, assume os riscos que inicialmente eram riscos bilaterais. Esta câmara de compensação tratará, portanto, do apuramento das posições e calculará as posições líquidas.

A contraparte central não será, todavia, contraparte, irá apenas fazer a compensação central, recolhendo garantias de ambas as partes (colateral), o que diminui o risco, pois se uma parte não cumprir a contraparte central possui uma garantia para acionar. As garantias vão sendo exigidas e libertadas pela contraparte central à medida que se vai fazendo o apuramento das posições. A contraparte central funcionará como uma espécie de "bolsa". Ocorre portanto uma concentração do risco na contraparte central, decorrente desta mutualização do risco.

Com esta nova regulamentação torna-se os mercados privados OTC em mercados semi-privados, na medida em que passam a obedecer agora a regras típicas dos mercados regulamentados, transformam-se em mercados formais.

A vantagem decorrente desta obrigatoriedade de compensação centralizada é que o risco, que era bilateral, que se encontrava expandido está

---

[513] Sobre esta autoridade e o seu papel na supervisão financeira europeia, veja-se MACHADO, Catarina Dantas, «A ESMA e a arquitectura de Supervisão Financeira Europeia», *Cadernos do Mercado de Valores Mobiliários*, nº 37, Dezembro, 2010, CMVM, pp. 70 a 104.

O CONTRATO DE *SWAP*

agora concentrado numa só entidade, sendo mais fácil, em princípio, controlá-lo, através de mecanismos de mitigação de riscos.

O que acontece é que se isola cada contraparte, transferindo-se o risco para uma entidade e controla-se apenas esta entidade e, consequentemente, o risco sistémico.

No entanto, cremos que o propósito efetivo é aumentar a transparência e facilitar a supervisão. Não ignoramos, porém, a possibilidade de também esta contraparte central ficar descontrolada e o risco ser ainda maior em caso de *default* desta entidade. Mas a realidade é que é menos provável a ocorrência de uma insolvência de uma contraparte central do que de um Banco, o que resolve o problema de transformação de maturidade, dado que gerará uma maior liquidez no mercado. Há ainda quem defenda que este sistema só funcionaria se existisse apenas uma contraparte central para centralizar tudo, mas isso anularia o Regulamento EMIR e o *Dood-Frank Act*.

A essência da contraparte central é proceder à comparticipação da liquidez, há uma parte dos ativos líquidos que vão ser afetados ao cumprimento dos derivados, há um ganho de liquidez.

Duas notas importantes a acrescentar acerca do Regulamento EMIR. Primeira, este Regulamento também se aplica aos derivados *Exchange Traded Derivatives* (ETD's), também chamados de *Listed* (listados), apesar de tal não resultar do Regulamento, há instruções internacionais neste sentido. A segunda, há OTCs compensados e não compensados, e os compensados só têm de o ser se ultrapassarem os limiares de compensação consagrados nas normas técnicas de regulamentação do Regulamento EMIR[514].

### 5.7.4. Pontos de contacto entre o Regulamento EMIR e a Dood-Frank Act

O Regulamento EMIR surge como resposta da União Europeia aos infaustosos efeitos que a crise financeira de 2007 deixou desnudados.

Com a sua disciplina pretendeu estabelecer mecanismos tendentes a controlar o risco sistémico[515], acompanhando a sua evolução e desejou

---

[514] Não cremos que, perante a nossa realidade interna, haja lugar a compensação, pois os valores são extremamente elevados, foram calculados perante a realidade europeia.

[515] Veja-se o art 11, nº 1 al. *a)* e 14 al. *a)* do Regulamento EMIR que estabelecem que "as contrapartes financeiras e não financeiras que celebrem contratos de derivados OTC sem compensação através de uma CCP, devem efetuar as devidas diligências para assegurar que estão estabelecidos procedimentos e mecanismos apropriados para medir, acompanhar e

DO CONTRATO DE *SWAP* EM GERAL

promover a transparência no mercado dos derivados de OTC. Estipulou a não obrigatoriedade de compensação para contrapartes não financeiras dependendo dos limiares[516], a obrigação de comunicar todas as operações de derivados negociados fora de Mercado regulamentado e em Mercado regulamentado, entre outras regras conducentes a uma negociação mais clara. Por seu turno, também nos Estados Unidos da América legislaram com estes objetivos. Com a lei de Dood-Frank, visou-se igualmente reduzir o risco sistémico e recuperar a confiança no Mercado dos *swaps*, estipulando a não obrigatoriedade de compensação para as contrapartes não financeiras no caso de estes instrumentos serem utilizados com finalidade de *hedging*. Existindo também a obrigatoriedade de comunicar todas as operações efetuadas fora do mercado regulamentado. Aqui, a entidade de supervisão é a SEC/CFTC, na União Europeia é a ESMA.[517]

## 6. Modalidades de *swaps*

Os *swaps* podem assumir uma variedade múltipla, conforme passaremos a expor, embora não seja nossa intenção o aprofundamento de cada variante em particular, mas tão-somente ilustrar a diversidade que os *swaps* podem assumir, interessando-nos, portanto, analisar a estrutura comum a todos do que cada um em particular. Em qualquer caso, para comprovar esta multiplicidade de tipos, aludimos alguns.

As variantes negociais dos *swaps* vão desde os mais conhecidos até aos apelidados *swaps* exóticos. Existem *swaps* híbridos, que combinam dois ou mais *swaps* num só e *swaps* que, indivuldamente considerados, têm uma estrutura complexa.

---

atenuar os riscos operacionais e o risco de crédito da contraparte, incluindo, pelo menos a confirmação atempada, sempre que possível por meios eletrónicos, dos termos dos contratos de derivados OTC em causa".

[516] Se uma contraparte não financeira mantiver posições numa classe de derivados, que exceda o respectivo limiar será obrigada a compensar as suas transacções. Os limiares definidos, atualmente, pela ESMA são: 1.000.000 euros em Derivados de Crédito; 1.000.000 euros em Derivados de Ações; 3.000.000 euros em Derivados de Taxa de Juro; 3.000.000 euros em Derivados Cambiais; 3.000.000 euros em Outros Derivados, como por exemplo *Commodities*. Valores estes que são calculados pela média dos valores nocionais brutos, por cada espécie de derivado, e face aos últimos trinta dias.

[517] Atribuições e implicações para a ESMA decorrente do Regulamento EMIR disponível em: http://www.cmvm.pt/cmvm/cooperacao%20internacional/docs_esma_cesr/documents/2013-1959_qa_on_emir_implementation.pdf (acedido em 23 de janeiro de 2015).

O CONTRATO DE *SWAP*

Certo é que o *swap* assume inúmeras variações atendendo à riqueza da realidade financeira de que deriva; bem como existe uma diversidade acerca das formas de pagamento das prestações do contrato de *swap*, podendo fazer-se na mesma divisa ou em diferentes divisas. Podemos elencar como modalidades de *swap* em sentido próprio o *swap* de taxa de juro, o *swap* de divisas e o *swap* combinado de divisas e de taxa de juro.

A diversidade das modalidades do contrato de *swap* em muito se deve, como se referiu, à diversidade das realidades subjacentes de que deriva, sendo necessário que as partes se previnam dos riscos a que estão expostas em virtude de tais realidades. Assim, com base na diversidade de riscos possíveis, exige-se que o contrato de *swap*, na sua construção, responda a essa diversidade, surgindo uma ampla panóplia de *swap*. É necessário que sejam flexíveis a ponto de preverem as formas de pagamento, prazos de vigência do contrato, trocas de capital, capital fixo ou variável, entre outros aspetos. Entre as diferentes modalidades de *swaps* podemos encontrar os *swaps* de taxas de juro, os *swaps* de divisas[518], *swaps* mistos entres estas duas modalidades, ou seja, *swaps* de taxas de juro e de divisas[519], *swaps* de garantia de *spread*[520], *swaps* para retorno total[521], *swaps* de risco de incumprimento ou sobre posições de crédito e seus riscos[522], *swaps* de valores mobiliários, *swaps* de mercadorias[523], *swaps* de índices relativos a mercadorias ou a valores mobiliários[524] [525].

De seguida, escolhemos algumas variantes para ilustrar esta diversidade. Expomos de forma mais atenta os três mais utilizados e conhecidos, seguidos de alguns exemplos de *swaps* exóticos ou não genéricos.

Mas além dos que abordamos, existem ainda outros *swaps* exóticos, cuja análise nos escusamos agora de abordar por não ser este o objeto do nosso

---

[518] Também conhecidos por *currency swap*.

[519] Ou *cross currency interest-rate swap*.

[520] Ou *credit spread swaps*.

[521] Ou *total return swaps*, em que o comprador de proteção paga ao vendedor o retorno total de um ativo contra certo montante.

[522] Ou *credit default swaps*, dos quais nos ocuparemos mais adiante.

[523] Ou *commodity swaps*.

[524] Ou *equity swaps*.

[525] Também neste sentido, Pinto, Paulo Mota, «Contrato de swap de taxas de juro, jogo e aposta e alteração das circunstâncias que fundaram a decisão de contratar», *Revista de Legislação e Jurisprudência*, Ano 143, n.º 3987, Julho/Agosto, 2014, p. 391.

estudo, todavia, a título indicativo referimos a existência dos *cocktail swaps, circus swaps, quanto swaps, diff swaps,* entre outros[526].

Como também podem ainda existir *swaps* complexos como os *swaps* com prazo condicional, podendo-se reduzir ou aumentar a duração do contrato, sendo que essa decisão cabe apenas a uma das partes que a comunica à contraparte unilateralmente[527], podem ainda existir *swaps* que permitam a intervenção de um terceiro que assumirá a posição de contraparte em dois novos *swaps* a celebrar com cada uma das partes originárias[528], ou aqueles *swaps* que estão incrustados no ativo subjacente[529].

## 6.1. *Swaps* de taxas de juro

Com um *swap* desta natureza pode alterar-se a natureza da taxa de juro, isto é, pode alterar-se uma taxa de juro variável para uma taxa de juro fixa ou o inverso[530]. Refira-se que não é o capital que se altera, mas apenas as taxas de juro, vulgarmente utilizado entre bancos e empresas[531].

O *swap* de taxa de juros[532] é uma modalidade dos contratos de *swap* que se caracteriza por ser um contrato de balcão[533], consensual e aleatório. Troca periódica de juros (vencidos) de um empréstimo a taxa fixa por juros (vencidos) de um empréstimo a taxa variável, na mesma divisa. Troca periódica de juros (vencidos) de um empréstimo a taxa variável por juros

---

[526] Para maior aprofundamento destes géneros, veja-se FERREIRA, Domingos, *Swaps e derivados de crédito*, Lisboa, Edições Sílabo, 2008, pp. 202 a 206. ISBN 978-972-618-504-8.

[527] Estamos perante um *putable swap* ou um *callable swap*.

[528] Os *double swaps*.

[529] São os *embedded swaps*.

[530] Cfr. Acórdão do Tribunal da Relação de Lisboa, datado de 15-01-2015, proferido no processo nº 876/12.9TVLSB.L1-6, relatado por Manuela Gomes que define o swap de taxa de juro como "o contrato de *swap* de taxa de juro é um contrato comercial atípico, oneroso e sinalagmático em sentido amplo (envolve prestações patrimoniais para ambas as partes) e aleatório (a sua álea é a incerteza / imprevisibilidade da evolução/variação das taxas de juro)".

[531] Sobre a periculosidade do uso do contrato de *swap*, especialmente do contrato de *swap* de taxa de juro, refere o Acórdão do Tribunal da Relação de Lisboa, datado de 17 de fevereiro de 2011, proferido no processo nº2408/10.4TVLSB-B.L1-8, relatado por Luís Correia de Mendonça que os "*Interest Rate Swap* são contratos com um forte pendor aleatório, sendo pacífico que o uso dos derivados deve ser cuidadosamente considerado pelos investidores, porque permite grandes alavancagens cujos prejuízos podem exceder largamente o capital investido nestes instrumentos.

[532] Também denominado por *interest rate swap*.

[533] Ou seja, é um derivado *over the counter*.

O CONTRATO DE *SWAP*

(vencidos) de um empréstimo a taxa variável também, mas indexados a diferentes mecanismos de variação.[534]

A jurisprudência define o *swap* de taxa de juro como "contratos mediante os quais dois mutuários de empréstimos do mesmo montante e com o mesmo vencimento, mas com taxas de juro calculadas sobre bases distintas, se comprometem a fazer pagamentos recíprocos, com base nas taxas de juro da contraparte, sobre o valor nocional, mantendo-se as partes devedoras dos respectivos empréstimos para com os respectivos mutuantes[535]".

A troca de pagamentos em taxa fixa por pagamentos em taxa variável designa-se comummente por *plain vanilla* ou *coupon swap*.

*Swap* de taxa de juro *overnight*[536] consiste numa operação de permuta financeira de taxa de juro em que a taxa de juro periódica variável equivale à média geométrica de uma taxa *overnight* ou de uma taxa de índice *overnight* durante um período determinado. O pagamento final será calculado como a diferença entre a taxa de juro fixa e a taxa de juro *overnight* composta, registada ao longo da duração da OIS e aplicada ao valor nominal da operação[537]. E é no Mercado Monetário Interbancário que as instituições financeiras se financiam reciprocamente, por prazos muito curtos, sempre inferiores a um ano. Maioritariamente, por o prazo de um dia (overnight). Já no Mercado da União Europeia existem dois tipos de taxas: a EURIBOR e a EONIA. A EURIBOR é a taxa praticada pelas instituições financeiras entre si no Mercado do EURO e consubstancia um índice de referência da evolução das taxas de juros dos empréstimos a uma semana e de um a doze meses. A EONIA é a média das taxas de juro nos empréstimos por o prazo de um dia.

O Regulamento (UE) nº 549/2013, do Parlamento Europeu e do Conselho, de 21 de maio de 2013 define, no seu ponto 5.211, o que se entende por *swaps* de taxa de juro, consubstanciando-se numa «troca de juros de

---

[534] Cfr. CALHEIROS, Maria Clara, «*O contrato Swap no contexto da actual crise financeira global*», *Cadernos de Direito Privado*, nº 42, Abril/Junho 2013, p. 4.

[535] Cfr. Acórdão do Tribunal da Relação de Lisboa, datado de 08/05/2014, proferido no processo nº 531/11.7TVLSB.L1-8, Relator Ilídio Sacarrão Martins.

[536] Também conhecido pela abreviatura OIS.

[537] Se a OIS for denominada em euros, a taxa de juro *overnight* utilizada é a EONIA – *Euro OverNight Index Average* — taxa de juro de referência do mercado monetário do euro para o prazo *overnight, segundo o REGULAMENTO (UE) Nº 1333/2014 DO BANCO CENTRAL EUROPEU de 26 de novembro de 2014, relativo às estatísticas de mercados monetários (BCE/2014/48).*

# DO CONTRATO DE *SWAP* EM GERAL

diferentes tipos, relativos a um capital hipotético que nunca é trocado»[538]. Acrescentamos ainda que neste *swap* a única coisa que está em causa é a troca de valores que resultem da aplicação de uma taxa acordada sobre um valor nocional também acordado, e nunca a troca deste capital.

Para melhor explicarmos o conteúdo deste tipo contratual, utilizaremos como exemplo uma situação real, que mereceu tratamento na nossa jurisprudência[539].

A título de exemplo, basearemos a nossa exposição na seguinte situação: uma empresa celebrou com um banco um contrato de permuta de taxa de juro, ou seja, um contrato de *swap* de taxa de juro, em janeiro de 2007, portanto, em momento anterior à eclosão da crise imobiliária e financeira que se iniciou na América, e que perduraria até dezembro de 2012. As partes acordaram na troca periódica de juros vencidos de um empréstimo a taxa fixa por juros vencidos de um empréstimo a taxa variável. O valor nocional ficou-se em quatro milhões e meio de euros. Os termos do contrato determinavam a obrigação para a empresa de pagamento trimestral de uma taxa fixa de 4,35% sobre o referido valor nocional se a taxa Euribor a três meses se fixasse num valor inferior a 3,8% ou num valor igual ou superior a 4,35% e igual ou inferior a 5,05%, ou então teria de pagar o valor correspondente à aplicação da taxa variável Euribor a três meses sobre o valor nocional, se a mesma se fixasse em valor igual ou superior a 3,8% e inferior a 4,35%, ou num valor superior a 5,05%. Por sua vez, o banco fica obrigado ao pagamento trimestral do valor correspondente à taxa Euribor a três meses. A Euribor[540] significa *Euro Interbank Offered Rate*, isto é,

---

[538] Exemplos de taxas de juro que podem ser objeto de *swaps*: taxas fixas, taxas variáveis e taxas denominadas numa divisa. Os pagamentos ocorrem em numerário no correspondente à diferença entre as duas taxas de juro estipuladas no contrato, as quais são aplicáveis ao valor nocional acordado.

[539] Cfr. O mesmo caso analisado em duas instâncias, pelo Acórdão do Tribunal da Relação de Lisboa, datado de 08/05/2014, proferido no processo 531/11.7TVLSB.L1.8, relatado por Ilídio Sacarrão Martins e pelo Acórdão do Supremo de Tribunal de Justiça, datado de 29/01/2015, relatado por Bettencourt de Faria.

[540] Ou, conforme noção do Banco de Portugal, disponível em: https://www.bportugal.pt/ pt-PT/PoliticaMonetaria/TaxasdeJuro/Paginas/TaxasdejuroEURIBOR.aspx (acedido em 1 de fevereiro de 2015). As taxas EURIBOR são as taxas de juro de referência do mercado monetário do euro, para os prazos compreendidos entre 1 semana e 1 ano, correspondendo às taxas oferecidas, para os diferentes prazos, por um "prime bank" a outro "prime bank" no mercado interbancário do euro para a concessão de crédito sem garantia. As taxas EURIBOR

O CONTRATO DE SWAP

as taxas Euribor resultam da média das taxas de juros que são praticadas nos empréstimos interbancários entre os maiores e mais importantes bancos europeus. Atualmente existem oito taxas de juro com prazos diferentes. Existe taxa Euribor a uma semana, a duas semanas, a um mês, a dois meses, a três meses, a seis meses, a nove meses e a doze meses.

Com o gráfico abaixo, tentamos ilustrar melhor as barreiras e as obrigações que emergem do contrato celebrado pelas partes deste contrato.

Concluímos que sempre que a taxa Euribor se fixar abaixo dos 3,8% quem lucra com o contrato é o banco, pelo que, num cenário de descida das taxas de juros abaixo dos 3,8% a empresa acumula perdas. Nos outros cenários, não acumula nem ganhos nem perdas.

Neste caso concreto que colocamos sob análise, a questão essencial reconduzia-se ao pedido de resolução do contrato por alteração anormal, imprevisível e superveniente das circunstâncias em que as partes fundaram a sua decisão de contratar. Todavia, esgotadas as três instâncias, sempre foi decidido que o contrato não se deveria manter, apesar de os argumentos invocados pelas mesmas para obterem tal conclusão não serem uniformes, nem, como se verifica pelo voto de vencido no Acórdão do Supremo Tribunal de Justiça, unânimes.

Durante todo o processo, desde a primeira instância até ao Supremo Tribunal de Justiça, discorreu-se sobre a licitude ou não, face à ordem jurí-

---

são calculadas diariamente como uma média das contribuições diárias de um painel de bancos de referência do mercado monetário do euro. A entidade responsável pela gestão destas taxas é a European Banking Federation (EBF)".

dica interna, dos contratos de *swap*; sobre a aplicabilidade ou não da exceção de jogo aos contratos de *swap*, por se entender que, se estes tiverem uma finalidade puramente especulativa, não passam de uma aposta; sobre a aplicabilidade ou não, sendo lícitos os contratos, do instituto previsto no art. 437º do Código Civil, por alteração das circunstâncias, e sobre a sua nulidade devido ao facto de inexistir causa e por violação dos princípios e valores que enformam a ordem pública.

Sobre cada um destes aspetos, fomos abordando *supra* os argumentos que têm vindo a ser esgrimidos para sustentar cada uma das posições antagónicas que existem na nossa jurisprudência e doutrina, no intuito de dar, no final, a nossa visão e contributo sobre os mesmos.

A doutrina e jurisprudência que se tem pronunciado sobre este tema, reconduz-se quase sempre ao *swap* de taxa de juro, maioritariamente, e sobre o *swap* cambial, embora menos. Não é contudo este o nosso tema central, todavia, reconhecemos que existem pontos comuns que teremos de aproveitar para melhor exposição do nosso tema.

### 6.2. *Swaps* de divisas ou cambiais

O mesmo Regulamento (UE) nº 549/2013, do Parlamento Europeu e do Conselho, de 21 de maio de 2013 define, no seu ponto 5.212, define *swap* cambial como «transações em divisas estrangeiras a uma taxa de câmbio definida no contrato». *Swap* cambial[541] é uma operação de permuta financeira em que uma das partes vende à outra um dado quantitativo de uma divisa contra o pagamento de um determinado valor noutra divisa, calculado com base numa taxa de câmbio previamente ajustada[542], acordando simultaneamente em recomprar a divisa vendida em data futura, isto é na data de vencimento, contra a venda da divisa comprada inicialmente a uma taxa de câmbio diferente[543].

Converte-se a dívida fixada numa moeda para outra moeda diferente, segundo a taxa de câmbio fixada ou vigente à data da assinatura do contrato. Mais utilizado pelas empresas que recorrem a mercados externos para se financiarem. Por exemplo, uma empresa portuguesa que necessita

---

[541] Cfr. Regulamento (UE) nº 1333/2014do Banco Central Europeu de 26 de novembro de 2014, relativo às estatísticas de mercados monetários (BCE/2014/48).
[542] Designada por taxa de câmbio à vista.
[543] Designada por taxa de câmbio a prazo.

O CONTRATO DE *SWAP*

de se financiar em francos suíços, mas para aceder ao mercado suíço terá que suportar custos elevados, sendo difícil conseguir levantar tais fundos. Então contrai um empréstimo em euros e troca esse financiamento por um outro que uma empresa suíça tenha em francos suíços.

Esta operação de *swap* de divisa possibilita a ambas as empresas uma redução dos custos globais com o financiamento. Pode ainda conjugar-se um *swap* de divisa com um *swap* de taxa de juro em que, basicamente, o que se visa é trocar uma determinada moeda de um empréstimo contraído a uma taxa de juro variável ou fixa, numa outra moeda a uma taxa de juro fixa ou variável. Troca de capital e juros periódicos de um empréstimo a taxa fixa, contraído em certa divisa, por capital e juros periódicos de um empréstimo contraído em diferente divisa.

### 6.2.1. *Swap* combinado de divisas e de taxa de juro

Troca de capital e juros periódicos de um empréstimo a taxa variável expresso em certa divisa por capital e juros periódicos de um empréstimo a taxa variável expresso em diferente divisa. Troca de capital e juros periódicos de um empréstimo a taxa fixa expresso em certa divisa por capital e juros periódicos de um empréstimo a taxa variável contraído em diferente divisa[544].

### 6.3. *Credit default swap*

Sobre este derivado financeiro, debruçar-nos-emos seguidamente, no entanto, antecipamos que se trata de um derivado de crédito e que se traduz num contrato efetuado entre duas partes, sendo que uma (comprador do CDS) paga a outra (vendedor do CDS) para que esta em troca compense aquela, caso uma entidade de referência (instrumento de crédito de dívida soberana ou de empresas) seja objeto de um evento de crédito, também estipulado no contrato.

Aproveitamos neste contexto para mencionar uma figura afim do contrato de *swap*, o *debt-equity-swap*, que traduz uma operação de troca de crédito por participações no capital de certas empresas. Pode servir para que os credores de uma empresa possam decidir pela recuperação da mesma.

---

[544] Cfr. CALHEIROS, Maria Clara, "*O contrato Swap no contexto da actual crise financeira global*", *Cadernos de Direito Privado*, nº 42, Abril/Junho 2013, pp. 4 e 5.

### 6.4. *Swaps* exóticos

#### 6.4.1. *Zero-Coupon Swaps*

Neste *swap*, denominado *swap* de coupão-zero, não existem pagamentos de juros regulares, apenas há um pagamento final, na data de vencimento, da taxa de juro fixa. Normalmente costuma associar-se a sua utilização à emissão de obrigações de coupão-zero.

#### 6.4.2. *Rouller-Coaster Swaps*

Os *swaps* com valor principal crescente e decrescente são uma combinação dos *amortising swaps* e dos *accreting swaps*. O valor nocional ou de referência começa inicialmente por crescer e no final decresce, com consequências para o valor das prestações a efetuar.

#### 6.4.3. *Indexed and floating principal swaps*

Nestes *swaps* o valor nocional encontra-se indexado, variando consoante a evolução do índice a que encontra indexado. Este índice pode ser um índice de taxas de juro ou índices cambiais.

#### 6.4.4. *Forward start swaps*

Estes *swaps* também são denominados *delayed start swaps* precisamente porque só começam a produzir efeitos a partir de uma certa data, posterior à sua celebração. Melhor, só começaram a existir trocas de fluxos em data posterior, a qual é acordada pelas partes no início do contrato.

Neste *swap* pode existir a possibilidade de o mesmo terminar em data anterior à prevista, se ocorrer uma alteração das expectativas iniciais das partes e nos termos contratados. Refira-se que pode terminar mesmo antes do seu início de produção de efeitos. Um dos motivos da sua utilização é a necessidade de ajustamento de fluxos de tesouraria com o *swap* com outros *swaps*.

#### 6.4.5. *Collapsible swaps*

Este *swap* pode terminar antes do período contratado e de forma repentina. As partes colocam uma cláusula onde consagram a possibilidade de termo antecipado (*close-out*) por ocorrer uma alteração das expectativas que tinham *ab initio*. Essas expectativas podem alterar-se na sequência dos movimentos dos preços do ativo subjacente se alterar em sentido contrário ao esperado, o que conduz à acumulação de perdas. Neste *swap*, normalmente, combinam-se dois tipos de derivados financeiros, o *swap* de taxas de juro e uma opção sobre *swap*.

### 6.4.6. *Amortising swaps*
Normalmente surgem associados a financiamentos. À medida que vai sendo amortizado o financiamento subjacente o valor nocional do *swap* é também amortizado, pelo que os valores a pagar pelas partes vão também sendo recalculadas.

### 6.4.7. *Acreeting swaps ou set-up swaps*
Diferentemente do *amortising swap*, aqui o valor nocional do *swap* aumenta conforme a sua duração e, consequentemente, o valor das prestações a efetuar pelas partes.

### 6.4.8. *Equity swaps*
Os ativos de referência nestes *swaps* são acções ou índices de ações e permitem a troca de fluxos monetários, em que a referência de uma das partes é o rendimento dessa ação, carteira de acções ou índice de ações subjacente e a outra parte tem o rendimento de uma aplicação com taxa fixa ou variável de uma outra ação, carteira de ações ou índice de ações. Assim, havendo essa troca de fluxos, este *swap* serve para possibilitar a troca de exposições a certas ações em específico por outras. Também podem ser denominados por por *asset swaps*. Não nos parece errado, atendendo a que o *asset swap* nos surge como sendo um *swap* que serve para equilibrar os ganhos da empresa, alterando os fluxos de caixa de um ativo para um padrão desejado. Nestes, o investidor pretende trocar as posições que assumiu. As instituições financeiras são os que os mais utilizam com o específico objetivo de incrementar os seus ganhos, trocando as posições assumidas e efetuando a cobertura de exposições longas ou curtas. Assim, se um investidor está exposto a uma taxa variável e antevê a descida das taxas pode outorgar um *swap* de variável para fixo, e inversamente, se detém uma uma exposição com taxa fixa e prevê a subida das taxas pode utilizar um *swap* de fixo para variável.

Arditti refere: "interest rate swaps are also used to alter an asset's cash flows to a desired pattern. For example, a firm has floating rate assets and fixed rate liabilities. It wishes to match up the maturity of its assets with that of its liabilities. We are now aware that an asset-liability match can be achieved through a liability swap; the firm would pay floating and receive

DO CONTRATO DE *SWAP* EM GERAL

fixed. However, an asset swap may also be executed to achieve an asset-lia-bility maturity balance. The firm would pay the cash flow from its floating rate assets to the swap dealer an, in return, receive fixed rate payments"[545].

Este tipo de *swap* é, assim, uma alternativa à venda de posições assu-midas[546].

Os *equity swaps*, por sua vez, podem assumir deversas variantes e exten-sões[547], no entanto, por não ser este o objeto principal do nosso estudo, demitimo-nos de as abordar, referindo que para além desta designação se podem encontrar outras duas para traduzir a mesma realidade. Trata-se dos *equity-index swaps* ou *equity-linked swaps*.

### 6.4.9. *Commodity swaps*

Estes *swaps* têm como ativos subjacentes matérias-primas e mercadorias (*commodities*), as quais podem ser metais preciosos, produtos energéticos, alimentares, metálicos de base, como o cobre, inclusivamente até algodão e combustível[548].

Assim, existem duas partes a quem um *swap* deste género pode inte-ressar. O utilizador da *commodity* e o produtor dela. Aquele quer fixar o montante máximo a pagar e este o montante máximo a receber. Desta forma, o utilizador procura efetuar uma cobertura no sentido de saber qual o máximo de valor que terá de suportar com aquela *commoditie* e, nesse seguimento, celebra um *swap* com uma instituição financeira, acor-dando pagar-lhe um preço fixo e receberá como contrapartida os montan-tes baseados no valor que essa *commoditie* tenha. Inversamente, o produtor acorda com a instituição financeira pagar-lhe o preço que essa *commodity* tenha no mercado e esta paga em troca um preço fixo por ela. Estes *swaps* são cada vez mais utilizados no sector da energia, devido à volatilidade a que o mesmo tem estado exposto e à incerteza cada vez maior acerca do sentido da sua evolução.

---

[545] Cfr. ARDITTI, Fred D., *Derivatives. A comprehensive resource for options, futures, interest rate swaps, and mortgage securities*, Boston Massachusetts, Harvard Business School Press, 1996, p. 294. ISBN 0-87584-560-6.

[546] Cfr. FERREIRA, Domingos, *Swaps e outros derivados*, Lisboa, Rei dos Livros, 2011, pp. 239 e 240. ISBN 978-989-8305-30-5.

[547] Sobre estas variações e extensões, veja-se FERREIRA, Domingos, *Swaps e outros derivados*, Lisboa, Rei dos Livros, 2011, pp. 211 a 232. ISBN 978-989-8305-30-5.

[548] De interesse relevante para as companhias de aviação por exemplo.

# Capítulo II
## Do *Credit Default Swap em Especial*

Designam-se *derivados de crédito* – "credit derivative", "Kreditderivate", "dérivés de crédit", "derivati di credito" – os contratos através dos quais uma das partes, compradora de protecção ("protection buyer"), transfere para a outra, vendedora de protecção ("protection seller"), um determinado risco de crédito, mediante o pagamento de uma contrapartida derivado *nominado*, diretamente previsto na lei (art. 2º, nº 1, alínea *c*) do CVM). Compreende-se facilmente o sucesso alcançado junto das empresas por este tipo de derivados como instrumento de gestão, cobertura e transferência do risco creditício. O derivado creditício, ao permitir separar o risco de crédito ("default" ou "downgrading") do respetivo ativo subjacente ("reference obligation") e negociar aquele a troco de uma contrapartida ("premium") traz consigo um conjunto significativo de vantagens, seja para o comprador de protecção, designadamente, a gestão e a externalização parcial do seu risco exploracional sem transferência dos ativos subjacentes, a redução do nível dos riscos agregados e libertação de capitais próprios (especialmente relevante no caso dos bancos, sujeitos a limites regulamentares à concentração de riscos e ao rácio de solvabilidade), e a manutenção ou até aumento das relações de clientela. Os derivados de crédito são instrumentos financeiros para a *transferência do risco de crédito*.

O Regulamento (UE) nº549/2013, do Parlamento Europeu e do Conselho, de 21 de maio de 2013, refere[549] que entre os tipos de derivados de crédito contam-se as opções de risco de incumprimento (*credit default*

---

[549] Cfr. ponto 5.217.

# O CONTRATO DE *SWAP*

*options*), os *swaps* de risco de incumprimento (*credit default swaps – CDS*[550]) e os *swaps* de rendimento total (*total return swaps*).

Através deles, uma das partes, compradora de protecção ("protection buyer"), transfere para a outra, vendedora de protecção ("protection seller"), um determinado risco de crédito mediante o pagamento de uma contrapartida. O risco de crédito ("credit risk") tem a sua fonte remota numa obrigação ou débito subjacente ("reference asset" ou "reference obligation") de que um terceiro ("reference entity") é devedor perante o comprador de proteção.

É um instrumento financeiro derivado *nominado* expressamente previsto no art. 2º, nº 1, alínea *c)* do Código de Valores Mobiliários. A grande maioria dos contratos diferenciais é constituída por aqueles derivados que preveem, exclusiva ou alternativamente, uma liquidação financeira ("cash settlement"), sendo assim uma espécie "transversal" no universo dos derivados. Ao contrário dos derivados com liquidação física que implicam um cumprimento em espécie da operação financeira ou prestação contratual, mediante o pagamento do preço e a transmissão da propriedade dos activos ("physical settlement).

Os *derivados sobre variáveis climáticas* ("weather derivatives[551]") constituem outro instrumento financeiro derivado expressamente consagrado na lei portuguesa (art. 2º, nº 1, alínea *e)*, *ii)* do CVM). As condições meteorológicas, sobretudo no advento do recente fenómeno das alterações climatéricas, tornaram-se a pouco e pouco num dos fatores de risco e incerteza mais relevantes da atividade das empresas modernas. Estima-se que três quartos das atividades comerciais e industriais sejam hoje direta ou indiretamente afetadas de modo significativo por este tipo de risco (v.g., agricultura, turismo, produção de energia elétrica, transportes, construção, etc.).

---

[550] Um índice de CDS, enquanto derivado de crédito negociado, reflete a evolução dos prémios dos CDSs.

[551] Por exemplo, a Disneyland de Tóquio pode estar interessada em precaver-se do mau tempo, o qual terá influência na bilheteira. Sobre estes derivados, veja-se CARVALHO, Sofia, «Mercado de Derivados: *Weather Derivatives*», *Cadernos do Mercado de Valores Mobiliários*, nº 39, Agosto, 2011, CMVM, pp. 32 a 45.

DO *CREDIT DEFAULT SWAP EM ESPECIAL*

## 1. Noção jurídica e estrutura contratual
### 1.1. Noção

O *credit default swap*, arquitetado por Blythe Sally Jess Masters, do JPMorgan Chase & Co., em 1994, traduz-se num instrumento financeiro utilizado para especular ou fazer *hedging*[552] contra o risco de incumprimento de uma entidade de referência, que poderá ser uma empresa ou um país, permitindo a troca (*swap*) do risco de crédito de um produto de renda fixa entre as partes, em que o risco de falência da entidade de referência é transferido do comprador do produto para o vendedor do *swap*[553]. A entidade de referência não é parte no contrato. Em termos mais simples, o *credit default swap* é usado para prevenir o seu comprador do risco de incumprimento de um ativo[554] por parte do seu devedor. Destina-se essencialmente evitar o risco de crédito[555].

O *credit default swap*[556], que surgiu no final da década de 90, tendo sido amplamente utilizado desde então, consiste num contrato de balcão, sinalagmático, em que uma parte – o designado comprador de proteção – transfere para outra – o denominado vendedor de proteção – certos riscos.

---

[552] *Hedging*, ou cobertura de risco, consiste e visa, essencialmente, a proteção e salvaguarda de uma determinada posição de risco no mercado, num determinado ativo (como ações, obrigações, e outros valores mobiliários), pela adição de uma outra posição, que servirá para equilibrar.

[553] Em consonância, BOLTON, Patrick e OEHMKE, Martin, «Credit Default Swaps and The Empty Creditor Problem», *Review of Finantial Studies*, Fevereiro 2011, pp. 2617-2655, disponível em: https://www0.gsb.columbia.edu/faculty/moehmke/papers/EmptyCreditors.pdf, (acedido em 05 de fevereiro de 2015) referem que "In a CDS, the protection seller agrees to make a payment to the protection buyer in a credit (default) event on a prespecified reference asset. In exchange for this promised payment, the protection seller receives a periodic premium payment from the buyer".

[554] Este ativo pode consusbatanciar-se em diversas realidades, como num mútuo, em obrigações, que também podem ser em dívida soberana, etc....

[555] Que se encontra desenvolvido no *supra* ponto 2.1.2.

[556] Importa distinguir e não confundir o *credit default swap* com o *credit default option*, cuja diferença reside na possibilidade naquele, e na impossibilidade deste, de ambas as partes invocarem um evento de crédito. Neste sentido, BROWN Claude, NELKE Israel, *Implementing Credit Derivatives – Strategies and Techniques for Using Credit Derivatives in Risk Management*, Irwin Library of Investment & Finance, McGraw-Hill, 1999, p .60, que referem "(...) in general terms, transactions in which only one party has the right (but not the obligation) to call a credit event (most commonly this right is given to the buyer of protection) are decribed as 'credit default options' whereas those in which both parties have the right to call a credit event are called 'credit default swaps'".

O CONTRATO DE *SWAP*

O *credit default swap* é um contrato bilateral uma vez que dele emergem obrigações para ambas as partes, sendo que a obrigação do comprador de proteção (*protection buyer*) se traduz no dever de pagar certo montante, em determinados períodos de tempo pré-estabelecidos ao vendedor de proteção (*protection seller*)[557]. A este compete o dever de pagar àquele certo valor, mas apenas no caso de certo acontecimento, que é futuro e incerto no momento da celebração do contrato, suceder. Ora, neste tipo de contrato, o acontecimento futuro e incerto contra o qual o comprador de proteção pretender precaver-se é o incumprimento do seu devedor no negócio jurídico que com ele celebrou e que serve agora de ativo subjacente ao *credit default swap*.

O devedor, no contrato subjacente ao *credit default swap*, não conhece os termos e condições deste que o seu credor celebrou com um terceiro (*dealer*). Obviamente que a solvabilidade e cotação deste devedor não é indiferente para os valores que serão estabelecidos no *credit default swap*. Quanto menor a cotação, maior o risco de incumprimento e maior o valor a pagar pelo *protection buyer* do *credit default swap*. Os derivados de crédito são contratos que permitem a quem os emite e negoceia a gestão dos riscos a que estão expostos.

Os derivados de crédito mais comuns são os *credit linked notes* que são valores vinculados a créditos, os *credit default swaps* e os *total rate of return swaps*[558], bem como os *collateralized debt obligations* – CDOs – e as operações com *credit spreads*, cujas formas mais comuns destes últimos são os *credit--spread forwards* e *credit-spread options*[559].

Os derivados de crédito permitem individualizar o risco de crédito dos outros riscos que acima abordamos e o seu valor depende da capacidade creditícia que uma dada entidade possui.

---

[557] VASCONCELOS, Luís Miguel Pestana de, *Direito das garantias*, 2ª edição, Coimbra, Almedina, 2015, p. 179. ISBN 978-972-40-5092-8. Expressa o Autor que se trata de "um contrato pelo qual um sujeito (o comprador de proteção, o *protection buyer*) se obriga ao pagamento regular e/ ou inicial de uma quantia (*premium*) a outro (o vendedor da proteção, o *protection seller*), assumindo este em contrapartida a obrigação de pagar uma dada quantia se se verificar um "evento de crédito" (*credit event*), dentro do prazo fixado".

[558] Neste sentido, BORGES, Sofia Leite / MAGALHÃES Sofia Torres, «Derivados de crédito. Algumas notas sobre o regime dos valores mobiliários condicionados por eventos de crédito», *Caderno do Mercado de Valores Mobiliário*, nº 15, Dezembro 2002, CMVM, p.142.

[559] Cfr. FERREIRA, Domingos, *Swaps e outros derivados de crédito*, Lisboa, Edições Sílabo, 2008, p. 336.ISBN 978-972-618-504-8.

DO *CREDIT DEFAULT SWAP EM ESPECIAL*

Os *credit linked notes* são derivados de crédito titularizados com natureza híbrida, porquanto reúnem em si características dos valores mobiliários e dos instrumentos financeiros derivados.

Os *total rate of return swaps* são contratos que permitem a obtenção de certa posição jurídica num certo contrato, tal qualmente se houvesse uma cessão de posição contratual, mas sem que tenha existido efetivamente essa cessão de posição, em que o comprador de proteção paga ao vendedor de proteção para que este entregue os *cash flows* inerentes a um certo ativo subajente, sem que o comprador de proteção adquira efetivamente esse ativo subjacente, não precisando de o deter para dele colher certos benefícios.

Na data de vencimento contratada das obrigações inerentes a este derivado de crédito, o vendedor de proteção deve ainda entregar ao comprador de proteção a diferença entre o valor do ativo subjacente em referência à data e o valor que o mesmo tinha no momento da contratação do *swap*. Protege, assim, contra as perdas de valor, independentemente das causas e traduzem-se em produtos de replicação, criando posições sintéticas. São concorrentes dos REPOs – *Sell and Repurchase Agreements*.

Nas *collateralized debt obligations* existe uma entidade que pretende obter ativos para usar como garantia e também vender *cash flows packages* a investidores. Para se estruturarem, necessitam da intervenção de um *special purpose vehicle* – SPV– e são uma das formas mais usadas para titularizar instrumentos financeiros, visando a seleção e a gestão de riscos de crédito.

Podem as CDOs assumir diversas configurações: podem ser *collateralized loan obligations* (CLOs), *collateralized bond obligations* (CBOs) ou *collateralized structured obligations* (CSOs). Todavia, não é destes derivados de crédito que nos ocuparemos, mas antes dos *credit default swaps* em especial.

Podemos assim definir o *credit default swap* como um *"contrato derivado de crédito em que uma das partes – comprador de proteção – transfere o risco de crédito associado a um ativo subjacente – de que pode não ser titular – para uma outra parte – vendedor de proteção – mediante o pagamento de um montante – prémio – único, à cabeça ou faseado, a qual assume o risco de incumprimento do crédito do ativo subjacente"*[560].

---

[560] ALMEIDA, António Pereira, *Valores Mobiliários, instrumentos financeiros e mercados*, vol. II, 7ª edição reformulada e atualizada, Coimbra, Coimbra Editora, 2013, p. 88. ISBN 9678-972-32-2191-6.

O CONTRATO DE *SWAP*

Um derivado de crédito é, portanto, um instrumento financeiro que almeja a transferência de um risco de crédito e a sua existência está consagrada na legislação nacional, designadamente no art. 2º, nº 1, alínea *c)* do Código de Valores Mobiliários, em que alguém compra proteção a outrem que, por sua vez, se compromete a, uma vez verificado um ou outro dos eventos de crédito definidos no contrato, adquirir o crédito do comprador de proteção ou a pagar-lhe uma quantia que se contabilizará segundo critérios pré-determinados[561]. Ou concretizando ainda mais, traduzir-se-á num contrato em que uma parte pretende comprar proteção contra um eventual incumprimento da entidade referência onde se investiu, por exemplo, através da subscrição de obrigações emitidas pela mesma; sendo que a outra parte pretende, contra o pagamento de um preço, vender essa proteção – transferência do risco de crédito. Caso a entidade de referência, na data de vencimento, não esteja em condições de poder proceder ao reembolso da dívida que emitiu, sob a forma de obrigações, o vendedor da proteção – vendedor do *credit default swap* – terá de reembolsar o comprador desse mesmo *credit default swap*.

Referimos que são diversas as realidades que podem assumir ou configurar um ativo subjacente num *swap*.

Nos derivados de crédito em especial, o ativo subjacente será um crédito de referência e relativamente ao qual o credor pretende transferir para outrem o risco que corre de incumprimento por parte do seu devedor nessa relação jurídica creditícia. Mas não tem de ser apenas composto por um crédito do comprador de proteção. Pode ser, à semelhança do que sucede com o seguro de crédito, uma panóplia de créditos do *buyer*, incluindo títulos representativos de dívida de entiadades públicas e privadas, locações financeiras e, até, outros derivados de crédito que possua.

Entendemos que quanto maior for o risco de incumprimento por parte da entidade de referência ou quanto maior for a possibilidade de insolvência dessa entidade maior será a cotação dos *credit default swaps* para essa entidade. O princípio subjacente é o mesmo que existe, por exemplo, nos seguros de vida, onde quanto maior for a idade do segurado, mais caro se torna o prémio do seguro, o qual é calculado com base no nível de risco.

---

[561] Precisamente neste sentido, ALMEIDA, Carlos Ferreira de, *Contratos III, Contratos de liberalidade, de cooperação e de risco*, 2ª edição, Coimbra, Almedina, 2013, p. 270. ISBN 978-972-40-5422-3.

## DO *CREDIT DEFAULT SWAP EM ESPECIAL*

No CDS o credor tem interesse em controlar o devedor de referência. É que em caso de insolvência da entidade referência ou de esta entrar em plano de revitalização, os credores têm direito de voto e podem ter um interesse económico na votação desfavorável a um plano positivo. Portanto, o valor do *spread* do CDS tem impacto na entidade referência[562] e uma questão importante que se levanta no âmbito da execução do CDS é precisamente a confidencialidade.

Desta forma, os vendedores de proteção no CDS têm interesse na divulgação de "notícias" que coloquem a entidade de referência numa situação crítica, independentemente de tal corresponder à realidade. Esta situação é viabilizada pela informação pré-determinada e encomendada pelos agentes a quem aproveita e as ligações destes, pouco claras, a certas agências de *rating* foram sendo desvendadas após a crise financeira de 2007.

Mais: não desmerecendo os benefícios que a celebração de um *credit default swap* pode trazer, nomeadamente, incrementando o investimento, tornando os projetos empresariais mais eficientes e aumentando o poder de negociação dos credores, podem os CDSs ser responsáveis pela resistência dos credores à renegociação da dívida de referência, mesmo quando essa seria a melhor via. É o problema do *empty creditor*[563] *que piora sempre que*

---

[562] FONSECA, Vladimir e GASPAR, Raquel M., «Counterparty and liquidity risk», *Cadernos do Mercado de Valores Mobiliários*, nº 46, Dezembro 2013, CMVM, p. 37, referia que "Therefore, these CDS contracts provides a new way to measure the size of the default component in corporate spreads and many authors argue that an arbitrage relationship exists between CDS prices and corporate yield spreads for a given reference entity, as first discussed by Duffie (1999)1 and then pointed out by Blanco, Brennan et al. (2005) in their empirical analysis of the dynamic relations between bonds and CDS markets".

[563] A este propósito, destacamos algumas ideias trazidas por Patrick Bolton e Martin Oehmke, Credit Default Swaps and The Empty Creditor Problem, Review of Finantial Studies, Fevereiro 2011, pp. 2617-2655, disponível em: https://www0.gsb.columbia.edu/faculty/moehmke/papers/EmptyCreditors.pdf (acedido em 05 de fevereiro de 2015) referem: "CDS have important ex-ante commitment benefits. Specifically, they increase investment and, by eliminating strategic default, can make existing projects more efficient. (...) While the socially optimal choice of credit protection trades of the ex-ante commitment benefits that arise from creditors' increased bargaining power against the ex-post costs of inefficient renegotiation, creditors do not fully internalize the cost of foregone renegotiation surplus that arises in the presence of credit insurance. Even when insurance is fairly priced and correctly anticipates the creditors' potential value-destroying behavior after a non-payment for liquidity reasons, creditors have an incentive to over-insure. This gives rise to inefficient empty creditors who refuse to renegotiate with lenders in order to collect payment on their

*os credores são livres para escolherem o nível de proteção que pretendem, há sempre a tendência para o sobresseguro*[564].

Existe efectivamente um perigo na utilização pouco escrupulosa dos derivados de crédito, como os CDSs e os *equity swaps*. Uma das questões que a este propósito tem sido discutida reporta-se ao direito de voto dissociado do interesse económico na sociedade comercial (*empty voting*). Não querendo alongar-nos sobre esta temática, não deixamos de referir o conhecido caso da Perry Corp na aquisição da King Pharmaceuticals pela Mylan Laboratories em 2004[565].

Na realidade, o *empty voting* resulta da desvirtualização do uso de derivados financeiros, nomeadamente dos *equity swaps*, que permitem transferir para terceiros o risco, potenciando ainda o aproveitamento das oportunidades de mercado para obtenção de um ganho, comprando-se e vendendo-se ao mesmo tempo o mesmo activo a preços diferentes. O valor dos CDSs é atribuído pelos mercados, daí que as agências de *rating* sejam aqui determinantes. Maus *ratings* incrementarão o custo do CDS e fará subir os lucros dos emitentes de CDSs. O preço dos CDSs é fixado em *basis points* (ponto-base) por ano, ou seja, em 1/10.000 x os *points*. Assim, um CDS de 100 *bps* custa 1% do valor base ao ano. Ou seja, 100 *bps* representam 1%. Um *basis point* é uma unidade igual a 1/100 de 1% e usa-se para contabilizar a variação de instrumentos financeiros ou a diferença (*spread*) entre duas taxas de juro. Mas também se pode utilizar esta medida ou escala em qualquer

---

CDS positions, even when renegotiation via an out-of-court restructuring would be the socially efficient alternative".

[564] Cfr. Patrick Bolton e Martin Oehmke, Credit Default Swaps and The Empty Creditor Problem, Review of Finantial Studies, Fevereiro 2011, pp. 2617-2655, disponível em: https://www0.gsb.columbia.edu/faculty/moehmke/papers/EmptyCreditors.pdf (acedido em 05 de fevereiro de 2015) que especifica "(...) when creditors are free to choose their level of credit protection, they will generally over-insure, resulting in an empty creditor problem that is inefficient ex-post and ex-ante.This over-insurance occurs even when CDS markets perfectly anticipate the inefficient behavior of empty creditors, and leads to excessive incidence of bankruptcy and too little renegotiation with creditors relative to first best".

[565] Sobre esta operação, veja-se SANTOS, Hugo Luz dos, «O contrato de swap de taxas de juro e os instrumentos derivados financeiros à luz do recente acórdão do Supremo Tribunal de Justiça, de 10 de Outubro de 2013: a "alteração anormal das circunstâncias" e as categorias doutrinais americanas da "unconscionability" e da "bounded rationality": um "estranho caso" de aliança luso-americana?», *Revista de Direito das Sociedades*, Ano VI, 2014, Nº 2, Lisboa, Almedina, pp. 411- 443.

DO *CREDIT DEFAULT SWAP EM ESPECIAL*

situação que empregue percentagens, principalmente quando as percentagens são de baixos níveis[566].

Sobre a determinação do prémio do CDS, vários estudos têm sido elaborados com base em procedimentos empíricos[567], os quais também mereceram críticas[568].

Prosseguindo, a vendedora de proteção só terá de efetuar a sua prestação se se verificar a ocorrência do evento de crédito contratado relativamente à entidade de referência. Ora, esta ocorrência terá de ser do conhecimento do vendedor de proteção, pelo menos, e não necessita de ser do conhecimento público. O *buyer* terá de informar o vendedor de proteção de situações que configurem um evento de crédito, mas como resolver se tal situação for confidencial?

A melhor prática aqui será estipular-se no contrato a possibilidade de o comprador de proteção poder informar o vendedor de proteção desse evento, sendo que esta revelação é consentida pelo devedor de referência desde que e o dever de segredo seja também extensível ao vendedor de proteção.

Note-se, contudo, que celebrar um contrato deste tipo pode ser uma forma de eliminar o risco. Neste caso o risco de crédito da entidade de referência traz também associado um outro risco que se caracteriza no facto de o comprador de proteção ficar com o risco de que o vendedor de proteção possa não cumprir as suas obrigações, em caso de falência da entidade de referência (risco de contraparte).

Este produto representa aproximadamente 30% do mercado de derivados de crédito. A principal obrigação que emerge para cada uma das partes traduz-se, para o comprador de proteção, no pagamento de juros regular ao vendedor de proteção e, para este, no caso de falência da entidade referência, o pagamento do valor facial do produto (obrigações) adquirido pelo comprador de proteção à entidade de referência.

---

[566] Costuma utilizar-se frequentemente para calcular alterações em taxas de juro, índices de acções e no *yield* de obrigações de taxa fixa. A título de exemplo, num empréstimo que paga juros a 0.50% acima da LIBOR diz-se que paga 50 *basis points* acima da LIBOR. Por *yield* entenda-se taxa interna de rentabilidade, que representa a taxa de rentabilidade implícita no preço de uma obrigação.

[567] Cfr. SKINNER, Frank S. e DÍAZ, Antonio, «An empirical study of credit default swaps», *The journal of fixed income*, vol. 13, nº 1, Junho, 2003, pp. 28 a 38.

[568] Cfr. LEIMENG e GWILYM, Owain Ap, «Credit Default Swaps: Theory and Empirical Evidence», *The Journal of Fixed Income*, vol. 14, nº 4, Março, 2015, pp. 17 a 28.

O CONTRATO DE *SWAP*

## 1.2. Modalidades

Os CDSs podem assumir diversas configurações, as duas mais conhecidas são o *Single-name CDS,* em que se concede proteção relativamente a um evento de crédito de uma só entidade de referência e os *Multi-name CDS*, em que a proteção é concedida relativamente a eventos de crédito que possam ocorrer em relação a mais do que uma entidade de referência.

### 1.2.1. *Single-name credit default swaps*

Em causa está, como vimos, uma única entidade referência.

Nesta modalidade de CDS é manifesta a semelhança entre o CDS e o contrato de seguro de crédito[569].

No caso de verificação do evento de crédito, que constitui o vendedor de proteção na obrigação de pagar ao comprador uma compensação contratada, este último entrega àquele os ativos de referência, ocorrendo uma liquidação física e o CDS cessa. Todavia, pode também ocorrer uma liquidação financeira, conforme analisamos *supra*.

O valor da compensação a pagar pelo vendedor de proteção está habitualmente interligado com o valor de mercado que o ativo de referência possui, deduzido o valor recuperado pelo comprador de proteção, o qual não é incluído no montante a pagar.

Em novembro de 2014 a ISDA emitiu um guia sobre as melhores práticas a utilizar na Confirmação dos CDSs, na modalidade de *single-name credit default swaps*. Todavia, ressalva que essas práticas são meramente orientadoras e não constituem lei, pelo que deve sempre averiguar-se se em face de cada operação em concreto as mesmas se afiguram adequadas[570].

### 1.2.2. *Multi-name credit default swaps*

Aqui, diversamente da modalidade antecedente, existem duas ou mais entidades referência, sendo que o *buyer* do CDS visa adquirir proteção para o crédito que detém sobre essas entidades.

Importa fazer distinção das variantes que o *multi-name CDS* pode assumir.

---

[569] Afirmando que CDS é seguro, veja-se FERREIRA, Domingos, *Swaps e outros derivados de crédito*, Lisboa, Edições Sílabo, 2008, pp. 332 e 337. ISBN 978-972-618-504-8.
[570] Documento disponível em: https://www2.isda.org/asset-classes/credit-derivatives/ (acedido em 06 de fevereiro de 2015)

Assim, podemos encontrar as seguintes modalidades: *basket default swaps, portfolio default swaps, equity default swaps – EDSs*.

Analisemos cada uma brevemente.

### a) Basket default swaps

Os investidores podem transferir o risco de crédito referente a um conjunto de títulos que possuem, como que os colocando todos num *cesto*. O credor de referência, buyer no CDS, seleciona os devedores relativamente aos quais existe uma maior probabilidade (carteira de referência), em seu entender, de incumprimento e celebra um *basket default swap*, para se proteger desse facto. No entanto, poderão colocar-se no CDS cláusulas que prevejam que só se cobrirá o incumprimento do primeiro *default* daquele conjunto de entidades e não os restantes, pelo que após o primeiro *default event* o CDS termina, ou colocar uma cláusula que refira que só o segundo ou terceiro *defaults* serão compensados, mas não os restantes, ou ainda inserir uma cláusula que estipule a compensaçãoo de alguns *defaults*, sendo que não poderá ser nenhum relativo às entidades de referência colocadas até à sexta posição, inclusive, entre outras cláusulas. Reina a autonomia privada neste âmbito.

### b) Portfolio default swaps

No *portfolio default swap* a carteira de referência inclui normalmente mais de dez entidades de referência de que cujo incumprimento o *buyer* se pretende salvaguardar. Aqui, a transferência do risco de uma carteira de títulos é aferida segundo uma parcela ou percentagem. Para melhor exemplificar, se a percentagem fixada pelas partes é de 10%, isso significa que será efetuada a compensação de 10% relativamente à totalidade da carteira de títulos caso haja o primeiro incumprimento e independentemente da entidade referência.

Comparamos a essência desta modalidade de CDS com o princípio do descoberto obrigatório que vigora no seguro de crédito.

### c) Equity default swaps

Esta variante do *multi-name CDS* consubstancia a última evolução dos CDSs.

O ativo de referência não é um título de dívida, mas antes uma ação (*equity*) ou índice de ações. O evento que desencadeia a obrigação do ven-

O CONTRATO DE *SWAP*

dedor de proteção não é o incumprimento da entidade de referência, verifica-se quando o ativo de referência atinja um mínimo de proteção. Fixa-se igualmente o nível de recuperação da perda sofrida a partir da *recovery rate* (taxa de recuperação).

### 1.3. Estutura contratual

Podemos, portanto, estruturar o CDS como o vínculo contratual estabelecido entre duas partes em que uma é a vendedora de proteção – *CDS dealer* – e a outra é a compradora de proteção – *CDS buyer* – sendo que também ocupa a posição de titular ativo numa relação creditícia paralela, que serve de ativo subjacente ao CDS.

Para o comprador de proteção resulta a obrigação de pagamento periódico de um montante[571] ao vendedor de proteção, sendo que a este compete proceder ao pagamento do valor acordado entre as partes no caso de ocorrência do evento gerador de danos – *default* – para o comprador de proteção, o qual também fica determinado pelas partes[572].

Neste último caso, esse pagamento pode ser feito por uma de duas vias possíveis. Imaginemos que o ativo subjacente é dívida soberana em que o comprador do CDS investiu e quer precaver-se da possibilidade de não obter retorno desse seu investimento, efetuando para isso um CDS. No caso de ocorrer um incumprimento ou uma restruturação da dívida – *credit event* – o CDS *dealer* adquire "a dívida com imparidade a um dado preço (liquidação física) ou pagará a diferença entre esse preço e o valor de mercado dessas obrigações soberanas (liquidação financeira)"[573].

Se analisarmos toda a estrutura do *credit default swap* parece em tudo idêntica à estrutura do contrato de seguro, mais propriamente de um seguro de crédito. Os *credit default swap* mais problemáticos são aqueles que foram celebrados sobre os Mortgage Baked Securities. Na verdade, a

---

[571] Que pode ser calculado com base numa percentagem do valor nominal do ativo subjacente.
[572] O Regulamento (UE) nº 236/2012, no art. 2º, nº 1 al. *c*) define *swap* de risco de incumprimento como um "contrato derivado no qual uma parte paga uma comissão à outra parte como contrapartida de um pagamento ou outro benefício no caso de um acontecimento de crédito relativo a essa entidade de referência e de qualquer outro incumprimento, relativo a esse contrato derivado, que tenha um efeito económico equivalente".
[573] Neste sentido, SILVA, João Calvão da, «Swap de taxa de juro: sua legalidade e autonomia e inaplicabilidade da excepção do jogo e aposta», *Revista de Legislação e de Jurisprudência*, Ano 142, nº 3979, Março/Abril 2013, p. 267.

DO *CREDIT DEFAULT SWAP EM ESPECIAL*

crise do *subprime* em tudo se deveu à concessão de crédito indiscriminada e sem obediência a rigorosos critérios de avaliação das garantias associadas, em que qualquer devedor, sem rendimento, sem bens ou património e sem emprego conseguiam financiamentos para a aquisição de automóvel e casa, cujos valores não correspondiam, em valor real, ao montante financiado. Qualquer *credit default swap* feito sobre estes créditos ou sobre derivados financeiros provenientes destes créditos teriam de ser necessariamente *credit default swap* com nível de risco altíssimo. Contudo, com a ingerência das agências de *rating* que classificaram com AAA os derivados financeiros provenientes daqueles créditos de alto risco, foi fácil aliciar muitos a investir neles, e serviu para mascarar aqueles produtos como sendo bons para investir, fazendo com que os *credit default swap* associados não tivessem um preço demasiadamente caro, uma vez que o risco dos mesmos também não era, alegadamente, elevado. Quando os devedores iniciais e primitivos deixaram de cumprir com as suas obrigações de pagamento toda a "montanha" perdera as suas bases e se desmoronou, arrastando consigo, além de outros, todos os *protection sellers* que venderam os *credit default swap* e que se obrigaram ao pagamento de montantes avultados, que não separaram nem reservaram, caso ocorresse esse *default*.

A maioria dos *credit default swaps* obedecem a formulários elaborados pela International Swaps and Derivatives Association, embora existam muitas variantes.

Os Fundos de Pensões, considerando os capitais que gerem, não são livres de escolher onde vão efetuar os seus investimentos, optando sempre por aqueles que, teoricamente, oferecerão menor risco ou nenhum risco, não podendo investir, subscrevendo obrigações ou ações, em empresas que, segundo as mais conceituadas agências de rating[574], estejam cotadas em baixa, ou com cotações abaixo, por exemplo, de "AAA" ou "AA", que simbolizam um *rating* de segurança máxima com a consequente (teórica) diminuta hipótese de incumprimento.

Assim, a título de exemplo, a Empresa "A" necessita de 10 milhões de Euros e o Fundo de Pensões "Y" tem esse montante disponível para investir, a sociedade gestora do fundo acredita na Empresa "A" e quer, por exemplo, subscrever obrigações dessa empresa, nesse montante. Porém, encontra-se impedido de o fazer uma vez que a Empresa "A" tem uma cotação "BB",

---

[574] Atualmente, são três as que "ditam" as cotações: Moody's, Standard & Poor's e Fitch Ratings.

## O CONTRATO DE *SWAP*

isto é, abaixo das cotações recomendadas. Contudo, se existir um vendedor de proteção, no nosso exemplo a American Internacional Group, que se encontra cotada com "AA", e que garante ao Fundo de Pensões, através da celebração de um contrato (*credit default swap*), o retorno da quantia que o Fundo investiu na Empresa "A", caso esta venha a incumprir a sua obrigação de reembolsar na data do respetivo vencimento, então este *bond*[575] é considerado bom, isto é, com uma cotação de "AA", de muito fraca possibilidade de incumprimento.

Note-se apenas que há uma contrapartida exigida pelo vendedor de proteção. Resulta para ele o direito de exigir o pagamento de um preço, que poderá ter uma periodicidade anual (que é a usual), ou outra que seja convencionada pelas partes, e que no nosso caso será de 1%/Ano, que equivale a 100 *basis points*[576]. Cada *basis point* (*bp*) representa 1/100 de 1% de 10 milhões de dólares, o que significa que este contrato de *credit default swap*, custando 100 *bps*, implica que o Fundo de Pensões "Y" terá de pagar EUR. 100.000,00 por ano ao vendedor da proteção, no caso, a American Internacional Group (AIG).

Os *Credit Default Swaps* são um meio de proteção do comprador perante o incumprimento da obrigação subjacente. Numa relação jurídica creditícia, o sujeito ativo é detentor de um crédito e ao sujeito passivo incumbe o cumprimento de um dever ou obrigação correspondente. Não obstante as

---

[575] Em finanças, *bond* é um instrumento de endividamento do emissor do título para os titulares. É um título de dívida, em que o emissor que o emite deve reembolsar o capital investido com juros na data de vencimento, sendo que as condições e intervalos de pagamento são variáveis e dependem das condições estipuladas. Muitas vezes, o vínculo é negociável, ou seja, a propriedade do instrumento pode ser transferido no mercado secundário. Veja-se, a este propósito e para melhor compreensão as *corporate bonds* (obrigações de empresa), que são um dos meios mais eficazes que as empresas usam para angariar capital. O número de obrigações a emitir é determinado pela respetiva procura do Mercado e serão a curto prazo se tiverem uma duração a cinco anos e de longo prazo se forem por um período superior a doze anos. Existem diversas modalidades, consoante o modo de vencimento de juros e modalidade. Assim, poderemos encontrar as seguintes espécies de obrigações no mercado: obrigações de cupão zero e sem cupão, de taxa fixa e de taxa variável, capitalização automatica, clássicas, com *warrants,* convertíveis, hipotecárias, subordinadas, participantes, perpétuas, entre outras.

[576] Como se referiu anteriormente, um *basis point* (ponto base) é uma unidade igual a 1/100 de 1%. Normalmente é usado para denotar a variação de instrumentos financeiros, ou a diferença (spread) entre duas taxas de juro. Embora possa ser usado em qualquer situação onde se usam percentagens, é principalmente usado – por conveniência – onde as quantidades em percentagem são baixas.

DO *CREDIT DEFAULT SWAP EM ESPECIAL*

regras gerais previstas no nosso ordenamento jurídico perante os incumprimentos da obrigação, o credor carece de uma proteção mais eficaz, no sentido de que face à possibilidade de o devedor, ainda que condenado no ressarcimento de todos os danos provenientes do seu incumprimento, não deter solvabilidade para o efeito, porque, por exemplo, se encontra numa situação de insolvência, ainda que não judicialmente declarada. Neste sentido, o credor opta por proteger-se de forma paralela face à possibilidade ainda que hipotética, de incumprimento por parte do devedor. Surge assim um novo instrumento de proteção ou cobertura, o *credit default swap*. O credor daquela relação jurídica creditícia assume o papel de comprador do *credit default swap* e a relação jurídica creditícia como objecto do *credit default swap*. Desta forma o *credit default swap* está intimamente ligado à relação jurídica creditícia, uma vez que aquele só será acionado na medida em que esta não terminar pelo seu curso normal, isto é, com o cumprimento.

Na celebração de um *credit default swap* o que o credor pretende é reduzir riscos ou danos provenientes do incumprimento. Este é o verdadeiro escopo do *credit default swap*: a busca por proteção, cobertura de riscos de crédito, ou, pelo menos, deveria ser. Todavia, o *credit default swap*, por implicar troca de fluxos de caixa ou *cash flows*, é verdadeiro *swap*, o que desde logo nos deixa perceber que encerra em si mesmo uma certa complexidade técnica, caracterizando-se ainda como um produto financeiro moderno transacionável.

Quem vende um *credit default swap* assume uma obrigação, quem o compra, protege-se do incumprimento. Todavia, os problemas com o *credit default swap* surgem quando a finalidade da sua transação não é a cobertura de riscos ou a proteção de quem os adquire, mas antes assume outra finalidade, a especulativa. É que nos últimos anos, assistimos e vamos assistindo, à descaraterização do escopo inicial do *credit default swap* que tem vindo a ser usado como meio de ataque, como arma de destruição em massa.

## 2. Risco Sistémico dos *credit default swaps*

Para que possa perceber-se que estes instrumentos nem sempre são usados de forma mais pura, podendo ser objeto de instrumentalização e causadores de efeitos nefastos para a economia nacional e internacional, teremos de explorar quais as consequências de se efetuar um *credit default swap* sem análise criteriosa da obrigação subjacente, bem como, numa outra perspetiva, se efectuar um *credit default swap* sem sempre existir uma obrigação

O CONTRATO DE *SWAP*

subjacente. É necessário medir bem os níveis dos riscos sistémicos inerentes ao uso de *credit default swap*. Para isso, é preciso compreendê-los começando pela primeira situação, mais concretamente, pela circunstância de se celebrar um *credit default swap* sem prévia e criteriosa análise da obrigação subjacente, da qual se visa acautelar o respetivo incumprimento. Usaremos como base explicativa uma situação real e relativamente recente, cujos efeitos ainda nos dias de hoje são mensuráveis e sentidos. Assim, tomaremos por exemplo as circunstâncias que levaram à crise financeira que eclodiu nos Estados Unidos da América no ano de 2007 e cujos efeitos se espalharam por toda a economia mundial e que teve especial impacto em Portugal.

Existe posicionamento no sentido de afirmar que o *credit default swap* com fins especulativos é o único meio de os investidores se protegerem do risco. Todavia, a nossa desconfiança em relação aos CDSs especulativos é grande, desde logo porque os efeitos catastróficos que os mesmos podem provocar no sistema financeiro[577] superam qualquer desígnio de proteção, como adiante melhor explicaremos.

O sistema financeiro assenta, como vimos, num tripé constituído por Banca, Mercado Regulamentar e Seguros, e exige que haja capacidade de aforro, poupança. Contudo, para que haja essa capacidade é necessário criarem-se condições para o efeito e é função de o poder político incutir esta consciência social de poupança. Não basta dizer que é preciso poupar, é necessária a criação de condições para o efeito, conferindo segurança na altura da aplicação das poupanças, com rentabilidade, possibilitando que se movimente livremente as quantias, permitindo gerar riqueza e criar emprego. Assim, teremos um bom sistema financeiro, bem organizado, quando se captam poupanças e se fazem investimentos através de empresas de investimento ou outros intermediários financeiros, associando estas operações a seguradoras, que garantam o respetivo retorno financeiro. É essencial arriscar, utilizar estas poupanças ou disponibilidades financeiras e investir no mercado regulamentar. Quanto maior for a probabilidade de ganho, maior o risco.

Resumidamente concebe-se o sistema financeiro como uma organização que visa a produção de poupança, sua captação e segurança de modo a poder ser aplicado por bancos, seguradoras e investidores financeiros no

---

[577] O sistema financeiro, vector da economia, é composto, numa vertente subjetiva, pelos Bancos, Seguradoras e Empresas de Investimento, numa vertente objetiva, pelas atividades desempenhadas por todos eles.

DO *CREDIT DEFAULT SWAP EM ESPECIAL*

desenvolvimento da economia nacional, o que irá implicar mais emprego, mais riqueza, mais desenvolvimento. Todavia, a globalização económica não foi acompanhada por uma globalização jurídica. Se o sistema financeiro colapsa, não há organização que subsista.

Os ultraliberais americanos entendem que deve deixar-se os mercados financeiros funcionar livremente uma vez que a sua tendência é sempre o justo equilíbrio, porém, a crise financeira global que eclodiu nos Estados Unidos da América em 2007, com a consequente falência da "Lheman Brothers" em outubro de 2008, demonstrou o inverso, ou, pelo menos, a insuficiência desta ideologia.

Segundo este posicionamento, demasiado investimento associado à exposição a grandes riscos, naturalmente produziria a falência. Todavia, um aspeto descurado foi o do contágio a toda a economia mundial dada a globalização económica justamente porque os produtos onde se investia eram vendidos por todo o mundo.

Uma ideia base sempre a reter é que a economia virtual assenta na riqueza dos pobres, se estes deixarem de pagar os seus empréstimos, tudo se abate, a economia real entra em recessão. Mas, o sistema financeiro não deve colapsar e se seguíssemos cegamente a ideia de que os mercados financeiros tendem sempre, por si só, para o equilíbrio entre a oferta e a procura, o sistema financeiro teria colapsado. Quando este fraqueja, urge recapitalizá-lo. Mas como? Onde se poderá procurar dinheiro suficiente para injetar no sistema financeiro? Aqui, o Banco Central Europeu assume um papel crucial para fazer funcionar o almejado equilíbrio. Acontece, porém, que entre a tomada de decisão e a sua execução existe um hiato temporal que não é tão curto quanto o desejável.

O Banco Central Europeu cunha moeda mas não pode emprestar dinheiro aos Estados Membros[578] nem atuar nos mercados privados.

O setor da banca, outrora, tinha dois sectores estanques, contudo, hoje em dia estes sectores estão interligados, isto é, a banca comercial, respon-

---

[578] Dispõe o art. 123º, nº 1 do Tratado da União Europeia "É proibida a concessão de créditos sob a forma de descobertos ou sob qualquer outra forma pelo Banco Central Europeu ou pelos bancos centrais nacionais dos Estados-Membros, adiante designados por «bancos centrais nacionais», em benefício de instituições, órgãos ou organismos da União, governos centrais, autoridades regionais, locais, ou outras autoridades públicas, outros organismos do sector público ou empresas públicas dos Estados-Membros, bem como a compra directa de títulos de dívida a essas entidades, pelo Banco Central Europeu ou pelos bancos centrais nacionais".

###### O CONTRATO DE *SWAP*

sável pela captação de poupanças, através de depósitos, e por conceder créditos está intimamente conexionada com a banca de investimento, formando a banca universal. A esta, associa-se a atividade seguradora.

O núcleo duro de cada atividade continua reservado a cada setor mas a ligação é de tal modo acentuada que quando uma delas começa a revelar indícios de que algo está mal, as outras atividades ressentem-se inevitavelmente, arrastando-se umas às outras. Devido a este efeito de contaminação não deveria então separar-se a banca de investimento da banca comercial?

A crise financeira que eclodiu nos Estados Unidos da América em 2007, mostrou que não existem muralhas que separem a banca comercial, a banca de investimento e as seguradoras, sendo que o sucesso de umas é condicionador e impulsionador do das outras. Por sua vez, falhando uma, todas falham, colocando em causa todo o sistema financeiro. É o chamado risco sistémico. Daí que seja necessário regressar ao modelo de divisão e individualização da banca comercial e da banca de investimentos como forma de prevenir o risco sistémico ou efeito dominó. Consideramos necessário o traçamento de muralhas de separação. Este fracionamento da banca justifica-se desde logo pela diferenciação de perfis entre investidores e depositantes.

Estes últimos são mais conservadores, avessos a riscos, preferem ganhar menos a correr riscos. Não é adequado nem prudente utilizar poupanças dos depositantes para efetuar operações de investimento feitas pela banca de investimento que acarretam níveis de risco de perda mais elevados, não obstante a possibilidade de maior ganho também ser mais elevada. As poupanças captadas não devem ser utilizadas para o banco *jogar* no Mercado Regulamentar. Há que respeitar o perfil conservador do costumado depositante. O investidor que gosta e quer assumir o risco, poderá sempre *jogar* diretamente no Mercado Regulamentar.

A banca necessita de dinheiro, caso contrário, há recessão na economia real, logo, torna-se necessário recapitalizar os bancos. O que sucede é que os bancos neste momento também não conseguem financiar-se junto dos bancos externos. Neste circunstancialismo os bancos não conseguem conceder crédito. Por outro lado, o poder executivo também não consegue captar investimento. Tudo conjugado conduz à falta de solidez da economia de Portugal.

O *core business* da Banca consiste no recebimento de depósitos para posterior investimento na economia. Isto faz-se através das pessoas, concedendo empréstimos para setores cruciais na economia, por exemplo, no sector da

DO *CREDIT DEFAULT SWAP EM ESPECIAL*

construção civil. A ideologia de que deve deixar-se os mercados financeiros funcionarem sozinhos, sem intervenção do Estado, baseia-se na crença de que aqueles tendem sempre para o equilíbrio entre a oferta e procura e, mesmo em situações de crise, os mercados ajustam--se e regulam esse problema.

O setor imobiliário e da construção civil são centros que dinamizam todos os outros sectores e, sobretudo nos Estados Unidos da América, viveu-se durante muitos anos de crédito concedido e obtido facilmente para este efeito, seja da banca, seja da denominada banca sombra[579].

Assim, os *credit default swaps* podem ter múltiplas finalidades, umas mais genuínas e verdadeiras, outras nem tanto.

A ausência de uma regulamentação completa e segura acerca do mercado dos *credit default swaps* aumenta os efeitos nefastos que surgem quando a contraparte se torna inadimplente, isto é, quando se verifica, primeiro o *default* de uma entidade referência seguido da verificação do já mencionado risco de contraparte.

Desta forma, um só *default* pode implicar um *efeito dominó,* destruidor de uma economia e com implicações graves e sérias no funcionamento e sobrevivência do sistema financeiro.

Warren Buffett, um dos maiores investidores e magnatas americanos, alertou, conforme *supra* se referiu, para as chamadas *bombas-relógio* que certos instrumentos financeiros complexos podem constituir, não só para os seus compradores e vendedores mas também para todo o sistema económico, e comparou o negócio de derivados financeiros a um *inferno onde é fácil de entrar e quase impossível de sair.* Advertiu ainda que os bancos não entendem os riscos ocultos que estão à espreita nos seus balanços contabilísticos, sendo que os mesmos, nas suas atividades com derivados financeiros, não conseguem ter a perceção do *quantum* de risco que estão a assumir.

---

[579] Em 2012, o FSB – Finantial Stability Board – definiu a Banca sombra como sendo a atividade de intermediação de crédito desenvolvida por entidades e actividades (total ou parcialmente) fora do normal
sistema bancário. Mas esta definição peca por escassez, primeiro porque fazem parte do *shadow banking system* entidades que não se podem considerar como estando fora do normal sistema bancário, como por exemplo as empresas de *leasing,* os *hedge funds* e os *corporate tax vehicles,* depois porque existem algumas atividades que podemos incluir neste sistema e que são levadas a cabo pelos próprios bancos, especialmente por aqueles que têm um maior risco sistêmico concentrado, como por exemplo a titularização de créditos. Sobre esta matéria, poderá consultar-se CLAESSENS, Stijn / RATNOVSKI, Lev, «What Is Shadow Banking?», *IMF Working Paper,* WP/14/25, Fevereiro 2014, International Monetary Fund.

O CONTRATO DE SWAP

Contratos desta nautureza e desta elevada complexidade parecem elaborados por espíritos arrebatados e imoderados e podem levar a uma salomónica crise no seio de uma empresa, com efeitos "contagiosos" nos mercados financeiros, além de consubstanciarem um convite à contabilidade falsa, uma vez que os reais lucros e perdas entram em linha de contabilização mas sem lhes corresponderem efetivamente entradas ou saídas de dinheiro real; é um mero jogo de escrita, e só muito mais tarde (tarde demais) se reflete na sustentabilidade financeira da empresa[580]. Mas, considerando o modo de funcionamento dos *credit default swaps* e nas finalidades para os quais os mesmos podem ser utilizados, já mencionadas acima, atentemos num exemplo prático para percebermos em que consiste o risco sistémico que estes podem provocar.

Atentemos na seguinte hipótese prática, que esquematizamos para mais fácil entendimento:

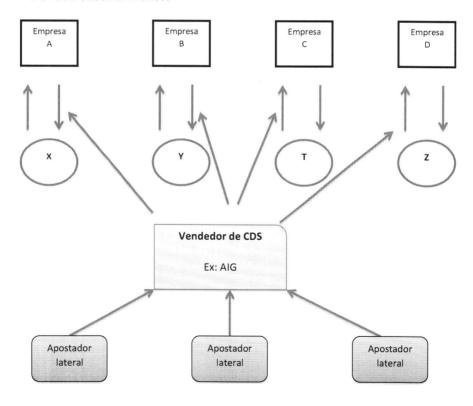

[580] Veja-se a título de exemplo, o colapso da *Enron Corporation*.

DO *CREDIT DEFAULT SWAP EM ESPECIAL*

No exemplo, verificamos que quando os investidores (X, Y, T e Z) emprestam dinheiro às empresas, através da subscrição de obrigações por elas emitidas, esperando como contrapartida uma taxa de juro anual até ao momento de vencimento da obrigação, para se precaverem da eventual ocorrência do risco de crédito, optam por fazer, paralelamente, um *credit default swap*, junto de uma entidade que esteja disposta a oferecer essa proteção, que garante o reembolso da quantia emprestada pelo investidor, caso a entidade referência venha a entrar em *default* (insolvência, por exemplo).

No nosso exemplo, essa entidade protetora é a American Internacional Group. Porém, ressalve-se que a American Internacional Group não está obrigada a efetuar reserva de capital no mesmo valor daquele que segurou ou garantiu reembolsar e isso estimula a American Internacional Group – como a qualquer outro vendedor de CDS – a fazer vários *credit default swaps* e sobre várias empresas. Na realidade, desde que as agências de *rating* não façam *downgrade* que significa a deterioração da notação de risco da entidade de referência, ela é vista como sendo fiável e não tem limite para vender *credit default swaps*. Quanto a este evento em particular, há que considerar o que acontece no âmbito do CDS se a notação de risco da entidade de referência melhora. Aqui, pode existir um ajustamento dos pagamentos a efetuar pelo comprador de proteção. Os pagamentos a efetuar pelo comprador de proteção têm uma certa periodicidade, normalmente trimestrais, mas podem ser pagamentos únicos, no início do contrato. Como sucede, de resto, com o regime de pagamento do prémio de seguro. A classificação dada por estas agências é vista como verdade absoluta, nunca questionável, enquanto *gatekeepers* dos mercados financeiros. Todavia, neste caso em particular, as agências de *rating* só *assumem* a real situação de uma entidade quando existe uma situação de incumprimento.

Com efeito, as agências de *rating* devem ser sujeitas a escrutínio pelos tribunais, isto é, deve existir responsabilização dos gestores destas sociedades. Não é possível continuar com uma atitude de complacência em relação aos erros destas. Não pode continuar-se a sobrevalorizar as avaliações das agências de notação financeira. Acontece que estas podem errar e nem sempre mostram agir de forma rigorosa e imparcial, basta atentar-se no caso da falência do banco Lehman Brothers, que originou a crise económica e financeira dos Estados Unidos da América nos anos de 2007 e 2008, tendo-se alastrado para o resto do mundo.

O CONTRATO DE *SWAP*

Além de que, existem ainda apostadores laterais[581], que não tendo emprestado qualquer quantia às empresas, especulam sobre a possibilidade de elas virem a entrar em incumprimento, uma vez que até têm conhecimento de que certa empresa se encontra com determinadas dificuldades, celebrando, sobre a dívida dessas empresas, e sem que lhes tenham injetado capital, *credit default swaps*, pagando apenas um montante periódico à American Internacional Group que com eles celebra tais contratos. O que, *grosso modo*, leva a que a American Internacional Group garanta várias vezes a mesma dívida, o que implicará que a mesma, em caso de *default* de uma empresa (por exemplo, a Empresa B), tenha de pagar não só aos investidores desta mas também a todos os apostadores laterais que celebraram *credit default swaps* sobre a dívida dessa empresa, e terá de pagar a todos o mesmo valor. Isto é, se segurou uma dívida de dez milhões de euros, terá de pagar essa mesma quantia a todos, sejam investidores, sejam apostadores laterais.

É precisamente esta uma das grandes diferenças entre seguro e *credit default swaps*. Naquele paga-se a compensação a quem suportou efetivamente os prejuízos, nestes, paga-se a mesma quantia a todos os titulares, independentemente de quem perdeu efetivamente. O problema não termina aqui.

Um *default* de uma empresa, normalmente, gera o de outras (no nosso exemplo, a empresa D), as quais também emitiram obrigações tendo sido subscritas por investidores que por sua vez também celebraram *credit default swaps*, por vezes, na mesma vendedora de proteção, no exemplo, a American Internacional Group, o que agravará ainda mais a situação financeira desta. É nesta altura que as agências de *rating* intervêm e fazem um *downgrade* da classificação da American Internacional Group. Tal poderá ocorrer passando de uma classificação "AA" para uma classificação "B+", levando a que as *bonds* de outros investidores noutras empresas, até então protegidas por *credit default swaps* celebrados com uma entidade notada com "AA", deixem de ser apetecíveis. Nesse caso, os investidores procuram rapidamente "descarregar" essas obrigações no mercado, desligando-se delas.

Uma vez aqui chegados, consegue-se perceber o motivo pelo qual a crise financeira da Grécia, por exemplo, um país pequeno, conseguiu produzir impacto nas restantes economias mundiais.

---

[581] Por exemplo, *Hedge Funds*, que são fundos de investimento que tiram partido das boas cotações com que as agências de rating classificam certas entidades.

## 3. Finalidades prosseguidas

Os *credit default swaps*, enquanto instrumentos financeiros, podem ser utilizados para prosseguir uma de três finalidades: especulação, arbitragem e *hedging*, tal como acima verificamos.

A utilidade inicial dos *credit default swaps* foi a de fazer *hedging* (proteção ou cobertura), isto é, transferência de riscos inerentes a um vínculo jurídico estabelecido, para uma entidade externa a esse vínculo. Ou seja, pretende-se evitar a ocorrência de danos provenientes do incumprimento contratual da parte com quem contratamos, daí que seguremos o nosso crédito junto de outrem que aceite suportar esses prejuízos caso eles venham a ocorrer e, de preferência, junto de alguém que esteja bem classificado e ofereça, por isso, boas garantias. Desta forma, haverá motivo para não o não financiamento de empresas menos bem cotadas. Efetivamente, de todos os riscos existentes, aquele que o comprador de proteção visa evitar é o risco de crédito, o risco de incumprimento por parte do devedor referência. Contudo, celebrando o CDS fica exposto a um outro risco – o risco de contraparte. De facto, nada lhe garante que o vendedor de proteção, uma vez obrigado a efetuar a sua prestação, tenha capacidade para a efetuar.

Uma outra forma de *hedging* através dos *credit default swaps* surge no âmbito de um outro risco que muitas vezes sobrevém a quem financia diversas entidades, como por exemplo os bancos, em que há uma exposição excessiva face a um só mutuário ou demasiado capital envolvido num determinado setor da economia, levando a uma concentração do risco. Poderá essa entidade adquirir *credit default swaps* para cobrir alguns dos riscos provenientes desses financiamentos a um só mutuário ou setor de atividade e assim, sem se demitir das suas funções junto dos seus clientes, consegue dissipar a acumulação de riscos.

Na verdade, "as instituições financeiras são umas das maiores participantes nos mercados de CDS, uma vez que lhes permite cobrir o risco e diversificar a sua exposição a obrigações pouco líquidas e/ou empréstimos/contas a receber de clientes. Com efeito, um dos argumentos a favor da utilização destes instrumentos é o facto de proporcionarem liquidez adicional ao mercado de obrigações, promoverem a partilha de risco entre participantes do mercado e permitirem a criação de *portfolios* de obrigações sintéticas"[582].

---

[582] Cfr. SILVA, Paulo Pereira da, *et al.*, «Dependência extrema entre o preço das ações do setor bancário e os mercados de CDS – evidência usando cópulas e inferência baseada em simulação», *Cadernos do Mercado de Valores Mobiliários*, nº 45, Agosto 2013, CMVM, p. 52.

O CONTRATO DE *SWAP*

Apesar das consequências que o uso discricionário dos *credit default swaps* pode ter, a realidade é que, nesta finalidade, eles têm um propósito útil. Além desta finalidade, servem ainda de barómetro à "saúde financeira" das empresas, no sentido de que os *credit default swaps* relativos a uma certa empresa propagam-se ou não conforme o estado financeiro da mesma e quanto maior a probabilidade de *default* (por exemplo, notícias indesejadas que vêm a público sobre a contabilidade ou certas operações levadas a cabo pelos gestores das empresas) mais caro se tornam os *credit default swaps* e vice-versa. Mas uma das finalidades, perversa, consiste em utilizar estes instrumentos para especulção sobre a qualidade do crédito de certas entidades, em que especuladores apostam que certa entidade está prestes a falir e, sem que adquiram qualquer ativo ou estabeleçam vínculo com essa entidade, adquirem *credit default swaps* sobre a dívida das mesmas, à espera que a mesma entre em *default* e assim arrecadar o pagamento da compensação.

O *credit default swap* não possui uma adequada e harmonizada regulamentação[583] havendo reservas em apelidá-lo como seguro. A verdade é que a inexistência da obrigação legal de os vendedores de *credit default swaps* fazerem reservas no valor que seguram, leva a que, quando ocorra o evento que se pretendia evitar e que determina a obrigação de pagar as respetivas compensações, não existam reservas reais de dinheiro para cumprir, verificando-se o risco de contraparte e entram, também eles, em inadimplência perante os investidores e outros compradores de proteção.

Por outro lado, estava enraizada a ideia de que a sua dimensão não permite o fracasso ou empobrecimento[584]. Por outro lado, existe ainda a ideia que até à possibilidade destas empresas entrarem em situação de insolvência, entretanto arrecadam biliões, sendo que se algo inesperado ocorrer, o Estado acabará por proceder ao seu resgate e salvamento, na tentativa de evitar os prejuízos que advêm desse malogro, os quais, crê-se, serem muito maiores devido ao facto de serem sistemicamente marcantes. Esta será uma das razões pela qual urge legislar sobre a responsabilização – termos, condições e limites – dos líderes destas empresas, sendo necessário transmitir-se a ideia de que o que é excessivamente "grande" para falir, também se torna na mesma proporção demasiadamente "grande" para salvar.

---

[583] Daí que, comumente, já se comece a apelidar de *naked default swap*.
[584] De novo, a ideia do *too big to fail*.

## 4. Riscos

O risco de crédito pode ser dividido entre risco de incumprimento da parte obrigada ou risco da alteração desfavorável das taxas de juro ou da alteração da moeda de referência. Relativamente ao primeiro tipo de risco de crédito enunciado, podem as partes negociar a celebração de um contrato que evite ou cubra a hipótese de ocorrência do incumprimento.

A esse contrato, que cobre o risco de incumprimento de um outro contrato, chamamos *credit default swap*. Por outras palavras, o *credit default swap* é um contrato celebrado entre duas partes, que visa garantir a cobertura de prejuízos originados pelo incumprimento de um outro contrato por parte daquele que nele ocupa a posição de devedor da prestação, de forma que este contrato sirva de realidade subjacente que fundamenta e justifica a celebração de um *credit default swap*, doravante simplesmente denominado por CDS.

O comprador do CDS pretende adquirir proteção perante o eventual incumprimento de outrem num contrato, onde o comprador do CDS ocupa a posição de credor. O único interveniente comum nos dois contratos – CDS e contrato subjacente – é o adquirente do CDS, uma vez que a contraparte do adquirente do CDS não é o devedor do contrato subjacente ao CDS. E, coerentemente, nem poderia ser, pois não faria sentido celebrar um contrato de proteção contra o incumprimento do devedor num certo contrato com esse mesmo devedor. Quem corporiza, então, a posição de vendedor do CDS? Quem é a contraparte do comprador/adquirente de proteção?

No CDS, o adquirente de proteção paga um preço ou prémio ao vendedor de proteção para que este, caso ocorra um evento creditício, estipulado no CDS, ou haja incumprimento perante o credor – adquirente do CDS – por parte do devedor, no âmbito de um contrato que estes celebraram – realidade subjacente ao CDS –, lhe pague uma indemnização que anule os prejuízos que tal incumprimento ou evento creditício lhe causou, sendo que o CDS terminará quando o contrato subjacente também cessar. O valor do preço ou prémio a pagar por parte do comprador do CDS varia consoante o nível de risco de crédito associado ao CDS.

Se transpusermos esta realidade para a figura do contrato de seguro, vemos que sucede exatamente o mesmo. Senão vejamos. No contrato de seguro o tomador de seguro paga um prémio, cuja periodicidade poderá ser convencionada, ao segurador para que este o indemnize no caso de

O CONTRATO DE *SWAP*

ocorrer um determinado evento, futuro e incerto, e o preço que o tomador de seguro irá pagar variará consoante a probabilidade de que a ocorrência de tal evento aumente ou diminua.

No âmbito dos financiamentos bancários a empresas, se o banco celebrar paralelamente e com uma terceira entidade – vendedor de proteção – um CDS, ficará mais protegido contra o risco de incumprimento do contrato de financiamento, permitindo ao banco atuar de forma mais segura, não temendo financiar os negócios, fazendo com que o sector empresarial obtenha mais liquidez e a economia se desenvolva.

Todavia, o CDS, enquanto modalidade de um contrato de *swap*, poderá servir finalidades especulativas. Ainda que o comprador do CDS não tenha celebrado nenhum outro contrato onde fique como credor e, portanto, ainda que não esteja a comprar proteção contra o incumprimento de nenhum devedor, ele não fica impedido de "apostar" que um devedor num certo contrato (no qual o comprador do CDS não tem intervenção) vai incumprir e, se tal acontecer, o comprador do CDS, que calculou ou que realizou esta suposição, irá receber um valor previamente acordado com o vendedor do CDS devido à verificação do evento creditício no dito contrato, o qual é totalmente alheio quer ao comprador quer ao vendedor do CDS.

Em suma, o comprador de proteção num CDS não tem de ser parte num contrato subjacente ao CDS ou interveniente da realidade sobre a qual o CDS incide ou tem como objecto. O vendedor do CDS assume o risco de incumprimento por parte do devedor de um contrato que serve de referência à negociação do CDS. O CDS é negociado entre as partes diretamente, entre o comprador e o vendedor, não tem regulamentação específica e é comercializado *over the counter*, isto é, entre as partes, sem recurso a negociação através da bolsa. Isto leva a que o mercado dos CDS seja pouco cristalino na medida em que não é pública a informação sobre o preço dos CDS, não permitindo igualmente que se saiba se o credor cobriu a sua posição através de um CDS ou não. Como a informação não é tratada em bases de dados não se consegue também aferir os preços mais competitivos entre os vendedores de CDS, o que permite que estes pratiquem preços que não são, por vezes, o autêntico reflexo da realidade do mercado. O valor do CDS não é constante ao longo de todo o contrato, antes é variável e as partes permitem o ajustamento do valor do CDS consoante o risco de *default*, ou também chamado risco de incumprimento.

DO *CREDIT DEFAULT SWAP EM ESPECIAL*

Nestes termos, se a probabilidade de haver incumprimento do devedor do comprador do CDS aumentar, o valor do CDS também aumenta. Se, pelo contrário, aquela probabilidade diminui, o valor do CDS também diminui, logo, a entidade que vendeu o CDS pode reduzir o montante do colateral que afetou o cumprimento adequado do contrato de CDS, diminuindo as disponibilidades que consignou para assegurar esse contrato.

Sucede ainda que caso o próprio vendedor do CDS veja a sua cotação descer, ou seja, se a sua "saúde financeira" se deteriora e a respetiva classificação de *rating* diminui, tem também de afetar maiores montantes de disponibilidades para os contratos de CDS que assumiu.

Um dos problemas colocados em torno do CDS reside no facto de ser um contrato tecnicamente complexo e cuja negociação e formalização se torna bastante difícil se as partes não se encontrarem familiarizadas com a sua estrutura, o que leva a situações de inevitável litígio. Neste quadro de controvérsia cumpre destacar que um dos principais problemas que se levanta com frequência é justamente o da interpretação e integração do conteúdo do contrato.

Nos últimos anos, atendendo aos esforços desenvolvidos por associações internacionais, compostas por elementos bastante experientes nestes tipos de contratuais, essa negociação e formalização tem sido simplificada, na medida em que já se encontra estandardizada toda a estrutura contratual, com cláusulas pré-redigidas e definidas, às quais as partes aderem, apenas definindo as particulares condições do contrato, designadamente, determinando os valores das obrigações e prazos de incumprimento.

## 5. Impactos da cessão da posição contratual

Outra questão também problemática é a que consiste em saber que impacto terá num CDS a cessão da posição contratual no negócio jurídico subjacente. E as partes podem realmente transmitir a sua posição contratual num CDS?

Atualmente a dimensão do mercado dos CDSs é gigantesca, tendo um volume enorme de negócios anuais. Porém, atendendo a que pode existir uma cobertura sucessiva do mesmo negócio, aqueles números não retratarão a realidade do mercado, uma vez que o montante das operações brutas de CDS pode ser superior ao valor líquido de cobertura.

O CDS é um instrumento de cobertura utilizado pelos bancos para se garantirem de que, mesmo que os devedores a quem financiam atividades

O CONTRATO DE *SWAP*

ou mutuam capital não cumpram com as obrigações de pagamento, receberão na mesma o montante em dívida por via do CDS que hajam celebrado com uma entidade externa.

Desta forma, o CDS funciona como uma garantia que promove e incentiva a concessão de crédito. Todavia, e porque o credor não tem de se preocupar com o risco de *default* do devedor, é compelido a conceder crédito até aqueles devedores que não reúnam propriamente as condições elegíveis ou mínimas para essa obtenção, sem se preocuparem em investigar as condições dos devedores e sem terem de acompanhar e seguir as suas situações económicas e financeiras. Ora, este tipo de comportamentos geram fenómenos de crise em tudo idênticos ao que assistimos nos anos de 2007 e 2008.

Por outras palavras, as políticas do dinheiro fácil – *easy money policies* – gerará ativos (créditos) de segurança e qualidade fraca, simulando-se cenários de desenvolvimento económico com concessão de crédito falacioso, uma vez que são créditos concedidos sem as devidas garantias de cumprimento a fornecer pelos devedores, associadas muitas vezes a fins que não os de investimento, sem capacidade para gerar riqueza.

Propicia-se, assim, um efeito em tudo semelhante ao que resulta de uma política monetária expansionista em que a acessível concessão ou exagerada concessão de crédito estará na base da formação e criação de bolhas especulativas. Estas surgem numa conjuntura alargada de baixas taxas de juro e consequente sobrevalorização dos ativos.

A bolha crescerá muito mais quando os vendedores do CDS negociarem a baixos preços e o mercado colapsará quando aqueles só conseguirem comprar CDS para compensação dos riscos que entretanto foram assumindo. O que conduzirá ao designado "efeito dominó": os bancos não conseguem reestruturar ou renegociar os contratos de crédito quando os devedores começam a incumprir; se começarem a acionar um a seguir a outro sucessivamente, todos os CDSs negociados em cadeia, provocarão um efeito multiplicador dos efeitos negativos provenientes do incumprimento dos contratos que serviram de referência a todos os CDSs, arrastando consequentemente todos os intervenientes, desde bancos, seguradoras, fundos de investimento, *holdings*, entre outras entidades que, com elevada probabilidade, acabarão em situação de insolvência técnica por absoluta incapacidade de cumprimento de todos os contratos celebrados. Isto porque o mercado torna-se ilíquido, só havendo um sentido possível, a venda de posições.

DO *CREDIT DEFAULT SWAP EM ESPECIAL*

Considerando as conexões e interligações globais que estes intervenientes possuem com diversas instituições e distintos compromissos assumidos, o risco da sua insolvência acaba por ser dramática para a economia, não só de certa circunscrição territorial, mas a nível mundial.

A existência dos CDSs provoca e gera nos credores que a eles recorrem para cobertura das suas posições uma postura descuidada e irrefletida no tratamento e análise adequadas à situação económica e financeira real daqueles que requerem o financiamento. Tal facto propicia o ponto de partida para um sistema financeiro mundial em crise, além de que, numa situação de *default*, se o credor tem um CDS associado, prefere acionar o CDS do que pugnar por alternativas viabilizadoras do cumprimento pelo devedor quanto mais não fosse através de uma segunda oportunidade por meio de renegociação ou restruturação da dívida.

A necessidade de regulamentação destes instrumentos é premente, já o dissemos. Como são os próprios intervenientes deste mercado os que mais experiência possuem e mais vasto conhecimento encerram, o seu saber deveria ser levado em consideração para o efeito como auxiliar da atividade legiferante. Constituiriam, em nossa opinião, importante fonte de determinação das questões fulcrais neste domínio e, sobretudo, de explicitação das principais dificuldades com que se debatem os intervenientes.

Questão diversa é a de saber se desejam a aludida regulamentação. Não nos parece que possamos responder afirmativa ou negativamente de forma perentória. Cremos, de resto, que se fosse desejada, se nada houvesse a recear, já teria sido demandada.

Existem diversos argumentos ou razões que podem ser aduzidos para a conveniência da inexistência de regulamentação, as quais serviriam para, igualmente justificar a ausência de um mercado bolsista onde a transação e negociação dos CDSs fosse efetuada. A transparência negocial pode ser um obstáculo à viabilização da prossecução de determinados interesses económicos.

Para além da ausência de regulamentação nesta matéria, inexiste também supervisão institucional. A supervisão cuidaria fundamentalmente de prevenir de forma atempada eventuais cenários de risco sistémico no mercado dos CDSs.

Um outro tipo de atuação que serviria a finalidade enunciada passaria por impor a obrigação às instituições que se dedicam à negociação de CDS de efetuarem provisões adequadas por cada CDS negociado, assim

O CONTRATO DE *SWAP*

se conseguindo o reforço dos capitais próprios, criando "almofadas" preventivas para o caso de os CDS terem de vir a ser acionados.

Poderão os CDSs ser empregados para avaliar e verificar a saúde financeira de certa entidade? Conseguir-se-á perceber o nível de solvabilidade de certa empresa através da apreciação do mercado dos CDSs?

Economistas do fundo monetário internacional entendem que não. Acresce que analistas de risco referem amiúde que grande parte das vezes os CDSs são usados para fins meramente especulativos e não para aferição da probabilidade de cumprimento ou incumprimento de uma certa entidade ou empresa. Repare-se no comportamento dos CDSs nos momentos anteriores ao rebentamento da crise financeira mundial iniciada em 2007. Na verdade, os *spreads* em vigor para os CDSs não faziam antever qualquer fenómeno daquela natureza para nenhum dos bancos que entretanto faliram[585].

Conforme já referenciámos, esta falta de previsão assentava na crença da existência de entidades que dada a sua dimensão se acreditava ser impossível a sua falência.

## 6. O caso português

Portugal, como de resto um pouco por toda a Europa, à exceção de alguns países, atravessa atualmente uma grave crise económica e financeira, sendo essencial o seu regresso em força aos mercados financeiros para aí poder financiar-se. Para satisfazer as suas necessidades de financiamento, é utilizado como principal instrumento a emissão de obrigações do tesouro – valores mobiliários de médio-longo prazo – emitidas por sindicância,

---

[585] Veja-se a este propósito o que refere Silva, Paulo Pereira da, *et al.*, «Dependência extrema entre o preço das ações do setor bancário e os mercados de CDS – evidência usando cópulas e inferência baseada em simulação», *Cadernos do Mercado de Valores Mobiliários*, nº 45, Agosto 2013, CMVM, p. 53: "Os spreads dos CDS refletem o risco de incumprimento da entidade de referência. O *payoff* final destes contratos depende de um evento de crédito e os *spreads* revelam a qualidade de crédito da entidade de referência. Assim, na ausência de fricções de mercado, o *spread* do CDS deve ser igual ao spread de crédito de um título a taxa variável cotado ao par. (...) Após a crise financeira iniciada em 2007, a importância do risco de crédito no setor bancário ganhou relevância e os *spreads* dos CDSs passaram a ser vistos como um indicador da fraqueza de um banco. Os *spreads* dos CDSs podem ser usados para extrair as perceções de mercado sobre a resiliência financeira das instituições bancárias, particularmente dos bancos com relevância sistémica".

## DO *CREDIT DEFAULT SWAP EM ESPECIAL*

leilão ou por operações de subscrição limitada, cujos prazos variam entre 1 e 50 anos[586].

Porém, existem ainda outros valores mobiliários, mas de curto prazo, com o valor unitário de um euro, podendo ser emitidos com prazos até um ano, e reembolsáveis no vencimento pelo seu valor nominal, que são os bilhetes do tesouro[587]. A colocação destes instrumentos de financiamento é efetuada através da realização de leilões regulares, segundo um calendário previamente anunciado ao mercado.

A Agência de Gestão da Tesouraria e da Dívida Pública (IGCP, E.P.E) visa gerir, de forma integrada, a tesouraria, o financiamento e a dívida pública direta do Estado e, neste âmbito foram, realizados leilões para emissão de bilhetes de tesouro no último trimestre de 2015.

| Instrumento | Maturidade | Tipo | Data Indicativa dos Leilões | Montante Indicativo (EUR milhões |
|---|---|---|---|---|
| BT 17JUL2015 | 6 | Reabertura | 21 janeiro 2015 | 1000 – 1250 |
| BT 22JAN2016 | 12 | Lançamento | | |
| BT 22MAI2015 | 3 | Reabertura | 18 fevereiro 2015 | 1000 – 1250 |
| BT 22JAN2016 | 11 | Reabertura | | |
| BT 18SET2015 | 6 | Reabertura | 18 março 2015 | 1000 – 1250 |
| BT 18MAR2016 | 12 | Lançamento | | |

Fonte: IGCP, E.P.E[588]

Neste momento, acredita-se que a única solução para uma recuperação da economia de Portugal passa pela criação de condições capazes de conferir e imprimir confiança aos investidores, mostrando que Portugal é capaz de honrar os seus compromissos – como o tem demonstrado – incutindo a ideia de que a aquisição da dívida portuguesa não constitui risco. Quantos mais sinais se derem da nossa capacidade de cumprimento, maior a confiança em nós depositada e, consequentemente, maior a compra de dívida pública portuguesa pelos investidores.

---

[586] A colocação das OT`s em mercado primário é assegurada por um conjunto de instituições financeiras a quem está atribuído o estatuto de Operador Especializado em Valores do Tesouro ou de Operador de Mercado Primário.

[587] A colocação de BT em mercado primário é assegurada por um grupo de bancos reconhecidos pelo IGCP, E.P.E. como Especialistas em Bilhetes do Tesouro.

[588] Dados consultados disponíveis em: http://www.igcp.pt/gca/index.php?id=1377 (acedidos em 24 de março de 2015).

No programa de financiamento da República Portuguesa para 2015, onde se antevê um montante para as necessidades de onze mil milhões de euros, prevê-se a "emissão de títulos de dívida pública nos mercados financeiros em EUR com realização regular de leilões de Obrigações do Tesouro (OT) para promover a liquidez e um funcionamento eficiente dos mercados primário e secundário", além da emissão de bilhetes de tesouro e, no que concerne à emissão de obrigações do tesouro, estipula-se um "montante entre os EUR 12 a 14 mil milhões será obtido via emissão bruta de OT, combinando sindicatos e leilões. Os leilões de OT terão a participação dos Operadores Especializados de Valores do Tesouro (OEVT) e Operadores de Mercado Primário (OMP) e serão realizados às segundas e quartas-feiras de cada mês. O montante indicativo e as linhas de OT a reabrir serão anunciados ao mercado até 3 dias úteis antes do leilão"[589]. Mas a realidade é que quanto menor for o risco de incumprimento de Portugal – entidade de referência – mais acessíveis serão os *credit default swaps* inerentes à cobertura do risco na aquisição de dívida pública, através da subscrição de obrigações.

Veja-se, neste aspeto, a evolução dos últimos anos, no que diz respeito a alguns países europeus, e particularmente Portugal:

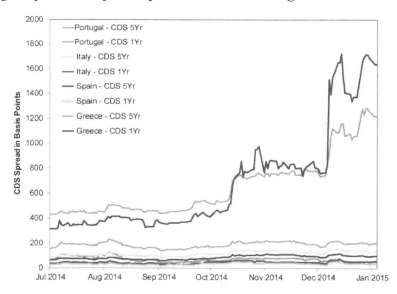

[589] Cfr. nota informativa acerca do plano de financiamento para a República Portuguesa em 2015, disponível em: http://www.igcp.pt/fotos/editor2/2015/Programa_de_Financiamento/Nota_imprensa_PF2015.pdf (acedido em 23 de março de 2015).

DO *CREDIT DEFAULT SWAP EM ESPECIAL*

Mas como ficou *supra* exposto, os *credit default swaps* podem ser utilizados para fins especulativos, com consequências nefastas para toda a economia mundial, atento o efeito contagioso de um só *default* na carteira de um vendedor de proteção, pelo que, para preservar a liquidez dos mercados, sobretudo dos mercados de obrigações soberanas e de recompra de obrigações soberanas, a União Europeia e o Parlamento Europeu elaboraram o Regulamento Europeu nº 236/2012, que entrou em vigor no dia 1 de novembro de 2012[590].

Este Regulamento debruçou-se sobre o mercado de dívida soberana, condicionando-o e proibindo as vendas a descoberto de dívida soberana, e estipulou regras sobre os contratos *credit default swaps* sobre dívida soberana. Apenas proibiu a venda de ações e obrigações de que se não é titular e de que não se dispõe para venda – *naked short selling* – bem como estabeleceu restrições aos *swaps* de risco de incumprimento soberano não cobertos[591].

Visou este diploma, essencialmente, garantir a harmonização dos diversos regimes europeus no que respeita às vendas a descoberto e aos *swaps* de risco de incumprimento. O regulamento especifica os casos em que os *credit default swaps* sobre dívida soberana são considerados proteção (*hedging*) legítima.

Mais uma vez, tendo presente a ideia de que os CDSs serviram para combater a dívida dos Estados, o Parlamento Europeu aprovou esta nova regulamentação, apesar de nela própria estar patente a preocupação sobre os seus potenciais efeitos adversos. Daí que estabeleça, simultaneamente,

---

[590] Este regulamento é complementado por três outros regulamentos: Regulamento nº 827/2012, de 29 de Junho, que estabelece normas técnicas de execução no que diz respeito aos meios para a divulgação pública das posições líquidas em ações, ao formato das informações a fornecer à Autoridade Europeia dos Valores Mobiliários e dos Mercados (ESMA) em relação às posições líquidas curtas, aos tipos de acordos, mecanismos e medidas para assegurar de forma adequada que as ações ou instrumentos de dívida soberana estão disponíveis para liquidação e às datas e período relevantes para a determinação da plataforma de negociação principal de uma ação em conformidade com o Regulamento nº 236/2012, pelo Regulamento nº 918/2012, de 5 de julho, que complementa o Regulamento nº 236/2012 no que diz respeito a definições, cálculo das posições líquidas curtas, swaps de risco de incumprimento soberano cobertos, limiares de comunicação, limiares de liquidez para suspensão das restrições, redução significativa do valor de instrumentos financeiros e acontecimentos desfavoráveis, e pelo Regulamento nº 919/2012, de 5 de julho, que também completa o Regulamento nº 236/2012 no que diz respeito às normas técnicas de regulamentação aplicáveis ao método de cálculo da redução do valor das ações líquidas e de outros instrumentos financeiros.

[591] Cfr. artigos nºs 12º, 13º e 14º do Regulamento (UE) nº 236/2012, de 14 de março de 2012.

mecanismos para suspender as restrições que impõe[592], tornando mais difícil ou limitada a especulação sobre a dívida soberana de um Estado, para amplificar a transparência e permitir aos reguladores a deteção mais fácil dos riscos no mercado de dívida.

---

[592] Por exemplo, os artigos 23º e 24º do Regulamento.

# Capítulo III
## *Credit Default Swap*: um Seguro de Crédito

A análise da função do *credit default swap* pode reconduzir-nos à função desenvolvida pelo contrato de seguro. Todavia, temos de ponderar se o contrato de *swap* será ou não um efetivo contrato de seguro, e mais especificamente um seguro de crédito[593].

Nos Estados Unidos da América, em 2010, a lei de Dood-Frank, na sua Parte II, ocupou-se da regulação dos mercados de *swaps* e, na Secção 722 alínea *b)* aditou à Secção 12 do *Commodity Exchange Act* a alínea *h)*[594], impondo expressamente que se não classifique o *swap* como seguro e que nenhuma lei de qualquer Estado regulamente o contrato de *swap* como sendo um contrato de seguro.

Antes de prosseguirmos vamos debruçar-nos sobre a importância da *causa* do negócio.

---

[593] Sobre o contrato de seguro de crédito e respetivo regime, cfr. BASTIN, Jean, *O seguro de crédito no mundo contemporâneo*, tradução de F. Vitória, Cosec, 1983; BASTIN, Jean, *O seguro de créditos. A protecção contra o incumprimento*, Cosec, 1994; CORDEIRO, A. Menezes, «Contrato de seguro e seguro de crédito», *II Congresso Nacional de Direito dos Seguros, Memórias* (coord. António Moreira e M. Costa Martins), Coimbra, Almedina, 2001, pp. 52-53; SILVA, João Calvão da, «Seguro de crédito», *Estudos de direito comercial (pareceres)*, Coimbra, Almedina, 1996, pp. 99 ss.; FRAGALI, Michele,, «Assicurazione del credito», *Enciclopedia del Diritto*, II, pp. 528 ss.

[594] Esta alínea dispõe da seguinte forma no seu conteúdo: "Regulation of swaps as insurance under state law .– A swap – (1) shall not be considered to be insurance; and (2) may not be regulated as an insurance contract under the law of any State".

## 1. A causa do negócio jurídico

Em Portugal, só doutrinalmente se tem dedicado alguma importância a esta questão, atendendo a que legislativamente a menção à causa do negócio é feita casuisticamente e de forma indireta[595].

O Brasil também se ocupa da causa dos contratos, e no art. 421º do Código Civil dispõe que "a liberdade de contratar será exercida em razão e nos limites da função social do contrato".

Em Itália, porém, a própria lei reconhece expressamente a importância da causa do negócio e insere-a nos requisitos do negócio jurídico[596].

Em França fala-se de causa do negócio em sentido subjetivo, diversamente em Itália perfilha-se a causa em sentido objetivo.

A causa em sentido abstrato consiste na função económico-social dos contratos.

Como dissemos, em Portugal, a causa não aparece como elemento do contrato, consagrando-se apenas como elementos do contrato o objeto, as partes e o consenso ou acordo.

Autores há que dedicam alguma atenção à causa do negócio, alguns[597] relacionando-a com o conteúdo do negócio, outros[598] inserindo-a e tratando-a ao lado da declaração negocial como um dos elementos do negócio, outros[599] como um elemento do texto negocial.

---

[595] A título de exemplo veja-se o art. 458º, nº 1 do CC quando enuncia a presunção de existência de uma causa ou relação fundamental nos negócios jurídicos unilaterais que não indiquem ou não mencionem a respetiva causa.

[596] O art. 1325º do Código Civil Italiano que dispõe: "I requisiti del contratto sono: 1) l'accordo delle parti; 2) la causa; 3) l'oggetto; 4) la forma, quando risulta che è prescritta dalla legge sotto pena di nullità" regulando a causa do negócio jurídico nos artigos 1343º a 1345º. O art. 1343º dispõe ser ilícita toda a causa que contrarie norma imperativa, a ordem pública e os bons costumes. O art. 1344º refere ser também ilícita a causa daquele contrato que seja mero expediente para evitar a aplicação de norma imperativa. E o art. 1345º do mesmo Código estabelece a ilegalidade do contrato que tenha como base uma razão também ela ilegal e comum a ambas as partes. Veja-se o art. 1322º, nº 2 do Código Civil Italiano quando se refere aos interesses das partes, que têm de ser dignos de tutela e proteção legal, dispondo: "Le parti possono anche concludere contratti che non appartengono ai tipi aventi una disciplina particolare, purché siano diretti a realizzare interessi meritevoli di tutela secondo l'ordinamento giuridico".

[597] Veja-se ASCENSÃO, Oliveira, *Teoria Geral do Direito Civil: Ações e Factos Jurídicos*, Vol. II, Coimbra, Coimbra Editora, 2ª edição, 2003, p. 327. ISBN 9789723211528.

[598] Cfr. MENDES, João Castro, *Teoria Geral do Direito Civil*, Vol. II, reimpressão, Lisboa, AAFDL, 1999, p. 265.

[599] Cfr. ALMEIDA, Carlos Ferreira de, *Texto e Enunciado na teoria do negócio jurídico*, Vol. I e II, Coimbra, Almedina, 1992, pp. 496 ss. ISBN 9789724006796.

*CREDIT DEFAULT SWAP*: UM SEGURO DE CRÉDITO

Neste ponto, associamo-nos à ideia de Pereira Coelho que coloca a *causa* do negócio, sistematicamente, no quadro do conteúdo negocial, em que a mesma consubstanciará a função económico-social desempenhada por certo conteúdo negocial[600]. Este autor refere que o negócio parecerá "insanavelmente incompleto" se consistir apenas "num puro efeito de direito" quando se traduza na assunção de uma obrigação ou na transferência de um direito, sem que se mencione ou especifique a causa que justifique tal efeito de direito[601]. Completa que, mesmo no âmbito dos contratos atípicos, a função do contrato sempre resultará dos efeitos negociais, os quais no seu conjunto determinarão a causa do negócio, pelo que não se impõe a indicação suplementar da causa, atendendo a que a mesma pode ser inferida, sendo que as partes não podem desunir os efeitos do negócio da causa do negócio, sendo esta que atribui àqueles um sentido económico-jurídico. A causa do negócio, enquanto função económico-social que o negócio visa, auxilia na determinabilidade de regime aplicável e na qualificação do tipo contratual.

Os contratos causais patrimoniais podem ser classificados de diversas formas quanto à função económico-social. Uma dessas classificações reporta-se aos contratos de risco, os quais por sua vez se subdividem em contratos de garantia e contratos de risco puro.

Nos contratos de garantia, o custo é eventual e exógeno, no sentido em que será suportado por uma parte e na eventualidade de algo externo ao contrato, não dependente da vontade das partes, venha a suceder. Aqui, o garante pretende que o evento que o obriga ao pagamento não ocorra e para o garantido esse acontecimento é irrelevante porquanto a sua obrigação é constante e mantém-se nos termos acordados para que a proteção se conserve.

Nos contratos de risco puro, o custo é certo quanto à sua verificação, a dúvida recai sobre qual a parte que o terá de suportar, sendo que o risco é criado pelas partes no contrato e por elas pretendido. Apenas uma parte ganha, uma ganha exactamente aquilo que o outro perde.

---

[600] Cfr. COELHO, Francisco Manuel de Brito Pereira, *Contratos complexos e complexos contratuais*, Coimbra, Coimbra Editora, 2014, p. 62, nota 125. ISBN 978-972-32-2255-5.

[601] Cfr. COELHO, Francisco Manuel de Brito Pereira, *Contratos complexos e complexos contratuais*, Coimbra, Coimbra Editora, 2014, p. 63. ISBN 978-972-32-2255-5.

O CONTRATO DE *SWAP*

Nos primeiros inclui-se indubitavelmente o contrato de seguro. Nos segundos, alguma doutrina inclui os contratos diferenciais e os contratos de jogo e aposta[602].

Torna-se importante discernir que tipo de risco se visa transferir contratualmente, um risco exógeno ao próprio contrato ou um risco que se configura e nasce no e do próprio contrato de transferência de risco.

No nosso estudo, sobre se o *credit default swap*, enquanto modalidade de um contrato de *swap*, se traduz num contrato de seguro e, mais precisamente, num seguro de crédito, iremos cingir-nos à análise do CDS apenas enquadrados na prossecução de uma das suas múltiplas finalidades: o *hedging*. Isto é, propomos-nos analisar um CDS, cuja finalidade é a cobertura de riscos associados a uma realidade subjacente concreta, e perceber se não será esta figura um seguro de crédito. É que quando existe esta realidade subjacente associada ao contrato de *swap* e, com este se visa a cobertura dos riscos a que a mesma realidade expõe a parte, podemos falar na existência de um risco real e não fingido, que não é endógeno ao contrato de *swap*, mas antes exógeno, que não depende da vontade das partes e com verificação incerta, tal como sucede no contrato de seguro.

O que acontece na especulação é coisa diversa, é a exposição refletida às indeterminações do mercado, com o desígnio de com isso obter lucros. Aqui não há a real intenção de cobertura de risco, ou de proteção contra as consequências provenientes dele.

Face ao exposto até aqui, a cobertura de riscos como finalidade económico-social da celebração de *credit default swap* – este constuitui o objeto do nosso estudo comparativo – determinará, no nosso entendimento, a aplicação do regime jurídico do contrato de seguro.

O tratamento a dar a esta questão assume posições antagónicas: de um lado, a tese que faz subsumir o contrato de *swap* à disciplina legal do contrato de seguro e, de outro, a que repudia em absoluto esta equiparação, pugnando pela total separação destas duas figuras jurídicas, reclamando tratamento jurídico distinto[603].

---

[602] Cfr. Mourato, Hélder M., «Swap de Taxa de juro: a primeira jurisprudência», *Cadernos do Mercado de Valores Mobiliários*, nº 44, Abril 2013, CMVM, pp. 38 e 39, embora este Autor, caracterizando o *swap* de taxa de juro como um contrato diferencial não aceite que seja um contrato de risco puro, na medida em que o risco é exógeno ao contrato e não endógeno, sendo este facto que distingue o contrato diferencial do contrato de aposta.

[603] Calheiros, Maria Clara, «O contrato de *Swap* no contexto da actual crise financeira global», *Cadernos de Direito Privado*, nº 42, Abril/Junho, 2013 pp. 4 e 5.

Na realidade, os defensores da diferenciação entre estas duas figuras são na maioria dos casos os *dealers* de CDS, que habitualmente são instituições de crédito. Estas não estão autorizadas a realizar contratos de seguro dado que esta atividade está reservada às seguradoras e o acesso à atividade seguradora está, como é sabido, regulamentado e sujeito à supervisão do Autoridade de Supervisão de Seguros e Fundos de Pensões.

Como vimos, os CDSs arrebataram, durante algum tempo, muitos lucros aos *dealers*[604] e, portanto, sendo uma atividade lucrativa não se quer abandonada pelas instituições de crédito que, plantando e apadrinhando a ideia de *espécie diversa,* podem continuar a ser contrapartes nestes contratos.

Pensamos, todavia, que de todas as finalidades que o *swap* pode assumir além da finalidade de cobertura de risco, e que adiante veremos, esta seria aquela que sustentaria a tese de que o *swap* não é mais do que um contrato de seguro. Mas não pretendemos precipitar-nos na conclusão pois que, na realidade, precisamos de proceder a uma razão aprofundada de todas as diferenças apontadas entre as duas figuras, para perceber se de facto existe alguma razão substancial que determine e imponha a aplicação de um regime jurídico diferenciado.

Aqui chegados, importa apear as diferenças entre estas duas figuras.

Recordamos em que se consubstancia um contrato de seguro. Por contrato de seguro entende-se aquele acordo em que uma parte transfere para outra o risco proveniente da ocorrência de um evento futuro e incerto, suscetível de causar dano ou prejuízo, mediante o pagamento de um preço, também designado por prémio. Por outras palavras, o contrato de seguro consiste na convenção pela qual uma parte se obriga perante a outra, mediante o pagamento por parte desta, de um valor acordado – prémio de seguro – a indemnizar terceiro por ela designado, pelos danos e prejuízos que possam advir da verificação de um certo evento ou risco.

A questão que imediatamente se coloca é a de saber se é esta a vontade das partes quando celebram um contrato de *swap*, se é esta representação, o desejo e a intenção das partes quando celebram um contrato de *swap*.

Como acima referenciámos existem diversas modalidades. Vimos que no *swap* de taxa de juro não há finalidade principal de transferência de risco para a outra parte como a que que existe no contrato de seguro, mas antes uma

---

[604] Veja-se o caso da American International Group, Inc., não fosse a detonação da crise financeira, e teria gerado lucros avultados, como durante certo tempo gerou.

tentativa de anulação das perdas a que as partes estão expostas na sequência da variação da taxa de juro contratada no financiamento subjacente.

Um dos argumentos utilizados pelos opositores ao contrato de *swap* com finalidade de cobertura de risco (*hedging*) negando-lhe a natureza de contrato de seguro reconduz-se à própria definição de *hedging* como sendo a utilização de meios especulativos para finalidades conservadoras[605].

Uma outra possibilidade consiste em admitir que a existência de alguma semelhança entre estes contratos – contrato de *swap* e contrato de seguro – considerando que ambos visam a anulação do risco. Porém os riscos que cada um deles visa anular são de diferente matriz. E é na diferença da natureza dos riscos que visam evitar que reside a grande diferença entre estas figuras jurídicas[606].

Uma das questões que mais controvérsia suscita acerca dos *credit default swaps* prende-se com a sua natureza jurídica. Constituirão um verdadeiro seguro, um seguro de crédito?

Se é indiscutível que em ambos o comprador de proteção / tomador do seguro tem de pagar um prémio e, em troca, o vendedor de proteção / seguradora terá de proceder ao pagamento de uma quantia àquele caso ocorra um evento adverso, futuro e incerto – sinistro – já mais discutíveis se tornam as diferenças entre ambas as figuras jurídicas.

Pretendemos analisar se essas diferenças são de tal forma fortes, estruturantes e caracterizadoras do seguro de crédito que justificam a não subsunção dos *credit default swaps* às regras daquele, impossibilitando que se caracterize estes como um verdadeiro seguro de crédito e, por conseguinte, não se lhe aplicando o respetivo regime jurídico, nomeadamente para os *dealers*.

Elencamos de seguida as principais diferenças apontadas como argumentos justificativos para a distinção.

## 2. Diferenças entre *credit default swap* e contrato de seguro

Nos últimos anos temos assistido ao avanço sucessivo dos Bancos pelo terreno dos mercados de valores mobiliários, bem como à multiplicação dos intermediários financeiros[607].

---

[605] CALHEIROS, Maria Clara, "O contrato de *Swap* no contexto da actual crise financeira global", *Cadernos de Direito Privado*, nº 42, Abril/Junho, 2013, p. 5.

[606] Cfr. GORIS, Paul, «A future for Swap-Assurance? Na enquiry in the border áreas of swap and insurance"», Intl. B. L. Journal, nº 469, 1996, pp. 471 e 472.

[607] Veja-se, art. 293º, nº 1 al. *a)* do CVM.

CREDIT DEFAULT SWAP: UM SEGURO DE CRÉDITO

Num cenário de Banca Universal, em que inexistem portões que dividam a banca de investimento da banca comercial, os Bancos acrescem ao seu *core business*, o papel de intermediários financeiros, prestando todos os serviços de investimento e auxiliares típicos dos intermediários e podem também investir na Bolsa por sua própria conta e risco, usando para esse investimento dinheiro que advém dos depósitos[608].

Tem-se assistido à interpenetração crescente entre o sector da Banca e Segurador, com o ingresso da Banca para o mercado segurador e o fenómeno inverso também. O sector segurador expande-se como instituição financeira e como investidor. Ao primeiro fenómeno de expansão podemos também apelidar de *bancassurance*, ao segundo de *assurbanque* e *assurfinance*[609]. Estas incursões recíprocas em terrenos e áreas teoricamente reservadas a outras entidades contribuíram para a propagação da crise, que em vez de local, se alargou a vários sectores e regiões. É indiscutível que os mercados financeiros se encontram integrados globalmente, contudo, a regulação e supervisão dos mesmos não acompanhou essa integração. Calvão da Silva[610] fala-nos de uma integração global subjetiva e uma inte-

---

[608] Veja-se o disposto no art. 4º, nº 1, alíneas *e*), *f*), *h*), *i*), *l*) e *q*), art. 8º, nº 1 e art. 14º, nº 1 *c*), todos do RGICSF, que é o Decreto-Lei nº 298/92, de 31 de dezembro atualizado pelos seguintes diplomas: Decreto-Lei nº 246/95, de 14 de setembro; Decreto-Lei nº 232/96, de 5 de dezembro; Decreto-Lei nº 222/99, de 22 de Junho; Decreto-Lei nº 250/2000, de 13 de outubro; Decreto-Lei nº 285/2001, de 3 de novembro; Decreto-Lei nº 201/2002, de 26 de setembro; Decreto-Lei nº 319/2002, de 28 de dezembro; Decreto-Lei nº 252/2003, de 17 de outubro; Decreto-Lei nº 145/2006, de 31 de julho; Decreto-Lei nº 104/2007, de 3 de abril; Decreto-Lei nº 357-A/2007, de 31 de outubro; Decreto-Lei nº 1/2008, de 3 de janeiro; Decreto-Lei nº 126/2008, de 21 de julho; Decreto-Lei nº 211-A/2008, de 3 de novembro, Lei nº 28/2009, de 19 de Junho, Decreto-Lei nº 162/2009, de 20 de julho, Lei nº 94/2009, de 1 de setembro, Decreto-Lei nº 317/2009, de 30 de outubro, Decreto-Lei nº 52/2010, de 26 de maio, Decreto-Lei nº 71/2010, de 18 de junho, Lei nº 36/2010, de 2 de setembro; Decreto-Lei nº 140-A/2010, de 30 de dezembro; Lei nº 46/2011, de 24 de junho, que produz efeitos com a instalação do tribunal da concorrência, regulação e supervisão, Decreto-Lei nº 88/2011, de 20 de julho, Decreto-Lei nº 119/2011, de 26 de dezembro 2011; Decreto-Lei nº 31-A/2012, de 10 de fevereiro, Decreto-Lei nº 242/2012, de 7 de novembro; Lei nº 64/2012, de 20 de dezembro, Declaração de Retificação nº 1-A/2013, de 4 de janeiro, Decreto-Lei nº 18/2013, de 6 de fevereiro, Decreto-Lei nº 63-A/2013, de 10 de maio, Decreto-Lei nº 114-A/2014, de 1 de agosto; Decreto-Lei nº 114-B/2014, de 4 de agosto, Decreto-Lei nº 157/2014, de 24 de outubro, e Lei nº 16/2015, de 24 de fevereiro, com início de vigência a 26 de março de 2015.

[609] Sobre estas realidades, veja-se SILVA, João Calvão da, *Banca, Bolsa e Seguros, Tomo I – Direito Europeu e Português*, 4ª edição, Coimbra, Almedina, 2013, pp. 24 a 29.

[610] SILVA, João Calvão da, Banca, *Bolsa e Seguros, Tomo I – Direito Europeu e Português*, 4ª edição, Coimbra, Almedina, 2013, p. 62.

O CONTRATO DE *SWAP*

gração global objetiva. Na integração global objetiva refere-se às técnicas utilizadas pelos *players* que propiciaram o alastramento à escala mundial dos efeitos negativos da crise financeira doméstica dos Estados Unidos da América de 2007, como a "securitização" de créditos e a utilização de produtos financeiros derivados, que pela sua estrutura complexa atrapalha a possibilidade de visualizar os riscos nele contidos. Com esta camuflagem de riscos, sem a sua devida mensuração e consequente constituição de reservas ou fundos próprios, quanto mais as instituições financeiras utilizarem estes produtos financeiros, mais se expõem aos riscos inerentes, maior também será a probabilidade de entrarem em insolvência técnica, pois o *castelo de cartas* que constroem é frágil, sem cola, e à mínima brisa desmorona, arrastando consigo todos os outros intervenientes do sistema financeiro, nacional e mundial.

O problema reside na circunstância de se ter idealizado como facto adquirido de que, independentemente da gestão sã e prudente que se prossiga, se a instituição tiver uma dimensão considerável, não será possível a sua falência – *too big to fail* – isto é, se estas instituições têm a expectativa de que, mesmo que tenham tido uma exposição excessiva ao risco, isso não lhe acarretará a falência, considerando o inevitável plano de resgate, não terão qualquer preocupação com o cumprimento de regras prudenciais. Tomou-se, portanto, a consciência de que urgia regulamentar estes sectores, principalmente nas matérias que até então não tinham sido objeto de qualquer regulamentação, ou tendo sido de forma insuficiente, como se verifica com os *credit default swaps* e outros produtos derivados negociados fora de mercado regulamentado, ou seja, ao balcão[611].

Debruçar-nos-emos agora nas principais diferenças que têm sido adiantadas como insígnias definidoras do seguro de crédito e da atividade seguradora, as quais, alegadamente, estão ausentes, segundo os defensores da distinção de figuras contratuais, no *credit default swap*. O que pretendemos é demonstrar que tais diferenças não são sólidas, uma vez que, em nossa opinião, também se verificam no CDS.

---

[611] Bem como se tornava imprescindível controlar e regular fenómenos como a *shadow banking*, *hedge funds*, PFC's e, principalmente, agências de *rating*.

CREDIT DEFAULT SWAP: UM SEGURO DE CRÉDITO

## 2.1. Atividade regulamentada

O acesso e exercício da atividade seguradora e resseguradora encontra-se devidamente regulamentada pela Lei-Quadro dos Seguros[612]. Mas a circunstância de a atividade seguradora e resseguradora ser regulamentada não reside só no facto de efetivamente existir regulamentação legal que a orienta, mas também por estar subordinada à supervisão de uma entidade responsável que, em Portugal, é o Autoridade de Supervisão de Seguros e Fundos de Pensões. Compete à Autoridade de Supervisão de Seguros e Fundos de Pensões garantir a fiscalização sobre o cumprimento das garantias financeiras impostas à atividade seguradora[613].

Existe ainda um acompanhamento da saúde financeira da empresa de seguros e da sua solidez financeira, cabendo ao Autoridade de Supervisão de Seguros e Fundos de Pensões impor a tomada de diligências no caso de a situação financeira da empresa de seguros começar a evidenciar sinais de insuficiência, exigindo que esta apresente de imediato um plano de reequilíbrio.

A atividade seguradora comporta a assunção de riscos elevados o que pode acarretar o estrangulamento financeiro da seguradora, causando um impacto negativo no sistema financeiro. Daí que exista a necessidade de estipular e seguir determinadas regras preventivas para a sua gestão e controlo em cada momento. A Diretiva 87/343/CEE trouxe estas regras. Tornou-se forçoso que as seguradoras no âmbito da sua atividade oferecessem garantias de viabilidade financeira, obrigando à constituição de provisões técnicas adequadas, constituição de reservas de compensação e fundos de garantia mínimos.

---

[612] Decreto-Lei 94-B/98, de 147 de abril, revisto e atualizado pelos seguintes diplomas legais: Declaração de Rectificação nº 11-D/98, de 30 de junho; Decreto-Lei nº 8-C/2002, de 11 de janeiro; Decreto-Lei nº 169/2002, de 25 de julho; Decreto-Lei nº 72-A/2003, de 14 de abril; Decreto-Lei nº 90/2003, de 30 de abril; Decreto-Lei nº 251/2003, de 14 de outubro; Decreto-Lei nº 76-A/2006, de 29 de março; Decreto-Lei nº 145/2006, de 31 de julho; Decreto-Lei nº 291/2007, de 21 de agosto; Decreto-Lei nº 357-A/2007, de 31 de outubro; Decreto-Lei nº 72/2008, de 16 de abril; Decreto-Lei nº 211-A/2008, de 3 de novembro; Decreto-Lei nº 2/2009, de 5 de janeiro; Declaração de Rectificação nº 17/2009, de 3 de março; Lei nº 28/2009, de 19 de Junho; Decreto-Lei nº 52/2010, de 26 de maio; Lei nº 46/2011, de 24 de junho, que produz efeitos com a instalação do tribunal da concorrência, regulação e supervisão, e pelo Decreto-Lei nº 91/2014, de 20 de junho.

[613] Cfr. art. 105º da Lei-Quadro dos Seguros.

O CONTRATO DE *SWAP*

Existe, atendendo ao fim[614] que se visa prosseguir com este contrato, a necessidade de garantir que a seguradora terá condições para assumir a sua obrigação caso a mesma tenha de ser efetuada, daí que o acesso e exercício da actividade seguradora seja regulamentado e supervisionado.

Referiu a este propósito Moitinho de Almeida que o "legislador entendeu que a função económico-social do seguro só pode ser prosseguida através de garantias, estabilidade e permanência que proporciona à relação jurídica a especial condição de segurador, cominando com a nulidade os seguros contraídos em empresas não autorizadas[615]", sendo que isso já constava da Lei nº 2/71, de 12 de abril, Base XVIII, alínea *c*).

A justificar estas medidas encontra-se "a particular periculosidade dos seguros de crédito" as quais constam do "Decreto-lei nº 94-B/98, e no plano das garantias financeiras – provisões técnicas, margem de solvência e fundo de garantia (art. 68º) – notam-se as seguintes exigências reforçadas: Provisão técnica para desvio de sinistralidade (art. 7º, nº 1, alínea *g*)), destinada a fazer face a sinistralidade excecionalmente elevada nos ramos de seguro em que, pela sua natureza, se preveja que aquela tenha maiores oscilações (art. 77º, nº 1), com obrigatoriedade da sua constituição para o seguro de crédito, seguro de caução, seguro de colheitas, risco de fenómenos sísmicos e resseguro aceite-risco atómico (art. 77º, nº 2)"[616]. Já em Solvência II[617] se dispunha no art. 128º, relativamente ao requisito de capital mínimo, que "Os Estados-Membros exigem que as empresas de seguros

---

[614] Veja-se, a título de exemplo, o fim social prosseguido pelo seguro obrigatório de responsabilidade civil automóvel.

[615] ALMEIDA, J.C. Moitinho de, *O contrato de Seguro no Direito Português e comparado*, Lisboa, Livraria Sá da Costa Editora, 1971, p. 20.

[616] Cfr. SILVA, João Calvão da, «Seguro de Crédito como Seguro de Grandes Riscos: Garantia Indemnizatória Acessória ou Autónoma», *Revista de Direito do Consumidor*, vol. 94, Julho/Agosto 2014, Ponto 1.4, pp. 65 a 83.

[617] Diretiva 2009/138/CE, do Parlamento Europeu e do Conselho, de 25 de novembro. A data inicial para transposição de Solvência II era 31 de Outubro de 2012, no entanto, esta transposição foi adiada para 30 de Junho de 2013, todavia, o atraso na adoção da Diretiva Omnibus II levou à necessidade de se adiar novamente o prazo, através da "Diretiva Quick-Fix II" – Diretiva nº 2013/58/UE, do Parlamento Europeu e do Conselho, de 11 de dezembro de 2013 – para 31 de março de 2015, sendo que o regime apenas se aplica a partir de 1 de janeiro de 2016. A EIOPA tem emitido uma série de directrizes para que as autoridades de supervisão nacionais adotem uma abordagem coerente e uniforme relativamente ao regime Solvência II. Todas essas Directrizes estão acessíveis para consulta em https://eiopa.europa. eu/regulation-supervision/guidelines.

CREDIT DEFAULT SWAP: UM SEGURO DE CRÉDITO

e resseguros detenham fundos próprios de base elegíveis suficientes para cobrir o requisito de capital mínimo" sendo que o art. 129º, nº 1, alínea *b)* menciona que corresponderia a "um montante de fundos próprios de base elegíveis abaixo do qual os tomadores de seguros e os beneficiários ficariam expostos a um nível de risco inaceitável no caso de as empresas de seguros e de resseguros serem autorizadas a continuar as suas operações e do art. 129º, nº 1, als. *d), i)* impôs "um limite inferior absoluto de 3 200 000 euros para empresas de seguros não vida que explorem riscos incluídos num dos ramos 10 a 15 da Parte A do Anexo I, entre os quais estão o seguro de crédito (nº 14) e o seguro de caução (nº 15), e não apenas 2 200 000 euros exigidos para as seguradoras Não Vida que não explorem esses riscos"[618].

Sempre que a empresa de seguros não possua ou não cumpra com as garantias financeiras que lhe são exigidas é considerada como estando em insuficiência financeira. Incumbe a esta entidade, para salvaguarda das condições normais de funcionamento do mercado segurador, e para proteger os beneficiários e segurados, a tomada de algumas providências para recuperação e saneamento. Essas providências estão previstas no art. 108º-A da Lei-Quadro dos Seguros, de entre as quais destacamos a retificação das provisões técnicas[619].

Se as medidas adotadas não reconstituírem a situação financeira mínima para a empresa de seguros prosseguir a sua atividade, a autorização para continuar a exercê-la é revogada, como se se cortasse "o mal pela raíz".

---

[618] Veja-se SILVA, João Calvão da, «Seguro de Crédito como Seguro de Grandes Riscos: Garantia Indemnizatória Acessória ou Autónoma», *Revista de Direito do Consumidor*, vol. 94, Julho/Agosto 2014, Ponto 1.4, pp. 65 a 83.

[619] Cfr. Artigo 110º que menciona o procedimento a seguir no caso de se verificar insuficiência de provisões técnicas: "1 – Se o Autoridade de Supervisão de Seguros e Fundos de Pensões verificar que as provisões técnicas são insuficientes ou se encontram incorrectamente constituídas, a empresa de seguros deve proceder imediatamente à sua rectificação, de acordo com as instruções que lhe forem dadas por este Instituto. 2 – Se o Autoridade de Supervisão de Seguros e Fundos de Pensões verificar que as provisões técnicas não se encontram total ou correctamente representadas, a empresa de seguros deve, no prazo que lhe vier a ser fixado por este Instituto, submeter à sua aprovação um plano de financiamento a curto prazo, fundado num adequado plano de actividades, elaborado nos termos do disposto no artigo 108º-A. 3- A Autoridade de Supervisão de Seguros e Fundos de Pensões definirá, caso a caso, as condições específicas a que deve obedecer o plano de financiamento referido no número anterior, bem como o seu acompanhamento, podendo, nomeadamente e no respeito pelo princípio da proporcionalidade determinar a prestação de garantias adequadas, a alienação de participações sociais e outros activos e a redução ou o aumento do capital".

Assim se procura evitar o perigo de continuidade e aumento dos riscos de uma insolvência da empresa de seguros perante os segurados e beneficiários, não permitindo também que com a sua queda financeira se arrastem outras empresas que com ela estejam conexionadas ou de alguma forma ligadas[620]. Mas as instituições financeiras que celebram *credit default swaps* também se encontram sujeitas a autorização para poderem aceder ao exercício da respetiva atividade e o seu exercício é também regulamentado e supervisionado como sabemos.

As razões pelas quais se tem evitado assumir de forma clara o CDS como sendo um contrato de seguro, traduzem-se nas circunstâncias de este contrato ser celebrado – poder sê-lo – por intermediários financeiros[621] e não por seguradoras. Ora, se o mesmo fosse classificado como seguro de crédito, apenas poderia ser celebrado com e por seguradoras. Percebemos, portanto, que esta circunstância possa bulir com determinados interesses económicos. Acresce que, estariam os seus intervenientes sujeitos às regras da autoridade de supervisão, bem como às regras legais aplicáveis aos contratos de seguro, que protegem os segurados, o que, precisamente, pretendem evitar.

Neste seguimento, os derivados foram surgindo com termos novos para designar realidades já existentes, tentando construir regras e estruturas contratuais aparentemente novas, mas que não mais são que cópias disfarçadas do contrato de seguro. Aliás, toda a dinâmica de funcionamento contratual se repete num e noutro.

---

[620] Veja-se o disposto no Artigo 113º da Lei-Quadro dos Seguros que refere: "Incumprimento – 1 – O incumprimento das instruções referidas no nº 1 do artigo 110º, a não apresentação de planos de financiamento ou de recuperação de acordo com o disposto no nº 2 do artigo 110º e nos artigos 111º e 112º e a não aceitação, por duas vezes consecutivas, ou o não cumprimento destes planos pode originar, por decisão do Autoridade de Supervisão de Seguros e Fundos de Pensões, a suspensão da autorização para a celebração de novos contratos e ou a aplicação de qualquer outra das medidas previstas na presente secção, bem como, nos termos do nº 3, a revogação, total ou parcial, da autorização para o exercício da actividade seguradora, consoante a gravidade da situação financeira da empresa. 2 – A gravidade da situação financeira da empresa referida no número anterior afere-se, nomeadamente, pela viabilidade económico-financeira da mesma, pela fiabilidade das garantias de que dispõe, pela evolução da sua situação líquida, bem como pelas disponibilidades necessárias ao exercício da sua actividade corrente. 3 – À revogação da autorização prevista no nº 1 aplica-se, nomeadamente, o disposto no artigo 20º".

[621] Art. 2º, nº 1, al. *c)*, art. 295º, nº1, art. 289º, nº 1, al. *a)* do CVM e art. 4º, nº 1, al. *e)* do RGICSF.

*CREDIT DEFAULT SWAP*: UM SEGURO DE CRÉDITO

O que pensamos é que, efetivamente, a sua finalidade é de seguro e os CDSs nada mais são do que verdadeiros contratos de seguro de crédito e, por conseguinte, devem estar submetidos à regulamentação daqueles, não havendo razão para os continuar a tratar como *naked swaps*, isto é, sem regulamentação. Aplica-se toda a regulamentação atinente ao seguro de crédito e ao contrato de seguro em geral, por analogia.

Não negamos que os CDSs possam ser celebrados por intermediários financeiros, seria, de resto, *contra legem* tal interpretação. O que dizemos é que devem sujeitar-se às mesmas regras que as seguradoras na celebração daqueles contratos, com todos os deveres jurídicos inerentes, bem como devem estar submetidos às mesmas regras de supervisão, com as consequentes imposições a nível, por exemplo, de constituição de provisões técnicas, tentando-se salvaguardar e prevenir a ocorrência dos efeitos devastadores que os mesmos potenciam em cenários de crise financeira.

## 2.2. Obrigatoriedade de efetuar provisões e reservas

O artigo 40º da referida Lei-Quadro estabelece os montantes do capital mínimo das seguradoras consoante os ramos explorados. No artigo 42º, estabelece-se que devem ser efetuadas reservas num montante não inferior a 10% dos lucros líquidos obtidos em cada exercício, podendo ser em montante superior. Exige-se que as seguradoras e resseguradoras mantenham a sua solidez financeira, que constituam a sua administração e direção com pessoas de elevada competência técnica a nível de gestão, a qual se quer sã e prudente[622].

Note-se que as seguradoras devem garantir a existência de atuários responsáveis, cujos deveres e poderes se encontram fixados pelo Autoridade de Supervisão de Seguros e Fundos de Pensões, os quais devem apresentar à administração da empresa de seguros, relatórios ilustrativos da situação financeira e ainda comunicar e alertar para situações de incumprimento ou inexatidão materialmente relevantes, sendo que o atuário terá de ser sempre informado de todas as medidas que serão implementadas, quer

---

[622] Cfr. Artigo 122º-C que dispõe: "Gestão sã e prudente – As condições em que decorre a actividade de uma empresa de seguros devem respeitar as regras de uma gestão sã e prudente, e designadamente provendo a que a mesma seja efectuada por pessoas suficientes e com conhecimentos adequados à natureza da actividade, e segundo estratégias que levem em conta cenários razoáveis e, sempre que adequado, a eventualidade da ocorrência de circunstâncias desfavoráveis".

O CONTRATO DE *SWAP*

pela administração, quer as impostas pelo Autoridade de Supervisão de Seguros e Fundos de Pensões para resolução das referidas situações.

Pretende-se ainda que a empresa de seguros seja rigorosa no cumprimento das regras prudenciais que lhe são aplicadas, cuja fiscalização compete aos Autoridade de Supervisão de Seguros e Fundos de Pensões, possuindo uma estrutura organizacional que possibilite o exercício efetivo da supervisão e colaboração na prestação de todas as informações que em cada caso devam ser explicitadas perante as autoridades competentes.

Impõe-se às empresas de seguros, para prossecução da referida gestão sã e prudente, e para evitar colapsos financeiros no caso de existirem, num curto espaço de tempo, vários sinistros que determinem o pagamento de avultadas indemnizações, que assegurem a existência de três tipos de garantias financeiras. Essas garantias traduzem-se na existência de uma margem de solvência, cuja determinação é fixada por normas regulamentares emitidas pelo Autoridade de Supervisão de Seguros e Fundos de Pensões, que consiste num fundo de garantia e na existência de provisões técnicas. As normas aplicáveis às três garantias financeiras resultam da Lei-Quadro dos Seguros, das Normas do Autoridade de Supervisão de Seguros e Fundos de Pensões [623], de Circulares do Autoridade de Supervisão de Seguros e Fundos de Pensões [624] e de Diretivas Europeias[625], constituindo o regime prudencial aplicável aos seguros.

Pretendemos realçar especialmente a obrigatoriedade de constituição de provisões imposta às seguradoras e resseguradoras, pois é precisamente neste facto que reside uma das diferenças entre o seguro de crédito e o *credit*

---

[623] Cfr. Norma 5/2012-R de 6 de junho, Norma 8/2012-R, de 29 de outubro, Norma nº 9/2010-R, de 9 de junho, Norma nº 9/2008-R, de 25 de setembro, Norma nº 6/2007-R, de 27 de abril, Norma nº 13/2003-R, de 17 de julho, Norma nº 7/2002-R, de 7 de maio, Norma nº 24/2002-R, de 23 de dezembro, Norma nº 12/200-R de 13 de novembro, Norma nº 4/1998-R, de 16 de março, Norma nº 3/1996-R, de 18 de janeiro, e Norma nº 19/1994-R, de 6 de dezembro.

[624] Por exemplo, a Circular 1/2013, de 10 de janeiro, sobre a determinação da provisão para riscos em curso; a Circular 3/2012, de 19 de abril, referente aos limites relevantes para determinação da margem de solvência exigida para os ramos "não vida" e sobre os limites mínimos do fundo de garantia para o ramo "vida " e "não vida"; a Circular 12/2008, de 31 de dezembro, sobre provisões para sinistros de acidente de trabalho; Circular 28/2004, de 17 de novembro, sobre a constituição de provisões para sinistros e a Circular 33/1999, de 16 de dezembro, acerca da determinação da provisão para riscos em curso.

[625] Veja-se a Diretiva 2002/13/CE, de 5 de março de 2002 e a Diretiva 2009/138/CE, de 25 de novembro de 2009, ambas do Parlamento Europeu e Conselho da União Europeia.

*default swap.* O desígnio da constituição das provisões é permitir à seguradora satisfazer, em qualquer momento, as responsabilidades que assumiu com a celebração dos contratos de seguro (art. 69º, nº 1 da Lei-Quadro dos seguros). As provisões técnicas a efetuar pela seguradora são compartimentadas por sectores, existindo regras específicas a cumprir no momento de as efetuar, consoante o tipo de provisão a realizar[626]. Destacamos as provisões técnicas a constituir para riscos em curso e para os sinistros[627]. Como podemos constatar, as provisões visam garantir que a seguradora, uma vez chamada a pagar uma indemnização devido à ocorrência do facto que era de verificação futura e incerta no início da celebração do contrato e que nenhuma das partes dominava, seja capaz de satisfazer efetivamente esse pagamento e não seja colocada numa posição de insolvabilidade. No fundo, esta obrigatoriedade de constituir provisões trava a seguradora nos seus intentos, se os tiver, de celebrar contratos de seguro de forma desgovernada, sem mensurar a dimensão dos riscos prováveis em que incorre.

Uma vez entendida a finalidade da constituição de provisões, percebemos que essas provisões requerem por parte da seguradora um controlo da sua contabilidade e uma proporcionalidade adequada entre o desejo de ganho e a possibilidade de perda.

Aos vendedores de *credit default swaps* não se aplica esta legislação, uma vez que, atendendo à tese estrategicamente instalada, que defende que não são um seguro de crédito, não estão sujeitos à regulamentação aplicada às seguradoras, pelo que não têm de efetuar qualquer provisão técnica, podendo celebrar tantos CDSs quantos conseguirem, aliás, quanto mais vendem, mais comissões arrecadam. Portanto, o vendedor de proteção nos CDSs não está obrigado legalmente a efetuar reservas no valor das operações sobre as quais assume a obrigação de pagamento em caso de

---

[626] Cfr. Artigo 70º da Lei-Quadro dos Seguros que dispõe: "1 – Sem prejuízo do disposto no número seguinte, as provisões técnicas, a serem constituídas e mantidas pelas empresas de seguros, são: *a)* Provisão para prémios não adquiridos; *b)* Provisão para riscos em curso; *c)* Provisão para sinistros; *d)* Provisão para participação nos resultados; *e)* Provisão de seguros e operações do ramo «Vida»; *f)* Provisão para envelhecimento; *g)* Provisão para desvios de sinistralidade. 2 – Podem ser criadas outras provisões técnicas por portaria do Ministro das Finanças, sob proposta do Autoridade de Supervisão de Seguros e Fundos de Pensões.".

[627] Ver a este propósito de constituição de provisões o disposto no artigo 78º da Lei-Quadro dos Seguros que refere: "Cálculo das provisões técnicas – As provisões técnicas serão calculadas nos termos do presente diploma e de acordo com os métodos, regras e princípios que vierem a ser fixados por norma do Autoridade de Supervisão de Seguros e Fundos de Pensões".

*default* da entidade de referência, enquanto na atividade seguradora existe a necessidade de efetuar provisões e reservas, daí a existência dos atuários.

Este facto, como verificamos com a crise financeira de 2008, contribuiu para o colapso financeiro de muitas instituições de crédito de dimensão mundial e determinou o resgate financeiro de uma das maiores seguradoras mundiais, a AIG, provocando uma crise sistémica a nível mundial. Contudo, este argumento enraizado pelos defensores da dissimelhança entre estas duas figuras não corresponde integralmente à verdade. Vejamos.

Calvão da Silva defende que as crises económico-financeiras geram não raras vezes crises políticas graves que "têm como consequência "buracos negros" (a deverem ser provisionados) nos balanços das instituições que concederam créditos ou prestaram garantias, com saliência, naturalmente, para os bancos mas também para as seguradoras que fazem seguros de crédito e seguros-caução (mesmo que os batizem de CDS-*Credit Default Swaps*), justamente porque, conquanto estruturalmente ou formalmente seguros, são funcionalmente garantias de crédito, cujo prémio ou "comissão" é pago nas primeiras pelo próprio credor da obrigação segura ou garantida e nas segundas pelo devedor da obrigação a garantir ou segurar" e que o *seguro* de crédito constitui uma atividade de alto risco, originando "falências de seguradoras (sobretudo) em épocas de crise económica e crescimento de créditos duvidosos ou litigiosos se não puderem ser devidamente provisionados (reservas ou provisões técnicas) ou as seguradoras não forem recapitalizadas pelos seus acionistas ou pelos Estados", sendo, portanto, qualificado como seguro de grandes riscos[628] [629].

A Diretiva 2006/48/CE, de 14 de junho de 2006, veio impor às instituições de crédito regras apertadas no que concerne à cobertura de riscos, sendo que os *swaps* e os *CDSs*, em particular, são operações de risco que implicam que aquelas constituam capitais próprios adequados à cobertura desses riscos.

No artigo 78º, nº 2 da Diretiva 2006/48/CE dispõe-se que "A posição em risco de um instrumento derivado incluído na lista do Anexo IV é determinada em conformidade com um dos métodos descritos no Anexo

---

[628] SILVA, João Calvão da, «Seguro de Crédito como Seguro de Grandes Riscos: Garantia Indemnizatória Acessória ou Autónoma», *Revista de Direito do Consumidor*, vol. 94, Julho/Agosto 2014, Ponto 2.1 e 2.3.

[629] Cfr. art. 2º, nº 3, al. *b*), do Decreto-lei nº 94-B/98 e art. 13º, nº 26, da Diretiva 2009/138/CE.

CREDIT DEFAULT SWAP: UM SEGURO DE CRÉDITO

III (...)" que versa sobre o regime do risco de crédito de contraparte dos instrumentos derivados, entre outras operações.

O Anexo IV daquela Diretiva refere os diversos tipos de instrumentos financeiros derivados, enunciando de forma expressa os *swaps* de taxas de juro na mesma divisa, os *swaps* de taxas de juro variáveis de natureza diferente, os *swaps* de taxas de juro em divisas diferentes, incluindo os CDSs também, embora esta última conclusão resulte já da conjugação de normas, nomeadamente do ponto 3 do Anexo IV desta Diretiva que nos remete para os pontos 4 a 7, 9 e 10 da Secção C do Anexo I da Diretiva 2004/39/CE, onde se referem, no ponto 8 desta secção, os instrumentos derivados para a transferência do risco de crédito, enquadrando-se portanto aqui os CDSs.

Aquela Diretiva 2006/48/CE foi transposta para a ordem jurídica interna pelo Decreto-Lei nº 104/2007, de 3 de abril[630], complementado pelo Aviso do Banco de Portugal nº 5/2007, que no seu Anexo II transcreve integralmente o Anexo IV da Diretiva 2006/48/CE.

E sobre os CDSs em particular, prevê este Aviso, à semelhança da Diretiva e do referido Decreto–Lei, que "O valor da posição sujeita a risco de crédito de contraparte[631] resultante de vendas de *swaps* de risco de incumprimento, não pertencentes à carteira de negociação, é considerado nulo, desde que esses *swaps* sejam tratados como proteção de crédito facultada pela instituição e sujeitos a um requisito de fundos próprios, para cobertura do risco de crédito, que tenha como base de incidência o montante nocional total[632]", acrescentando que: "deve existir um conjunto de cobertura para cada emitente de um título de dívida de referência subjacente a um *swap* de risco de incumprimento[633]".

Acresce que, na sequência de Basileia III, a União Europeia emitiu a Diretiva 2013/36/EU que foi transposta para a ordem jurídica interna pelo Decreto-Lei nº 157/2014, de 24 de outubro, alterando a Diretiva 2006/48/CE, estipulando regras importantes acerca das reservas e fundos próprios a que as instituições de crédito devem obedecer. No seu art. 86º, a Dire-

---

[630] Revisto e alterado pelos Decretos-Lei 45/2010, de 6 de maio, 140-A/2010, de 20 de dezembro, 88/2011, de 20 de julho, 18/2013, de 6 de fevereiro e revogado pelo Decreto–Lei nº 157/2014, de 24 de outubro.

[631] Que significa o risco de incumprimento pela contraparte de uma operação antes da liquidação final dos respetivos fluxos financeiros.

[632] Cfr. Ponto 5, Parte 2 do Anexo V do Aviso do Banco de Portugal 5/2007.

[633] Cfr. Pontos 15 e 16, Parte 5 do Anexo V do Aviso do Banco de Portugal nº 5/2007.

O CONTRATO DE *SWAP*

tiva dispõe sobre as reservas a efetuar para controlo do risco de liquidez dizendo que compete às autoridades competentes assegurar "que as instituições disponham de estratégias, políticas, procedimentos e sistemas eficazes para a identificação, avaliação, gestão e controlo do risco de liquidez tendo por referência um conjunto de horizontes temporais apropriados, incluindo o intradiário, de forma a garantir que as instituições mantenham níveis adequados de reservas prudenciais de liquidez". A Diretiva continua e, a partir do art. 128º, exibe a regulamentação acerca das reservas de fundos próprios, distinguindo entre reserva de conservação de fundos próprios – art. 129º – e reserva contracíclica de fundos próprios específica da instituição – art. 130º. A partir do art. 133º prevê o requisito de manutenção de uma reserva para risco sistémico.

Desta forma, entendemos que a diferença entre o seguro de crédito e os CDSs, não serve para fundamentar a distinção entre os tipos contratuais. Parece-nos antes que esta suposta diferença, a existir, surge *a posteriori* e não *a priori*, isto é, resulta do enquadramento legal que é feito destes dois tipos de contratos e não da diferente natureza de ambos.

## 2.3. Determinabilidade dos riscos transferidos

Uma outra diferença que tem sido apontada consiste na divisão dos riscos por categorias para o cálculo dos prémios a pagar pelo segurado – existindo uma desde logo que é a de grandes riscos – que irá influenciar no montante a pagar pelo segurado.

Já no CDS o risco é neutro, ou seja, o que se avalia é a entidade de referência e a probabilidade do seu incumprimento. Na verdade, poderá ser difícil num *credit default swap* determinar exatamente os riscos que se estão a transferir para o vendedor de proteção, enquanto no contrato de seguro, o tomador de seguro é obrigado, *ab initio*, a divulgar todos os riscos conhecidos.

A atuação das empresas de seguros está subordinada à lei dos grandes números. No entanto, se o risco é suscetível de mensuração e de fixação de limites mínimos e máximos através de cálculos estatísticos, a incerteza da sua ocorrência já não. Assim, ainda que um evento futuro e de verificação incerta tenha uma probabilidade mínima de ocorrer, por exemplo, de 1% ou 2%, não se consegue medir, desde início, se em concreto acontecerá um evento que caia nessa percentagem. A empresa de seguros sabe que há esse risco e há incerteza na sua verificação mas aceita esse facto, pois esse é o seu *core business* e joga com a lei dos grandes números.

CREDIT DEFAULT SWAP: UM SEGURO DE CRÉDITO

A atividade seguradora baseia-se na assunção de grandes riscos e riscos de massa e fá-lo de forma subordinada, isto é, segundo as regras ditadas pelas "técnicas actuariais e que a nível atomístico implica que o tomador de seguros paga um prémio calculado com base em elementos probabilísticos referentes à massa de riscos em que o risco singular se integra"[634]. Este prémio é o preço da contraprestação a efetuar pela seguradora em caso de ocorrência do evento que as partes convencionam e de que cuja verificação o tomador se quer precaver e cuja ocorrência a seguradora não prevê ou acredita que aconteça, embora a admita como provável. Mas não é verdade que em todos os contratos de seguro se não prescinda desta técnica atuarial, isto é, não se perde a qualidade de contrato de seguro apenas porque não presidiu à fixação do prémio a pagar a uma prévia análise e formulação atuarial para a sua determinação. Aliás, Fontaine[635] elenca algumas situações onde essa técnica não existe e ainda assim se está perante um inequívoco contrato de seguro, indicando aqueles onde existam coberturas de riscos excepcionais que não permitem tratamento estatístico, ramos de seguro para os quais não existam dados estatísticos, considerando a natureza do risco, bem como aqueles contratos feitos pelas empresas de seguro na sua fase inicial, em que não possuem ainda um número mínimo de contratos que permita aferir da compensação de riscos.

### 2.4. Apuramento de prejuízos para cálculo de indemnização
No contrato de seguro o evento contra o qual o tomador de seguro pretende precaver-se deve ser um acontecimento futuro e incerto. Existe uma certa previsibilidade, ainda que baseada em probabilidades e estatísticas, sendo certo que, mesmo ocorrendo o evento (sinistro), o que em princípio desencadearia a obrigação da seguradora pagar um montante indemnizatório, nem sempre a apólice (contrato) é acionada, desde logo porque, muitas vezes, ou o prejuízo é de pequena dimensão ou o valor da franquia estabelecida é dissuasora, o que diminui o impacto financeiro.

Alega-se que, diferentemente, nos *credit default swaps* há lugar a pagamento de um valor igual a todos os titulares, independentemente dos reais prejuízos suportados. Mas esta circunstância sucede nos CDSs com fina-

---

[634] MARTÍNEZ, Pedro Romano Martínez, *et al.*, *Lei do Contrato de Seguro Anotada*, 2ª edição, Coimbra, Almedina, 201, p. 85. ISBN 978-972-40-4569-6.
[635] FONTAINE, Marcel, *Droit des Assurances*, 4ª edição, Bruxelas, Larcier, 2010, pp. 114 a 120.

O CONTRATO DE *SWAP*

lidades especulativas e quando a finalidade é a cobertura de risco, não é verdade que não existam danos para apuramento, danos reais. Quando se procura efetuar uma cobertura de risco é porque este não é controlado pela parte, é-lhe externo. O dano aferir-se-á em sede de cobertura de risco.

Os interesses inerentes à distinção entre dano e interesse, embora possam ser pouco expressivos em termos de quantidade, são sem dúvida alguma influentes. Mas a realidade factual é que o efeito económico de determinados derivados de crédito pode ser semelhante ao efeito económico de um contrato de seguro.

O Departamento de Seguro de Nova Yorque, indagado sobre se o CDS configurava um contrato de seguro, refutou tal comparação alegando que para o ser o CDS teria de consagrar uma indemnização pela perda, exigindo-se que esta efetivamente existisse. Acrescentando que os tribunais têm invocado esta questão para discernir em cada caso se está ou não perante um seguro e no caso de falta desta cláusula concluem pela não subsunção do CDS à figura de contrato de seguro.

Sucede que, como vimos, num CDS com finalidade de cobertura de risco, essa perda é suscetível de acontecer e se assim suceder existe um dano efetivo e há a obrigação de pagamento para o vendedor de proteção, sendo que essa obrigação de pagamento pode reconduzir à mesma finalidade que uma indemnização, porquanto irá ressarcir ou compensar o comprador de proteção pela perda que teve com a verificação do evento de crédito de que cuja verificação se quis proteger e por isso celebrou o CDS.

Há, todavia, uma diferença que tem sido apontada que não rejeitamos.

A possibilidade de no CDS existir possibilidade de compensação, como forma de extinguir a obrigação de uma das partes, o que no contrato de seguro não sucede, uma vez que, o segurado paga o prémio e a seguradora pagará a indemnização no caso de ocorrência de sinistro. Todavia, se a finalidade do CDS for de cobertura e se houver uma liquidação financeira, parece-nos que esta diferença fica atenuada.

## 2.5. Titularidade efetiva da fonte do risco

No que concerne à alegada diferença apontada entre as figuras traduzida na impossibilidade de o CDS não poder ser contrato de seguro porque lhe falta a existência de interesse segurável e dano efetivo, cremos não ser exatamente correto. Primeiro porque nem todos os seguros para serem acio-

CREDIT DEFAULT SWAP: UM SEGURO DE CRÉDITO

nados necessitam da demonstração da existência efetiva de perda, como acontece, por exemplo, nos seguros de acidente e doença.

Ferreira de Almeida menciona que o conteúdo da generalidade dos derivados de crédito coincide com o conteúdo do contrato de seguro, com a ressalva de que o garante não é uma seguradora, e que tal não fica prejudicado pelos " argumentos relativos ao interesse segurável e princípio indemnizatório, porque nem num nem outro (lhe) parecem exigíveis como elementos característicos de todos os contratos de seguro"[636].

Não cremos que seja necessário as partes definirem no contrato de CDS qual a sua intenção para que se possa definir este como um contrato de seguro. Bastará que se verifique a existência efetiva da possibilidade de ocorrência de um risco a que o comprador de proteção esteja exposto para que possamos subsumir o CDS no regime jurídico típico e legal do contrato de seguro em geral e do seguro de crédito em especial. Relembre-se, a nossa análise versa sobre um CDS que vise a finalidade de *hedging*, uma vez que, quando existe uma realidade subjacente associada a este contrato, podemos falar na existência de um risco real e não aparente ou fictício. Pelo que se pode afirmar que, neste caso, existe um verdadeiro interesse por parte daquele que compra proteção, atendendo a que seria ele quem, em última instância, sofreria na sua esfera jurídica as consequências da verificação do evento indesejado.

Para que possamos falar em verdadeira cobertura de risco, este tem de existir efetivamente. E este risco não pode ter sido artificialmente criado pelas partes[637], mas antes resultar de uma outra operação preexistente.

Num *swap* de taxa de juro, o raciocínio é relativamente fácil de realizar. Supomos a existência de um mútuo bancário entre certa empresa e uma instituição de crédito, a uma taxa variável, em que o mutuário, receoso de que uma subida abrupta da taxa a que o seu mútuo se encontra indexado, o que acarretaria para si custos acrescidos com aquele financiamento. Pretende disso mesmo proteger-se e portanto celebra um contrato de *swap* com uma contraparte que esteja disposta a fixar-lhe a taxa, para que em um cenário de subida da taxa isso não implique um aumento de custos para o mutuário com o financiamento.

---

[636] Cfr. ALMEIDA, Carlos Ferreira de, *Contratos III, Contratos de liberalidade, de cooperação e de risco*, 2ª edição, Coimbra, Almedina, 2013, p. 272.

[637] Até para evitar "ataques" especulativos sobre determinadas entidades, como certas nações ou sociedades.

O CONTRATO DE *SWAP*

Num *credit default swap*, como vimos, o que está em causa não é propriamente a flutuação das taxas de juro ou de câmbio, mas antes o risco de incumprimento contratual por parte do devedor numa relação jurídica creditícia, em que a proteção é procurada pelo credor dessa relação jurídica.

Note-se que o risco de que o credor se visa proteger existe, não sendo por si criado. O que este credor pretende é comprar proteção – *segurar-se* – para que não tenha de suportar os riscos provenientes da verificação, incerta, do evento danoso.

Do que falamos é da existência ou não de interesse segurável por parte de quem procura celebrar um contrato de *swap*.

Um dos argumentos em que os defensores da tese de que o *swap* não é seguro se baseiam é precisamente o facto de não ser exigível que as partes num contrato de *swap* tenham um interesse segurável. O mesmo será dizer que não precisam de estar expostos de forma ativa ao risco que visam evitar.

Pelo contrário, no seguro apenas se segura o que se possui, isto é, o risco que se visa transferir tem de existir efetivamente.

Resta saber se tais diferenças afastam os *credit default swaps* da figura do seguro de crédito ou se, na realidade não configurarão ambos duas faces da mesma realidade.

Nos *credit default swaps* permite-se a várias pessoas *segurar* a mesma dívida, sendo que estes compradores de proteção não precisam de ser credores do pagamento da referida dívida.

Aqui vemos que não correm efetivamente nenhum risco, pois quem o corre na realidade é o credor dessa dívida. Mas neste caso, o CDS não é realizado com a finalidade de *hedging*, mas antes com fins puramente especulativos, sendo estes, e apenas estes, que, em caso de perda ou verificação do risco, acarretam prejuízos para a entidade vendedora de proteção, estremecendo fortemente a sua estabilidade financeira e com isso, todo o sistema financeiro envolvente[638].

No entanto, pretendemos apenas ocupar-nos dos CDSs com finalidade de corbertura de risco, embora se ressalve que a finalidade especulativa existirá sempre, pelo menos, para uma das partes do *swap*, aquela que aceita, para si, a transferência do risco, assumindo-o.

---

[638] Relembramos o caso da AIG, Inc.

CREDIT DEFAULT SWAP: UM SEGURO DE CRÉDITO

Na realidade, o que cremos é que esta não é uma verdadeira diferença entre as duas figuras, pelo que não pode ser utilizada como argumento distintivo.

Julgamos é que o contrato de *swap* tem sido abusivamente utilizado para outros fins para além daquele que entendemos ser o seu principal fim, o da cobertura de um risco que efetivamente se corre, embora não neguemos que outras finalidades sejam também lícitas. Porém, deveriam ser ainda mais controlados, atendendo aos efeitos negativos que podem causar no sistema financeiro.

Nesta senda, chamamos novamente à colação o Regulamento (UE) nº 236/2012, que no seu art. 4º permite e reconhece a possibilidade de celebração de CDSs de dívida soberana a não obrigacionistas, considerando que têm, ainda assim, um interesse segurável, no caso de desvalorização "da dívida soberana nos casos em que a pessoa singular ou coletiva seja titular de ativos ou passivos, incluindo de forma não exaustiva contratos financeiros, uma carteira de ativos ou obrigações financeiras cujo valor tenha uma correlação com o valor da dívida soberana" e no art. 1º, nº 1, proíbe a realização de *swaps* de incumprimento soberano não cobertos, isto é, sem que o comprador de proteção tenha realmente adquirido dívida soberana e, por conseguinte, sem que esteja exposto a um risco real de desvalorização da dívida[639], embora esta proibição possa ser suspensa se se considerar que "o respetivo mercado de dívida soberana não está a funcionar convenientemente e que essas restrições poderiam ter um impacto negativo sobre o mercado de swaps de risco de incumprimento soberano, sobretudo por aumentarem o custo da dívida para os emitentes soberanos ou afetarem a capacidade dos emitentes soberanos de emitir nova dívida"[640].

Em suma, uma das diferenças apontadas entre o CDS e o seguro de crédito é precisamente a necessidade de se ser titular de um interesse segurável.

No seguro de crédito é necessário que o tomador de seguro seja titular de uma relação creditícia, em que o risco de incumprimento da mesma por parte do devedor, acarrete para si um risco, enquanto credor naquela

---

[639] Dispõe o art. 14º nº 1 do Regulamento (UE) nº 236/2012 o seguinte: "1. As pessoas singulares ou coletivas só podem concluir transações de swaps de risco de incumprimento soberano se tais transações não conduzirem a uma posição não coberta num swap de risco de incumprimento soberano a que se refere o artigo 4º".

[640] Cfr. artigo 14º nº 2 do Regulamento (UE) nº 236/2012.

O CONTRATO DE *SWAP*

relação. Já no CDS não se exige que o comprador de proteção seja titular do ativo subjacente referente a uma entidade de referência para que possa comprar proteção contra um eventual *default* dessa entidade referência.

Expomos agora um exemplo académico para ilustrar esta diferença entre um contrato de seguro e um CDS, em nosso ver, apenas aparente, como adiante veremos.

António é proprietário de uma moradia e decide celebrar com uma seguradora um contrato de seguro multirriscos que inclua a sua habitação – edifício – e recheio, com um conjunto de coberturas, que garantam a António que se encontra protegido de determinados riscos ou imprevistos, consoante o que as partes estipularem na apólice. António pode celebrar este contrato de seguro, pois é proprietário da moradia e recheio, tem portanto um interesse segurável. Os vizinhos de António não podem fazer um seguro idêntico sobre a casa de António e recheio a ela pertencente, pois não são proprietários, logo não têm um interesse segurável. Contudo, podem celebrar um CDS em que o ativo subjacente seja a moradia e recheio de moradia de António, pois estão convencidos, atendendo ao seu conhecimento de astronomia, que precisamente sobre a moradia dele cairá nas próximas semanas um meteorito, destruindo-a totalmente, sendo que irão receber do vendedor desse CDS o valor correspondente ao dano, que não suportaram na sua esfera jurídica.

Esta diferença que se baseia na existência ou não de interesse segurável não existe entre o CDS e o seguro de crédito, se o CDS visar a finalidade de cobertura de risco, em que o comprador de proteção está exposto a um risco que, a verificar-se, determinará um dano que terá de suportar efetivamente.

O exemplo que acima expusémos reporta-se a um CDS cuja finalidade é meramente especulativa e não é esta a nossa matriz comparativa.

Outra questão que aqui entronca é a relativa à existência de um dano efetivo. A tese que conclui que o derivado de crédito não é seguro sustenta-se essencialmente com o facto de naquele não ser necessário um dano nem a sua quantificação para que haja lugar a cumprimento das obrigações das partes[641]. No seguro de crédito, para que haja obrigação por parte da segu-

---

[641] Veja-se BORGES, Sofia Leite / MAGALHÃES, Sofia Torres, «Derivados de crédito. Algumas notas sobre o regime dos valores mobiliários condicionados por eventos de crédito», *Caderno do Mercado de Valores Mobiliários,* nº 15, Dezembro 2002, CMVM, p. 143, que referem: "alguma

CREDIT DEFAULT SWAP: UM SEGURO DE CRÉDITO

radora, é necessária a existência de um dano. Como vimos, atendendo às múltiplas finalidades que se pode prosseguir com a realização de um CDS, pode não se verificar um dano para o comprador de proteção, atendendo a que a obrigação do vendedor se desencadeia com a realização do evento de crédito. Como referimos, se o CDS visar a cobertura de um risco efetivo porque o comprador é titular do ativo subjacente e está efetivamente exposto a um risco, com a verificação do evento de crédito relativamente à entidade de referência, suporta um dano, pelo que a diferença é inexistente. Acresce que, em caso de incumprimento do crédito de referência, o comprador de proteção tem um dano e o valor a pagar (por ele) foi acordado pelas partes no derivado de crédito, pelo que pode corresponder a uma indemnização convencional, além de que no seguro, como é sabido, podem existir limites ao valor indemnizatório a pagar pela seguradora, pelo que não é verdade que o dano seja absolutamente essencial para quantificar o valor da indemnização, porquanto este pode ser inferior àquele.

## 2.6. Possibilidade de sub-rogação da seguradora ao credor

No seguro de crédito, a seguradora que tenha pago a indemnização fica sub-rogada no direito do segurado, no montante equivalente ao que tenha pago ao terceiro responsável pelo sinistro, nos termos do disposto nos artigos 165º, nº 1[642] e 136º, n.ºs 1 e 4[643] do Regime Jurídico do Contrato de Seguro. Estamos, pois, perante uma sub-rogação legal e parcial, atendendo a que vigora o princípio do descoberto obrigatório e, por conseguinte, a

---

discussão na doutrina internacional, designadamente, a sua integração no universo dos contratos de seguro. Todavia, o facto de nos derivados de crédito não existir, necessariamente, a verificação de um dano na esfera jurídica do comprador de proteção, nem o montante da liquidação da operação ficar dependente da quantificação desse dano, tem justificado a sua não qualificação como contrato de seguro".

[642] Refere que "No seguro de crédito, o segurador fica sub-rogado na medida do montante pago nos termos previstos no artigo 136º, mas, em caso de sub-rogação parcial, o segurador e o segurado concorrem no exercício dos respectivos direitos na proporção que a cada um for devida".

[643] Estipulam que "1 – O segurador que tiver pago a indemnização fica sub-rogado, na medida do montante pago, nos direitos do segurado contra o terceiro responsável pelo sinistro. 4 – O disposto no nº 1 não é aplicável: a) Contra o segurado se este responde pelo terceiro responsável, nos termos da lei; b) Contra o cônjuge, pessoa que viva em união de facto, ascendentes e descendentes do segurado que com ele vivam em economia comum, salvo se a responsabilidade destes terceiros for dolosa ou se encontrar coberta por contrato de seguro".

O CONTRATO DE *SWAP*

cobertura também é parcial, o que determina, igualmente, um concurso de créditos do segurado e da seguradora contra o terceiro incumpridor[644]. Poderá ser esta uma diferença relevante? O que impede que no CDS possa haver uma sub-rogação pelo credor – comprador de proteção – nos termos do art. 589º do Código Civil[645]? Repare-se que esta sub-rogação é voluntária e provém de um contrato celebrado entre o credor, neste caso, o credor da relação creditícia que consubstanciará o ativo subjacente ao CDS, ou seja, comprador de proteção, e terceiro relativamente àquela relação jurídica, ou seja, o vendedor de proteção. Tem de ser expressa e pressupõe o pagamento ou outro ato equivalente e é neste momento do pagamento ou em momento anterior que o credor sub-roga o *solvens* no seu direito de crédito sobre o seu devedor na relação creditícia que serviu de referência ao CDS.

Pestana de Vasconcelos expõe que a sub-rogação no CDS pode não suceder se a transação entre o vendedor e comprador de proteção for liquidada financeiramente, mas se o CDS prosseguir a finalidade de cobertura de risco, ou seja, se o comprador de proteção possui efetivamente a obrigação de referência, e se daí resultar que em caso de *default* o vendedor de proteção tem de adquirir a dita obrigação, a proximidade com o seguro de crédito é evidente e manifesta, referindo que a única coisa que os separa é o facto de no CDS o vendedor de proteção não é uma seguradora[646]. De facto, da conjugação do 2º, nº 1, alínea *c)* e art. 289º nº 1 do Código de Valores Mobiliários, verificamos que uma atividade de intermediação financeira também consiste em atividades e serviços de investimento em instrumentos financeiros e os CDSs são instrumentos derivados para a transferência do risco de crédito.

O que julgamos é que se deve concluir pela identidade entre ambas as figuras, isto é, entre seguro de crédito e CDS, pelo que, assim sendo, tanto podem ser celebrados por seguradoras como por intermediários financeiros.

---

[644] Neste sentido, Vasconcelos, Luís Miguel Pestana de, *Direito das garantias*, 2ª edição, Coimbra, Almedina, 2015, pp. 164, 170 e 171. ISBN 978-972-40-5092-8.

[645] Apesar de ser uma forma de transmissão da obrigação e não uma forma de extinção da obrigação, não se confunde com a cessão de créditos. Sobre a diferença entre estas duas figuras, veja-se Serra, Adriano Paes Vaz, «Sub-Rogação nos direitos do credor», *Boletim do Ministério da Justiça*, nº 37, 1953, pp.13 ss.

[646] Cfr. Vasconcelos, Luís Miguel Pestana de, *Direito das garantias*, 2ª edição, Coimbra, Almedina, 2015, pp. 181 e 182. ISBN 978-972-40-5092-8.

CREDIT DEFAULT SWAP: UM SEGURO DE CRÉDITO

## 2.7. Princípio do descoberto obrigatório

Estipula o art. 5º do Decreto-Lei nº 183/88, de 24 de maio, que no seguro de crédito vigora o princípio da percentagem de descoberto obrigatório. Este princípio, que é a regra no seguro de crédito, significa que a seguradora nunca cobre a totalidade do crédito seguro, mas antes uma parte apenas, que será definida em percentagem na apólice, sendo que a seguradora pode estabelecer também os limites dos valores indemnizáveis.

Este princípio faz transparecer um outro, o da repartição ou partilha dos prejuízos derivados do sinistro, que pode ocorrer na relação contratual base sobre que incide o seguro de crédito.

A seguradora pode celebrar um contrato de seguro em que o objeto abarca todas as relações contratuais base que o segurado tenha numa determinada área geográfica, ou com um determinado sector de atividade, ou então com certo tipo de credores, mas a cobertura por parte da seguradora nunca é de 100%, mas tão-somente de uma parte, sendo que a restante fica a cargo do segurado, verificando-se, assim, uma verdadeira solidariedade no risco[647].

A *ratio* deste princípio parte da necessidade de que o credor se mantenha empenhado no cumprimento das obrigações por parte dos seus devedores, não se limitando a reclamar o ressarcimento dos danos sofridos à seguradora. Implica que o credor se interesse por outros instrumentos ou mecanismos de gestão e prevenção da ocorrência dos sinistros, evitando a ocorrência destes, preocupando-se com o bom cumprimento das suas relações creditícias. Quanto menor for a percentagem suportada pela seguradora maior será o risco que o credor – segurado – irá ter de suportar. A definição de percentagem terá também impacto na determinação do montante que terá de ser pago pelo segurado a título de prémio[648]. Não obstante a determinação da percentagem que se considera coberta

---

[647] Também neste sentido, FRAGALI, Michele, «Assicurazione del credito», *Enciclopedia del Diritto*, II, pp. 541.

[648] A seguradora pode, a par das cláusulas que compõem o contrato de seguro, facultar ao segurado certos serviços de cobrança de crédito, atendendo a que há uma percentagem do mesmo que fica a cargo do segurado. Veja-se o art. 163º do Regime Jurídico do Contrato de Seguro que dispõe: "No seguro financeiro podem ser conferidos ao segurador poderes para reclamar créditos do tomador do seguro ou do segurado em valor superior ao do montante do capital seguro, devendo todavia aquele, salvo convenção em contrário, entregar as somas recuperadas ao tomador do seguro ou ao segurado na proporção dos respectivos créditos".

O CONTRATO DE *SWAP*

pela seguradora, pode esta também fixar limites máximos aos montantes da indemnização[649].

No CDS não existe este princípio de descoberto obrigatório fixado como regra, no entanto, não podemos esquecer que vigora o princípio da autonomia da vontade, nada impedindo que as partes estipulem um montante inferior ao dano que o comprador venha a suportar caso venha a ocorrer um dos eventos de crédito previstos. Cremos até que, se considerarmos os efeitos negativos que os CDSs tiveram na crise financeira de 2007 e 2008, esta regra que visa a partilha de riscos, deveria ser implementada em todos os CDSs obrigatoriamente. Tal solução poderia decorrer da aplicação analógica do regime jurídico do seguro de crédito ao CDS.

## 3. Semelhanças entre *credit default swap* e o contrato de seguro

Analisaremos de seguida os pontos comuns entre ambas as figuras jurídicas para examinarmos fundamentadamente se o *credit default swap* se qualificará como um seguro de crédito. Antes de avançarmos, ressalvamos a importância desta qualificação. É que, a considerarmos o *credit default swap* como sendo um seguro de crédito, a ausência de regulamentação de que padecem todos os *swaps* em geral, e em particular o *credit default swap*, passará a realidade ultrapassada, porquanto, se o mesmo se subsumir à categoria de contrato de seguro, toda a regulamentação existente aplicável a este, terá de se estender aos *credit default swaps*.

Não estamos nunca perante terreno seguro, sacrificando-se a segurança e certeza jurídicas, pois a interpretação jurídica, ainda que resultante da aplicação dos elementos interpretativos previstos no art. 9º do Código Civil, tem sempre um cariz subjetivo, o do intérprete. Mesmo nos escritos mais recentes, continua a afirmar-se que quando estamos perante *swaps*, o regime legal é inexistente, tentando-se aplicar aos mesmos institutos jurídicos gerais, com base em argumentos cuja força poderá ser maior ou menor conforme o estado de interpretação. Estranhamos, pois todas as interpretações doutrinais que insistem em distinguir o *credit default swap* do seguro, não aplicando àquele o regime deste, parecendo olvidar o Regulamento (UE) nº 549/2013, do Parlamento Europeu e do Conselho, de 21 de maio de 2013, que no seu ponto 5. 218 refere expressamente que «os *swaps* de risco de incumprimento (*credit default swaps* – CDS) são contratos de seguro de crédito».

---

[649] Veja-se o art. 5º, nº 3 do Decreto-Lei nº 183/88, de 24 de Maio.

Dispõe o art. 8º, nº 4 da Constituição da República Portuguesa que "as disposições dos tratados que regem a União Europeia e as normas emanadas das suas instituições, no exercício das respectivas competências, são aplicáveis na ordem interna, nos termos definidos pelo direito da União, com respeito pelos princípios fundamentais do Estado de direito democrático". É unanimemente aceite que existe primado do direito da união europeia relativamente às normas de direito ordinário interno, em termos de aquele se situar hierarquicamente em nível superior a este. Referimo-nos ao princípio do primado do direito europeu, que é quase absoluto, em que se estipula que este direito tem um valor superior ao direito dos direitos nacionais dos Estados Membros, aplicando-se a todos os atos europeus com força vinculativa. Veda-se assim a possibilidade de os Estados-Membros aplicarem ou estipularem regras nacionais contrárias às que derivam do direito europeu.

O Tribunal de Justiça da União Europeia, no acórdão proferido no processo 6/64, que opôs Flaminio Costa a E.N.E.L., de 15 de julho de 1964[650], consagrou este primado e decidiu que "a transferência efectuada pelos Estados, da sua ordem jurídica interna em benefício da ordem jurídica comunitária, dos direitos e obrigações correspondentes às disposições do Tratado, implica, pois, uma limitação definitiva dos seus direitos soberanos, sobre a qual não pode prevalecer um acto unilateral ulterior incompatível com o conceito de Comunidade", o que significa que a força vinculativa do direito interno é suspensa no caso de incompatibilidade com um regra comunitária, a qual deve ser aplicada. Mesmo os atos normativos emanados no exercício da função executiva, e não só legislativa, estão sujeitos a este princípio, bem como o poder judicial[651]. Nós, porém, apenas alvitramos fazer uma comparação entre um *credit default swap,* cuja finalidade é a cobertura de risco – *hegding* – e o seguro de crédito.

### 3.1. Estrutura contratual e obrigações das partes
No *credit default swap* pretende-se, tal como no seguro de crédito, proteger o detentor de um crédito, independentemente da sua natureza, do incum-

---

[650] Disponível em: http://eur-lex.europa.eu/legal-content/PT/TXT/PDF/?uri=CELEX:6196 4CJ0006&qid=1424632671045&from=PT (acedido em 25 de janeiro de 2015).

[651] O Tribunal de Justiça considerou ainda que as Constituições nacionais estão igualmente sujeitas ao primado do direito comunitário.

O CONTRATO DE *SWAP*

primento por parte do devedor. Por conseguinte, transfere-se esse risco de incumprimento para outra entidade. No seguro de crédito essa outra entidade é a seguradora, no *credit default swap* será o vendedor de proteção ou do CDS – *dealer*.

Quem transfere o risco no contrato de seguro é o tomador de seguro, isto é, o credor na relação jurídica subjacente, e no *credit default swap* é o comprador de proteção ou do CDS – *buyer*. Ou seja, no seguro de crédito, o contrato é celebrado com o credor da obrigação segura[652], à semelhança dos outorgantes num CDS, em que o contrato é celebrado entre o vendedor de proteção e o comprador de proteção que é o detentor do ativo subjacente.

No *credit default swap*, se não houver incumprimento em relação à unidade associada ou ao instrumento de dívida, o vendedor do risco, que é o comprador de proteção, paga os prémios acordados até ao termo do contrato. Caso ocorra incumprimento, o comprador do risco, que é o vendedor de proteção, compensa o vendedor do risco pelas perdas, deixando de pagar os prémios.

A estrutura do CDS diz-nos que o vendedor de proteção compra o risco e, por isso, assume uma posição curta no *swap*. Inversamente, o comprador de proteção, é vendedor do risco e assume uma posição longa no *swap*.

Analisada a estrutura do seguro de crédito e do CDS, fazemos agora um exercício de transposição ou de decalque de uma figura na outra: existe o comprador de proteção a assumir a posição do segurado, o vendedor de proteção na posição da seguradora, o crédito seguro é o ativo subjacente, o evento de crédito é o sinistro, o segurado e o comprador de proteção pagam à seguradora e ao vendedor de proteção, respetivamente, um prémio como contrapartida da obrigação assumida pela seguradora ou vendedor de proteção de proceder ao pagamento de um montante em caso de ocorrência de um evento futuro e incerto pré-acordado pelas partes no contrato.

A este propósito, adiantam os defensores da diferença entre figuras contratuais que no contrato de seguro existe uma assimetria entre a posição da seguradora e do segurado, já no CDS as posições das partes são simétricas.

Como acima dissemos, para que um *hedger* consiga prosseguir a sua finalidade de cobertura de risco, é necessário encontrar alguém que esteja disposto a assumir esse risco. Essa pessoa, que denominamos especulador, não acredita que o risco que assume se venha a concretizar.

---

[652] Cfr. Art. 9º do Decreto-Lei nº 183/88 de 24 de Maio.

CREDIT DEFAULT SWAP: UM SEGURO DE CRÉDITO

No contrato de seguro, o especulador é a seguradora e o *hedger* o segurado. No CDS o especulador é o vendedor de proteção e o *hedger* o comprador de proteção.

Robert F. Schwartz[653] defende que o CDS não pode ser tido como contrato de seguro desde logo porque é um instrumento financeiro e por isso é celebrado entre bancos e outros agentes económicos a que apelida de "sofisticados" e indica que o contrato de seguro é celebrado essencialmente celebrado entre seguradora e consumidores. Ora, não podemos concordar com esta justificação exaurida, atendendo a que aquelas contrapartes que o mesmo apelida de "sofisticadas" são, do ponto de vista legal, consumidores, podem é ser consumidores/ investidores qualificados, mas como vimos, também existem os não qualificados de cuja proteção carecem a nível de regulamentação.

Nisto se sustenta aquele autor, afirmando e reconhecendo, todavia, a necessidade de regulamentação dos CDSs, embora neste processo apele

---

[653] Veja-se por exemplo as seis diferenças abordadas por SCHWARTZ, Robert F., «Risk Distribution in the Capital Markets: Credit Default Swaps, Insurance and a Theory of Demarcation», *Fordham Journal of Corporate & Financial Law*, Article 3, Volume 12, Issue 1, 2007, pp. 166 a 201, disponível em: http://ir.lawnet.fordham.edu/cgi/viewcontent. cgi?article=1226&context=jcfl, (acedido em 12 de fevereiro de 2015), tendo concluído que o CDS não é um contrato de seguro. Diz: "While insurance companies target individual consumers— meriting efforts by the state ensure fair conditions for consumers—CDS transactions take place exclusively between banks and other sophisticated parties. In considering whether CDS should be regulated as insurance contracts under state law, state insurance regulators must recognize the insoluble differences between the two groups of instruments. CDS are not insurance", este autor elabora ainda seis proposições, que funcionam como diferenças no seu entender entre os dois contratos, alegando que falhando uma delas, atendendo a que são dijuntivas, o contrato é seguro. As proposições que refere são: "Proposition 1: Where a party enters into a contract for contingent recovery possessing no economic interest in protecting the covered property from loss or damage, the contract is not insurance. Proposition 2: When the contract for recovery fails to reference property that the purchasing party has economic incentive to protect from loss or damage, the contract is not insurance. Proposition 3: When recovery under a contract can be had without substantiating any actual loss or damage, the contract is not insurance. Proposition 4: Where a party can recover under a contract an amount that exceeds expenses caused by loss or damage, the contract is not insurance. Proposition 5: Where a contract for recovery allows physical settlement, the contract is not insurance. Proposition 6: Where a contract for recovery provides for crosspayment netting under a master agreement, the contract is not insurance". Contudo, entendemos que estas proposições se baseiam nas teorias da indemnização e dano efetivo ou interesse segurável servem para caracterizar o contrato de seguro, mas isto é demasiadamente redutor.

O CONTRATO DE *SWAP*

à diferenciação de regimes, considerando que não são figuras jurídicas comparáveis.

No que concerne às obrigações contratuais para ambas as partes em ambos os contratos resulta o seguinte: no contrato de seguro a obrigação do segurado consiste em pagar o prémio acordado[654], para a seguradora surge a obrigação de indemnizar, todavia, é uma obrigação condicional, na medida em que só se torna exigível caso ocorra um dos sinistros acordados. O mesmo acontece com o CDS, em que o comprador de proteção paga um valor acordado em troca do pagamento de uma quantia a efetuar pelo vendedor de proteção caso ocorra um evento de crédito acordado entre as partes.

Tanto num caso como no outro, também existe o risco de a seguradora ou o vendedor de proteção, no momento em que as repetivas obrigações se tornam exigíveis em virtude da ocorrência do evento que assim o determinou, não conseguirem liquidar as suas obrigações, por elas próprias se encontrarem numa situação de insolvabilidade.

Se este risco se encontrar acautelado e coberto pela própria seguradora, surge-nos a figura do resseguro[655], mas também pode ser assegurado pelo próprio segurado, através de um seguro de prémio ou seguro subsidiário ou *reprise d'assurance*[656].

### 3.2. Objeto e finalidade

É verdade que as finalidades dos CDSs não se limitam à cobertura de risco ou de proteção – *hedging* – sendo, afinal, mais vastas.

Pode ser celebrado com finalidades especulativas ou arbitragem. No entanto, isto não consubstancia uma verdadeira diferença no que se refere ao nosso estudo, desde logo, porque numa das suas finalidades, o CDS coincide exactamente com o seguro de crédito e é essa finalidade e virtualidade do CDS que exploramos e comparamos.

Atualmente as novas realidades e a volatilidade com que o património do devedor de hoje já não o é amanhã traduzem a urgência na procura de novas formas de garantia do cumprimento das obrigações.

---

[654] Art. 11º do Decreto-Lei nº 183/88, de 24 de Maio.

[655] Cfr. Art. 72º do RJCS que dispõe: "O resseguro é o contrato mediante o qual uma das partes, o ressegurador, cobre riscos de um segurador ou de outro ressegurador".

[656] Cfr. MENDES, João Castro, «Acerca do Seguro de Crédito», *Revista Bancária*, nº 27, Janeiro/Março 1972, pp. 55 ss.

*CREDIT DEFAULT SWAP*: UM SEGURO DE CRÉDITO

Acerca da perda do significado económico-jurídico do património do devedor como garantia geral das obrigações, já Diogo Leite de Campos, em 1998, referia que "o credor, hoje, tem cada vez mais dificuldade em reconhecer o património do devedor e, sobretudo, em acompanhar a evolução desse património. É uma zona recheada de surpresas"[657].

Verificámos que tanto num seguro de crédito como num *credit default swap*, o que a seguradora naquele e o vendedor neste oferecem ao tomador de seguro ou beneficiário naquele e ao comprador neste, é um serviço de neutralização do risco de incumprimento. Mas será este aspeto suficiente para os identificar e considerar idênticos? Existem opiniões que admitem as semelhanças entre estas duas figuras, contudo, os objetivos dos produtos financeiros são suficientemente distintos para justificar a diferença de tratamento. Discordamos. Sabemos que esses objetivos muitas vezes não são os mais lícitos e que estas inovações contratuais, desregulamentadas, mas ao abrigo do princípio da autonomia privada, servem apenas para prossecução desses objetivos, os quais, a serem prosseguidos por formas contratuais celebradas com entidades reguladas, travam muitos dos intentos dos agentes económicos que recorrem aos produtos financeiros. Não queremos, contudo, com isto afirmar que todos os objetivos são ruins ou condenáveis, mas estes existem e não podem ser negligenciados.

Na realidade, qualquer parte que assuma a posição de garante face a outra num contrato estará a conferir-lhe proteção contra um qualquer evento a que a garantia esteja associada. Não será este facto que iremos apelidar essa garantia como um contrato de seguro. Atente-se, por exemplo, na obrigação legal de garantia a que o empreiteiro está adstrito, devendo conferir ao dono da obra, durante um certo período de tempo, a garantia de que o imóvel não padece de quaisquer defeitos e, se vier a padecer, tem a obrigação de os reparar ou substituir. Terão, portanto, de existir outras semelhanças que nos permitam identificar e sustentar a tese de que um *credit default swap* é um seguro, mais precisamente um seguro de crédito.

Para o efeito, e antes de uma análise mais pormenorizada deste ponto, importa desde logo referir que esta nossa análise se cinge ao *credit default swap* que vise a finalidade de *hedging* ou cobertura de risco, pois não pre-

---

[657] Cfr. CAMPOS, Diogo Leite de, «A Alienação em garantia», *Estudos em Homenagem ao Banco de Portugal*, 150º Aniversário (1846-1996), 1998, Lisboa, Banco de Portugal, ISBN 972-9479-53-4, p. 9.

O CONTRATO DE *SWAP*

tendemos comparar este contrato ao contrato de seguro, quando a finalidade daquele seja a especulação ou a arbitragem.

Como *supra* referido, entende-se por *hedging* a transferência de risco de perda em consequência da evolução desfavorável do preço correspondente ao ativo subjacente, risco a que se está exposto em consequência da detenção de uma posição inicial, curta ou longa. Esta transferência de risco ocorre para um outro agente económico que aceita assumir essa perda caso haja efetivamente uma evolução desfavorável, sendo que nenhuma das partes domina ou conhece o sentido dessa evolução. Esta transferência de risco ocorre mediante a celebração de uma outra operação, de sentido inverso à posição inicial.

Noutros termos, assumir-se-á uma posição curta se a posição inicial de quem quer transferir o risco é longa, ou assumir-se-á uma posição longa se a posição inicial deste é curta. Esta cobertura será total ou parcial consoante a perda originada pela variação do preço do ativo na posição inicial seja compensada pela posição inversa na totalidade ou só em parte, respetivamente.

### 3.3. Sinistro e evento de crédito

O facto futuro e incerto que desencadeia a obrigação de uma das partes, da seguradora no seguro de crédito e do vendedor de proteção no CDS, é o mesmo, embora assuma num e noutro contrato denominação diferente. Sinistro naquele e evento de crédito neste último tipo contratual. Ora, não se podem sustentar diferenças de regimes em divergências de denominações linguísticas, as quais servem apenas, em nosso entendimento, os interesses daqueles que insistem em não assumir a similitude das duas figuras jurídicas. Se a função é a mesma e a realidade única, por diversos nomes que lhe sejam atribuídos, não perderá a sua identidade.

Um evento de crédito traduz-se na ocorrência de um acontecimento referente a uma entidade referência ou a um conjunto de entidades referência.

O evento de crédito que desencadeia a obrigação de pagamento por parte do *protection seller* pode consistir na insolvência da entidade referência[658] referente ao ativo de referência, num incumprimento, que pode ser definitivo ou apenas temporário – mora – ou uma restruturação de dívida

---

[658] A entidade referência pode ser uma pessoa, uma sociedade comercial ou um Estado.

CREDIT DEFAULT SWAP: UM SEGURO DE CRÉDITO

ou passivo, a diminuição do *rating* atribuído, entre outras causas ou circunstâncias que poderão subsumir-se na categoria de evento de crédito, se assim for estipulado contratualmente entre as partes[659]. As partes negoceiam as causas que determinam o cumprimento da obrigação do vendedor de proteção no CDS. Para que o evento desencadeie a obrigação do vendedor de proteção é necessário que haja a notificação ao devedor, *materiality* e informação pública credível. E caso ocorra, durante o período de duração do CDS contratado, um evento de crédito, o comprador de proteção pode escolher entre duas possibilidades: ou exige ao vendedor de proteção o pagamento da quantia que tinha sido acordada previamente entre ambos no caso de ocorrência de um evento de crédito, o qual poderá ter originado uma perda para o comprador de proteção[660]correspondente ao valor do ativo subjacente, ou pode comprar o ativo subjacente pelo valor nominal; neste último caso estamos perante uma liquidação física – *physically settled*[661].

Quando celebra um CDS, o comprador de proteção expõe-se a um outro risco, o risco de contraparte. Quer isto significar que também os vendedores de proteção podem tornar-se insolventes, e portanto, incapazes de cumprir o contratualmente estipulado perante o comprador de proteção no caso de se verificar o evento de crédito da entidade de referência.

---

[659] Também neste sentido, BOLTON, Patrick e OEHMKE, Martin, «Credit Default Swaps and The Empty Creditor Problem», *Review of Finantial Studies*, Fevereiro 2011, pp. 2617-2655, disponível em: https://www0.gsb.columbia.edu/faculty/moehmke/papers/EmptyCreditors.pdf, (acedido em 05 de fevereiro de 2015) afirmando que "The credit event may be the bankruptcy filing of the debtor, non-payment of the debt, and in some CDS contracts, debt restructuring or a credit-rating downgrade".

[660] Não é necessária, contudo, a existência dessa perda, pois a mesma não existe para o comprador de proteção com a ocorrência de um evento de crédito, atendendo a que o CDS pode ser celebrado com um a finalidade meramente especulativa, isto é, o comprador de proteção não tem necessariamente que possuir ou ser titular o ativo subjacente para requerer "proteção" relativamente ao mesmo. Claro que quando o CDS é celebrado com finalidades especulativas, o comprador de proteção tem interesse na verificação do evento de crédito relativamente à entidade de referência.

[661] Veja-se ALMEIDA, Carlos Ferreira de, *Contratos III, Contratos de liberalidade, de cooperação e de risco*, 2ª edição, Coimbra, Almedina, 2013, p. 270. ISBN 978-972-40-5422-3. Refere o Autor: "Verificado o evento de crédito, a prestação do "vendedor de proteção" (geralmente uma instituição financeira) pode efetuar-se por liquidação física (transmissão do crédito) ou financeira (pagamento da diferença entre valores de referência, geralmente o valor nominal e o valor atual do crédito), tendo, neste caso a natureza de contratos diferenciais".

O CONTRATO DE *SWAP*

O mesmo acontece com os segurados, pois também a seguradora pode entrar numa situação de insolvência, sendo que muitas delas celebram paralelamente um resseguro.

De igual modo, também nada impede que o vendedor de proteção celebre um outro CDS, paralelamente, onde figurará, desta vez, como comprador de proteção, sendo o ativo de referência o CDS anteriormente celebrado. Acresce que, se compararmos os eventos que poderão configurar sinistros e eventos de créditos, constatamos serem os mesmos.

Os riscos seguráveis no âmbito do seguro de crédito estão previstos nos artigos 3º do Decreto-Lei nº 183/88 de 24 de maio[662] e no art. 161º[663] *ex vi* art. 1º do Decreto-Lei nº 183/88, de 24 de maio[664].

No seguro de crédito são as partes que estipulam quais os factos que geram a obrigação de pagamento por parte da seguradora de entre os que se encontram consagrados no art. 4º do Decreto-Lei nº 183/88, de 24 de maio[665].

[662] Dispõe: "1 – Através do seguro de crédito podem ser cobertos os riscos seguintes: *a)* Não amortização das despesas suportadas com operações de prospecção de mercados, participação em feiras no estrangeiro e constituição de existências em países estrangeiros; *b)* Suspensão ou revogação da encomenda ou resolução arbitrária do contrato pelo devedor na fase anterior à constituição do crédito; *c)* Falta ou atraso no pagamento dos montantes devidos ao credor; *d)* Variações cambiais relativamente a contratos cujo pagamento seja estipulado em moeda estrangeira; *e)* Elevação anormal e imprevisível dos custos de produção resultante da alteração das condições económicas que afectem o fabrico dos bens, a execução dos trabalhos ou a prestação dos serviços. 2 – Os Ministros das Finanças e da Economia podem definir, mediante portaria conjunta, outros riscos susceptíveis de cobertura no âmbito do seguro de créditos".

[663] Estipula: "1 – Por efeito do seguro de crédito, o segurador obriga-se a indemnizar o segurado, nas condições e com os limites constantes da lei e do contrato de seguro, em caso de perdas causadas nomeadamente por: *a)* Falta ou atraso no pagamento de obrigações pecuniárias; *b)* Riscos políticos, naturais ou contratuais, que obstem ao cumprimento de tais obrigações; *c)* Não amortização de despesas suportadas com vista à constituição desses créditos; *d)* Variações de taxa de câmbio de moedas de referência no pagamento; *e)* Alteração anormal e imprevisível dos custos de produção; *f)* Suspensão ou revogação da encomenda ou resolução arbitrária do contrato pelo devedor na fase anterior à constituição do crédito. 2 – O seguro de crédito pode cobrir riscos de crédito inerentes a contratos destinados a produzir os seus efeitos em Portugal ou no estrangeiro, podendo abranger a fase de fabrico e a fase de crédito e, nos termos indicados na lei ou no contrato, a fase anterior à tomada firme".

[664] Atualizado pelos seguintes Decretos-lei nºs 127/91, de 22 de março, 214/99, de 15 de Junho, 51/2006, de 14 de março e 31/2007, de 14 de fevereiro.

[665] Refere: "1 – Constituem factos geradores de sinistro, relativamente ao seguro de créditos: *a)* A insolvência declarada judicialmente; *b)* A insolvência de facto; *c)* A concordata judicial; *d)* A concordata extrajudicial, desde que celebrada com a generalidade dos credores do

CREDIT DEFAULT SWAP: UM SEGURO DE CRÉDITO

Será o acontecimento ou verificação de um desses factos previstos no contrato que gerará a ocorrência de um sinistro, que desencadeia a obrigação da seguradora.

Há, na realidade, uma proximidade muito grande entre a definição de risco e a definição de sinistro, sendo que Calvão da Silva[666] defende que a definição daquele passa pela definição deste.

Fragali diz-nos que "uma delimitação certa (do risco) é feita pondo o acento nas causas produtivas do evento no qual se concretiza o risco"[667].

A prova disso é a redação dada ao art. 99º do Regime Jurídico do Contrato de Seguro que diz que o sinistro corresponderá à verificação do facto que desencadeia o acionamento da cobertura do risco, prevista no contrato.

Por sua vez, no que respeita ao CDS, é no contrato que se estipulam os eventos de crédito de que cujos efeitos negativos pretende o comprador de proteção salvaguardar-se. Esta característica não consubstancia materialmente uma verdadeira diferença. Vejamos.

devedor e oponível a cada um deles; *e)* O incumprimento, ou mora, que prevaleça pelo prazo constitutivo de sinistro indicado na apólice; *f)* A rescisão ou suspensão arbitrária do contrato comercial por parte do devedor; *g)* A recusa arbitrária do devedor em aceitar os bens ou serviços encomendados; *h)* Acto ou decisão do Governo ou de autoridades públicas do país do devedor ou de um país terceiro que obstem ao cumprimento do contrato; *i)* Moratória geral decretada pelo governo do país do devedor ou de um país terceiro interveniente no pagamento; *j)* Acontecimentos políticos, dificuldades económicas ou medidas legislativas ou administrativas que ocorram ou sejam adoptadas fora de Portugal e que impeçam ou atrasem a transferência de fundos pagos ao abrigo do contrato seguro; *l)* Disposições legais adoptadas no país do devedor declarando liberatórios os pagamentos por ele efectuados na divisa local quando, em resultado das flutuações cambiais, tais pagamentos, quando convertidos na divisa do contrato seguro, não atinjam, no momento da transferência, o montante do crédito em dívida; *m)* Qualquer medida ou decisão das autoridades portuguesas ou do país do titular da apólice visando especificamente o comércio externo, incluindo as medidas e decisões da Comunidade Europeia relativas ao comércio entre um Estado membro e países terceiros, e que impossibilite a execução do contrato, a entrega dos bens ou a prestação dos serviços contratada, desde que os efeitos de tal medida não sejam compensados de outro modo; *n)* Ocorrência, fora de Portugal, de guerras, ainda que não declaradas, revoluções, revoltas, perturbação da ordem pública, anexações ou factos de efeitos análogos; *o)* Eventos catastróficos, tais como terramotos, maremotos, erupções vulcânicas, tufões, ciclones ou inundações ou acidentes nucleares, verificados fora de Portugal, sempre que os seus efeitos não sejam de outro modo cobertos".

[666] Cfr. SILVA, João Calvão da, «Seguro de crédito», *Estudos de direito comercial (pareceres)*, Coimbra, Almedina, 1996, p. 109, que refere "A delimitação do risco coberto passa pela definição do sinistro, evento em vista do qual foi estipulado o seguro".

[667] Cfr. FRAGALI, Michelle, «Assicurazione di crédito», *Enciclopedia del diritto*, p. 533.

O CONTRATO DE *SWAP*

Considerando a liberdade contratual e de fixação de conteúdo do contrato que vigora no seguro de crédito, enquanto seguro de "grandes riscos", podem as partes estipular os riscos cobertos e excluídos, bem como definir os termos em que se considera verificado o sinistro para efeitos de acionamento da apólice. Assim, por exemplo, se é verdade que um dos riscos tipicamente cobertos no seguro de crédito é a mora do devedor do credor, tomador de seguro, pode também a seguradora estabelecer a não cobertura de mora prolongada ou fixar as condições em que a mesma fica coberta.

No CDS podem as partes estipular quais os acontecimentos que se subsumem na categoria de evento de crédito, e no seguro de crédito, nada impede a contratualização de certas exclusões e limitações, como dissemos, podendo as partes estipular ainda os riscos seguráveis numa certa apólice e indicar os que não se encontram abrangidos.

Feitas as comparações com os riscos seguráveis mais comuns e os eventos de crédito estipulados pelas partes, na maioria dos CDSs encontramos uma coincidência.

Um dos riscos cuja análise mais importa para o nosso estudo é o risco obrigacional, ou seja, o risco de não cumprimento de uma obrigação, previsto na alínea *c)* do art. 3º do Decreto-Lei nº 183/88, de 24 de maio. É precisamente esta que mais identifica e assemelha, sem prejuízo dos riscos políticos, o seguro de crédito ao CDS.

Assim, o não cumprimento pode consubstanciar-se numa simples mora ou num incumprimento definitivo, seja parcial ou total. Todavia, não será certamente por existirem certos tipos de eventos de crédito que não constam do elenco legal de factos geradores de sinistros no seguro de crédito[668] que se pode afirmar serem figuras contratuais completamente diferentes.

Cremos que não é por não existir exata coincidência entre os factos geradores de sinistro e os eventos de crédito, podendo estes ter uma amplitude ou abrangência maior do que aqueles, que se pode afastar em definitivo a identidade entre ambas as figuras jurídicas.

Em todo o caso, diga-se que há uma grande coincidência e frequência num tipo de sinistro e evento de crédito. Referimo-nos à falta ou atraso no pagamento dos montantes devidos ao credor ou nas obrigações pecuniárias, as variações cambiais relativamente a contratos cujo pagamento seja estipulado em moeda estrangeira – *swap* de divisas – e ris-

---

[668] Por exemplo, uma diminuição do *rating* da entidade de referência.

CREDIT DEFAULT SWAP: UM SEGURO DE CRÉDITO

cos políticos, naturais ou contratuais, que obstem ao cumprimento das obrigações.

### 3.4. Avaliação prévia dos devedores do segurado ou da entidade de referência. Informações a prestar no momento da celebração do contrato

Quer no seguro de crédito, quer no CDS, previamente, procede-se a uma negociação e análise prévia do leque de devedores do segurado naquele ou da entidade de referência neste.

A seguradora, na análise do seguro de crédito e antes de o celebrar, procede a uma seleção mais ou menos criteriosa sobre os segurados que considera idóneos ou elegíveis para essa celebração e aqueles que estão à partida arredados dessa celebração, numa tentativa clara de separar os "bons" dos "maus" clientes, entenda-se, no sentido de oferecerem riscos.

A seguradora estipula depois o montante máximo que se predispõe a assumir, o risco, para cada tipo de clientes e para cada tipo de transações. Indiretamente, a seguradora sinaliza perante o segurado os clientes que o próprio deve considerar nas suas relações comerciais. Da perspetiva do segurado, desde logo há uma certeza relativamente aos "maus" clientes, que é a necessidade de se munir de garantias, que não poderá ser o seguro de crédito, porquanto também a seguradora os não aceita.

Por sua vez, a seguradora, para proceder a esta avaliação da clientela, solicita dados e informações bancárias e comerciais, dados contabilísticos, pendência de ações judiciais, entre outras informações relevantes respeitantes ao segurado e seus clientes ou terceiros com quem estabelecem relações comerciais.

A seguradora acompanha a evolução de diversos ramos de atividade nos quais baseia e realiza grande parte das relações creditícias que garante. Daí a necessidade de conhecer bem as fraquezas e as valências de cada sector para que possa também fazer um juízo de prognose sobre a evolução do sector e mais do que conhecer o segurado, preocupa-se em conhecer o universo dos clientes deste, pois será o incumprimento destes clientes que determinará a obrigação da seguradora de indemnizar o segurado.

Neste seguimento, a seguradora analisa a dimensão económica, qual a sua expressão no mercado, património próprio, indicadores de atividade, rendibilidade, financiamentos a médio prazo, capacidade de gestão, reputação, estrutura e capacidade organizativa. Pode inclusivamente colher o paracer do próprio segurado acerca dos seus próprios clientes, parecer este

O CONTRATO DE *SWAP*

que é meramente consultivo e não tão preponderante como os restantes elementos, uma vez que se o fosse o segurado tenderia a empolar as valências dos seus clientes e a esconder eventuais fraquezas suscetíveis de plantar dúvidas sobre a concessão ou não cobertura por parte da seguradora[669].

Refira-se apenas que a seguradora tanto pode emitir uma apólice individual que englobe apenas uma operação creditícia que o segurado mantenha com terceiro como pode decidir emitir uma apólice global que englobe todos os créditos que o segurado possua perante terceiros. Estaremos aqui perante o denominado *princípio da globalidade.*

No seguro de crédito o segurado deve fornecer à seguradora todos os elementos relativos à obrigação ou operação que visa cobrir, proporcionando todos os dados relativos a tal operação que sejam solicitados pela seguradora.

De igual modo, num CDS, também o vendedor de proteção faz uma análise prévia das operações em que incidirá o CDS, sendo que o comprador de proteção deve prestar todas as informações que sejam solicitadas desde que as conheça.

Entendemos que não podem existir quaisquer dúvidas acerca da identidade das figuras: seguro de crédito e CDS[670].

Cremos, portanto, que após análise de todas as divergências que têm sido apontadas para sustentar a distinção entre os CDSs e o contrato de seguro, não são suficientes nem estruturalmente fortes para determinar o afastamento, sem mais, da disciplina legal destinada aos contratos de seguro, e do seguro de crédito mais especificamente, aos *credit default swaps.*

O que advogamos é precisamente o contrário. Para nós o *credit default swap* é um contrato de seguro, mais especificamente uma espécie de seguro de crédito.

Precisamente neste sentido e sem qualquer reserva, admite-o Martin Schmidt[671] que refere: "Ein *credit default swap* kann verstanden werden

---

[669] A emissão de uma apólice de seguro global implica um nível elevado de organização interna por parte do segurado. Também neste sentido, o seguro de crédito e a gestão da empresa numa conjuntura de crise, Gabinete de prevenção da COSEC, *Revista de Contabilidade e Comércio*, nº 181/2 Volume XLVI, Abril 1982, pp. 215 a 218.

[670] Cfr. ALMEIDA, Carlos Ferreira de, *Contratos III, Contratos de liberalidade, de cooperação e de risco*, 2ª edição, Coimbra, Almedina, 2013, pp. 270 e 271.

[671] Cfr. SCHMIDT, Martin, *Derivative Finanzinstrumente: eine anwen dungsorientierte Einfuhrung*, 3ª edição revista, Stuttgart, Shaffer-Poeschel, 2006, p. 65. ISBN 978-3-7910-2519-3.

*CREDIT DEFAULT SWAP*: UM SEGURO DE CRÉDITO

als eine Art Kreditversicherung bei der vertragspartner A feste zahlungen leistet, um im gegenzug den Auspruch auf einen Ausgleicg von B bei Eintritt eines definierten Kreditereignissen zu erhalten. Beispielsweise Konnte A berechtigt sein, die Auleihe einer dritten Partei zum Nennwert au B zu verkaufen"[672]. Também Calvão da Silva considera que funcionalmente o CDS é um contrato de seguro e adianta os constrangimentos na admissão deste juízo, referindo que "Funcionalmente, estes *swaps* (CDS e TRS) são seguros de crédito – o comprador de proteção está a pagar um prémio pela transferência do risco de incumprimento do seu crédito. Mas como o *dealer* (vendedor de proteção) é frequentemente um banco ou outra instituição financeira sem capacidade para fazer seguros, os mercados e os contratantes evitam a terminologia seguro de crédito. Sendo a função económica de índole segurativa, a utilização do *swap* deveria cingir-se ao titular de um interesse segurável (por exemplo, nas obrigações de um país ou de uma empresa), evitando-se deste modo ataques puramente especulativos sobre uma Nação ou uma sociedade"[673], opinião a que aderimos integralmente[674].

Assumindo o CDS como um seguro, isto traria vários inconvenientes para os seus vendedores, pois acarretaria para eles regras acerca do volume de riscos assumidos, obrigando-os a efetuar reservas e provisões destinadas a serem usadas em caso de ocorrência de eventos de crédito sucessivos que determinassem o vencimento das suas obrigações, tal como as seguradoras.

---

[672] Que significa, segundo tradução nossa: Um *Credit Default Swap* pode ser entendido como uma espécie de seguro de crédito em que a parte contratual A realiza pagamentos estáveis (fixos, firmes) para obter como contrapartida o direito a uma compensação de B ao verificar-se uma determinada (definida) ocorrência de crédito. Por exemplo, A podia ter o direito de vender a B ao seu valor nominal o empréstimo de uma terceira parte.

[673] Cfr. Cfr. SILVA, Calvão da, «Swap de taxa de juro: sua legalidade e autonomia e inaplicabilidade da excepção do jogo e aposta», *Revista de Legislação e de Jurisprudência*, ano 142, nº 3979, Março/Abril 2013, p. 267.

[674] Também assim, DIAS, Cristina Sofia, «Notas breves a propósito do Regulamento sobre Short Selling e Credit Default Swaps», *Cadernos do Mercado de Valores Mobiliários*, nº 39, Agosto 2011, CMVM, p. 61, que menciona: "São, assim, muito similares a contratos de seguro, neste caso contra o risco de incumprimento de um determinado emitente. Os CDSs também podem ser cobertos ou descobertos, consoante o comprador do seguro detém ou não efectivamente a OT em causa (num naked CDS o comprador da proteção não está a cobrir o risco do incumprimento do devedor mas simplesmente a especular com a possibilidade de esse devedor efectivamente incumprir".

O CONTRATO DE *SWAP*

É que este vencimento de obrigações, se for multiplicado diversas vezes, pode levar a que o vendedor de proteção não tenha capacidade para as solver, o que de resto aconteceu com a AIG, Inc. e que desencadeou o resgate àquela seguradora.

Se nenhuma regra deste género for imposta aos vendedores de CDS, quantos mais celebrarem mais lucram, sendo que aquela obrigação assolava os propósitos dos vendedores de proteção nos CDSs.

### 3.5. Moral hazard

O risco moral é, igualmente, uma outra similitude que podemos encontrar entre as duas figuras contratuais uma vez que ambas são suscetíveis de o criar[675].

O risco moral[676] é potenciado se alguém ou alguma entidade se apercebe que, independentemente dos seus atos pouco cautelosos e prejudiciais para um sistema financeiro, não poderá ser responsabilizada pelos mesmos, nem tão pouco sofrerá consequências desses atos.

Pior ainda se existir a expectativa de que em caso de *bail out* de uma instituição com dimensão e impacto considerável para o sistema financeiro, existirá uma intervenção do governo ou bancos centrais para injeção de liquidez de emergência.

Urge, portanto, a tomada de medidas – que têm custos de oportunidade na sua implementação – que visem limitar o risco moral. São essas medidas que têm vindo a ser implementadas nos Estados Unidos da Amé-

---

[675] Neste sentido, KIMBALL-STANLEY, Arthur, «Insurance and credit default swaps: should like things be treated alike?», disponível em: http://insurancejournal.org/wp-content/uploads/2011/07/72.pdf, (acedido em 13 de fevereiro de 2015), que refere "Given the similarities between an old problem (moral hazard in the early insurance market) and a potential new one (moral hazard in CDS markets), policy-makers must analyze the consequences of classifying CDSs as insurance for regulatory purposes. There are some strong arguments regarding the benefits of CDSs and the dangers of government regulation".

[676] "The phenomenon of moral hazard can be seen as action taken by economic agents which maximises their own utility to the detriment of others in situations where they do not bear the full consequences of their actions. In cases of moral hazard, agents behave in a less cautious way, leaving other parties to take responsibility for the consequences of those actions. In other words, if an economic agent is partly or fully insulated from risk, it is very likely to be less careful than it would be if it were fully exposed to that risk". – The Payment System, ISBN 978-92-899-0632-6, Tom Kokkola Editor, European Central Bank, 2010, p. 136. MACHADO, João Bastista, *Introdução ao Direito e ao Discurso Legitimador*, reimpressão, Coimbra, Almedina, 2014, p. 327. ISBN 9789724004716.

CREDIT DEFAULT SWAP: UM SEGURO DE CRÉDITO

rica e na União Europeia. Faltará saber, e isso só o tempo nos dirá, se serão estas medidas suficientes.

## 4. Do princípio da desconsideração da forma jurídica e a aplicação analógica

### 4.1. Da desconsideração da forma jurídica

O conteúdo típico do contrato de seguro encontra-se descrito no art. 1º do Regime Jurídico do Contrato de Seguro que estipula que "por efeito do contrato de seguro, o segurador cobre um risco determinado do tomador do seguro ou de outrem, obrigando-se a realizar a prestação convencionada em caso de ocorrência do evento aleatório previsto no contrato, e o tomador do seguro obriga-se a pagar o prémio correspondente". Ora, o CDS pode, como vimos, visar prosseguir precisamente este fim e possuir este conteúdo.

Devem censurar-se todas as atuações abusivas que coloquem em causa a harmonia do sistema jurídico e a sua credibilidade[677].

Não pode permitir-se que se pretenda desvirtuar a autonomia privada, afastando, a aplicação de certas normas para as quais as mesmas foram especificamente elaboradas, numa atuação que consubstancia uma fraude à lei.

Chegando à conclusão que o fim e causa do *credit default swap* são precisamente os mesmos do contrato de seguro, designadamente do seguro de crédito, não pode permitir-se que, por se envergar veste diferente, se considere que estamos perante realidades distintas. A verdade material deve sempre prevalecer sobre a verdade formal.

A real finalidade económico-social prosseguida pelas partes, sendo a mesma em ambos os contratos em análise, deve estar sujeita à mesma regulamentação.

Mesmo que as partes apelidem como *credit default swap* o respetivo contrato que celebram, se este, substancialmente, nada mais for do que um contrato de seguro, deve ser-lhe aplicada a disciplina jurídica respetiva.

---

[677] Um exemplo desta censura é a teoria da desconsideração da personalidade jurídica, a qual surgiu na doutrina e vem sendo acolhida pela jurisprudência, a qual tem certos pressupostos de aplicação, não sendo conteúdo este o nosso objeto de estudo, referimos apenas que sobre este assunto poderá consultar-se CORDEIRO, António Menezes, *O levantamento da personalidade colectiva no direito civil e comercial*, Coimbra, Almedina, 2000. ISBN 972-40-1272-7.

O CONTRATO DE *SWAP*

A roupagem e nome que as partes atribuem a um certo contrato, ao abrigo da autonomia privada, não pode ser bastante para determinar o afastamento de certa legislação, fazendo com que as partes se consigam eximir aos deveres a que estariam adstritos se apelidassem o contrato celebrado com o *nomen iuris* que a lei estipula para aquele tipo contratual, com aquela função e fim típicos.

Abrigar-se num nome contratual diferente daquele que a lei prevê para prosseguir exactamente os mesmos intentos que certo contrato típico, para com isso contornar a lei aplicável, consubstancia um abuso de direito ou fraude à lei.

Não é conveniente, pelas razões que acima deixamos já expostas, para os intervenientes dos CDSs apelidar ou assumir que aquilo que celebram nada mais é que um seguro de crédito, por todos os interesses envolvidos e pelas obrigações legais a que se encontrariam desde logo sujeitos, bem como a sujeição à regulação e supervisão destinada aos contratos de seguro e seguradoras. Desta forma, encontraram nesta nova formulação contratual – o *credit default swap* – o expediente formal apto a encobrir o que é evidente, mas que ninguém ousa contestar.

Entendemos nós que esta técnica da mudança de forma jurídica nada mais é do que *esconder o sol com a peneira*, devendo requalificar-se, redenominando, o contrato.

## 4.2. A aplicação analógica

Por direito bancário reconhecemos o conjunto de normas e princípios que regulam todo o sistema financeiro e as relações contratuais que as instituições financeiras estabelecem com os seus clientes, particulares[678], dispondo de uma unidade objetiva e subjetiva.

À semelhança do que acontece com o direito dos seguros, também o direito bancário se subdivide em direito bancário institucional e direito bancário material. O primeiro regula a organização e supervisão do sector bancário, o segundo, os contratos estabelecidos entre as instituições financeiras e os seus clientes. No direito dos seguros sucede o mesmo, o direito dos seguros institucional rege a organização e supervisão da atividade seguradora e das seguradoras, o direito dos seguros material rege o contrato de seguro e questões conexas.

---

[678] Por este facto, o direito bancário encontra-se intimamente conexionado com o direito do consumo.

CREDIT DEFAULT SWAP: UM SEGURO DE CRÉDITO

Parece não ser confundível o campo de aplicação do direito bancário e do direito dos seguros, todavia, não será assim tão linear, ainda mais se considerarmos o fenómeno crescente da *bancassurance* ou *assurbanque* que nos demonstra a crescente interpenetração dos dois sectores. Banqueiros a comercializarem seguros e seguradoras a participarem em negócios bancários, designadamente, concedendo garantias.

O movimento não é exclusivo de Portugal, mas sim mundial.

Inglaterra e Alemanha, por exemplo, já enveredaram pelo caminho de unificar supervisões a estes dois sectores, em Inglaterra com a criação da Finantial Service Authority (FSA) e, na Alemanha, com a Bundesanstalt fur Finanzdienstleistungsaufsicht (BaFin).

Os contratos bancários são por natureza contratos comerciais, sujeitando-se às regras e princípios comerciais embora essas regras sejam poucas, atendendo a que a atividade bancária tem uma regulamentação própria que cada vez mais se vai afigurando completa e suficiente, reconhecendo-se, todavia, que ainda existe muito caminho para percorrer e desbravar[679]. Exemplo disso mesmo é o contrato que ora se encontra sob análise, o *credit default swap*.

O direito bancário constitui uma especialização face ao direito civil e comercial, não obstante se lhe aplicarem também algumas regras destes ramos de direito. Mas "a qualificação dos atos bancários como atos comerciais tem, como é sabido, um alcance relativamente reduzido"[680].

Existem contratos bancários que se encontram carecidos de regulamentação legal mas que ainda assim a Banca os celebra diariamente com os seus clientes, sendo a *disciplina legal* destes definida pelas cláusulas contratuais.

O contrato de *swap* é precisamente um contrato sem regulamentação, daí que afirmemos ser um contrato atípico, embora nominado.

---

[679] Realça CORDEIRO, António Menezes, *Da compensação no direito civil e no direito bancário*, Coimbra, Almedina, 2003, p. 162. ISBN 972-40-1927-6.: "Os atos ou contratos bancários podem assim ser caracterizados como contratos comerciais, a praticar por banqueiros no exercício da sua profissão (...). Enquanto contratos comerciais, eles seguem boa parte dos princípios comerciais. Têm, todavia, algumas especificidades ditadas pelo seu objeto e pela sua inserção institucional e, mais recentemente, pela autonomização crescente da ciência jurídico-bancária, servida por uma linguagem que denota, por vezes, uma especial diferenciação".

[680] Cfr. CORDEIRO, António Menezes, *Da compensação no direito civil e no direito bancário*, Coimbra, Almedina, 2003, p. 163.ISBN 972-40-1927-6.

O CONTRATO DE *SWAP*

Aliás, interessante se torna invocar aqui uma hipótese académica, a qual fora já suscitada anteriormente pela doutrina[681]. E se um contrato de *swap* com finalidade de cobertura de risco for realizado por intermediário financeiro que convence a contraparte de que se encontra autorizado para negociar tal operação, mas na realidade não está? Será o contrato nulo? Aparentemente, a resposta afirmativa é a que razoavelmente nos surge no espírito. Todavia, se a questão fosse a celebração de um contrato de seguro por seguradora não autorizada a exercer actividade no âmbito do ramo que actua, a nulidade do contrato é a resposta correta e encontra-se apoiada por legislação, designadamente pelo art. 16º, nº 2 do Regime Jurídico do Contrato de Seguro, embora não eximisse a parte que aceitou cobrir o risco do cumprimento das suas obrigações que para si decorreriam caso o contrato fosse válido.

Portanto, se a finalidade e função em ambos os contratos, contrato de seguro e *swap* com finalidade de cobertura de risco, são as mesmas, por que motivo a solução a atribuir nestas duas hipóteses também não seria? Não existem as mesmas razões justificativas da regulamentação? Cremos que sim.

Aqui chegados, desmontadas, a nosso ver, todas as hipotéticas diferenças entre *credit default swap* e o seguro de crédito, será que se mantém válida a argumentação de que os CDSs não possuem regulamentação aplicável?

De facto, a este tipo contratual não dispensou a lei em nenhum regime jurídico. Contudo, deve poder-se "estender analogicamente a hipótese normativa que prevê um tipo particular de casos a outros casos particulares do mesmo tipo e perfeitamente paralelos ou análogos aos casos previstos na sua própria particularidade"[682].

O caso omisso que não seja abrangido ou tratado por uma norma jurídica pode ser resolvido por aplicação de uma outra norma jurídica do sistema, reportada a um contexto pragmático e a um instituto jurídico diferente, se procedermos a uma extensão teleológica desta outra norma (*analogia legis*).

Isto é, emergindo deste contrato direitos e obrigações comerciais, se surgir algum litígio que não consiga solucionar-se com base no direito comer-

---

[681] Neste sentido, MOURATO, Hélder M., *O contrato de swap de taxa de juro*, Coimbra, Almedina, 2014, p. 78.

[682] Cfr. MACHADO, João Bastista, *Introdução ao Direito e ao Discurso Legitimador*, reimpressão, Coimbra, Almedina, 2014, p. 327. ISBN 9789724004716.

cial, "nem pelo seu espírito, nem pelos casos análogos nela prevenidos"[683], aplicar-se-á o direito civil.

Porém, o direito dos seguros é de natureza comercial, desta forma, entendemos que podemos aplicar analogicamente a legislação do contrato de seguro em geral e do seguro de crédito, em particular aos CDSs, pelo que é possível solucionar todas as questões emergentes deste contrato à luz da legislação aplicada a casos análogos prevenidos na lei comercial – o direito dos seguros é de natureza comercial.

A analogia seria sempre o método integrativo desta lacuna da lei, atendendo a que cairíamos no âmbito do art. 10º do Código Civil, *ex vi* art. 3º do Código Comercial, que dita a mesma solução, a aplicação analógica.

Existe analogia, conforme o art. 10º, nº 2 do Código Civil prevê, "sempre que no caso omisso – *credit default swap* – procedam as mesmas razões justificativas da regulamentação do caso previsto na lei – contrato de seguro.

Sabemos que a analogia das situações se não mede em razão da mera semelhança formal das situações, mas pelas razões justificativas que motivaram a solução prevista legalmente.

No nosso estudo, cremos ter demonstrado que este é o campo de eleição para a aplicação analógica, atendendo a que o conteúdo, finalidades e estrutura contratual são as mesmas e é indiferente a forma jurídica adotada, entendendo até que esta é de menor importância no caso, servindo somente para demonstrar a identidade de figuras considerando os incomparáveis pontos de paridade ou similitude.

---

[683] Cfr. Artigo 3º do Código Comercial.

## NOTAS CONCLUSIVAS

Uma vez aqui chegados, e sustentados com base no que nos foi permitido assimilar com a nossa investigação, impõe-se a formulação das seguintes notas conclusivas:

**I.** O contrato de *swap* é uma das técnicas que mais tem contribuído para a globalização dos mercados financeiros sendo através dele que o setor empresarial tem gerido os diferentes tipos de riscos a que, no exercício da sua atividade, estão diariamente expostos. Através do recurso ao contrato de *swap*, muitas empresas conseguem exibir resultados nos seus balanços que muitas vezes não correspondem exatamente ao valor em dívida real, camuflando as taxas de juro a que a empresa estaria sujeita.

**II.** Com este instrumento financeiro asseguram-se poupanças consideráveis e seguram-se os diversos riscos existentes, possibilitando o acesso a financiamentos em melhores condições, sendo flexível ao ponto de se adaptar à evolução das necessidades de cada empresa bem como à evolução dos mercados.

**III.** Na génese dos *swaps* esteve presente um bom princípio, o de repartir e diluir riscos entre diversas pessoas, com a finalidade de proteção. Contudo, rapidamente se desvirtuou a sua utilização, permitindo que contribuíssem para dilacerar a economia mundial.

**IV.** Esta realidade, associada à inexistência de legislação adequada que imponha regras inerentes ao seu modo de utilização e comercialização, viabiliza a equiparação destes instrumentos financeiros a um rastilho de

O CONTRATO DE *SWAP*

pólvora, na medida em que um incumprimento por parte de uma entidade com certa dimensão e importância sistémica seja a chama para o acender, determinando um *contágio* de todo o sistema financeiro, como um edifício que acaba por ruir.

**V.** Deve, pois, enveredar-se por caminhos mais seguros e assertivos, refutando a instalação de conceitos e ideias que na sua essência visam proteger interesses pertencentes a apenas alguns, com o sacrifício de valores muito mais proeminentes. Este trilho tem de ser assegurado pelo legislador, não podendo ser relegado apenas para a força dos argumentos que vão sendo esgrimidos pela doutrina e jurisprudência.

**VI.** Julgamos ser necessário, mais do que antes, regressar ao início da criação de tais instrumentos, os quais surgiram por uma razão benéfica, que era de maximizar ganhos e troca de vantagens, fidelizando a finalidade para a qual foram criados, impondo uma negociação com transparência e obrigando as partes envolvidas a um compromisso sério, mais real que virtual, e responsabilizar os autores de comportamentos desviantes.

**VII.** Assumimos a licitude dos contratos de *swap* face ao nosso ordenamento jurídico interno, não só pelo seu expresso acolhimento pela lei interna mas também por aplicação direta dos Regulamento Europeus e da obrigatoriedade de acolhimento legal interno das diretrizes constantes das Diretivas Europeias, independentemente de terem ou não uma realidade subjacente meramente ficcionada pelas partes, sendo contratos nominados mas atípicos.

**VIII.** Pelo que, o contrato de *swap* com finalidade especulativa é lícito, atendendo a que a especulação é também legalmente permitida, impulsionando o funcionamento dos mercados, pelo que as partes calculando os riscos, reconhecendo e estando conscientes da sua existência e perspetivando a sua evolução, poderão expor-se, através destes contratos, deliberadamente aos mesmos, sendo que esta especulação é perfeitamente legal e necessária para contrariar ciclos de baixa nos mercados.

**IX.** A especulação é uma atividade necessária que permite a obtenção de maior liquidez nos mercados e maior eficiência, beneficiando *hedgers*,

NOTAS CONCLUSIVAS

investidores em geral e demais participantes do mercado. Sem especulação, haveria menos oportunidades nos mercados, principalmente para os *hedgers*, que dificilmente encontrariam forma de gerir e cobrir os seus riscos. Desta forma, a não aceitação da possibilidade de especulação comprometeria desde logo a finalidade de cobertura de riscos, por inexistência de contraparte.

**X.** Entre outras características que abordámos, os *swaps* são contratos aleatórios e não configuram um contrato de jogo nem de aposta, nem mesmo quando prosseguem uma finalidade meramente especulativa, pelo que também consideramos que um *swap* que possua uma causa especulativa não é contrário à ordem pública.

**XI.** Enquanto contratos aleatórios, e porque partimos da premissa de que é um erro considerar que a crise financeira que, neste caso em concreto, ditou a descida de taxa de juro, consubstanciou uma alteração anormal e imprevisível das circunstâncias em que as partes, antes da mesma ou na sua iminência, fundaram a sua decisão em contratar, não nos revemos na tese da aplicabilidade do art. 437º do Código Civil ao contrato de *swap*. As crises financeiras nem sempre ditam a descida de taxas de juro, sendo que estas podem ocorrer independentemente daquelas e atendendo à sua natureza cíclica, não poderá aplicar-se o instituto da alteração das circunstâncias previsto naquele preceito legal, até porque esta alteração está a coberto dos próprios riscos do contrato e tal alegação poderia implicar a formação de entendimento generalizado que poderia legitimar a criação de um expediente extraordinário para fazer cessar contratos livremente celebrados quando estes deixassem de ter utilidade económica.

**XII.** Concluímos que é importante aferir em sede de formação do contrato e não durante a execução dele se existe ou não um desequilíbrio entre os riscos assumidos neste género contratual e que isso não se pode determinar pelos resultados, mas antes pelas "regras" definidas pelas partes no início do contrato, de acordo com a forma como essa distribuição ficou estipulada, pois são diversas as consequências relativamente à existência de desequilíbrio na distribuição dos riscos ou de desequilíbrio nos ganhos e perdas, pois poder-se-ia determinar a invalidade do contrato por desequilíbrio manifesto na distribuição dos riscos do contrato, ou aplicando-se

O CONTRATO DE *SWAP*

o regime dos negócios usurários, uma vez verificados os requisitos ou, então, por incumprimento dos deveres legais de informação adequada, completa e clara das cláusulas contratuais, designadamente nas referentes à assunção de riscos, sendo que a extensão desses deveres devem ser aferidos considerando a categoria do investidor em concreto.

**XIII.** Reconhecemos ainda o contrato de *swap* como um instrumento financeiro abstrato na medida em que é independente e autónomo face à realidade que lhe subjaz – ativo subjacente – pelo que as vicissitudes que ocorram com o ativo subjacente não se transmitem nem refletem no contrato de *swap*, servindo apenas de mera referência para o cálculo das obrigações emergentes do contrato de *swap*, existindo uma conexão meramente indicativa.

**XIV.** A celebração de um contrato de *swap* não obedece a nenhuma forma legal, vigorando o princípio da consensualidade, sendo, todavia, amplamente utilizado o ISDA *Master Agreement,* elaborado por uma associação de profissionais que compõem a *International Swaps and Derivatives Association*. Reconhecemos que esta padronização dos modelos negociais visou estabelecer uma certa harmonização e normalização e teve como intento facilitar a concretização dos contratos de forma mais célere e que as operações financeiras são diversas, fruto de inovações financeiras, de estrutura complexa e da diversidade das necessidades distintas dos clientes.

**XV.** Este fenómeno, não sendo inovador, impõe às entidades que recorrem aos contratos de adesão para celebrarem os seus contratos o cumprimento de deveres de comunicação e informação, bem como a necessidade de adotar um procedimento de boa-fé, impostos pelo Código Civil e pelo Regime Jurídico das Cláusulas Contratuais Gerais, mas também de deveres especiais de esclarecimento e aconselhamento, decorrentes de determinadas regras especiais a que estão vinculados por lei e inerente ao exercício da sua atividade, as quais devem ser adotadas na celebração de qualquer contrato e não só na celebração de um contrato de *swap*. Impondo-se ainda que ajustem o cumprimento desses deveres ao tipo de investidor que surja para sua contraparte, atendendo ao flagrante desequilíbrio de posições, conhecimentos e domínio de informação entre os operadores financeiros e os destinatários das operações financeiras, sendo que quanto menor for o grau de experiência e conhecimento do investidor, mais completa deve ser a informação prestada.

**XVI.** Concluímos que, face às múltiplas e complexas variantes negociais dos *swaps*, se torna difícil regular este setor, que é ainda denso e sombrio aos olhos dos legisladores, mas que a crise financeira e as suas consequências serviram para alertar para a necessidade de regulamentação destes derivados financeiros, existindo movimentações legislativas internas na sequência da emissão de Diretivas Europeias e por força da aplicação dos Regulamentos Europeus, nomeadamente com a criação da obrigatoriedade de compensação com interposição de uma câmara de compensação para os derivados OTC e a obrigação de reporte obrigatório a repositórios de transações, sendo que estes espasmos legislativos também ocorreram nos Estados Unidos da América, mas continua ainda a ser necessária uma regulamentação desta atividade mais profunda e séria.

**XVII.** Das diversas modalidades de *swaps* destacamos o *credit default swap*, tendo mostrado o perigo de uma utilização desregulada destes derivados de crédito e do impacto negativo que podem carrear para o sistema financeiro. Analisámos as semelhanças existentes entre os mesmos e o seguro de crédito, comparando as suas estruturas contratuais, obrigações emergentes, sujeitos, objeto e finalidade, bem como o próprio mecanismo desencadeador da obrigação de uma das partes, e decompusémos as principais supostas diferenças entre os dois tipos contratuais. Concluímos que apenas a forma jurídica usada pelas partes num caso e noutro é diferente. Concluímos pela inadmissibilidade de aceitação de que ao abrigo da autonomia privada se pretenda desvirtuar, afastando, a aplicação de certas normas para as quais as mesmas foram especificamente elaboradas, numa atuação que consubstancia uma fraude à lei, pugnando por uma prevalência da real finalidade económico-social prosseguida pelas partes, isto é, da verdade material em detrimento da verdade formal, o que determina a requalificação do *credit default swap* como contrato de seguro de crédito.

**XVIII.** Torna-se, assim, imprescindível subordinar o mercado e negociação destes instrumentos derivados a regras idênticas às que vigoram para a atividade seguradora uma vez que aquilo que alegadamente separa ou diferencia os *credit default swaps* dos contratos de seguro de crédito não

O CONTRATO DE *SWAP*

existe materialmente, não acrescentando nada de melhor aos *credit default swaps* em relação ao seguro de crédito.

**XIX.** Cremos, portanto, que os *credit default swaps* funcionalmente se apresentam como um verdadeiro seguro de crédito, designadamente na prossecução da finalidade de *hedging*. Ao comprador de proteção nada mais é exigido além do que aquilo que é imposto ao tomador de um seguro, sendo que ambos pagam um prémio como preço da transferência do risco de incumprimento do seu crédito.

**XX.** Em nosso entendimento o *credit default swap* é o expoente máximo do fenómeno da *bancassurance* levada até às últimas instâncias, pois o banco já não se limita a comercializar seguros, fá-los. Desta forma, e sob pena de concorrência desleal, tem de submeter-se às mesmas regras que as seguradoras.

**XXI.** Sabemos que os contratos bancários são por natureza contratos comerciais, sujeitando-se às regras e princípios comerciais, não obstante a atividade bancária estar dotada de uma regulamentação própria, a qual cada vez mais se vai afigurando completa e suficiente, mas existindo ainda muito caminho para percorrer e desbravar, mas tendo o direito dos seguros natureza comercial também, entendemos que podemos aplicar analogicamente a legislação do contrato de seguro em geral e do seguro de crédito, em particular aos *credit default swaps*.

**XXII.** Este é o campo de eleição para a aplicação analógica, atendendo a que, para nós, o *credit default swap* é um seguro de crédito.

# BIBLIOGRAFIA

ALMEIDA, António Pereira de. (2001). Instrumentos Financeiros: os swaps *Estudos em Homenagem ao Professor Doutor Carlos Ferreira de Almeida* (Vol. II, pp. 66): Almedina. ISBN: 978-972-40-4319-7.

ALMEIDA, António Pereira. (2013). *Valores Mobiliários, instrumentos financeiros e mercados* (7ª edição reformulada e atualizada ed. Vol. II). Coimbra: Coimbra Editora. ISBN: 9678-972-32-2191-6.

ALMEIDA, Carlos Ferreira de. (1992). *Texto e Enunciado na teoria do negócio jurídico* (Vol. I e II). Coimbra: Almedina. ISBN: 9789724006796.

ALMEIDA, Carlos Ferreira de. (2008). Contratos diferenciais *Estudos Comemorativos dos 10 anos da Faculdade de Direito da Universidade Nova de Lisboa* (Vol. II, pp. 81-116). Coimbra: Almedina.

ALMEIDA, Carlos Ferreira de. (2012). *Contratos II – Conteúdo. Contratos de Troca* (3ª ed.). Coimbra: Almedina. ISBN: 9789724049649.

ALMEIDA, Carlos Ferreira de. (2013). *Contratos III, Contratos de liberalidade, de cooperação e de risco* (2ª ed.). Coimbra: Almedina. ISBN: 978-972-40-5422-3.

ALMEIDA, J.C. Moitinho de. (1971). *O contrato de Seguro no Direito Português e comparado.* Lisboa: Livraria Sá da Costa Editora.

ALONSO SOTO, R. (1990). La permuta Financeira, Nuevas Entidades, Figuras Contratuales y Garantías en el Mercado Financeiro – Consejo general de los colégios oficiales de corredores de comercio, em colaboração com a Facultad de Derecho. Madrid.

ANTUNES, J. A. E. (2008). Os derivados. *Cadernos do Mercado de Valores Mobiliários, 30*, 91-136.

ANTUNES, José Engrácia. (2009). Os contratos de intermediação financeira. *Boletim da Faculdade de Direito, LXXXV,* 278-319.

ANTUNES, José A. Engrácia. (2009). *Direito dos contratos comerciais.* Coimbra: Almedina. ISBN: 978-972-40-3935.

ANTUNES, José A. Engrácia. (2014). *Os instrumentos financeiros* (2ª ed.). Coimbra: Almedina. ISBN: 978-972-40-5592-3.

ARDITTI, Fred D. (1996). *Derivatives. A comprehensive resource for options, futures, interest rate swaps, and mortgage securities.* Boston – Massachusetts: Harvard Business School Press. ISBN: 0-87584-560-6.

ASCENSÃO, José de Oliveira. (2003). Derivados. In Coimbra Editora (Ed.), *Direito dos Valores Mobiliários* (Vol. IV, pp. 41-68). Coimbra: AAVV. ISBN: 9789723211702.

ASCENSÃO, Oliveira. (2003). *Teoria Geral do Direito Civil: Ações e Factos Jurídicos* (2ª

Ed. ed. Vol. II). Coimbra: Coimbra Editora. ISBN: 9789723211528.

ASCENSÃO, Oliveira. Direito Civil Teoria Geral (Vol. III, pp. 200-201). Coimbra: Coimbra Editora.

ASCENSÃO, Oliveira. Onerosidade excessiva por "alteração das circunstâncias. *Revista da Ordem dos Advogados, III* (Ano 2005). Retrieved from: http://www.oa.pt/Conteudos/Artigos/detalhe_artigo.aspx?idc=31559&idsc=44561&ida=44649 [accessed on: 23.Jan.2015].

BASTIN, Jean. (1994). O seguro de créditos. A protecção contra o incumprimento. *Cosec.*

BASTOS, Miguel Brito. (2015). *A validade dos contratos de swap no direito português*. Paper presented at the I Jornadas de Derivados Financeiros, Faculdade de Direito da Universidade de Lisboa.

BOARD, John. The Economic Consequences of Derivatives *Modern Financial Techniques – Derivatives and the Law* (pp. 156-166). London: Kluwer.

BOLTON, Patrick e OEHMKE, Martin. (2011). *Credit Default Swaps and The Empty Creditor Problem* (pp. 2617-2655). Retrieved from https://www0.gsb.columbia.edu/faculty/moehmke/papers/Empty-Creditors.pdf [accessed on: 05.fev.2015].

BORGES, Sofia Leite e MAGALHÃES Sofia Torres. (2002). Derivados de crédito. Algumas notas sobre o regime dos valores mobiliários condicionados por eventos de crédito. *Caderno do Mercado de Valores Mobiliário, 15.*

BOULAT, Pierre-Antoine/ CHABERT, Pierre-Yves. (1992). *Les Swaps – Technique Contractuelle et Régime Juridique*. Paris: Masson.

BROWN Claude, NELKE Israel. (1999). *Implementing Credit Derivatives – Strategies and Techniques for Using Credit Derivatives in Risk Management*: McGraw-Hill, Irwin Library of Investment & Finance.

CALHEIROS, Maria Clara. (2000). O contrato de swap. *Boletim da Faculdade de Direito, Studia Iuridica, 51*. ISBN: 9723209362.

CALHEIROS, Maria Clara. (2013). O contrato de Swap no contexto da actual crise financeira global. *Cadernos de Direito Privado, 42.*

CÂMARA, Paulo. (2015). Supervisão bancária: recentes e próximos desenvolvimentos *I Congresso de Direito Bancário* (pp. 283-322). Coimbra: Almedina. ISBN: 978-972-40-5896-2.

CAMPOS, Diogo Leite de. (1998). A Alienação em garantia *Estudos em Homenagem ao Banco de Portugal, 150º Aniversário (1846-1996)*, 7-23. Lisboa: Banco de Portugal.

CAMPOS, Diogo Leite de. (2000). A titularização de créditos: bases gerais, titularização de créditos (pp. 9-15). Lisboa: Instituto de Direito Bancário. ISBN: 9789724015286.

CARVALHO, Sofia. (2011). Mercado de Derivados: Weather Derivatives. *Cadernos do Mercado de Valores Mobiliários, 39*, 32-45.

CERINI, Diana. (2003). *Assicurazione e garanzia del crédito*. Milão: Dott. A. Giuffrè Editore. ISBN: 8814098662.

CHABERT, Pierre-Yves. (1989). Heurts et malheurs de la qualification juridique des operations de swap», Revue de Droit des Affaires Internationales. *FEDUCI – Librairie Générale de Droit et de Jurisprudence, 1.*

COELHO, Francisco Manuel de Brito Pereira. (2014). *Contratos complexos e complexos contratuais*. Coimbra: Coimbra Editora. ISBN: 978-972-32-2255-5.

CORDEIRO, A. Menezes. (2001). *Contrato de seguro e seguro de crédito*. Paper presented at the II Congresso Nacional de Direito dos Seguros, Memórias (coord. António Moreira e M. Costa Martins), Coimbra: Almedina.

CORDEIRO, António Menezes. (2000). *O levantamento da personalidade colectiva no direito civil e comercial.* Coimbra: Almedina. ISBN: 972-40-1272-7.

CORDEIRO, António Menezes. (2000). *Tratado de Direito Civil Português, Parte geral* (2ª ed. Vol. Tomo I). Coimbra: Almedina. ISBN: 972-40-1429-0.

CORDEIRO, António Menezes. (2003). *Da compensação no direito civil e no direito bancário.* Coimbra: Almedina. ISBN: 972-40-1927-6.

CORDEIRO, António Menezes. (2014). *Direito Bancário* (5ª revista e atualizada ed.). Coimbra: Almedina. ISBN: 978-972-40-5625-8.

CORDEIRO, António Menezes. (2014). *Tratado de Direito Civil VII, Direito das Obrigações: Contratos. Negócios Unilaterai.* Coimbra: Almedina. ISBN: 978-972-40-4101-8.

COSEC, Gabinete de prevenção da. (1982). *Revista de Contabilidade e Comércio, XLVI*(181/2 ), 215-218.

COSTA RAN, Luis. (1990). El contrato de permuta *Revista Juridica de Catalunya, 89,* 55-78.

COSTA, Mário Júlio de Almeida. (2013). *Direito das Obrigações* (12ª revista e atualizada ed.). Coimbra: Almedina. ISBN: 978-972-40-4033-2.

DE LA TORRE, António. (1996). *Operaciones de permuta financeira (swaps).* Barcelona: Ariel. ISBN: 9788434421158.

DIAS, Cristina Sofia. (2011). Notas breves a propósito do Regulamento sobre Short Selling e Credit Default Swaps. *Cadernos do Mercado de Valores Mobiliários, 39,* 60-63.

DÍAZ RUIZ, Emílio. *Contratos sobre tipos de interés a plazo (FRAs) y futuros financeiros sobre interesses.* Madrid: Editorial Civitas, S.A.

DUARTE, Rui Pinto. (2001). O jogo e o Direito. (Separata Themis)*Revista da Faculdade de Direito da Universidade Nova de Lisboa, Ano II.*

ERNE, Roland. (1992). *Die Swapgeschäfte der Banken: eine rechtliche Betrachtung der Finanzswaps unter besonderer Berücksichtigung des deutschen Zivil-, Börsen-, Konkurs- -und Aufsichtsrechts.* Berlin: Duncker & Humblot.

FERNANDES, Luís A. Carvalho. (2010). *Teoria Geral do Direito Civil II, Fontes, Conteúdo e Garantia da Relação Jurídica* (5ª revista e atualizada ed.). Lisboa: Universidade Católica Editora. ISBN: 978-972-54-0274-0.

FERREIRA, António Pedro A. (2009). *Direito Bancário* (2ª ed.). Lisboa: Quid Iuris. ISBN: 9789727244812.

FERREIRA, António Pedro de Azevedo. (2005). *A relação negocial bancária.* Lisboa: Quid Iuris. ISBN: 972724243.

FERREIRA, Domingos. (2008). *Futuros e Outros Derivados.* Lisboa: Edições Sílabo. ISBN: 978-972-618-488-1

FERREIRA, Domingos. (2008). *Swaps e derivados de crédito.* Lisboa: Edições Sílabo. ISBN: 978-972-618-504-8.

FERREIRA, Domingos. (2011). *Swaps e outros derivados.* Lisboa: Rei dos Livros. ISBN: 978-989-8305-30-5.

FERREIRA, Manuel Ataíde e, RODRIGUES, Luís Silveira. (2011). Cláusulas Contratuais Gerais (Anotações ao Diploma). *DECO.*

FONSECA, Vladimir e GASPAR, Raquel M. (2013). Counterparty and liquidity risk. *Cadernos do Mercado de Valores Mobiliários, 46,* 37-61.

FONTAINE, Marcel. (2010). *Droit des Assurances* (2ª Edição ed.). Bruxelas: Larcier.

FRADA, Manuel Carneiro da. Crise Financeira Mundial e Alteração das Circunstâncias: Contratos de Depósito *versus* Contratos de Gestão de Carteiras. *Revista da Ordem dos Advogados, Ano 69,* 633-695.

FRADA, Manuel Carneiro. (2015). *Alteração das circunstâncias e dever de renegociar contratos de swap*. Paper presented at the I Jornadas de Derivados Financeiros, Faculdade de Direito da Universidade de Lisboa.

FRAGALI, Michele. Assicurazione del credito *Enciclopedia del Diritto, II*.

FREITAS E COSTA, Tiago Manuel Sousa (2013). Resolução do contrato de swap de taxa de juro – anotação jurisprudencial ao Acórdão do Tribunal da Relação de Guimarães de 31 de janeiro de 2013. *Revista O Direito, II*(Ano 146º), 512-542.

FREITAS, José Lebre de. Contrato de swap meramente especulativo. Regimes de validade e de alteração das circunstâncias. Retrieved from: http://www.oa.pt/upl/%7B24d07a7e-a1e3-4f43-b06a-300e112c9896%7D.pdf [accessed on: 16.fev.2015].

GARRETT, Francisco Almeida (2013). Os Poderes Regulatórios da ESMA ao Abrigo do Regulamento (UE) Nº 236/2012. *JusJornal, 1820*. Retrieved from: http://jusjornal.wolterskluwer.pt/Content [accessed on: 12.jan.2015].

GOOCH, Anthony e KLEIN, Linda. (1993). Documentation for Derivatives (pp. 157 e ss). London: Euromoney.

GORIS, Paul. (1994). *The legal aspects of swaps*. London: Graham & Trotmann/Martinus Nijhoff. ISBN: 9781853339103.

GORIS, Paul. (1996). A future for Swap-Assurance? Na enquiry in the border áreas of swap and insurance. *Intl. B. L. Journal, 469*.

HARDING, Paul. (2003). Mastering *the ISDA Master Agreements (1992 and 2002): A Practical Guide for Negotiation* (2ª ed.). London: FT Prentice Hall. ISBN: 9780273725206.

HÖRSTER, Heinrich Ewald. (1992). A parte do Código Civil português, Teoria Geral do Direito Civil (6ª reimpressão de 1992 ed.). Coimbra: Almedina. ISBN: 978-972-40-0710-6.

INZITARI, Bruno. (1995). *Il contrato di swap, in I contratti del commercio e dell'industria e del mercato finanziario* (Dirigido por Galgano – Tomo III): U.T.E.T.

JORGE, Fernando Pessoa. (1975). *Direito das Obrigações* (Vol. I). Lisboa: AAFDL.

KIMBALL-STANLEY, Arthur. Insurance and credit default swaps: should like things be treated alike. Retrieved from: http://insurancejournal.org/wp-content/uploads/2011/07/72.pdf [accessed on: 15.fev.2015].

KRUGMAN, P. and OBSTFELD, M. (1991). *International Economics: Theory and Policy* (2ª ed.): Harper Collins Publishers.

LAMY. (1995). *Droit du financement, dirigido por Couret*. Paris: Lamy.

LEIMENG e GWILYM, Owain Ap. (2015). Credit Default Swaps: Theory and Empirical Evidence. *The Journal of Fixed Income, 14*(4), 17-28.

LEITÃO, Luís Manuel Teles de Menezes. *Direito das Obrigações – Introdução, Da constituição das obrigações* (11ª ed. Vol. I). Coimbra: Almedina. ISBN: 978-972-40-5480-3.

LIMA, Pires de e VARELA, Antunes. (2011). *Código Civil Anotado* (4ª revista e atualizada – reimpressão ed. Vol. I). Coimbra: Coimbra Editora. ISBN: 972-32-0036-8.

MACHADO, Catarina Dantas. (2010). A ESMA e a arquitectura de Supervisão Financeira Europeia. *Cadernos do Mercado de Valores Mobiliários, 37*, 70-104.

MACHADO, João Batista. (2014). *Introdução ao Direito e ao Discurso Legitimador*. Coimbra: Almedina. ISBN: 9789724004716.

MACHADO, Sofia Santos. (2003). Close-out netting e set-off. Da validade e eficácia das cláusulas de close-out netting e set-off nos contratos sobre instrumentos financeiros. *Cadernos do Mercado de Valores Mobiliários, 17,* 10-17.

MACHADO, Sofia Santos. (2008). Netting and collateral under the law of Portugal. *Cadernos do Mercado de Valores Mobiliários, 29,* 17-29.

MARTÍNEZ, Pedro Romano [et al.]. (2011). *Lei do Contrato de Seguro Anotada.* Coimbra: Almedina. ISBN: 978-972-40-4569-6.

MATIAS, Armindo Saraiva. (2002). Supervisão bancária. Situação actual e perspectiva de evolução *Estudos em Homenagem ao professor Doutor Inocêncio Galvão Teles* (Vol. II, pp. 565-592). Coimbra: Almedina. ISBN: 972-40-1789-3.

MATIAS, Armindo Saraiva. (2009). Obrigações hipotecárias e titularização de créditos hipotecários. *Revista da Ordem dos Advogados, I – II*(Ano 69). Retrieved from:http://www.oa.pt/ Conteudos/Artigos/detalhe_artigo. aspx?idsc=84043&ida=84109 [accessed on: 20.Fev.2015].

MATIAS, Armindo Saraiva. (2015). *O mercado interbancário: desenvolvimentos recentes* (I Congresso de Direito Bancário). Coimbra: Almedina. ISBN: 978-972-40-5896-2.

MATTOUT, Jean-Pierre. (1987). Opérations d'Échange de Taux d'Intérêt et de devises: qualification et régime juridiques en droit français. Défaillance de l'une des parties. *La Revue Banque* (468).

MENDES, João Castro Mendes. (1972). Acerca do Seguro de Crédito. *Revista Bancária, 27*(Janeiro/Março ), 55 e ss.

MENDES, João Castro. (1999). *Teoria Geral do Direito Civil* (reimpressão ed. Vol. II). Lisboa: AAFDL.

MENGLE, David. (2010). *ISDA Research Notes.* Retrievied from http://www.isda. org/researchnotes/pdf/Netting-ISDA-ResearchNotes-1-2010.pdf [accessed on: 26.jan.2015].

MEGLE, David. (2010). Economic Role of Speculation. *ISDA, Research Notes,2.* Retrievedfrom:http://www.isda.org/ researchnotes/pdf/SpeculationRN.pdf [accessed on: 14.fev.2015].

MOMBERG, Rodrigo. (2015). Beyond the Risk: Swaps, Financial Crisis and Change of Circumstances. Comparative Case Note. Supreme Court of Portugal – 10.10.2013 *European Review of Private Law*: Kluwer Law International.

MONTEIRO, António Pinto. (2014). Banca e cláusulas contratuais gerais (Breve apontamento) *I Congresso de Direito Bancário* (pp. 101-111). Coimbra: Almedina. ISBN: 978-972-40-5896-2.

MONTEIRO, Jorge Ferreira Sinde. (1989). *Responsabilidade por conselhos, recomendações ou informações.* Coimbra: Almedina. ISBN: 9724005607.

MOURATO, Hélder M. (2013). Swap de Taxa de juro: a primeira jurisprudência. *Cadernos do Mercado de Valores Mobiliários, 44,* 29-44.

MOURATO, Hélder M. (2014). *O contrato de swap de taxa de juro.* Coimbra: Almedina. ISBN: 978-972-40-5427-8.

OLIVEIRA, Pedro Freitas. (2015). *O coupon swap como instrumento financeiro derivado.* Coimbra: Wolters Kluwer. ISBN: 978-989-8699-18-3.

PINA, Carlos Costa. (1999). *Dever de informação e responsabilidade pelo prospecto no mercado primário de valores mobiliários.* Coimbra: Coimbra Editora.

PINTO, Carlos Alberto da Mota. (2012). *Teoria Geral do Direito Civil.* Coimbra: Coimbra Editora. ISBN: 9789723221022.

PINTO, Carlos Mota; SILVA, João Calvão da. (1982). *Jogo e Aposta. Jeu et Pari. Game and Bet.* Lisboa: Santa Casa da Misericórdia.

PINTO, Paulo Mota. (2014). Contrato de swap de taxas de juro, jogo e aposta e alteração das circunstâncias que fundaram a decisão de contratar. *Revista de Legislação e Jurisprudência, Ano 143* (nº 3987), 391-413.

PIRES, José Maria. *Elucidário de Direito Bancário*. Coimbra: Coimbra Editora. ISBN: 972-32-1104-1.

PRATA, Ana. (2008). *Dicionário Jurídico* (5ª da 7ª reimpressão ed.). Coimbra: Almedina. ISBN: 9789724033938.

QUELHAS, J. M. (1996). Sobre a evolução recente do sistema financeiro (Novos "produtos financeiros") *Separata do Boletim de Ciências Económicas*. Coimbra.

REYES, Kevin M. (1990). Tax treatment of notional principal contracts. *Harvard Law Review, 103*(8).

REYES, Kevin M. e FRANK, J. *The use of derivatives in tax planning*: Fabozzi Editor. ISBN: 1-883249-55-4.

RICARDO, David. (1817). *On the Principles of Political Economy and Taxation* (3ª ed.). London: Jonh Murray.

RIVELLINI, Flavio. (2002). *La Disciplina Giuridica dei Contratti Swap*. Napoli: Diss.

ROPPO, Enzo. (1988). O Contrato. Coimbra: Almedina.

RUSSEL, Claudi. (1999). *Aspectos Jurídicos del Contrato Internacional de Swap*. Barcelona: Bosch.

SÁ, Almeno de. (2009). *Direito Bancário*. Coimbra: Coimbra Editora. ISBN: 9789723216356.

SANTOS, Hugo Luz dos. (2014). O contrato de swap de taxas de juro e os instrumentos derivados financeiros à luz do recente acórdão do Supremo Tribunal de Justiça, de 10 de Outubro de 2013: a "alteração anormal das circunstâncias" e as categorias doutrinais americanas da "unconscionability" e da "bounded rationality": um "estranho caso" de aliança luso-americana? *Revista de Direito das Sociedades, Ano VI*(2), 411-443.

SARAIVA, Tânia. (2011). Perfil de risco do investidor: diferenças entre homens e mulheres. *Cadernos do Mercado de Valores Mobiliários, 40*, 54-71.

SCHAGEN, S. (1997). The evaluation of Natwest Face 2 Face with Finance. *National Foundation for Educational Research*.

SCHWARTZ, Robert F. (2007). Risk Distribution in the Capital Markets: Credit Default Swaps, Insurance and a Theory of Demarcation. *Fordham Journal of Corporate & Financial Law, 12*(1), 166-201. Retrieved from http://ir.lawnet.fordham.edu/cgi/viewcontent.cgi?article=1226&context=jcfl [accessed on: 12.fev.2015].

SERRA, Adriano Paes Vaz. (1953). Sub--Rogação nos direitos do credor. *Boletim do Ministério da Justiça, 37*, 5-66.

SILVA, Calvão da. (2013). Swap de taxa de juro: sua legalidade e autonomia e inaplicabilidade da excepção do jogo e aposta. *Revista de Legislação e de Jurisprudência, Ano 142*(3979).

SILVA, Eva Sónia Moreira da. (2003). *Da responsabilidade pré-contratual por violação dos deveres de informação*. Coimbra: Almedina. ISBN: 972-40-1987-X.

SILVA, João Calvão da. (1996). *Estudos de Direito Comercial (Pareceres)*. Coimbra: Almedina. ISBN: 972-40-0939-4.

SILVA, João Calvão da. (1996). *Seguro de crédito – Estudos de direito comercial (pareceres)*. Coimbra: Almedina.

SILVA, João Calvão da. (2012). Fair value ou valor de mercado: multiplicador da primeira crise financeira global. *Revista de Legislação e Jurisprudência, Ano 141*(3974).

SILVA, João Calvão da. (2013). *Banca, Bolsa e Seguros* (4ª ed. Vol. Tomo I – Direito Europeu e Português). Coimbra: Almedina.

SILVA, João Calvão da. (2014). Seguro de Crédito como Seguro de Grandes Ris-

## BIBLIOGRAFIA

cos: Garantia Indemnizatória Acessória ou Autónoma. *Revista de Direito do Consumidor, 94*(Julho/Agosto 2014), 65-83.

SILVA, João Calvão da. (2015). *Confronto entre obrigações hipotecárias e titularização de créditos*. Paper presented at the I Congresso de Direito Bancário. ISBN: 978-972-40-5896-2.

SILVA, João Calvão da. Seguro-Caução: Protocolo como contrato-quadro e circunstância atendível para a interpretação da apólice. *Revista de Legislação e de Jurisprudência, Ano 132,* 345-384.

SILVA, João Calvão da. (2013) *Titul(ariz) ação de créditos – Securitization* (3ª edição). Coimbra: Almedina.

SILVA, José Manuel Braz da. (2013). *Mercados e instrumentos financeiros internacionais*. Lisboa: Escolar Editora. ISBN: 9789725923979.

SILVA, Manuel Gomes da e CABRAL, Rita Amaral. (1995). A privatização da Sociedade Financeira Portuguesa (parecer). Lisboa: Lex. ISBN: 9729495464.

SILVA, Paulo Pereira da, [et al.]. (2013). Dependência extrema entre o preço das ações do setor bancário e os mercados de CDS – evidência usando cópulas e inferência baseada em simulação. *Cadernos do Mercado de Valores Mobiliários, 45,* 52-75.

SKINNER, Frank S. e DÍAZ, Antonio. (2003). An empirical study of credit default swaps. *The journal of fixed income, 13*(1), 28-38.

TEIXEIRA, Felipe Canabarro. (2008). Os deveres de informação dos intermediários financeiros em relação a seus clientes e sua responsabilidade civil. *Cadernos do Mercado de Valores Mobiliários, 31,* 50-87.

TELES, Inocêncio Galvão. *Manuel dos Contratos em Geral* (4ª – reimpressão ed.). Coimbra: Coimbra Editora. ISBN: 972-32-1103-3.

TELLES, Galvão Inocêncio. Contratos civis (Projeto completo de um título do futuro Código Civil Português e respetiva Exposição de Motivos). *Revista da Faculdade de Direito da Universidade de Lisboa, IX-X* (separata), 1953-1954.

TOMÉ, Maria João Romão Carreiro Vaz e CAMPOS, Diogo Leite de. *A propriedade fiduciária (Trust). Estudo para a sua consagração no direito português.* Coimbra: Almendia. Depósito legal 139 081/99.

VARELA, Antunes e LIMA, Pires. *(2010) Código Civil Anotado.* (4ª revista e atualizada, reimpressão ed.). Vol. II). Coimbra: Wolters Kluwer. ISBN: 972-32-0788-5.

VARELA, João de Matos Antunes. (2009). *Das Obrigações em Geral* (10ª ed. Vol. I). Coimbra: Coimbra Editora. ISBN: 978-972-40-1389-3.

VASCONCELOS, Luís Miguel Pestana de. (2009). O seguro financeiro na reforma do Direito dos Seguros. *Revista da Faculdade de Direito da Universidade do Porto, Ano VI.*

VASCONCELOS, Luís Miguel Pestana de. (2015). *Direito das garantias* (2ª ed.). Coimbra: Almedina, 179. ISBN 978-972-40-5092-8.

VASCONCELOS, Pedro Pais de (2015). Contratos de risco e contratos especulativos em direito bancário *I Congresso de Direito Bancário* (pp. 83-98). Coimbra: Almedina. ISBN: 978-972-40-5896-2.

VASCONCELOS, Pedro Pais de. (2012). *Teoria Geral do Direito Civil* (7ª ed.). Coimbra: Almedina. ISBN: 978-972-40-5011-9.

VAUSE, Nicholas. (2010). Counterparty risk and contract volumes in the credit default swap market. *BIS Quarterly Review,* 59-69. Retrieved from: http://www.bis.org/publ/qtrpdf/r_qt1012g.pdf [accessed on: 02.Dez.2014].

VEIGA, Vasco Soares da. (1997). *Direito Bancário.* Coimbra: Almedina. ISBN: 972-40-1010-4.

ZAMORANO ROLDÁN, S. (2003). *El Contrato de Swap como Instrumento Financiero Derivado*. Zaragoza: Tuells.

ZUNZUNEGUI, Fernando. (2012). Negociación de swaps por cuenta própria *Derecho bancário y bursátil* (2ª ed., pp. 653-684). Madrid: Colex.

Gabinete de prevenção da COSEC. (1982). *Revista de Contabilidade e Comércio, XLVI*(181/2 ), 215-218.

**Sem autor:**

Relatório do Inquérito à Literacia Financeira do Banco de Portugal. Retrieved from: https://www.bportugal.pt/ptPT/OBancoeoEurosistema/Comunicadose-NotasdeInformacao/Documents/RelatorioInqueritoLiteraciaFinanceira.pdf [accessed on: 02.Jan.2015].

The Payment System. (2010). In Tom Kokkola Editor (Ed.): European Central Bank. ISBN: 978-92-899-0632-6.

What is a swap? (1983). *Euromoney*, 67.

# JURISPRUDÊNCIA CITADA

**Supremo Tribunal de Justiça**
- Acórdão do Supremo Tribunal de Justiça, datado de 11 de fevereiro de 2015, proferido no Processo nº 877/12.7TVLSB. L1-A.S1, relatado por Gregório Silva Jesus.
- Acórdão do Supremo Tribunal de Justiça, datado de 24 de março de 2011, proferido no processo nº 1582/07.1TBAMT-B. P1.S1, relatado por Granja da Fonseca.
- Acórdão do Supremo Tribunal de Justiça, de 10 de outubro de 2013, proferido no processo nº 1387/11.5TBBCL.G1.S1, relatado por Granja da Fonseca.
- Acórdão do Supremo Tribunal de Justiça, datado de 11 de fevereiro de 2015, proferido no processo nº 309/11.8TVLSB. L1.S1, relatado por Sebastião Póvoas.
- Acórdão do Supremo de Tribunal de Justiça, datado de 29 de janeiro de 2015, relatado por Bettencourt de Faria.
- Acórdão do Supremo Tribunal de Justiça, datado de 27 de janeiro de 2015, proferido no processo nº 876/12.9TBBNV-A. L1.S1, relatado por Fonseca Ramos.
- Acórdão do Supremo Tribunal de Justiça, datado de 18 de novembro de 1999, proferido no processo nº 99B852, relatado por Noronha do Nascimento.
- Acórdão do Supremo Tribunal de Justiça, datado de 8 de outubro de 2013, proferido no processo nº 6431/09.3TVLSB. L1.S1, relatado por Fernandes do Vale.
- Acórdão do Supremo Tribunal de Justiça, datado de 12 de novembro de 2013, proferido no processo nº 1464/11.2TBGRD-A.C1.S1, relatado por Nuno Cameira.

**Tribunal da Relação de Lisboa**
- Acórdão do Tribunal da Relação de Lisboa, datado de 20 de setembro de 2011, proferido no processo nº 374701/09.2YIPRT. L1-7, relatado por Maria Amélia Ribeiro.
- Acórdão do Tribunal da Relação de Lisboa, datado de 19 de fevereiro de 2015, proferido no processo nº1320/11.4TVLSB. L1-8, relatado por Isoleta Costa.
- Acórdão do Tribunal da Relação de Lisboa, datado de 24 de fevereiro de 2015, proferido no processo nº 2186.13.5TVLSB.L1-7, relatado por Maria do Rosário Morgado.
- Acórdão do Tribunal da Relação de Lisboa, datado de 25 de setembro de 2012, proferido no processo nº 2408/10.4TVLSB.L1-7, relatado por Luís Espírito Santo.
- Acórdão do Tribunal da Relação de Lisboa, datado de 17 de fevereiro de 2011, proferido no processo nº2408/10.4TVLSB-B. L1-8, relatado por Luís Correia de Mendonça.
- Acórdão do Tribunal da Relação de Lisboa, datado de 13 de maio de 2013, pro-

ferido no processo nº 309.11.8TVLSB.
L1-7, relatado por Maria do Rosário Morgado.
- Acórdão do Tribunal da Relação de Lisboa, datado de 21 de março de 2013, proferido no processo nº 2587/10.0 TVLSB.
L1-6, relatado por Ana de Azeredo Coelho.
- Acórdão do Tribunal da Relação de Lisboa, datado de 08/05/2014, proferido no processo nº 531/11.7TVLSB.L1-8, Relator Ilídio Sacarrão Martins.
- Acórdão do Tribunal da Relação de Lisboa, datado de 10 de abril de 2014, proferido no processo nº 877/127TVLSB.L1-1, relatado por Adelaide Domingos.
- Acórdão do Tribunal da Relação de Lisboa, datado de 15 de janeiro de 2015, proferido no processo nº 876/12.9TVLSB.
L1-6, relatado por Manuela Gomes.

**Tribunal da Relação do Porto**
- Acórdão da Relação do Porto, datado de 14 de junho de 2007, proferido no processo nº 0732302, relatado por Amaral Ferreira.
- Acórdão do Tribunal da Relação do Porto, datado de 29 de maio de 2014, proferido no processo nº 1295/11.0TBVCD-B.P1, relatado por José Manuel de Araújo Barros.

- Acórdão do Tribunal da Relação do Porto, datado de 13 de abril de 2015, proferido no processo nº 471/14.8TVPRT.
P1, relatado por Carlos Querido.

**Tribunal da Relação de Coimbra**
- Acórdão do Tribunal da Relação de Coimbra, datado de 15 de outubro de 2013, proferido no processo nº 2049/12.1TBVIS-A.
C1, relatado por Albertina Pedroso

**Tribunal da Relação de Guimarães**
- Acórdão do Tribunal da Relação de Guimarães, datado de 25 de setembro de 2014, proferido no processo nº 403/13.0TCGMR.G1, relatado por Jorge Teixeira.
- Acórdão do Tribunal da Relação de Guimarães, datado de 30 de janeiro de 2014, proferido no processo nº 67/12.9TCGMR.
G1, relatado por António Santos.
- Acórdão do Tribunal da Relação de Guimarães, datado de 31 de janeiro de 2013, proferido no processo nº 1387/11.5TBBCL.G1, relatado por Conceição Bucho.
- Acórdão do Tribunal da Relação de Guimarães, datado de 8 de março de 2012, proferido no processo nº 1387/11.5TBBCL-B.
G1, relatado por Maria Luísa Ramos.

# ÍNDICE

| | |
|---|---|
| INTRODUÇÃO | 13 |
| **CAPÍTULO I – DO CONTRATO DE *SWAP* EM GERAL** | 17 |
| 1.1. Origem e evolução histórica | 17 |
| *a)* Fonte e desenvolvimento do contrato de *swap* | 17 |
| *b)* Os primeiros mercados de *swap* | 24 |
| 1.2. Noção e enquadramento jurídico | 26 |
| 1.2.1. Noção jurídica | 26 |
| 1.2.2. Enquadramento jurídico | 30 |
| 1.3. Características jurídicas do contrato de *swap* | 38 |
| 1.3.1. Contrato comercial, patrimonial e obrigacional | 40 |
| 1.3.2. Contrato bilateral e sinalagmático | 41 |
| 1.3.3. Contrato oneroso | 45 |
| 1.3.4. Contrato *intuitu personae* ou *intuitu pecuniae* | 47 |
| 1.3.5. Contrato duradouro e de execução periódica e diferida | 50 |
| 1.3.6. Contrato comutativo ou aleatório | 51 |
| 1.3.7. Da exceção do jogo e aposta | 58 |
| 1.3.8. Contrato típico ou atípico | 77 |
| 1.4. A derivação como antítese da abstração | 78 |
| 1.5. Da alteração superveniente das circunstâncias que fundaram a decisão de contratar | 84 |
| 1.5.1. Crise financeira e seus reflexos nos contratos de *swap* | 84 |
| 1.5.2. O contrato de *swap* e a alteração anormal das circunstâncias | 98 |
| 2. As finalidades do contrato *swap* | 111 |
| 2.1. *Hedging* | 114 |
| 2.1.1. Riscos cuja cobertura as partes visam assegurar | 116 |
| 2.1.2. Risco de Crédito | 118 |

O CONTRATO DE *SWAP*

|  | | *i)* | Risco de incumprimento | 119 |
|  | | | *a)* Risco de liquidação | 119 |
|  | | | *b)* Risco de contraparte | 120 |
|  | | *ii)* | Risco de Mercado | 121 |
|  | | | *a)* Risco de câmbio | 121 |
|  | | | *b)* Risco de taxas de juro | 122 |

| 2.1.3. | Risco de liquidez | 122 |
| 2.1.4. | Risco de País | 122 |
|  | *i)* Risco político ou soberano | 123 |
|  | *ii)* Risco económico | 123 |
| 2.1.5. | Riscos envolvidos na própria operação de *swap* | 124 |

| 2.2. | *Arbitrage* | 125 |
| 2.3. | *Trading* | 128 |
| 2.3.1. | Os especuladores e os *hedgers* | 133 |

3. Forma do contrato ........... 138

| 3.1.1. | Princípio da Consensualidade | 138 |
| 3.1.2. | Contratos-tipo | 145 |
| 3.2. | *International Swaps and Derivatives Association* – ISDA | 147 |

4. *Swap*: contrato de adesão ........... 160

| 4.1. | Dos deveres de comunicação e de informação e esclarecimento | 164 |
| 4.1.1. | Do Dever de Comunicação | 164 |
| 4.1.2. | Do Dever de informação/ esclarecimento | 166 |
| 4.2. | Definição do perfil do cliente/investidor segundo a DMIF e CVM | 170 |
| 4.3. | Prestação de informações pela instituição financeira no âmbito da negociação do contrato e seu *modus operandi* na contratação | 179 |
| 4.4. | Cláusula do "método do valor de mercado" para aferir o valor do contrato | 188 |

5. Formas de cessação do contrato ........... 189

| 5.1. | Da Caducidade | 191 |
| 5.2. | Da Denúncia | 191 |
| 5.3. | Da Resolução | 193 |
| 5.4. | Abuso de direito | 197 |
| 5.5. | Da invalidade jurídica do contrato de *swap* puramente especulativo por ofensa à ordem pública | 200 |
| 5.6. | O *swap* reversal | 203 |
| 5.7. | A cessão da posição contratual | 204 |
| 5.7.1. | O mercado primário e secundário dos *swaps* | 206 |
| 5.7.2. | A Câmara de Compensação | 207 |
| 5.7.3. | O Regulamento EMIR | 208 |
| 5.7.4. | Pontos de contacto entre o Regulamento EMIR e a Dood-Frank Act | 216 |

| | | |
|---|---|---|
| 6. Modalidades de *swaps* | | 217 |
| 6.1. *Swaps* de taxas de juro | | 219 |
| 6.2. *Swaps* de divisas ou cambiais | | 223 |
| 6.2.1. Swap combinado de divisas e de taxa de juro | | 224 |
| 6.3. *Credit default swap* | | 224 |
| 6.4. *Swaps* exóticos | | 225 |
| 6.4.1. Zero-Coupon Swaps | | 225 |
| 6.4.2. Rouller-Coaster Swaps | | 225 |
| 6.4.3. Indexed and floating principal swaps | | 225 |
| 6.4.4. Forward start swaps | | 225 |
| 6.4.5. Collapsible swaps | | 225 |
| 6.4.6. Amortising swaps | | 226 |
| 6.4.7. Acreeting swaps ou set-up swaps | | 226 |
| 6.4.8. Equity swaps | | 226 |
| 6.4.9. Commodity swaps | | 227 |

**CAPÍTULO II – DO CREDIT DEFAULT *SWAP* EM ESPECIAL** — 229

1. Noção jurídica e estrutura contratual — 231
   - 1.1. Noção — 231
   - 1.2. Modalidades — 238
     - 1.2.1. Single-name credit default swaps — 238
     - 1.2.2. Multi-name credit default swaps — 238
       - a) *Basket default swaps* — 239
       - b) *Portfolio default swaps* — 239
       - c) *Equity default swaps* — 239
   - 1.3. Estutura contratual — 240
2. Risco Sistémico dos *credit default swaps* — 243
3. Finalidades prosseguidas — 251
4. Riscos — 253
5. Impactos da cessão da posição contratual — 255
6. O caso português — 258

**CAPÍTULO III – *CREDIT DEFAULT SWAP*: UM SEGURO DE CRÉDITO** — 263

1. A causa do negócio jurídico — 264
2. Diferenças entre *credit default swap* e contrato de seguro — 268
   - 2.1. Atividade regulamentada — 271
   - 2.2. Obrigatoriedade de efetuar provisões e reservas — 275
   - 2.3. Determinabilidade dos riscos transferidos — 280
   - 2.4. Apuramento de prejuízos para cálculo de indemnização — 281
   - 2.5. Titularidade efetiva da fonte do risco — 282

O CONTRATO DE *SWAP*

| | | |
|---|---|---|
| 2.6. | Possibilidade de sub-rogação da seguradora ao credor | 287 |
| 2.7. | Princípio do descoberto obrigatório | 289 |
| 3. | Semelhanças entre *credit default swap* e o contrato de seguro | 290 |
| 3.1. | Estrutura contratual e obrigações das partes | 291 |
| 3.2. | Objeto e finalidade | 294 |
| 3.3. | Sinistro e evento de crédito | 296 |
| 3.4. | Avaliação prévia dos devedores do segurado ou da entidade de referência. Informações a prestar no momento da celebração do contrato | 301 |
| 3.5. | Moral hazard | 304 |
| 4. | Do princípio da desconsideração da forma jurídica e a aplicação analógica | 305 |
| 4.1. | Da desconsideração da forma jurídica | 305 |
| 4.2. | A aplicação analógica | 306 |

| | |
|---|---|
| NOTAS CONCLUSIVAS | 311 |
| BIBLIOGRAFIA | 317 |
| JURISPRUDÊNCIA CITADA | 325 |